改革开放与浙江经验研究系列

走向城乡发展一体化的浙江农村改革与发展

顾益康　邵　峰　等◎著

ZHEJIANG UNIVERSITY PRESS
浙江大学出版社

目　　录

引　言 ……………………………………………………………… 1

　一、改革开放以来浙江城乡关系演变和乡村变化趋势 ………… 1

　二、浙江现代农业发展的实践新探索 …………………………… 3

　三、浙江美丽乡村建设的实践新探索 …………………………… 8

　四、40年浙江农村改革发展的经验 …………………………… 11

　五、40年浙江农村改革发展的启示 …………………………… 17

总　论　农民创世纪与民本发展经济学 ……………………… 24

　一、发展的哲学思想 …………………………………………… 25

　二、发展的核心理念 …………………………………………… 26

　三、发展的动力机制 …………………………………………… 28

　四、发展的资本积累 …………………………………………… 29

　五、发展的路径选择 …………………………………………… 31

　六、发展的制度供给 …………………………………………… 33

　七、发展的人文力量 …………………………………………… 35

　八、民本发展经济学的普遍意义 ……………………………… 37

第一章　农村改革开放的基本轨迹 …………………………… 40

　一、实行家庭联产承包责任制,农村基本经营制度全面建立 … 40

　二、推动乡镇企业、小城镇蓬勃发展,农村工业化、城镇化快速
　　　起步 ………………………………………………………… 44

　三、推进乡镇企业产权制度改革,小城镇综合改革,市场经济体
　　　制在农村全面建立 ……………………………………… 49

　四、实施统筹城乡发展方略,社会主义新农村建设全面推进 … 54

第二章　农业经营体制变革与传统农业向现代农业转变 ······· 69

　　一、农业经营体制改革 ············ 69

　　二、传统农业向现代农业的转变 ············ 74

　　三、农业发展战略转变 ············ 81

第三章　农村合作经济的变革与发展 ············ 87

　　一、农村合作经济的变革与发展 ············ 87

　　二、农村供销合作经济的改革与发展 ············ 93

　　三、农村信用社的改革与发展 ············ 96

　　四、农民专业合作经济组织的兴起与发展 ············ 99

第四章　乡镇企业发展与农村工业化 ············ 103

　　一、乡镇企业异军突起 ············ 103

　　二、家庭工业和个私经济在争论中发展壮大 ············ 105

　　三、乡镇集体企业产权制度改革 ············ 109

　　四、乡镇企业从分散到集聚的发展 ············ 111

　　五、乡镇企业的市场开拓 ············ 114

　　六、乡镇企业发展方式转变 ············ 119

　　七、乡镇企业的软实力 ············ 121

　　八、乡镇企业反哺"三农" ············ 123

第五章　城镇建设与农村城镇化 ············ 126

　　一、农民城镇农民建的小城镇建设 ············ 126

　　二、大力培育中心镇 ············ 128

　　三、小城镇综合改革 ············ 130

　　四、小城镇承载功能不断增强 ············ 133

　　五、小城镇成为城乡统筹的枢纽 ············ 135

　　六、千强镇群星璀璨 ············ 140

第六章　县域经济发展与农村经济结构变革 ············ 143

　　一、县域所有制结构变革与非公有制经济发展 ············ 143

　　二、县域特色块状经济发展壮大 ············ 147

三、专业市场的蓬勃发展 ……………………………………… 151

四、农民收入持续增长与来源结构变迁 ……………………… 155

五、县域经济管理体制改革 …………………………………… 158

六、百强县群星璀璨 …………………………………………… 163

第七章　农业劳动力转移与农民分工分业 ……………………… 165

一、农业劳动力转移的阶段性特点 …………………………… 165

二、农业劳动力转移的趋势 …………………………………… 167

三、农业劳动力转移的主要动力 ……………………………… 170

四、加快农业劳动力战略转移和农民分工分业 ……………… 173

第八章　村庄整治建设与农村社区转型 ………………………… 177

一、传统村落与农民建房的现状与特点 ……………………… 177

二、"千村示范万村整治"工程建设 ………………………… 179

三、村庄整理、宅基地整理与中心村建设 …………………… 182

四、农村新社区建设 …………………………………………… 188

第九章　农村社会建设与农村公共服务发展 …………………… 198

一、均衡发展的城乡教育 ……………………………………… 198

二、城乡一体的农村公共卫生服务 …………………………… 207

三、日臻完善的农村公共文化服务体系 ……………………… 212

四、渐趋城乡一体的农村社会保障体系 ……………………… 216

第十章　农村扶贫开发与欠发达地区加快发展 ………………… 224

一、农村扶贫开发的历程 ……………………………………… 224

二、农村贫困状况变化与扶贫开发战略转变 ………………… 227

三、全面推进欠发达地区加快发展和低收入农户奔小康 …… 237

第十一章　农村基层民主建设与乡村治理结构完善 …………… 250

一、村民自治制度建立与基层民主政治发展 ………………… 250

二、以党支部为核心的村级组织建设 ………………………… 255

三、农村工作指导员制度的建立与完善 ……………………… 258

四、大学生村官 ………………………………………………… 261

五、乡村治理结构的变迁与完善 ……………………………… 263

第十二章　统筹城乡发展与推进城乡一体化 ……………………… 267

一、独特的工业化道路与城乡关系变迁历程 ………………… 267

二、城乡二元结构下农民的伟大创造和伟大贡献 …………… 273

三、统筹城乡发展与新农村建设 ……………………………… 278

第十三章　农民主体的市场化、工业化、城镇化道路：大众市场经济
　　　　　的浙江样本 …………………………………………… 290

一、浙江模式的科学内涵：大众市场经济 …………………… 290

二、让农民大众成为充满活力的市场主体 …………………… 294

三、农民主体的工业化、城镇化道路 ………………………… 296

四、建立城乡统筹、互促共进的发展机制 …………………… 297

五、着力形成欠发达地区和低收入农民脱贫致富的新机制 … 299

六、积极推进制度创新和政府职能转变 ……………………… 301

七、培育支撑发展的文化软实力 ……………………………… 302

参考文献 …………………………………………………………… 304

跋 …………………………………………………………………… 308

引　言

城乡关系是中国经济社会发展的一种基本关系。自 1978 年中国实行改革开放以来,浙江城乡经济社会发展走在全国的前列,其中一条很重要的经验就是坚持走统筹城乡发展的路子。时任浙江省委书记习近平在 2006 年总结浙江三农发展经验时就提出了"统筹城乡兴三农"的重要观点。回顾浙江近 40 年改革开放的历程,实际上是一条从自发到自觉的统筹城乡发展的路子。在这条路子的引领下,浙江城乡的发展经历了三个相互关联的发展阶段,即从"城乡裂变"到"城乡蝶变"再到"城乡聚变"的发展变化。

一、改革开放以来浙江城乡关系演变和乡村变化趋势

第一阶段:"城乡裂变"阶段。就是在 20 世纪 80 年代初农村实行包产到户的改革,使大锅饭、大呼隆的农业集体化经营体制转变为充满活力的家庭经营体制,以农民为主体的乡镇企业异军崛起,个私经济、民营经济蓬勃发展。与此同时,农村改革也催动了城市改革,城乡分割的计划经济体制和政策逐步松动,允许农民进城务工经商。农民工进城务工创业,这样城乡联动的市场化工业化促进了农民的分工、分业、分化,这种"城乡裂变"是中国第一次改革的新动能。这种"城乡裂变"是借用了核裂变的概念,核裂变是指质量大的原子裂变成小原子的原子弹爆炸的能量释放过程。城乡裂变就是通过农村市场化改革促动城市市场化改革,形成"双改领动"促进城乡大裂变的新态势,促成了农民群体的大分化大分工,激发了农民大众创业万众创新的积极性和创造性,推动了城乡市场化工业化城市化水平的提升。但是这种"城乡裂变"也使得农村的优质资源流向城市和工业领域,虽使一部分农民、一部分农村先富了起来,另一部分农村则出现了农业边缘化、农民老龄化、农村空心化和"三留守"以及农村环境脏乱差等问题。

改革开放与浙江经验研究系列

第二阶段:"城乡蝶变"阶段。进入新世纪,针对"城乡裂变"带来的问题,党的十六大报告首次提出了统筹城乡发展的方略。党的十六届五中全会做出了开展社会主义新农村建设的决定,开启了以工促农,以城带乡的发展新里程。浙江从2003年开始,在时任浙江省委书记习近平的倡导和主持下,开展了以"千村示范万村整治"工程为抓手的农村人居环境的综合整治和统筹城乡的基础设施建设,同时提出和实施"新型城市化"的战略,强调浙江要走以人为本,城乡统筹,社会和谐,大中小城市与小城镇协调发展的新型城市化路子。到2008年,又提出把美丽乡村建设作为深化"千村示范万村整治"工程的新目标、新方向。浙江的城乡面貌由此发生了巨大变化,发生了城乡"大蝶变"。"城乡蝶变"是借用了生物学上化蛹为蝶的蝶变概念,是指政府针对城乡裂变的过程中农村要素净流出和城乡差距扩大等问题,寻求解决乡村凋敝问题和城市容量不足的问题。这段时间浙江的改革创新就是实行新型城市化与新农村建设"双轮驱动"的策略,实施"以工促农、以城带乡"的改革政策导向,引导和促进城市基础设施向农村延伸,城市公共服务向农村覆盖,城市现代文明向农村辐射,促进了落后的农村向既有现代文明又有田园风光的文明宜居美丽新农村的蝶变,开始了农村自我改造修复和提升的进程。与此同时,浙江大力实施新型城市化战略,积极探索以人为本、城乡统筹,大中小城市和小城镇协调发展的新型城市化路子,快速提升浙江城市化水平,让更多的务工经商的农民到城市创业就业。

第三阶段:"城乡聚变"新阶段。党的十八大以来,浙江这样的东部发达地区率先进入了后工业化、后城市化时代和生态文明新时代。城乡关系也出现了新变化,概括起来讲可以说进入城乡融合发展和"城乡聚变"的新阶段。具体表现为城乡经济社会融合发展,一二三产业融合发展,产城空间融合发展,生产生活生态融合发展,虚拟经济与实体经济融合发展,多种所有制融合发展。这些东部发达地区率先出现了新一轮的城市人的"上山下乡"运动,随着城市雾霾、污染等生态问题的逐渐严重和农村美丽乡村建设带来的生态环境优美的优势得到凸显,越来越多的城里人开始向往田园生活,到美丽乡村去寻找乡愁,享受良好的生态环境,越来越多的城市退休老人、文化人、投资人纷纷到有着绿水青山的美丽乡村养老、养生、度假、休闲、健身、娱乐。还有越来越多的城里人作为新农人和农创客开始从事休闲农业和现代农业。许多城市房地产企业和商业旅游企业也开始寻找被农民放弃的空心村,把它改造成为度假村和民宿,还有发展美丽农业小镇、健康农业小镇。这种由市场导向的新一轮的"上山下乡"使城乡发展进入到了"城乡聚变"的新阶段。

"城乡聚变"是借用了核聚变的概念,核聚变又称核融合,是指众多的小原子在一定的条件下聚合成更重更大的原子,即氢弹爆炸的过程,这一过程会释放出比核裂变更巨大的能量。"城乡聚变"也是城乡融合聚变的过程。一方面,以农民为主体、制造业为主的民营企业进一步向城市和工业园区、经济技术开发区集聚,通过城乡一体的户籍制度、土地制度、就业创业制度、公共服务制度的改革深化,加快进城农民市民化的进程,加大了第二产业和第三产业的比重。浙江新型城市化的态势越来越明显,杭州、宁波、温州和金义四个都市圈形成壮大,区域中心城市辐射作用不断增强,县域城市发展为中等城市,中心镇转型为现代小城市,产城融合的特色小镇茁壮成长。另一方面,在美丽乡村建设和农业供给侧结构性改革的引领下,出现了城乡融合的大众创业万众创新的新高潮,在越来越多的农村年轻人进城创业就业同时,出现了城市的投资人、文化人、工商企业纷纷到美丽乡村和现代农业投资创业的新趋势。城市消费者掀起了乡村旅游、乡村养生、乡村养老的新热潮。城市的资本、技术、文化、管理、人才等要素不断流入农村,一批在城市创业的新乡贤和农民工也纷纷回乡创业,这种城乡互联互通的大众创业万众创新使原来凋敝的农村重新焕发出了生机活力,显示了生机勃勃的城乡聚变的新态势。这种聚变催生出了许多新业态、新消费、新创业和新就业,为新常态下的城乡发展注入了强大的新动能。

二、浙江现代农业发展的实践新探索

2006 年时任浙江省委书记习近平从浙江农业的实际出发,提出"走高效生态的新型农业现代化道路",强调要把高效生态农业作为浙江现代农业的主攻方向,努力走出一条"经济高效、产品安全、资源节约、环境友好、技术密集、凸显人力资源优势的新型农业现代化道路"。全省按照习近平同志提出的高效生态新型农业现代化的要求以及党代会部署,积极顺应经济新常态下消费需求升级、生态文明绿色发展的新趋势新要求,扎实推进农业供给侧结构性改革,以集聚发展、绿色发展、融合发展、创新发展主线,致力于改善农业供给体系的质量和效益,推动农业转型升级发展。近五年来,浙江省在新时期高效生态新型农业现代化道路上进行新探索,取得了令人瞩目的新成就:浙江农民收入持续普遍较快增长,农村居民人均可支配收入从 2012

年的 14552 元增长到 2016 年的 22866 元,比全国 2016 年平均水平高出 15000 余元,连续 32 年保持全国省区农民收入第一;城乡居民收入差距持续缩小,城乡居民收入比从 2012 年的 2.37 降到 2016 年为 2.07;全省在 2015 年全面消除了人均收入 4600 元以下贫困家庭,在全国率先打赢脱贫攻坚战。农业农村建设发展奋勇争先,在全国创建了多项第一,成为全国唯一一个现代生态循环农业试点省、全国首个畜牧业绿色发展示范省、全国首个农业"机器换人"示范省、全国首个推行生产、供销、信用"三位一体"农合联组织改革建设的省份、全国首个完成"三权"到人(户)农村产权制度改革省……,由此浙江农业生产率、科技进步贡献率、综合效益和竞争力不断提升,在农业现代化发展中展现了浙江"干在实处、走在前列、勇立潮头"的风采,为中国特色的新型农业现代化提供了浙江样本。回顾浙江十三次党代会以来浙江农业发展实践,一个重要的经验就是坚持创新发展来破解现代农业发展中的内在难题,构建起新型农业可持续发展的生产体系、产业体系、经营体系、支持体系,在中国特色农业现代化道路上起到了"带好头,领好向"的作用。

1. 集聚发展提升农业基础和产业集群,破解农业弱而散的难题

浙江要强,农业必须强。针对农村家庭承包经营体制下的农业公共投入少、农田基础建设薄弱以及产业散等农业短板问题,以集聚发展提升农业基础和产业集群。一是持续打造农业"两区"升级版,夯实农业基础优势。坚持把两区建设作为推动农业集聚发展和夯实现代农业基础的主抓手。到 2016 年,全省已累计建成粮食生产功能区 9131 个,总面积 760 万亩,累计建成现代农业园区 818 个,总面积 516 万亩,两区合计总面积 1276 万亩,占全省耕地面积的 1/2。二是开展高标准农田建设。通过积极增加政府投入,统筹农业综合开发、土地整理、农田水利等项目,开展高标准农田和千万亩标准农田质量提升工程,形成了一大批高产稳产的高标准农田,目前标准农田中一等田占比已达 40% 以上。三是大力推进农业产业的集聚发展。以发展优势产业和特色精品产业为着力点,促进产业空间布局优化。到 2016 年底已打造形成以茶叶、丝绸、黄酒、中药等 16 个农业相关历史经典产业为基础的"产、城、人、文"融合的特色农业小镇,通过优化产业区域空间布局和园区集聚促进农业产业集群发展。四是大力推进农业机械化、设施化、智能化应用。深入实施农业领域"机器换人",是全国农业"机器换人"示范省。通过加快先进适用农业技术装备推广应用,进一步提高农业装备覆盖率、渗透率。

2.绿色发展促进农业生产绿色化和农产品品质化,破解农业不生态的难题

浙江省坚持"绿水青山就是金山银山"绿色发展新理念,一以贯之把习近平总书记在浙江工作期间提出的"发展高效生态农业"作为主攻方向,着力把现代农业建设成为美丽产业,实现生态环境和经济效益的统一,克服农业生产不生态、不优质的问题。一是大力发展生态循环农业。浙江省在2015年已全面完成全国唯一一个现代生态循环农业试点省创建,并成为全国首个畜牧业绿色发展示范省。积极推广"主体小循环、园区中循环、区域大循环"的多层次、多形式生态循环模式,推动农业废弃物无害化处理、资源化循环利用,有效地促进了农业面源污染治理。全面确立了"一控两减四基本"农业绿色发展体系,规模畜禽养殖场排泄物资源化利用、农作物秸秆综合利用和主要农作物病虫害统防统治率分别达到98%、95%和40%,农药化肥使用量分别减少5%,病死动物实现无害化处置。按照"场区建设美、环境生态美、品牌文化美、设施配套优、生产管理优"的要求,建设了一批省级美丽生态牧场。二是部署推进"打造整洁田园、建设美丽农业"行动计划,推进农业"视觉美、内涵美、持续美",持续深入地开展田园环境整治行动,彻底扭转田间"脏、乱、差"现象,整体改善视觉效果,全面提升美丽农业的"颜值"。并推动农旅结合,不断丰富美丽农业内涵。三是大力推进农产品质量安全体系建设。积极发展"三品一标"农产品,实施农产品绿色品牌战略,培育了一批具有市场竞争力的特色化、绿色化、品牌化的优质高值的农产品。目前,全省无公害农产品、绿色食品、有机农产品7281个,列入国家地理标志产品44个,全省"三品"产地认定面积累计1662.87万亩。大力推动在主导产业全面构建全程可追溯的安全生产体系和监管体系建设,一些县市已建立起农产品质量安全实时监管APP;严格农产品市场准入条件,在全国率先启动食用农产品合格证。目前浙江省时农业部批复的唯一整建制创建国家农产品质量安全示范省。四是大力推广粮经复合的农作制度创新,突破粮田低效益的瓶颈。通过农技推广基金,创新和推广粮经结合、种养结合、粮饲牧结合等新型高效农作方式,2015年"千斤粮万元钱"新型农作模式面积达272万亩;五是大力推进生态环境治理,让美丽环境成为生产力,形成美丽农业经济的重要支撑。2013年省委省政府全面部署推进"五水共治"工程,并加快实施"三改一拆"工程,深入开展"四边三化"行动,推进美丽乡村建设。尤其是2014年实施农村生活污水治理以来,全省农业农村生态环境得到了全面的改善和优化。3年来,各级投入300多亿元,500万户农户生

活污水实现截污纳管，2.1万个村完成治理，全省村庄覆盖率、农户受益率分别为90%、74%。全面推行农村生活垃圾集中收集处理，建制村覆盖率达到100%。

3.融合发展催生新业态和新动能，破解农业不高效的难题

浙江省以品质型小康需求为导向，以产业融合化、多功能化来推进农业结构、产品结构、品质结构和区域结构的全面优化，提高农业一二三产融合发展和综合效益水平，实现农业产业的全面转型升级。一是推动农业全产业链建设。全省已建成畜牧、水产、竹木等示范性农业全产业链29条，实现产前产中产后、产加销、一二三产融合，年总产值超过1000亿元。二是拓展多功能农业新业态。近年来，浙江省以"农业＋"的新思路培育发展农业新业态，不断推进农业与旅游业、健康、教育、文化等产业的深度融合，催生了一大批农业新业态，休闲农业、养生农业、创意农业、庄园经济等一大批新型农业业态异军突起，成为农业农村经济新增长点。全省农业休闲观光旅游产值大幅提升，从2010年的89.22亿元提高到2016年的291亿元。三是用"互联网＋"培育发展新动能。发挥互联网大省的先发优势，推进生产方式的自动化、智能化，经营方式的网络化、品牌化，农产品电商蓬勃发展。浙江省目前拥有淘宝镇56个、全国淘宝村501个，2015年农产品电商销售达到304亿元，居全国首位，一个电子商务进万村的宏伟蓝图正在实现。农业新业态正成为浙江农业增效、农民增收的新经济增长点。

4.推进农业经营主体和经营体系创新，破解"谁来种田"的难题

农业人口老龄化是浙江现代农业面临的一大挑战，也是全国现代农业所面临的难题。十三次党代会以来，浙江省把大力培育新型农业经营主体、优化农业生产经营体系作为强农的核心任务，着力构建适度规模化家庭经营、产业化合作经营和公司化企业经营相结合的新型农业经营体系。一是把培育多类型适度规模经营的家庭农场作为培育新型主体的基础性工作。通过大力促进多种形式的土地流转，鼓励专业大户、返乡农民工和大中专农科毕业生，培训农村实用人才，培育"新农人"、"农创客"等新型职业农民，发展多类型适度规模经营的现代家庭农场，使之成为我省农业家庭经营的主体力量。通过创新整村流转、长期流转以及土地股份合作农场等形式，有效促进了土地规模经营持续增长。到2016年土地流转总量1005万亩，占承包耕地面积比重53.0%。已经工商注册登记的家庭农场23719家，经营土地面积228.4万亩，平均每个家庭农场经营规模近100亩。二是创新增强农民合作组织的经营实力和社会化服务能力，提升农业合作化规模经营

和服务规模经营的水平。2014年省委省政府确定慈溪、瑞安、诸暨、义乌、仙居6个县（市、区）的改革试点,率先在全国探索构建生产、供销、信用"三位一体"新型农民合作服务体系和社会化服务体系建设,着力解决农业生产经营过程中服务短缺问题。目前,浙江所有地级市和大部分县市已建立了农合联组织。同时针对当前农民合作社多而小、散而弱的状况,加快农民专业合作社的整合和联合,积极组建农民合作社联合社,增强合作社的生产服务功能、农产品加工营销功能、资金互助功能。到2015年,全省农民专业合作社总数已达45989家,成员116.2万个,专业合作社经营服务总收入达到519.8亿元。三是积极推进农业企业化经营和农业产业化合作经营。顺应工商企业积极投资现代农业的新趋势,引导工商企业进入农业产业链的适宜领域和环境,培育一批高科技、高效益现代农业企业公司。2015年全省已有农业龙头企业7664家,在农产品加工、营销、出口等方面发挥了积极作用,农业龙头企业实现销售总收入3500亿元。同时积极引导从事农产品加工营销的农业龙头企业与农民专业合作社、家庭农场结成股份合作等形式的利益共同体,构建起共创共享的产业化合作经营的新机制。

5.全面深化农业农村改革,着力破解体制机制约束的难题

浙江顺应党的十八大以来全面深化农业农村改革的新趋势,以推进农业供给侧结构性改革为主线,向改革要动力、要红利、要活力,加快农业转型升级。城乡一体化体制机制改革干在实处,走在前列。一是率先在全国推进农村"三权"改革。2014年初,浙江省委、省政府部署"三权到人（户）、权随人（户）走"改革,各地各部门加快推进农地、宅基地、农村集体产权的确权、登记、颁证等基础性工作。截至2015年底,全省99.4%个村社完成改革,在全国率先全面完成农村集体资产确权工作。"三权"到人（户）的改革有效激发了农业农村各类要素的市场活力。二是加快改革农村户籍制度。2013年,德清县作为浙江省首个实施户籍管理制度改革的试点县启动了户籍制度改革。2015年底,浙江省政府出台《关于进一步推进户籍制度改革的实施意见》,提出全面放开县（市）落户限制,有序放开大中城市落户限制,取消农业户口与非农业户口性质区分,标志着全省户籍制度改革进入全面实施阶段。三是城乡一体医疗养老等社会保障制度进一步完善。在2014年底,浙江省11个设区市都已制定出台全市统一的城乡居民基本医疗保险制度,率先在全国完成城乡居民医保职能、制度、经办并轨。到2015年底城乡居民医保参保3202万人,总参保率达到95%,全民医保体系基本形成,并率先实现大病保险制度全省全覆盖。城乡居民平均低保标准稳步提高,城乡低保

差距进一步缩小。2012 年城乡低保平均标准分别为每人每月 515.49 元和 393.42 元,到 2016 年城乡低保平均标准分别为每人每月 678 元和 631 元。此外,积极探索农村林权抵押、土地经营权抵押、农村互助资金等农村金融体制改革以及农业互助保险等改革。总之,通过一系列城乡综合配套改革,极大地推动了农业发展政策制度环境的改善,为农业发展提供了新动能,促进了浙江高效生态新型农业现代化的发展。

三、浙江美丽乡村建设的实践新探索

浙江省是美丽乡村的首创地,2003 年,时任省委书记习近平同志亲自调研、亲自部署、亲自推动了"千村示范万村整治"工程这一农村人居环境建设大行动,揭开了浙江美丽乡村建设的宏伟篇章。2008 年浙江又把生态文明建设与新农村建设紧密结合起来,把美丽乡村建设作为千村示范万村整治工程的新方向新目标,2012 年又与时俱进提出打造美丽乡村升级版的新要求。全省各地坚持"绿水青山就是金山银山"的理念,奋力开拓,不断丰富建设内涵,扎实有力地推进村庄整治和美丽乡村建设,浙江成为全国美丽乡村建设的标杆省。全省以打造美丽乡村升级版为目标,通过政府主导、政策驱动、科学规划、分步实施、统筹协调,不断完善美丽乡村建设的体制机制,全省在宜居乡村、共富乡村、人文乡村、乐活乡村、善治乡村为内涵特色的美丽乡村升级版建设上取得了显著成效。

1.大力提升农村人居环境,建设生态农韵的宜居乡村

大力改善农村生态环境。以"五水共治"、"四边三化"、"三改一拆"、大气污染防治为抓手,打出一系列环境整治"组合拳",有效改善城乡环境面貌、优化生态环境。全面推行"河长制",完成"清三河"治理任务。大力开展农村生活污水治理,2014 年以来各级投入 300 多亿元,500 万户农户生活污水实现截污纳管,2.1 万个村完成治理,全省村庄覆盖率、农户受益率分别为 90%、74%。全面推行农村生活垃圾集中收集处理,建制村覆盖率达到 100%。大力推行生活垃圾减量化资源化无害化分类处理,推动垃圾"扔进桶"向"分好类"转变,全省 4500 个村实现垃圾分类处理。

开展美丽乡村示范县、示范乡镇、特色精品村创建和美丽乡村风景线打造。实行全域规划、全域提升、全域建设、全域管理,推进美丽庭院、精品村、

风景线、示范县四级联创,初步形成了"一户一处景、一村一幅画、一线一风景、一县一品牌"的大美格局。创建美丽庭院 43 万户,培育特色精品村 2000 多个,打造美丽乡村风景线 300 多条,已培育美丽乡村先进县 58 个、示范县 6 个、示范乡镇 100 个、特色精品村 300 个。累计启动实施美丽宜居示范村国家级试点 25 个,先后有 14 个村被列入住房城乡建设部公布的全国美丽宜居示范村庄名单,总量居全国首位。

坚持科学规划引领,修订完善县市美丽乡村建设规划和精品村、风景线规划。同时统筹规划农业产业、农业园区规划与村庄布局规划,加强空间布局规划、土地利用规划、基础设施建设等规划之间的衔接。

2. 大力发展美丽经济,建设共创共享的共富乡村

以"绿水青山就是金山银山"的"两山"重要思想为指引,从建设美丽乡村向经营美丽乡村转变,大力推进"美丽成果"向"美丽经济"转化,把美丽转化为生产力。一是依托美丽乡村,推进农业一二三产融合,拓展农业新功能,积极发展农村新兴美丽产业。因地制宜推进休闲观光农业、创意农业、养生农业等新型农业业态;农家乐、民宿等乡村休闲旅游业蓬勃发展,到 2016 年全省农家乐特色村(点)3484 个,从业人员 16.6 万人,年营业收入 291 亿元。二是依托互联网大省的优势,推动互联网与农业农村的深度渗透融合的新经济业态,农村电子商务迅猛发展。全省农产品网上销售额 304 亿元,建成淘宝村 506 个、村级电商服务站 1.1 万个,农村电商走在全国最前列。三是积极依托美丽乡村资源优势,科学推进农村集体"三资"经营管理,探索资产经营、资源开发、服务创收等多途径促进集体经济增收。十三次党代会以来,集体经济不断壮大,农村共创共富共享的基础更加扎实,2015 年全省村级集体经济收入 362 亿元,村均收入 123 万元。

3. 弘扬农村文明乡风,建设文化为魂的人文乡村

美丽人文是美丽乡村建设的灵魂所在。一是推进乡村文化建设,满足乡村日益增长的精神需求。从 2013 年起,农村文化礼堂的建设工作连续被纳入浙江省政府为民办实事项目,礼堂活动内容越来越丰富,滋养了一批"最美",弘扬了农村"好家风",文化礼堂已经成为村民的"精神家园"。目前已建成农村文化礼堂 6424 个。浙江省被文化部列为全国基层综合性文化服务中心建设工作试点省。二是持续推进历史文化村落保护。2012 年起,浙江省全面开展历史文化村落保护利用工作,先后启动 172 个历史文化村落重点村和 868 个历史文化村落一般村的保护利用工作,修复古建筑 3000 余幢、古道 212 公里。在全国率先实施"《千村故事》'五个一'行动计划",弘

扬具有浙江时代印记和地域特色的文化遗产。1237个历史文化村落逐步成为浙江美丽乡村建设的文化窗口。三是培育好淳朴文明乡风。深入实施优秀文化传承行动等"六大行动",将核心价值观融入道路、公园、河岸,让农民在赏心悦目中受到教育。开展乡风评议和新乡贤活动,运用村规民约、家规家训、牌匾楹联等,潜移默化影响农民的价值取向和道德观念。

4.推进城乡综合配套改革,建设城乡联姻的乐活乡村

全面推进城乡综合配套改革,以改革来激发美丽乡村建设的活力。一是深入推进"新土改"。以产权制度为核心的农村改革,通过确权、赋权、活权、保权,将农村死产变为活权、活权变活钱,切实助推农民收入增加、改变生产生活。二是积极开展"新金改"。在农村产权全面确权的基础上,通过推动金融下乡、发展普惠金融等途径,为农民致富、农村发展提供强有力的信贷保障和高水平的金融服务。三是持续深化"新户改"。2015年底,浙江省政府出台《关于进一步推进户籍制度改革的实施意见》,全面放开县(市)落户限制,建立了城乡统一的户口登记制度,逐步消除了依附于户口上的城乡差别待遇,加快了农业转移人口市民化的进程。四是扎实推进城乡基本公共服务均等化。2014年浙江省11个设区市都已制定出台全市统一的城乡居民基本医疗保险制度,率先在全国完成城乡居民医保职能、制度、经办并轨。2015年全省在城乡居民医保并轨的基础上,率先实现大病保险制度全省全覆盖。加大社会救助兜底力度,城乡居民平均低保标准稳步提高,2016年城乡低保平均标准分别为每人每月678元和631元。

5.推进平安社区和基层党建,建设服务臻美的善治乡村

坚持以基层党建促美丽乡村建设,以乡村治理促平安社区建设,全力构建法治、德治、自治"三位一体"新型农村社会治理模式,努力打造社会活力最强、社会秩序最优、社会风气最正、社会服务最美、社会治理最善、干群关系最好的善治乡村。一是扎实推进党的基层组织建设。2015年以来,全省各地以"整乡推进、整县提升"为重要抓手,始终把基层党建工作牢牢扛在肩上、抓在手中,高标准落实农村基层党建"浙江二十条"。乡镇带着村里干,党员干部做给群众看,村支书当好"领头雁"。各级基层党组织充分利用身处基层、贴近民众的特点,将民众关心的、政府重点抓的工作写入村规民约,培育良好的乡风民风。二是进一步探索和完善法治、德治、自治"三治一体"的基层社会治理现代化体系。坚持以法治为纲,不断提高依法治乡、依法治村水平。以德治为基,不断激发群众道德自觉,大力推进公民道德建设,把公民道德建设融入经济社会发展各个领域,真正实现美丽乡村美在心灵。

以自治为要,突出发挥村规民约的自治作用,把决策权、蓝图和政策交给群众,政策的制定、重大政策的落实,与群众的互动。三是以网格化管理促平安社区建设,构建全民共建共享社会治理格局。完善"一张网"的基层社会治理网络体系,深化平安建设信息系统与"网格化管理、组团式服务"两网融合。

四、40 年浙江农村改革发展的经验

改革开放 40 年来,浙江农村发展和城乡关系发生了历史性的巨变。浙江经济社会持续发展进步,其速度和效果远远超出了我们的预期,浙江已率先全面消除了人均收入 4600 元以下的绝对贫困人口,实现了由温饱型社会向全面小康社会的转型,浙江生态文明建设与和谐社会建设,平安浙江、美丽浙江、法治浙江、文化浙江建设也都成绩卓著。浙江的实践显示出了中国特色社会主义道路体制的巨大优越性,给我们许多有益的启迪。中国要强,农业必须强。中国要美,农村必须美。中国要富,农民必须富。从农业、农村、农民这三农问题的视角而言,总共有以下几个方面值得全国各地和发展中国家借鉴的经验。

1. 统筹城乡发展,推进城乡一体化,是解决三农问题的根本路径

浙江统筹城乡发展和"城乡三变"的发展趋势让我们对城乡关系有了更深刻的认识。浙江的实践表明城乡是一个生命共同体和命运共同体。过去计划经济年代属于城乡分割的二元体制,分割了这个生命共同体,造成了城乡分割两败俱伤的不良后果。改革开放以来,统筹城乡发展开启了城乡互促共进、相得益彰的城乡一体化发展的新境界。从社会历史发展来看,城乡是一个此消彼长、相互关联的两个社会经济形态,那么从传统哲学和文化上讲,城乡是一个阴阳相生相克、相辅相成、互为依托、互为存在的太极圈,城为阳,乡为阴,城乡融合优势互补、互促共进;从中华民族伟大复兴的历程来看,中国历史上的辉煌时期是农业文明时代,中国落后在工业文明时代,中国弯道超车是在后工业化时代,中国的重新崛起和伟大复兴可能就在生态文明新时代和城乡一体化发展的新时代。城乡融合和"城乡三变"打开了中国乡村复兴的大门,可以说中华民族的伟大复兴一定是建立在城乡一体化背景下的"乡村复兴"基础上的。从城乡生命共同体和城乡命运共同体的新

理念来看，一个国家全面的现代化就应该是城乡发展一体化，城乡一体化实现之时也就是中国现代化实现之时，也可以说是中华民族的伟大复兴之时。

城乡生命共同体和命运共同体深刻揭示中国城乡发展的内在规律性，也让我们深刻地理解中央提出的新型工业化、新型城镇化、信息化与农业农村现代化同步推进的战略，确实是一个英明的决策。这是消除历史上形成的城乡差别发展、城乡分割发展、城乡不平等发展的必由之路。因此，我们在下一步的城乡发展中要对原有的城乡分割的二元体制下遗留下来的体制机制进一步进行改革创新。

一是要把推进城乡发展一体化和"五化"（新型工业化、新型城镇化、信息化、新型农业现代化、绿色化）同步推进作为中国走向全面建成小康社会和现代化的一条主线。要把乡村复兴作为社会主义新农村和美丽乡村之后中国"三农"发展的一个新任务和新目标，作为实现中华民族伟大复兴的基础工程，摆到重要的议事日程。

二是要从城乡生命共同体和城乡命运共同体的认识出发，更加全面地把握城乡经济社会发展的规律性，更深刻地认识在城乡融合和聚变发展的背景下，中国"三农"的新内涵，赋予新农业、新农村、新农民以更新的内涵。新农业就是以全绿色化、整产业链、高科技、高附加值、强竞争力、多功能化为特征，具有全新的经营主体、经营模式、经营业态和经营功能，体现了中国特色的新型农业现代化的发展方向；新农村以城乡融合为基本特征，它既是农民的幸福家园，也是城里人的休闲乐园、养生公园和养老胜地，体现了美丽乡村让农民更幸福、也让城里人更向往的新特征；新农民不再是户籍意义上的农业人口，而是职业意义上的职业农民，就是习总书记最近讲的爱农业、懂技术、会经营的新型职业农民，英雄不问出处，农民也不问出身，它不限于普通的农业劳动者，城里的投资人、文化人和有意愿的工商企业主、大学毕业生等，只要热爱农业、喜欢农业都可以成为其中的一员。新农业、新农村和新农人的出现，将会给中国乡村带来又一次革命性的变革和新生，并且将为中国城乡经济社会的发展和进步提供巨大的新动能。

三是要进一步推进城乡综合配套改革，彻底消除计划经济年代遗留下来的以及在改革开放的初期所制定的城乡二元分割的体制机制和法律政策的影响。这需要进一步解放思想，要从城乡是一个生命共同体、命运共同体的理念来重新认识，重新梳理相关的体制机制和法律政策，要从城乡是一个生产共同体、消费共同体、投资共同体、社会共同体和生态共同体的新认识来推动城乡户籍制度、土地制度、财产制度、产权制度、公共服务制度、社会治理制度等一系列的改革。构建起城乡一体的户籍制度、劳动就业制度,城乡一体的房地产市场、资本交易市场,城乡一体的公共服务制度和社会治理制度,真正赋予城乡居民平等的公民权利、财产权利和发展权利,促进城乡各种人才、资本、技术、文化、资源等要素自由流动、优化组合,进一步形成城乡互联互通的大众创业、万众创新、全民创富的新局面。创造出由城乡融合和聚变带来的新动能,这将是与"核聚变"所产生的氢弹爆炸一样巨大的新能量,这种新能量的激发将是我国新常态下的巨大的新动能,这种新动能也就是城乡一体化背景下乡村复兴和中华民族伟大复兴的新动能。

2. 推进美丽乡村建设是加快农村全面小康社会建设的最重要的战略举措

党的十六大以来,中央把全面推进社会主义新农村建设作为加快农村小康建设进程的战略举措和总抓手,取得了巨大的成绩。全国各地都从实际出发,与时俱进地探索社会主义新农村建设的具体路径。浙江省从 2003年开始,在时任省委书记习近平的倡导和主持下,以"千村示范万村整治"工程为载体,以农村生产、生活、生态的"三生"环境改善为重点,率先开展了美丽乡村建设。经过十几年的努力建设,交出了一份令人满意的答卷。全省农民人均纯收入达到了 22866 元,比全国水平高出 1 万元。农村面貌焕然一新,几乎所有的村庄都完成了农村人居环境综合整治,普遍做到了垃圾无害化处理、污水集中处理,实现了村村通公交、通宽带,做到了人人有社保、教育文化医疗等基本公共服务,初步实现了城乡均等化。农村生态环境重新恢复了江南山清水秀的好风光。农强村美民富的美丽乡村成为农民美好生活的幸福家园,也成为城里人休闲旅游的大花园。浙江美丽乡村建设普遍增强了农民群众的获得感和自豪感。2015 年 5 月,习近平总书记在浙江考察指导工作时指出,美丽中国要靠美丽乡村打基础,浙江建设美丽乡村有自然禀赋,也有当年开展"千村示范万村整治"工程的前瞻性。现在全国很多地方都在建设美丽乡村,其中有一些是学习浙江的,希望浙江再接再厉继续走在前面。

从浙江和全国各地的实践来看,美丽乡村建设对农村的政治、经济、文化、社会、生态建设起到了总支撑和总载体的作用,也开启了以工促农、以城带乡的新路径、新篇章,对实现"农业强、农村美、农民富"的全面小康的"三农"梦起到了十分重要的推动和支撑作用。因此我们认为,在全面建成小康的攻坚时期,把美丽乡村建设作为全面推进农村小康社会建设的总抓手,以此确保农村每一个村庄、每一个农户都能过上全面小康的体面生活。有以下几点值得借鉴的启示。

一是把美丽乡村建设确定为加快农村全面建成小康社会的总抓手。美丽乡村是小康社会、小康生活在农村的具体化和具象化的表达。它的实施对农村的物质文明建设、精神文明建设和生态文明建设都起到了全面的提升作用。特别是美丽乡村建设对农村人居环境和生态环境的优化起到了特别好的促进作用,真正体现了农村绿色、低碳、美丽的本色,形成了对城里人更有吸引力的特色底蕴。美丽乡村建设还促进了生态绿色的美丽经济的发展,带动了新一轮"上山下乡"的消费和投资热潮。从根本上改变了农村边缘化、空心化和脏乱差的落后面貌。美丽乡村建设是一个全面的系统工程,它以农村的生产、生活、生态条件的全面改善和提升为切入点,其任务与内涵涵盖农村的政治建设、经济建设、社会建设、文化建设、生态建设和党的建设。体现了全面性和系统性,可以说,在这方面还没有其他工程可以与美丽乡村建设相比肩。美丽乡村建设对改变农村落后面貌,提高农民的生产生活水平,推进农村全面小康建设起到了全面的、系统的支撑作用。美丽乡村建设体现了工业反哺农业、城市带动农村和多予少取放活的方针,推动了政府公共财政、公共服务、公共设施建设更多地向农村倾斜,有效地缩小了城乡的发展差距,对统筹城乡发展、推进城乡发展一体化起到了很好的促进作用。美丽乡村建设已有成功的经验和深厚的群众基础。作为推进农村全面小康的战略工程,美丽乡村建设也是一个让广大农民群众都听得懂、听得进、有获得感的民心工程。浙江的美丽乡村建设通过 15 年的建设,形成了更为广泛的群众基础,取得了丰硕成果,得到全省人民广泛的支持和拥护。现在许多省市都开展了美丽乡村建设。李克强总理在今年的"两会"报告中明确提出,要深入推进农村人居环境整治,建设既有现代文明又具田园风光的美丽乡村。中宣部部长刘奇葆在全国农村精神文明建设经验交流会上也提出"建设美丽乡村是党中央深入推进社会主义新农村建设的重大举措,是在农村落实'四个全面'战略布局的总抓手"。美丽乡村建设成为中国共产党和中国政府解决三农问题的一大创新举措。它比社会主义新农村更容易为世界所接受、认同和理解。特别是对发展中国家具有很强的引领、借鉴意义,成为中国解决三农问题的一个国际化成功案例,成为中国在"一带一路"中可以输出传播的中国经验与中国智慧、中国方案,成为中国软实力的体现。

二是要明确美丽乡村建设的新目标和新任务。2006 年中央出台了关于开展社会主义新农村建设的决定,提出了要统筹城乡经济社会发展,按照

"生产发展、生活宽裕、乡风文明、村容整洁、管理民主"的要求,协调推进农村经济建设、政治建设、文化建设、社会建设和党的建设。在全面建成小康社会的攻坚阶段,要把美丽乡村建设作为农村全面小康建设的总抓手。

美丽乡村建设的总体要求:坚持以创新、协调、绿色、开放、共享五大发展理念为发展指导,以"绿水青山就是金山银山"的两山重要思想为理论指引,要体现农村经济、政治、社会、文化、生态五位一体的发展布局,以新型工业化、信息化、城镇化、农业现代化、绿色化"五化协同"为发展动力,要体现农村全面小康社会发展水准、城乡发展一体化的发展趋势、绿色低碳可持续的发展要求,生产、生活、生态"三生"融合的发展方式。

美丽乡村建设的主要目标:可以表述为"五个乡村"的建设目标,即生态农韵的绿色乡村、共创共享的共富乡村、文化为魂的人文乡村、文明乐活的健康乡村、民主法治的善治乡村。也可以简明表述为按照产业精美、环境优美、生活恬美、社会和美、服务完美的要求推进美丽乡村建设。

美丽乡村建设的基本原则:

因地制宜分类指导、科学规划尊重民意;

城乡统筹以城带乡、城乡共建互利共享;

政府主导农民主体、社会参与多方合作;

生态优先绿色先行、产业为基富民为重;

文化为魂留住乡愁、精神家园弘扬美德;

民主管理和谐善治、党建引领强化保障。

美丽乡村建设的重点任务:发展高效生态的现代农业和绿色生态的美丽经济;建设规划科学的村落社区和绿色洁净的生态环境;完善城乡均等的公共服务和民主法治的社会管理;培育健康乐活的文明风尚和乡愁文化的精神家园;培养全面发展的新型农民和为民服务的村级班子。

美丽乡村建设的动力路径:美丽乡村建设要实施统筹城乡发展的方略,要从城乡是生命共同体和命运共同体的认识高度出发,坚持新型城镇化和美丽乡村建设双轮驱动,走城乡发展一体化的路子,实行工业反哺农业,城市带动农村和多予少取放活的方针,统筹城乡规划布局、统筹城乡产业发展、统筹城乡创业就业、统筹城乡基础设施建设、统筹城乡公共服务、统筹城乡社会保障,充分发挥政府主导作用、农民主体作用和社会参与作用,加大政府公共财政投入的力度,加快农村基础设施建设和公共服务体系建设,积极引导城市投资创业者、科技工作者、文化工作者、城市消费者与农民群众共建、共营、共享美丽乡村,让美丽乡村既成为农民小康生活的美好家园,又成为市民休闲旅游的生态乐园。

3.必须走以小农为主体的新型农业现代化道路

中国是一个农民占人口大多数,小农家庭经营为农业主体经营方式的发展中的大国。中国地域广阔、人口众多、人多地少和农民占人口大多数的农业大国、小农大国的基本国情,决定了中国小农发展在中国农业发展乃至整个中国经济社会发展中都具有特别重要的地位。中国自封建社会以来的2000多年的历史表明,小农稳定发展是中国经济社会稳定发展的基础磐石。其间,每一个朝代的兴衰更替都与小农的稳定与否有直接的相关性,可以说"小农安则国泰民安,小农富则民富国强"。中华人民共和国成立60多年以来中国发展的曲折历程也证明了这一规律。

中华人民共和国成立后普遍实行"耕者有其田"的土地改革,使中国小农普遍获得了自有土地,成为独立经营的自耕农,使得被战乱重创的中国农业和国民经济得到迅速的恢复。但是,20世纪50年代后期国家实行高度集中的计划经济体制和过急的农业集体化与人民公社化运动,取消了农户家庭经营,再加之实行城乡分割的二元经济社会体制,使得中国的农业和国民经济发展遭到严重挫折。1978年召开的中国共产党十一届三中全会,拨乱反正,恢复了实事求是思想路线,尊重和支持了中国农民要求包产到户和恢复家庭经营的改革诉求,普遍推行了农业家庭联产承包经营制改革,并以此为契机开启了中国市场取向的改革开放和向社会主义市场经济转型的历史新进程。重新获得农业生产经营自主权和自由发展家庭经济权的中国几亿小农重新焕发出发展生产力的蓬勃生机活力。并且随着中国市场化改革的逐步深化和工业化、城镇化的推进。中国小农也通过自身的创造性改革实践探索,逐步获得了自由发展市场农业和参与工业化、城镇化发展的权利。以发展乡镇企业、家庭工业、民营企业,建设小城镇和进城务工经商办实业等形式,推动了小农的分工分业和在一、二、三产业广阔领域创业就业,率先在农村掀起了大众创业、万众创新的热潮,使中国小农历史性成为推动中国改革开放和市场经济发展中一个最有贡献性的社会群体。创造出了一种以占人口大多数的农民为主力军、以农村市场化、工业化、城镇化为先导的中国特色的大众市场经济和工业化城镇化的新模式,也使得中国创造出了世界领先的发展速度,也创造了以占世界百分之七的耕地解决了占世界将近四分之一人口的吃饭问题的农业发展奇迹,并使中国跃迁为世界第二大经济体。中华人民共和国成立至今这段曲折而又辉煌的发展历程,又一次显示了中国小农的伟大创造力,印证了"小农兴则中国盛"的历史规律。这一历史经验表明,在一个小农占多数的发展中国家,执政党和政府只有摆正小农在国家发展中的主体地位,赋予小农自由全面发展权利,创造小农自由全面发展的社会环境,才能实现国家经济强盛稳定和向现代化的跃迁。

五、40 年浙江农村改革发展的启示

浙江是一个典型的人多地少、小农在农业生产中占主体地位的省份,改革开放四十年来,浙江积极探索出来一条注重提升小农优势和竞争力,实现小农生产经营现代化的成功之路。集中起来有三条值得借鉴的启示。

1. 注重发挥小农的特有优势和竞争力

在中国小农逐步实现传统农业向现代农业演进和转变的历史进程中,如何以辩证扬弃和与时俱进的哲学思想,传承与发展中国小农的传统优势,并使之与现代农业发展模式相融合,这是小农经营具有持久优势和竞争力的核心之所在,小农经营几千年的长盛不衰和在改革开放新时代所表现出来的全新的竞争力,使我们对小农的优势及其小农发展的引导政策有了更深刻的理解。

首先,我们增强了对小农家庭经营适合中国国情和中国农业生产力发展要求的认知和信心。实践证明,农户家庭经营这一模式最适合于具有自然再生产和经济再生产相交织特点的农业生产。实行农业计划经济和取消家庭经营的农业集体化和人民公社统一经营模式既不符合农民意愿也不适合农业生产的实际。改革开放后的家庭联产承包责任制改革之所以卓有成效,最重要的就是恢复农户家庭经营在农业生产中经营主体的地位,并取消农业指令性计划、放开农产品价格,把农业生产纳入市场经济发展轨道。

其次,是要充分发挥小农传承千年的农耕文化的软实力和提升精耕细作农作制度的竞争力,中国农业发展历史悠久,农耕文化日久弥新。中国农耕文化是中国优秀传统文化之源,道法自然精耕细作的农作制度则是农耕文化在农业生产方式上的全面体现。千年传承的中国农耕文化的影响力涵盖中国农业发展的各个方面,是中国小农千百年来生生不息的文化基因。中国农耕文化中蕴含的天人合一、道法自然的农事理念,巧用资源、精耕细作的农作制度,崇学勤俭、慈善孝悌的农家诫训,集村聚居、社区互助的农村价值,以农为本、先农重农的农本思想,这些农耕文化与价值理念薪火相传,已深深扎根和潜移默化影响中国小农乃至中国社会各个方面,成为中国小农的文化软实力。特别是那种因地制宜、巧用资源、精耕细作的农作制度，成为农业资源稀少的中国小农依靠自己的勤劳智慧获得生存发展的法宝，并且这种农耕制度历久弥新，在发展过程中不断地吸纳新的生产要素和科研成果，农地产出率和农业资源利用率不断创出新高，使人多地少、人均土地资源匮乏、气候地理复杂多样的中国农业找到了充分发挥劳动力众多优势、弥补农地资源短缺的发展之路，成为中国依靠自己资源解决好十几亿人口吃饭问题的关键因子，也成为中国农业和小农的核心竞争力。

中国农耕文化中还蕴含着博采众长和与时俱进的开放包容精神。近2000多年来中国小农既不断地驯化利用野生生物资源，又不断采用从世界各地引入的新的农作品种和先进实用技术，诸如引进与广泛种植玉米、马铃薯等高产粮食品种，并且能够从中国的地理气候条件和社会环境条件出发实行本土地种养，使得中国农业产业和农产品能够不断地优胜劣汰，从中优选出更符合当地实际和时代需求的新的优良品种和优势产业。中国小农的这种包容性、开放性、创新性的理念使得其不会落后于时代的发展，且能与时俱进地跟上时代发展步伐，并与世界农业发展潮流相融合。可以说这也是中国小农在今后的发展中不会落后于世界发展潮流的很重要的竞争力。

2. 致力于促进小农生产经营的现代化

浙江在改革开放的新历程中逐步找到了一条与社会主义市场经济体制相适应的具有中国特色的小农走向现代化的道路。概括起来，就是探索出了一条从解放小农、改造小农到转化小农和提升小农的小农生产经营现代化之路。

"解放小农"就是在中华人民共和国成立之初实行"耕者有其田"的土地改革，废除了封建土地制度，把中国小农从封建地主的剥削制度中解放出来，让亿万农户获得了自有的土地，免除了沉重的地租负担，解除了佃农对地主的人身依附关系，获得了身份上和经济上的独立，并成为中国农业发展的主体力量。这一解放小农的土地改革极大地调动了广大农户发展农业生产的积极性，为20世纪50年代初中国农业生产力的快速恢复和发展创造了极为重要的政治经济和社会环境条件。20世纪70年代末开始的实行家庭联产承包责任制和城乡综合配套改革，可以说是对中国小农的又一次解放，就是将小农从计划经济体制、人民公社化体制和城乡二元经济社会体制中解放出来，又一次激发了中国小农活力。

"改造小农"就是针对当时土地改革之后小规模分散经营的小农户投入生产财力严重不足，生产力水平低下，在发展农业过程中出现了生产能力差异和贫富差距扩大的问题,也出现新的土地买卖,一部分贫穷农户出卖土地重新沦为无地户。针对这种状况,中国政府提出了以合作制来改造和扶持小农发展的重大命题,强调要通过合作和联合的方式逐步引导中国小农发展与国家工业化的要求相适应。在这一改造小农的过程中走过了一段曲折的路程。在1952年开始的农业互助合作的政策与方向是正确的,就是在尊重农户意愿和独立财产权益的基础上,建立农业生产助组和农业生产初级合作社以及农村供销合作社和信用合作社。但是后来受苏联集体农庄和实行计划经济体制的影响,取消了农户家庭经营,一阵风地过渡到土地集体所有制和生产统一经营的农业高级社和人民公社,试图通过这种生产关系的极速改造,为农业大规模机械化现代化生产创造条件。后来实践证明这种不尊重广大小农意愿、取消农业家庭经营的改造方式是失误的,导致了中国农业生产力发展的严重曲折。改革开放后,中国政府纠正了这一失误,尊重农民意愿,普遍实行家庭联产承包经营,废除人民公社体制,重新恢复了小农家庭经营在中国农业生产中主体地位,并结合社会主义市场经济体制的建立,重新探索一条尊重小农意愿和市场经济规律的改造小农提升小农的改革发展之路。

“赋权小农”就是在普遍实行农业家庭联产承包责任制和实行市场经济体制之后,中国政府进一步推进市场化改革,采取尊重农民创造和渐进式改革的路径,逐步放松了对农民的城乡分割的户籍、就业、创业的管制,逐步地赋予农民自由全面发展的权利。取消了农业指令性计划与价格管制和以粮为纲的政策,赋予农户按市场需求自由发展种养业和多种经营的权利。同时,又逐步赋予农民可以利用集体土地发展乡镇企业和民营经济的权利,赋予农民在城乡间自主创业和就业的权利。这种以“赋权小农”为特征的改革,使中国小农历史性地获得自由而全面发展的各个基本权利。为中国小农突破单一农业生产经营,转移大量的农业剩余劳动力,为主动参与国家工业化、城镇化进程,共享工业化、城镇化发展成果,提供了良好的政策与社会环境。

“转化小农”就是针对中国小农人口众多、人均农业资源太少、经营规模细小、农业劳动就业严重不足、农村劳动力大量剩余的现实情况,确立了减少小农才能发展小农和富裕小农的战略新思路,并且在总结各地农民自发创造地转移农村劳动力和就地发展农村工业以及建设小城镇、发展专业市场等创新实践的基础上,形成了一手抓小农转移转化,一手抓小农农业经营规模化现代化的“两手抓”的方法路径。逐步探索出了一条主要依靠农民自主创业就业和就地就近参与工业化和城镇化的转移转化农村劳动力的新路子。从而使得以农民为主体的农村工业化、城镇化道路彻底改变了中国城乡经济格局,形成了以农民非农化、农村工业化、城镇化快步推进国家工业化和城镇化的发展新格局。在乡镇企业、家庭工业、民营经济和小城镇,专业市场快速发展的浙江等经济发达沿海省份率先兴起了以小农(农民)为主体的大众创业、万众创新的热潮,形成了百万能人创业创新的新局面,带动千万农民转移就业致富的新机制,由此形成了大众市场经济发展新模式。这种以亿万中国小农自主创业创新和转移转化为主要动力和特征的市场化、工业化和城镇化推进为主线的发展格局,客观上形成了一种以占人口大多数的农民大众为创业创新闯市场的主体力量的大众市场经济的发展新模式。这种新模式的要义是以民为大、以农为重、大众创业、万众创新、市场民营、城乡统筹、共创共富。当地政府也由此形成了人民大众创业创新、人民政府管理服务,人民大众创造财富、人民政府创造环境的发展理念与运行机制。这种从农村和中国小农大众转移转化起始进而延伸到城乡更广阔领域和群体的"大众创业、万众创新"的发展机制和人民大众创造财富、人民政府创造环境的运行规则,形成了中国特色的大众市场经济的新模式,这也是中国亿万小农得以迅速转移转化的最重要的体制改革因素。

"提升小农"就是在农村劳动力快速转移和务农小农数量大量减少的情况下,中国政府同步采取了推动中国小农生产经营规模化、专业化、集约化和现代化的政策引导措施。21世纪以来,中央政府提出了统筹城乡发展的战略方针和新型工业化、新型城镇化、信息化和农业现代化"四化"同步推进的战略思路,把加快发展农业现代化进程放到了更加突出的位置。并且制定了以促进土地流转,加快培育规模化、专业化、集约化的专业化大户和家庭农场为重点,以发展农业合作化产业化经营和社会化农业服务组织为支撑,推进小农生产经营现代化的新路径。从全国各地特别是沿海发达地区的实际情况来看,已经出现了这种加快提升小农现代化经营水平的新趋势。如浙江省2014年农户承包土地流转率已经超过50%,经济发达县已经超过80%,规模化经营的种粮大户和家庭农场平均规模超过了100亩,其面积已占到全省粮田面积70%,粮食生产全程机械化率达到80%以上,蔬菜、水果种植和畜牧养殖业也实现了以专业大户和家庭农场为主的格局。从总体上来看,已经初步形成了以规模化、专业化、集约化农户家庭经营与农业产业化合作经营相结合的新型农业双层经营体制,走出了提升小农和小农生产经营现代化的成功之路。

3. 发挥政府在改善小农发展环境中的主导作用

从浙江小农发展实践来看,要实现农业稳定而又持续的发展,必须依靠三方力量的推动,一是有赖于小农家庭经营主体地位的牢固确立、主体积极性的有效激发和主体性作用的充分发挥;二是有赖于市场机制在农业产品供需对接和农业资源配置中的决定性作用的有效发挥;三是有赖于政府对营造小农发展的良好经济社会环境中的主导作用和服务功能。其中,政府主导作用的发挥要有利于市场起决定性作用,有利于小农生产积极性的充分激发。要弥补市场失灵,帮助解决小农自身能以有效解决的问题,促进小农自由而全面的发展。概括起来,政府在改善小农发展环境中的主导作用,集中体现在以下几个方面。

一是牢固树立"先农、重农、敬农"的发展理念。农业作为最古老的、为人类生存发展提供衣食之源的基础产业的地位,不会因工业化、城镇化、现代化水平的提升而改变。从中国几千年的历史来看,农业兴、小农富则天下稳,农业衰败、小农贫弱必然带来天下大乱。因此,从中华人民共和国成立之时起,中国政府就把发展农业、富裕农民作为立国之本,并且要始终如一、不可动摇。20世纪50年代后期到70年代末的中国经济社会发展的挫折,正是因为当时政府政策上把国家工业化放到重中之重的位置,暂时牺牲农业发展和农民利益来推动国家工业化,其结果是欲速则不达,工业上不去,城市兴不起,农业强不了,农民富不了。改革开放以后,国家重新摆正了农业在国民经济中的位置,赋予亿万小农自由全面发展的权利,重新把解决好农业农村农民问题作为政府全部工作的重中之重,并实施一系列强农富农惠农的政策,为农业和小农的发展创造了十分有利的社会环境,从而迎来了长达30多年的高速发展,创造了世界经济发展的奇迹。

二是以改革创新创造小农发展良好制度环境。在发展经济学一般理论中,制度创新占有很重要的地位。根据制度变迁的不同动力因素,在理论上又区分为诱致性制度变迁和强制性制度变迁。中国改革开放中形成的大众市场经济发展模式,体制改革和制度创新起到了极其重要的作用。具体来说,这种制度创新又表现以民本自发的诱致性制度变革先行先导,政府自觉的强制性制度变革配套跟进的制度变迁路径,在改革发展实践中诱致性制度变革与强制性制度变革按一定的次序共同推进了各个领域各项制度创新,使得本来十分复杂、阻力巨大的制度创新得以较快地实现。这也说明我们在改革发展中坚持尊重农民首创精神,鼓励农民大众和基层大胆闯、大胆试、大胆干,允许试错的方法是十分有效和正确的。中国小农敢为天下先的创新精神与各级党委政府善于总结推广基层新创经验的实事求是精神和求真务实工作方法达到了完美的结合,这也是农村改革发展始终能走在前列的重要因素。改革发展各个阶段各个领域的制度创新都贯穿着解放思想、实事求是、与时俱进哲学思想的指导作用。在土地制度、产权制度、户籍制度、劳动就业制度、社会保障制度、乡村治理制度、金融制度、行政管理制度等各种方面的制度创新都有独特的经验,都体现基本政策的统一性和具体方法的灵活性的统一。

三是走以农民创新创业为动力大众市场经济发展之路。改革开放以来,浙江小农和农业的发展取得举世瞩目的成就,一个很重要的原因是政府坚持尊重农民群众的创造、坚持走市场化改革的道路,认真总结小农在实践中的改革创新经验,逐步地形成了一条以农民主体的市场化、工业化、城市化和农业现代化的发展道路。其核心的机制是坚持以人为本、以民为大,以农为重、城乡统筹,大众创业、万众创新,走出了一条大众市场经济的发展道路。这种大众市场经济的发展模式,就是把占人口绝大多数的农民作为直接地主动地参与市场化、工业化、城市化进程的主体力量,政府为千百万农民经商办厂闯市场创造良好政策环境,一大批有天赋的企业家人才、管理人才在农民群体中脱颖而出,形成了百万农村能人创新创业带动千万农民转产转业的良好发展机制。农村市场化、工业化、城镇化快速推进,越来越多的农民成为既有劳动收入又有资本收入和财产收入的中等收入群体。让广大农民有自信、有自尊、有自由、有自财,广大农民完全可以按照自己的意愿和能力实现自由而全面的发展。以农民主体的市场化、工业化、城镇化道路为核心的大众市场经济模式,具有鲜明的中国特色,有广泛的普适性,是值得许多农民群体占人口多数发展中国家和地区借鉴的发展路径。

四是政府要成为农业基础建设投入的主体力量。从经济学的角度来看,农业基础设施投入具有鲜明的公共产品属性,特别是在农田水利建设、农村基础条件的改善、农业机械化、电气化、设施化的推进以及农业科研教育和技术推广方面,都具有明显的公共性和公益性,这些方面的建设投入既是一家一户的小农没有经济实力做到的,也是分散的小农单独做不了的。政府在农业水利基础设施的建设和农技推广方面具有悠久的历史传统。同时,政府始终坚持把推进农业的机械化、电气化、设施化作为政府推动小农发展和农业现代化的战略性举措,始终坚持把实施种子种苗工程、构建产学研农科教相结合的农业技术服务体系作为政府财政支农的主要方向,从而使得农业基础设施持续不断地改进和完善,大幅度降低了恶劣的自然气候环境所带来的影响,全面提升了农业减灾防灾的能力,为小农向现代化的转型和小农生产力的全面提升提供了非常有力的外部环境条件。

五是政府要在尊重农民自愿的基础上提升小农的合作化组织化水平。在坚持小农家庭经营在农业中占主体地位的基础上,不断提升小农合作制和社会化服务水平,是农业走向现代化的一条必由之路。许多发达国家已经走出了这么一条路,中国作为发展中国家,也必须走好这一路子。在改革开放的新历史条件下,正在探索一条全新的提升小农组织化产业化和合作发展水平的新机制。计划经济时期那种否定农业市场化发展体制,违背农民的意愿搞"一大二公"的合作经济,把合作制当作合并财产、取消家庭经营的做法,已被实践证明是完全错误的。但是农业和小农发展必须走合作和联合发展的路子,这一方向必须坚定地坚持下去。从近年来浙江的实践看,大力推动农民专业生产合作、供销合作、信用合作之间的联合,在农业产业化经营的产业链条中,引入合作经营的机制,从而把农民家庭经营的优越性、合作经营的优越性和产业化企业经营的优越性加以叠加,形成专业化、规模化、集约化家庭经营与产业化合作经营相结合的新型农业双层经营体制。这是广大小农实现从传统农业向现代农业"蝶变"的体制机制支撑。

六是政府要高度重视农业人力资本的投入。人是生产力中最活跃最重要的因素,可以说人类社会的物质力量取决于人的精神力量,经济竞争最后的决定性因素是文化软实力。特别强调人民大众的精神作用、文化软实力的作用也是民本发展经济学区别于一般发展经济学的重要特点。文化软实力是文化生产力在人的精神风貌、文化素质、价值追求上的体现,也包含一个民族、国家、地区的历史文化传承在现代人精神、素质和价值观念上的体现。大众市场经济强调民本的力量,就是把人民大众的精神力量转化为发展经济推动社会进步的物质力量,就是要坚持精神文明建设与物质文明建设一起抓,形成两个文明建设相互促进、相得益彰、比翼齐飞的发展机制。中华人民共和国成立60多年来农业和小农的发展,之所以成就卓著、引人瞩目,与中国悠久的农业文明和农耕文化的传承有密切的相关性。可以说,千年传承的农耕文化、道法自然的农事理念、精耕细作的农作制度、勤劳勤学的农家精神、村社互助的农村价值、先农重农的农本思想,正是中国小农软实力之体现,这种文化一旦与农业的生产经营方式相结合,就可以形成中国小农的核心竞争力。因此,要高度重视人力资本投资,大力发展农村文化教育事业,广泛开展对农民大众的培训教育,全面提高农民大众的文化科技素质和文明素养,积极促进中国小农向新型职业农民的转型升级。

总　论　农民创世纪与民本发展经济学

　　改革开放以来,浙江创造了经济社会发展的惊人奇迹,浙江广大农民群众的伟大改革实践,谱写了农民创世纪的恢宏篇章,铸就了具有中国特色、浙江特点的民本发展经济学的理论。浙江在中国特色社会主义理论指引下,探索了一条突破城乡二元社会结构,农民主体的市场化、工业化、城镇化独特路径,形成了市场化、工业化、城镇化"三化"与"三农"互促共进,人民大众创造财富,人民政府创新环境的大众市场经济发展模式。深入地剖析浙江的发展模式,我们可以发现,这种发展模式蕴涵着极其深刻的理论创新,有其独特的经济学内涵,从发展经济学的理论框架和视野去总结,标志着已经形成了具有中国特色的发展经济学——民本发展经济学的雏形。用民本发展经济学的理论来解读浙江在改革发展中形成的大众市场经济发展模式,可以更加深刻地揭示浙江经验。浙江模式既有明显的独创性,又具有普适性。

　　第二次世界大战以来世界上盛行的发展经济学,绝大多数是以西方发达国家的学者的观点和经济分析方法来研究落后的发展中国家的发展问题,虽也不乏真知灼见,但难免有其局限性。而中国是在建立新中国和社会主义制度条件下,探索现代化发展之路的,特别是改革开放以来的发展具有鲜明的中国特色,很难用现有的发展经济学作完整的分析解读,实际上我们也不是按照这样的理论指导来发展的。我们现在从大众市场经济和民本发展经济学的理论对浙江发展样本进行分析,就是试图把中国特色社会主义发展实践与理论从发展经济学的角度进行科学的总结和解读,揭示发展的规律性,为下一步科学发展提供理论指导。

　　民本发展经济学可以说是按照实事求是、博采众长、集成创新的理论路线形成的。它从中国是一个建立了社会主义制度和正在建立社会主义市场经济体制的发展中国家的实际出发,以改革发展走在全国前列的浙江的大众市场经济模式为经典样本,借鉴一般发展经济学的基本理论框架和分析方法,深刻地分析中国浙江发展实践与其他发展中国家地区发展的差异性和相似性,从中找到独特的发展规律与特点。民本发展经济学的基本理论构架和特色,至少可以从以下几个方面概括:发展的哲学思想是解放思想、实事求是、与时俱进;发展的核心理念是以人为本、以民为大、以农为重;发展的动力机制是全民创业、全面创新、共创富富;发展的资本积累是农业剩余、民众储蓄、资本增值;发展的路径选择是农民主体的市场化、工业化、城镇化道路;发展的制度供给是民本自发的诱致性制度变迁与政府自觉的强制性制度变迁相结合;发展的人文力量是文化软实力的展现与人力资本投资的结合。通过这些方面的理论总结分析,我们可以揭示大众市场经济模式和民本发展经济学不仅对我国的科学发展、和谐发展,从根本上解决好"三农"问题,又好又快地实现社会主义现代化具有普遍的理论指导意义,而且对发展中国家的发展也有重要的借鉴意义。

一、发展的哲学思想

任何经济理论都是有一定的哲学思想为支撑基础的。从浙江改革发展样本中提炼出来的民本发展经济学的哲学思想是解放思想、实事求是、与时俱进。实际上,浙江经验、浙江模式之所以成功就在于坚持了中国共产党在领导中国社会主义革命建设和改革开放中确立的解放思想、实事求是、与时俱进的思想路线。这是我们发展之所以成功的思想法宝。

坚持以解放思想为先导,坚持实践是检验真理的唯一标准,不断冲破教条主义等传统思想观念的禁锢和计划经济体制的束缚,尊重人民大众的首创精神。这是大众市场经济和民本发展经济学得以产生的先决条件。给以农民为主体的人民大众自由发展的权利。顺应生产的发展和人民大众的意愿,不断消除"左"的思想干扰,撇开姓"社"、姓"资"的争论,允许人民大众大胆试、大胆闯、大胆干,从而使得浙江在推进市场取向改革,发展社会主义市场经济方面走在全国前列。可以说,没有思想大解放就不会有浙江改革发展的大跨越。

坚持实事求是,一切从实际出发,这是大众市场经济模式得以形成,民本发展经济学得以创立的哲学基础。浙江改革发展之所以成就卓著,就在于坚持从中国国情和浙江省省情出发,找到扬长补短、发挥比较优势的发展模式和发展路径。一是坚持从浙江人多地少,农民多、市民少,国有经济薄弱、农民难致富和民间发展工商业的历史文化传承悠久的实际出发,以鼓励支持农民大众发展乡镇企业、个体工商户、专业市场,激励农民以创业创新创富闯市场为突破口,找到了一条以民营经济为主体的发展经济路子,也找到了以发展高效生态农业为主攻方面的改造传统农业建设现代农业的路子。二是以改革开放前整体上已经形成了计划经济体制和城乡分割的二元经济社会结构的实际出发,致力于推进市场取向的改革,致力于体制外的发展,去寻找逐步突破计划经济体制和城乡二元经济社会结构的务实改革发展的路径,走出了一条以农民为主体的以农村市场化、工业化、城镇化去推进整个浙江区域的市场化、工业化、城镇化的独特道路。三是从我国正处于和将长期处于社会主义初级阶级的实际出发,采取了渐进式的改革发展方式,积局部改革突破为大突破,积小范围的变革为全局变革,允许有条件的地方、有条件的群体先改革、先发展、先富起来,逐步带动整体的发展。

坚持与时俱进,就是从认清目前中国是大变革、大发展、大创新的难得的战略机遇期的实际出发,致力于不断解放思想、突破思维定势和路径依赖,坚持不断创新。这是大众市场经济和民本发展经济学从雏形逐步走向成熟和完善的必要条件。坚持把创新作为改革发展的不竭动力,不断推进经济、政治、社会、文化各个领域的创新,加快科技进步和经济社会转型升级,无论是民众的创业、企业的发展还是政府管理服务都体现了不断演进、不断变迁的良好趋势。这也是浙江能率先形成大众市场经济模式、民本经济发展理论的奥秘所在。

二、发展的核心理念

从浙江经验、浙江模式中概括提炼出来的民本发展经济学的核心理念,应该是以人为本、以民为大、以农为重。以人为本是科学发展观的核心,也是贯穿民本发展经济学的最重要最根本的理念。以人为本的"人"是指人民大众,以人为本的"本"就是本源,就是根本。民本发展经济学就是坚持民本位,以人民大众为发展主体,尊重人民大众的首创精神,发挥人民大众的积极性、主动性、创造性,把不断实现好、维护好、发展好人民大众的根本利益作为发展的出发点和落脚点;就是把发展目标定位在实现人民大众自由全面发展和共同富裕上,切实保障人民大众的平等发展权利和享受发展成果的权利,使发展成果惠及人民大众,不断提高人民大众的生活质量、发展潜能和幸福指数,体现社会主义的人道主义和人文关怀,促进人的全面发展,也体现了执政党和政府立党为公、执政为民的本质要求,全面做到发展为了人民大众,发展依靠人民大众,发展成果由人民大众共享。坚持"以人为本",既体现了中华文明深厚的人文思想根基,又体现了世界和时代发展的进步精神,吸纳了中国古代民本思想和当代世界人本主义的某些合理的价值取向。中国古代的民本思想一直体现着朴素的重民价值取向,提出了"民惟邦本,本固邦宁"、"天地之间,莫贵于人",主张"民为贵,社稷次之,君为轻"。我们今天讲的"以人为本"理念,既继承和包容了中国古代民本思想,但它又存在实质上的区别。古代民本思想中的"民"是相对于统治阶级的"君"而言的,古代民本思想是实现"得民心、存社稷、固君位、达邦宁"的"驭民"、"治民"之术,其价值取向是君本位而非民本位。近代西方人本主义,以个人为本位,以实现个人自我价值为基本追求,而非以人民大众为本位。民本发展经济学之所以是以科学发展观的"以人为本"理念为核心理念,就在于这里的"人"是个体人和群体人、全体人的有机统一,体现了每一个人的自由全面发展是每个人自由全面发展条件的马克思主义的思想境界。

"以民为大"是对"以人为本"科学理念在发展依靠对象、发展目的、发展动力源泉上的进一步阐述。也就是说,民本发展经济学把人民大众作为发展的最大依靠对象、最大动力源,把人民的共同富裕和全面发展作为最大最高的目标,也体现了人民也只有人民才是创造世界历史的动力和天大地大人民最大的历史唯物主义思想。浙江在改革发展中坚持尊重人民的首创精神,特别是注重发挥作为人民最大多数的农民大众的积极性、主动性和创造性,让农民大众在创业创新创富中激发出全部潜能、成为社会财富创造的最重要的源泉。浙江全民创业、全民经商、全民创富、全民创新迸发出了巨大的生产力,就是"以民为大"理念的最好解读。

"以农为重"就是从中国农民占人口大多数、农业占国民经济基础地位、农村是最广阔地域社区的实际出发,坚持把发展农业、繁荣农村、富裕农民,解决好"三农"问题放到发展的重中之重的地位。这也体现了发展中国家发展的普遍规律性。所谓发展中国家地区的现代化实际就是要实现农业、农村、农民的现代化,就是要通过推进市场化、工业化、城镇化的道路来实现农业、农村、农民的现代化。但现有的历史和发展现实表明,实现这一目标、目的的过程是非常曲折的,甚至会付出"三农"问题更加恶化的代价,会掉入城乡差别不断扩大、农业萎缩、农村凋敝、农民贫困的"现代化"陷阱。而我们讲的民本发展经济学体现的"以农为重"的理念,是以人为本、以民为大理念的更加具体化,突出了要解决的重点问题,就是真正把占人民绝大多数的农民大众作为最重要的发展依靠对象和发展动力,也把实现农民自由而全面的发展作为民本发展经济学需要特别解决好的根本问题,强调城市发展、工业发展决不能以牺牲"三农"的发展为代价,必须坚持"三化"与"三农"互促共进。

三、发展的动力机制

发展的动力机制是发展经济学必须着重研究探索的一个关键问题。一般的发展经济学比较强调的是要发挥市场机制和引进资本、企业家等要素对发展的关键性作用,而对人民大众特别是农民的作用看得比较轻,甚至把人数庞大的农民群体当作发展要消化解决的"包袱"和"负担",并没有把他们当作发展的最重要资源和动力。即使是舒尔茨的人力资本理论也仅仅是把农民当作工业化的劳动力和农业劳动力加以阐述。而我们的民本发展经济学把最重要的动力机制定位在人民大众的创业创新创富机制上,就是浙江在改革发展中形成的全民创业、分工分业和共创共富机制上。

从农民的创业创新闯市场而兴起的全民创业的热潮和社会氛围,是浙江发展快、百姓富的最重要的机制因素。浙江农民传承了农商兼行、工商皆本、艰苦创业的人文传统,在改革开放中形成了千百万农民闯市场的大潮,形成了百万能人创业带动几千万人转产转业机制,营造了能人创新业、企业创大业、百姓创家业、干部创事业的全民创业创新创富的社会氛围。从乡镇企业异军崛起到民营企业大发展,全民创业让民营经济迅速成为支撑浙江国民经济发展的主体力量,"老百姓经济"成为浙江经济的最大特色。

全民创业创新闯市场,让市场机制迅速在社会生产要素和资源配置中起着基础性作用,有效促进了社会化大分工、社会群体的大分化。同时,市场经济优胜劣汰的竞争机制,强有力地促进了农民分工分业分化,农民群众在经济发展中的地位发生历史性的变化,农民办工业企业、农民搞商业服务业、农民建专业市场、农民发展建筑房地产业、农民开矿、农民办农业龙头企业等等,使得农民分工分业完全不同于一般发展中国家的或进城打工或在家务农这两条路子,农民分工分业分化变得绚丽多彩。尤其可喜的是,在这一过程中潜藏在芸芸众生中的具有资本经营天赋的企业家人才脱颖而出,造就了 500 万浙商走天下的奇观,解决了发展中国家企业家人才严重短缺的问题。实际上,浙江已经打了一场十分漂亮的发展市场经济创业致富的"人民战争"。在革命的年代,一大批参加革命的农民在革命战争实践中迅速成长,成为善战有谋的战将;在今天改革开放年代,一大批农民在发展市场经济实践中又成为搏击市场的企业家。这充分反映了"三分天注定、七分靠打拼、爱拼才会赢"的创业成才的哲理。

在全民创业、分工分业进程中形成的共创共富机制也是民本发展经济学中动力机制的重要内涵。这种共创共富机制包涵五个方面内容:一是以改革开放激发全民创业创新创富的活力,形成能人率先创业创富带动更多百姓就业致富的先富带后富的共创共富机制,体现了邓小平同志提出的让一部分人、一部分地区先富起来,先富带后富,最终实现共同富裕的共富思想;二是以农民主体的市场化、工业化、城镇化为先导,形成城乡互促共进、共创共富机制,体现了只有统筹城乡发展,统筹城乡创业就业,充分发挥城市创富中心作用和农村对城市发展的促进作用才能实现城乡共同富裕的客观规律;三是以对内搞活促进对外开放,形成了当地企业快速壮大、外来投资赢利发展的共创共富机制,体现了对外开放与对外搞活相互融合,利用国内国际两大市场、两种资源共创共富的必然趋势;四是以企业持久和谐发展为共同目标,形成投资经营者与劳动者共创共富机制,体现了创业投资经营者与劳动者应该是共创共富利益共同体的真谛;五是以服务人民创业创富为根本职责,发挥党政主导作用,形成政民政企共创共富机制,体现了发展社会主义市场经济必须科学运筹市场"无形之手"与政府"有形之手"的必然要求。上述共创共富机制形成了财富创造能力不断增强、人民收入水平不断提升、财政收入也不断增加的良性循环。不断增加的公共财政和不断提升的领导执行力,又转化为进一步支持人民创富和改善民生的强大支撑。

四、发展的资本积累

资本是市场经济发展最重要的要素。资本短缺是发展中国家在工业化初始阶段面临的最突出的问题。资本来源以及资本经营、资本积累都关系到发展的速度、效率、效益。农业剩余起家、民间资本发家、大众储蓄积累、企业资本快速扩张、政府财政强势投资是大众市场经济资本运行的重要特征,也是民本发展经济学资本积累的独特机制。这些因素的综合作用,解决了一般发展中国家自有资本异常短缺,不得不更多依赖外资的状况。而在浙江,内资特别是民资的作用特别大,这也是民本发展经济学的一大特点。

浙江在改革开放过程中,用于发展的资本积累实际上是从推进农业制度创新,提高农业生产效率,利用多种农业剩余启动工业化、城镇化开始的。实行家庭联产承包责任制的农村改革,把农民从计划经济和人民公社体制中解放出来,成为独立的商品生产者、独立的创业主体和资本积累、资本经营的主体。这段时期的农村快速工业化、城镇化是充分利用了农业改革带来的各种农业剩余,并转化为推动工业化、城镇化的资源和资本要素,其中最重要的是农业劳动者转业、农地转用、农户积累。改革初期农业劳动生产率和农民收入快速提高,使得农民和整个社会有可能、有条件把农村剩余劳动力、农村土地和农户积累储蓄投到产出效益更好的工商业领域和城镇建设中去。同时,浙江农民敢闯敢冒、敢于善于经商办实业的人文特点,使这些农业剩余迅速转化为工业化、城镇化的强大资本。此外,浙江农民勤俭节约、注重财富积累、注重储蓄养老、善于理财积财等性格,使民间资本、民间借贷、民间金融、民间投资十分活跃。

中国特有的以土地集体所有制为基础的农村集体经济的体制优势在农村工业化、城镇化中得到很好的发挥,这也是中国特别是浙江农村工业化、城镇化起步早、发展快的重要因素。在改革开放初期,个体私营经济尚未放开搞活的时候,浙江就利用农村集体经济的组织资源,大力发展乡镇集体企业,大力推进小城镇建设,把集体的农用地顺利转为工业、城镇建设用地,以集体企业名义获得银行贷款支持和国家政策支持,然后,再逐步地通过产权制度改革,把戴着"红帽子"的集体企业转制为产权清晰的民营企业,顺利实现民营经济大发展。

改革开放进程中,我国人口众多、特别是农村劳动力剩余十分严重,这使得在发展市场经济的过程中,资本要素相对于劳动力要素而言,始终处于强势地位。在国民收入分配中资本和政府收益偏高和劳动力收入偏低是一个普遍问题。这从社会公平分配而言,有失公允,但也体现了在市场经济中要素价值、地位与稀缺性密切相关这一经济规则。在这种情况下,实际上压缩了劳动者的消费而助长了资本增值投资,这种机制在发展初期,能够对发展速度起重要的助推作用,但到一定时期,则会导致消费需求不足及产能过剩的经济危机。目前,我国内需不足的经济问题就是这种反映。但仅从资本积累而言,企业资本积累速度是十分神速的,特别是一些经营得法的企业迅速得以扩张。精明的浙江农民直接参与到资本投资经营中赢得了资本积累的先机。

政府财政强势投资也是大众市场经济的重要特点。老百姓积极储蓄、企业资本快速扩张、民间资本金融活跃、政府财政强势投资,这是中国特别是浙江经济快速发展的重要因素。政府在市场经济中积极有为,既是社会主义市场经济的一大特点,也是对发展市场经济比较有利的一个因素。政府依靠经营土地增值和财政增收,积极投资交通、电力、能源、水利等基础设施建设,使得发展市场经济的基础条件迅速改善。这为民营经济发展和企业资本、民间资本的增值创造了良好条件。

五、发展的路径选择

市场化、工业化、城镇化是发展中国家和地区实现经济发展的现代化必由之路,但选择何种路径和机制是关键,其结果大相径庭。实践证明,那种实行城乡分割二元结构、城乡差别发展、过度剥夺和牺牲农业、农村、农民利益,追求快速实现国家工业化的道路是行不通的,结果是欲速则不达,还有许多发展中国家虽然城乡是开放的,但政府无为,任由城市工商资本强势掠夺廉价农村劳动力、强势兼并土地、农庄,最终导致农业低效益,农村落后凋敝,大量失地农民涌入大城市沦为贫民窟贫民。这说明这些发展路径都是有问题的。而中国浙江选择的以农民为主体的市场化、工业化、城镇化道路和统筹城乡发展方略,则是大众市场经济成功和民本发展经济学有生命力的成功因素。

由于改革开放前实行城乡分割的户籍制度和人民公社体制以及国有企业主导的国家工业化模式,农民基本上被剥夺了务工经商的权利。改革开放后,从乡镇企业、家庭工业、个体工商户和多种经营起步,农民开始闯市场、办工业、搞营销,兴起了农村工业化的浪潮,然后又从"村村冒烟"的乡村工业格局转向依托县城和小城镇的集中发展,同时,政府及时推进产权制度改革,实现从乡村企业到民营企业的历史性转变,依经济开发区、乡镇工业小区促进了农村工业布局的相对集中和集约发展。与此同时,这种农村工业化也带动了以县城和小城镇为主要载体的农村城镇化进程,集贸市场和小商品市场也发展成为各类大型专业市场,商路也向全国和世界拓展,由此形成了农民主体的市场化、工业化、城镇化道路。通过这条务实的路径,突破了城乡二元结构的鸿沟,农民大众反而找到了经商办实业的捷径,改变了农民只能当工人的局限性,一批农民企业家脱颖而出,成为资本经营和市场竞争的佼佼者。同时,农村工业化、城镇化、市场化又强有力地推动了浙江整个区域的市场化、工业化、城镇化水平的提升,浙江也从农业小省变成市场大省、工业强省、经济大省。

这条务实发展路径还体现在三个结合上:一是所有制结构变革与产业结构调整相结合,形成了人民大众自主选择经营形式,自由发展一、二、三产业的生动局面。农民大众可以集体经营、股份合作、股份制、私营企业、家庭经营、个体工商户等多种经营方式和所有制形式来发展一、二、三产业。同时农村产业结构也从以农为主、以粮为纲的单一农业经济转向一、二、三产业综合发展、贸工农一体化经营的产业格局。二是发展内生型经济与开放型经济相结合,着力形成对内搞活与对外开放相互促进机制,不断提升区域经济市场化、国际化、集约化发展水平。浙江抓住体制改革和对外开放的难得的历史机遇,积极发展劳动密集型制造业的比较优势,成功地实现了对内搞活与对外开放在时间、地点、产业、资本、人才各方面的契合,民企、民资、民智与外企、外资、外智迅速结合,内需市场与国际市场同步开拓,使区域工业化、市场化、国际化水平快速提升。三是把县域作为市场化、工业化、城镇化的主战场,发挥县域经济的特殊功能,使之成为拉动区域经济增长的主要力量,并且找到了农民参与市场化、工业化、城镇化的有效载体,小商品、小企业、小商铺、小城镇都成为农民最容易创业起步的好载体,并且通过县城、小城镇、工业园区、专业市场等发展平台,形成了小商品大产业、小企业大集群、小商铺大流通、小城镇大舞台等以小见大、聚沙成塔的体制机制,这种以特色产业为支柱,体现专业化分工与社会化协作相结合的特色块状经济,带动了县域经济快速发展。这种小载体大平台的发展格局,为全民创业造就了大舞台。在这些地方,农民只要有资金就可以创业,只要有专业劳动技能,就可以找到就业岗位。

这种发展的路径和模式之所以正确和有效,还在于它体现了解决好"三农"问题这一现代化的根本任务,形成了新型城市化与新农村建设双轮驱动机制,充分发挥城市对农村的带动作用和农村对城市的促进作用,不断完善以工促农、以城带乡、城乡互促共进的发展机制。这是一般发展经济路径不可能达到的理想境界。而浙江这种农民主体的市场化、工业化、城镇化道路恰恰为达到这种城乡协调发展的理想目标提供了现实可能。而中央作出的统筹城乡发展的方略在浙江也得到完整推进。一手抓工业化、城镇化建设水平提升,一手抓社会主义新农村建设,并且建立城乡间劳动力、人才、资金、技术、土地等要素优化配置的机制,引导企业向工业园区集中、农村人口向城镇集居、承包耕田向种田能手流转集中。同时,按照城乡经济社会发展一体化的新要求,大力推进村庄整治、农村环境建设、农村基础设施建设和公共服务体系建设,把城中村、园中村、城郊村改造建设成为城镇社区,适度撤并自然村、空心村,搬迁高山村,重点建设中心村新社区。积极推动公共财政向农村倾斜,城市基础设施向农村延伸,基本公共服务向农村覆盖,城市现代文明向农村辐射,逐步推进城乡规划建设、基础设施、产业发展、劳动就业和基本公共服务的一体化,找到了一条渐进式推进城乡经济社会发展一体化的现实途径。

六、发展的制度供给

在发展经济学一般理论中,制度创新占有很重要的地位。根据制度变迁的不同动力因素,在理论上又区分为诱致性制度变迁和强制性制度变迁。浙江改革开放中形成了大众市场经济发展模式,制度创新起到了极其重要的作用。具体来说,这种制度创新表现为以民本自发的诱致性制度变迁先行先导,政府自觉的强制性制度变革配套跟进的制度变迁路径,在改革发展实践中诱致性制度变革与强制性制度变革按一定的次序共同推进了各个领域各项制度的创新,使得本来十分复杂、阻力巨大的制度创新得以较快地实现。这也说明我们在改革发展中坚持尊重人民的首创精神,鼓励农民大众和基层大胆闯、大胆试、大胆干,允许试错的方法是十分有效和正确的。浙江农民敢为天下先的创新精神与各级党委、政府善于总结推广基层新创经验的实事求是精神和求真务实工作方法达到了完美的结合,这也是浙江农村改革发展始终能走在全国前列的重要原因。

解放思想、实事求是、与时俱进的哲学思想的确立和贯彻,对制度创新起着极为重要的作用,浙江在改革发展的各个阶段、各个领域的制度创新都贯穿着这种哲学思想的指导作用。我们在土地制度、产权制度、户籍制度、劳动就业制度、社会保障制度、乡村治理制度、金融制度、行政管理制度等各方面的制度都有中国特色,其制度创新都没有国际经验可以照搬照套,并且由于中国区域的广阔性,各地的实际也存在很大差异性。因此,各地各领域制度创新,既要根据中国国情,又要从各地实际出发,体现基本政策的统一性和具体方法的灵活性的统一。

　　土地是经济社会发展最基本最重要的最具稀缺性的资源要素，土地制度在众多制度创新中具有基础地位。改革开放以来最早和最成功的制度创新，就是农地制度创新。通过实行家庭联产承包责任制的改革，我们找到了土地制度和整个经济体制改革的突破口。如何在稳定的统分结合双层经营制度和农业经营体制的基础上，促进农地集约经营、农业适度规模经营？如何在保持土地国家所有和农民集体所有的土地公有制的基础上，通过引入市场机制对土地资源优化配置的基础性作用，合理分配土地资源在市场化、工业化、城镇化中的增值利益，正确处理好国家、集体、农户个人利益关系和城乡利益关系？如何处理好满足工业化、城镇化建设土地需求和保护耕地资源，确保基本农田和粮食等大宗农产品、食品供给安全？如何使稀缺性十分突出的土地资源做到节约利用、集约利用和可持续利用？农民集体所有制的土地如何实现与国有土地的同等权利价值？这些十分棘手的难题都需要通过渐进的有序的但必须坚持坚定不移不断深化的土地制度创新来解决，使土地开发利用更好地惠及全体人民大众。

　　产权制度创新、金融制度创新、劳动就业制度创新、社会保障制度创新、户籍管理制度创新、乡村治理制度创新都是与市场经济发展效率、社会发展水平密切相关的制度创新。这些方面的制度创新在前段时期的改革中都取得了一定的突破性进展，但都还是半拉子工程，都不同程度地面临着亟待进一步创新变革的紧迫任务。这些领域的制度创新的同一性就是都要围绕着有利于实现大众市场经济和民本发展经济学的根本目的、目标来进行，也就是都要有利于实现好、维护好最广大人民大众的根本利益，有利于人民大众的创业创新创富，有利于人民大众积极性、主动性、创造性的充分发挥，有利于城乡各个阶层的人民群众都能有平等发展权利、平等共享发展成果。同时，这些领域的制度创新也都要坚持民本自发的诱致性制度变革与政府自觉的强制性制度变革的有机结合，并且随着改革的深化，政府强制性的制度变革将会显得更加紧迫和重要。

　　政府行政管理制度创新在整个经济社会制度创新中具有特殊和特别重要的地位。这是由中国特色社会主义制度、大众市场经济和民本发展经济学中人民政府的地位作用所决定的。人民大众的主体作用、市场机制的基础作用和人民政府的主导作用是各司其职、相互关联、相得益彰的关系。同时，无论是计划经济体制还是资本主义经济体制都与社会主义大众市场经济体制中的政府作用有很大的差异性。充分发挥人民大众在发展经济创业创富中的主体作用，有效发挥市场机制在资源要素配置和经济活动中的基础作用,正确发挥政府在促进经济社会科学发展、调控监管市场经济运行、维护社会主义中的主导作用,是社会主义制度和大众市场经济的本质要求。而正确有效发挥政府主导作用的关键是要按照经济社会发展不同时期的不同要求,与时俱进地转换政府职能,做到"无形之手"与"有形之手"的科学运筹。科学地运用经济手段、法律手段、行政手段和教育手段等多种手段更好地激发人民大众创业创富的积极性,更加充分地发挥市场机制优胜劣汰的竞争激励作用,有效弥补市场失灵,促进经济社会又好又快发展。特别是要遵循"人民大众创造财富、人民政府创新环境"的民本发展经济学对政府职能的定位,实现从政府有为到全面提高执政能力和行政效率的转变,做到民主行政、依法行政、科学行政。按照以人为本、以民为大、以农为重的理念,要把人民大众满意不满意、赞成不赞成、高兴不高兴和农业发展不发展、农村和谐不和谐、农民幸福不幸福作为检验行政执行力正确与否的根本标准。

七、发展的人文力量

人是生产力中最活跃最重要的因素,可以说人类社会的物质力量取决于人的精神力量,经济竞争最后的决定性因素是文化软实力。特别强调人民大众的精神作用、文化软实力的作用也是民本发展经济学区别于一般发展经济学的重要特点。文化软实力是文化生产力在人的精神风貌、文化素质、价值追求上的体现,也包含一个民族、国家、地区的历史文化传承在现代人精神、素质和价值观念上的体现。民本发展经济学强调民本的力量,就是把人民大众的精神力量转化为发展经济、推动社会进步的物质力量,就是要坚持精神文明建设与物质文明建设一起抓,形成两个文明建设相互促进、相得益彰、比翼齐飞的发展格局。

民本发展经济学的科学内涵决定了作为发展主体的人民大众的精神风貌、人文素质、价值理念对自身也有着要求。改革开放以来,浙江的发展之所以成就卓著、引人瞩目,与注重传承浙东学术精神的精髓,吸纳改革开放的价值理念,形成和弘扬与时俱进的浙江精神,提升浙江文化软实力有很大的关系。从大众市场经济发展模式中抽象提炼的民本发展经济学的规律性要求来看,在锤炼人民大众的精神价值方面至少应该注重培养和弘扬八种精神。

一是勤劳致富的精神。人的勤劳与慵懒,是决定人生存发展状况、在经济社会生产生活中的基础性因素。"世上没有救世主,全靠我们自己",讲的也是每个人都要靠自己奋斗,不能有依赖思想。"劳动创造世界"的名言也充分说明了人的勤劳对社会发展的重要性,可以说一个公平公正的社会里,要想致富就必然要勤劳。因此勤劳致富既是一个优秀民族的优良文化传统,也是市场经济社会要大力倡导的人文精神。

二是艰苦创业精神。创业是一种更高境界、更高目标追求、更富有创造性的劳动。人民大众的创业激情、创业行为是推动经济社会发展的强大动力。全民创业是推动大众市场经济发展的重要经验,也是浙江发展模式标志性的经验。创业需要勇气,更需要艰苦奋斗的精神。因此,弘扬艰苦创业精神,让人民大众都有这种艰苦创业精神,人民大众才能成为充满活力的市场主体,整个社会才会更加生机勃勃、动力永葆。

三是坚忍克难精神。经济社会发展历程不是平坦的而是曲折的客观规律,决定了克难攻坚必然是事业成功必备的精神;畏难不前,必然前功尽弃。尤其是发展中国家和地区要发展更会遇到各种各样的困难和问题,因此,只有具备坚忍不拔、克难攻坚精神的人才能顺利达到胜利的顶峰,只有人民政府与人民大众齐心协力、团结一致、克难攻坚,才能不断冲破艰难险阻,无往而不胜。

四是勇于创新精神。创新是人类特有的高级思维功能,创新是民族发展、社会发展的不竭动力。市场经济是竞争经济,在优胜劣汰的竞争规律面前,人们只有发挥自己的聪明才智,以创新求发展,以创新求胜利才是最主动的竞争策略。只有勇于创新才能走在前列,对于肩负着实现又好又快发展,追赶发达国家发展步伐使命的发展中国家和地区来说,没有现成经验,必须创新探索,这更需要树立勇于创新的精神。

五是求真务实精神。实事求是,这一民本发展经济学的核心理念,决定了求真务实精神的极端重要性。缺乏这种精神,我们的发展就会走弯路、付学费,这是有极其深刻教训的。求真务实既是科学精神、科学态度、科学方法,也是科学发展必须要践行的良好工作作风。

六是诚信立世精神。市场经济是以信用为基础的经济,现代社会是诚信为本的社会。有诚信才能有交换,才能有市场,才能处世立身。实践证明,讲诚信的人才能成事业,讲诚信的企业才能成就百年伟业。因此,树立诚信立世精神对于市场经济发展和社会文明进步都是必不可少的。

七是重农扬商精神。这是大众市场经济和民本发展经济学要求的一种人文理念。重农抑商是封建统治者为维护封建制度而倡导的一种十分落后、阻碍社会进步的理念。"民以食为天"的社会发展规律决定了"重农"是永恒的定律,而扬商即增强市场意识,发挥市场在促进分工分业,提高劳动生产率中的独特作用,是社会生产力发展的必然要求。发展商品交换,发展商业经济,坚持公平交换、协商理事,都是当代经济发展所必不可少的,一个地区经济落后,往往最根本的就是市场理念的缺乏和商品生产的不发达。因此,弘扬重农扬商精神在当前显得更为重要。

八是和谐共赢精神。和谐社会是人类的理想追求,和为贵是中华民族的优良传统,和谐发展、和平发展是当今世界的进步趋势。我们在经济发展中就要正确处理方方面面的关系,只有达到经济社会和谐、城乡和谐、地区和谐、人与自然和谐、人际关系和谐,才能达到共赢目标,和则共赢,斗则共损,弘扬和谐共赢精神才能实现社会利益最大化。

高度重视人力资本投资,大力发展农村文化教育事业,广泛开展对农民大众的培训教育,全面提高农民大众的文化科技素质和文明素养,这也是浙江提升文化软实力的重要举措。适应农民分工分业分化的要求,对农民群体进行分类培训教育也是十分重要的,根据农民创业就业的不同意愿,浙江通过实施免费的农业培训和职业教育,把农民工培育成具有专业技能的产业工人,把农业专业户培育成为现代农业生产经营者,把农民企业家提升为现代企业经营者,把农村青少年培养成为受过中高等职业教育的新型劳动者,这些举措都对提升发展文化软实力起到了十分重要的作用。

八、民本发展经济学的普遍意义

农民主体的市场化、工业化、城镇化道路为核心的大众市场经济模式和民本发展经济学,具有鲜明的中国特色、浙江特色,还有广泛的普适性,是值得许多农民群体占人口多数的发展中国家和地区借鉴的发展理论和发展路径。这种民本发展经济学与第二次世界大战以来的结构主义发展经济学、新古典发展经济学以及新增长理论的新发展经济学等最大的不同点,在于对待农民群体在发展中的地位和在市场化、工业化、城镇化进程中作用的问题。以往发展经济学大多是以西方发达国家学者的观点来研究发展中国家的发展路径,都把发展中国家中占人口绝大多数的农民视为要等待被城市二、三产业吸纳的产业工人和农业劳动者,认为这些国家最短缺的是资本和企业家人才,但都没有考虑在这么庞大的农民群体中去发掘企业家人才,让农民去经营资本、积累财富，只强调应引进资本、引进企业、引进人才，没有告知发展中国家的政府应该去积极引导农民经商办厂，发展民营经济，建设小城镇，在让农民闯市场过程中培育本乡本土的企业家人才。与这种理论相对应的实践就是大多数发展中国家都选择了依靠大城市、大资本、大企业、大农场的发展来企望实现现代化的道路，其结果是纷纷掉入有增长、无发展，城乡差距、贫富差别不断扩大的"现代化陷阱"，大量失去土地的农民沦为"贫民窟"中的城市贫民，难以转化为中等收入者，也未能解决好"三农"问题。即使是舒尔茨的人力资本理论也只把对农民教育作为提高劳动力素质的手段，在农民的分工分业分化中也没有把企业家、管理人才、商人、技术人才作为培育农民的目标，而是把农民的未来局限在当产业工人和农业劳动者的狭隘的发展路径上。

从浙江改革发展实践中创新形成的以农民主体的市场化、工业化、城市化道路为核心的民本发展经济，则完全颠覆了以往发展经济学对农民地位作用和未来发展路径的定位。占人口绝大多数的农民作为直接、主动的参与市场化、工业化、城市化进程的主体力量，政府为千百万农民经商办厂闯市场创造良好政策环境，千百万农民在市场经济的大学校里学会了经营，一大批有天赋的企业家人才、管理人才在农民群体中脱颖而出，在国内外市场竞争中显示出了卓越的经营才干，形成了百万农村能人创新创业带动千万农民转产转业的良好发展机制。农村市场化、工业化、城镇化的快速推进，越来越多的农民成为既有劳动收入又有资本收入和财产收入的中等收入群体。浙江500万浙商走天下创实业和2000万农民转产转业的奇迹，就是这一民本发展经济学理论具有巨大生命力的明证。这种民本发展经济学坚持人民是创造生产力的主人和人的命运、职业可由自己努力来改变的历史唯物主义观点，让广大农民有自信、有自尊、有自由、有自财，广大农民完全可以按照自己的意愿和能力实现自由而全面的发展。在浙江大地到处可以看到由农民创办的民营企业生机勃勃、由农民建造的小城镇蓬勃发展、由农民兴办的专业市场生意兴隆、由农民合办的合作社兴旺发达。小企业大集群、小商品大产业、小商铺大流通、小城镇大舞台等以小见大的发展载体，在促进农民分工分业分化和共创共富上发挥的效应远远超过了一些发展中国家的大城市、大企业、大资本的发展效应。在浙江，"三化"推进已经与"三农"发展形成了互促共进的良性循环。

浙江农村改革还需向前推进，民本发展经济学的理论也需要在实践中加以充实和完善。从当前的实践来看，多年的改革发展，在农民自由发展上取得了巨大的成功,但是碍于城乡二元经济社会的体制结构尚未根本突破,实现农民的平等、全面的发展还有赖于改革的深化。下一步,农村的改革应该以消除城乡二元经济社会结构为主攻方向,以实现城乡一体化和农民自由全面发展为目标,推进城乡经济社会政治的配套改革,全面落实农民平等的公民权益、劳动权益、土地权益和财产权益,让农民在市场化、工业化、城镇化过程中更加自由地施展自己的才能。同时,通过建立工业反哺农业、城市带动农村的长效机制,多层次、多渠道、多形式地以工促农、以城带乡,形成更加有效地带动"三农"发展,使农民大众更加积极地进行农业农村现代化建设,努力开创城乡经济社会发展一体化的新格局。

尽管浙江形成农民主体的市场化、工业化、城镇化道路有浙江自有的经济社会条件,但这一道路所揭示的经济发展和富民规律,诸如农民在"三化"中的主体地位作用,培育民营企业、积累民间资本、发展民营经济,城乡统筹、共创共富,"三化"与"三农"互促共进等,不但具有鲜明的中国特色,而且具有普遍意义,一些发展中国家和地区都是可以借鉴的。浙江农民创业创新、共创共富的大众市场经济的实践将会更精彩,民本发展经济学也将更好地服务于"三农"发展和经济社会现代化。

第一章　农村改革开放的基本轨迹

浙江的改革始于农村,浙江的快速发展也得益于农村改革发展的成功。浙江快是农村发展快,浙江活是农村经济搞得活,浙江富是农民率先富,这是农村改革发展推进了全省改革发展经验的真实写照。系统地总结分析浙江农村改革的基本轨迹,可以清晰地看到,这是一条以农业经济体制变革为突破口,带动农村所有制变革;从突破以粮为纲、单一农业经济格局到乡镇企业、小城镇和农村一、二、三产业联动发展;从破除计划经济束缚到建立社会主义市场经济体制;从突破城乡分割的壁垒到统筹城乡发展建设社会主义新农村;从解决农民温饱到激励农民全面发展奔小康的轨迹。透过这一基本轨迹,我们可以看到,浙江打了一场非常漂亮的发展市场经济、脱贫致富的"人民战争"。千百万农民创新创业闯市场成为发展的最大动力,走出了一条农民主体的市场化、工业化、城市化道路,形成了"三化"与"三农"互促共进的机制。浙江农村改革发展的实践印证了只有人民群众才是创造历史的真正动力,只有解决好"三农"问题才能顺利实现现代化的真理。

一、实行家庭联产承包责任制,
农村基本经营制度全面建立

浙江改革始于农村,农村改革发轫于农业改革。党的十一届三中全会以后,浙江农村推行了以家庭联产承包责任制为中心内容的一系列改革,废除了人民公社,调整了生产关系,进一步完善了农村基本经营制度,从而使停滞不前的农业生产和农村经济发展变得欣欣向荣。从时间上看,这一阶段(1978—1984)是农村改革的突破阶段。

（一）十一届三中全会前农业生产责任制情况

党的十一届三中全会以前，浙江农村生产关系的调整大致经历了土地改革、农业生产互助合作和人民公社化三个不同的历史阶段，并且随着农业集体化的进程不断改变。20 世纪 50 年代中期，浙江农村开始出现小段包工、定额计酬责任制，田间作业由小段包工发展到季节性包工，再发展到常年包工，少数规模大的生产队还采用常年包工包产责任制。1956 年，永嘉县的干部和农民首创了包产到户责任制，曾有 200 个农业社搞了包产到户，浙江省委在《浙江日报》还作了介绍，温州地区的包产到户一度发展到 1000 多个农业社。可是，随即受到了批判、压制。20 世纪 60 年代前期，一些社队建立了"三包一奖"联产责任制，但是被一次一次的政治运动压下去了。"文化大革命"中，连小段包工、定额计酬责任制也受到批判。

（二）家庭联产承包责任制的建立和完善

浙江农村家庭联产承包责任制的实行，经历了一个曲折的过程，从不联产到联产，从联产到组到联产到户，从局部地区推行到全面推行，是随着思想的逐步解放而不断建立和完善起来的。从发展历程来看，可以分为以下四个不同的阶段。

1. 开始裂变阶段

党的十一届三中全会至 1980 年 8 月，由于"左"的错误影响较深，领导思想不是很解放，对中央确定的联产计酬理解不够，怕包工包产到组会引起分小队，动摇队的基础，因而不赞成联产到组，只主张实行定额计酬和底分活评。1979 年 6 月，浙江省委发布了《关于农村人民公社若干政策问题的补充规定（试行草案）》，文件指出，生产队根据农业生产需要，可以组织临时的或季节性的田间操作组，建立"任务到组，定额包干，检查验收，适当奖惩工分"的小组责任制。零星作业和小型副业要在集体统一经营下实行个人岗位责任制，可以规定产量（产值），实行超产（值）奖励，也可以交产交钱记工。到 1980 年 8 月，据全省 26.08 万个生产队统计，小段包工的占 62.1%，专业承包到组的占 21.7%，还没有建立生产责任制的占 13.8%。那时政府还不赞成农村搞包产到户，但是浙西南一些贫困山区，农民为了摆脱贫困，自谋生路，自发地搞起了包产到户或包干到户。干部去纠正，他们就搞"明集体、暗到户"。1980 年初，全省搞包产到户、包干到户的有 4300 多个生产队，8 月底增加到 6606 个，占总队数的 2.5%。

2. 局部推行阶段

1980 年 9 月,中共中央发出了《关于进一步加强和完善农业生产责任制的几个问题》(中发〔1980〕75 号文件),提出"吃粮靠返销、生产靠贷款、生活靠救济"的生产队,可以包产到户,也可以包干到户,并在一个较长的时期内保持稳定,并且明确指出"在生产队领导下实行的包产到户是依存于社会主义经济,而不会脱离社会主义轨道的,没有什么复辟资本主义的危险"。同年 10 月,浙江省委召开工作会议,传达贯彻了中央这一文件的精神,提倡推行专业承包、联产计酬责任制,对于少数贫困落后地区允许搞包产到户。此后,家庭联产承包这一新生事物以不可阻挡之势迅猛向前发展。1981 年 9 月,全省包产到户、包干到户的生产队已经达到 37.4%。在这一阶段,实行包产到户、包干到户责任制的,主要集中在温州、丽水、台州、金华等浙江西南部和浙中腹地。当时,杭嘉湖、宁绍等沿海经济比较发达的地区,由于原来集体经济的基础比较好,不少领导干部思想仍然还没有放开,包产到户、包干到户的很少。

3. 全面推行阶段

1982 年 8 月,浙江省委、省政府召开全省农村工作会议,进一步学习了《中共中央批转〈全国农村工作会议纪要〉》(中发〔1982〕1 号文件)的精神,联系浙江实际总结了经验,肯定了家庭联产承包责任制,并且提出在经济发达地区同样可以推行,这标志着浙江已经进入了全面推行家庭联产承包责任制的阶段。在这一阶段,大田家庭联产承包责任制在嘉兴、绍兴、杭州、宁波等经济发达地区得以突破和推开,家庭联产承包责任制由粮食生产迅速向经济特产、林业、渔业和开发性农业等领域大面积扩展。截至 1984 年 2 月,全省 35.78 万个生产队中实行包产包干到户的占 99.2%,承包到组的占 0.55%,实行定额包工等不联产责任制的占 0.25%。

4. 健全完善阶段

在家庭联产承包的初期,农村土地承包期普遍过短,一般只有三五年,少数甚至一年一包。农民反映"三年两头动,生产不定心"。不少人用地不养地,搞掠夺式经营。1984 年春,浙江各级领导根据《中共中央关于一九八四年农村工作的通知》(中发〔1984〕1 号)文件精神,在全省普遍进行了延长土地承包期的工作。多数地方,水田的承包期延长到 15 年以上,山林等多年生的作物,延长到 30 年以上。各地调整承包土地,一般掌握"大稳定、小调整"的原则,不搞打乱重分。1984 年,全省首次完成承包土地的调整,各地土地调整面在 10% 左右。土地承包期延长以后,许多农民对生产建设有了长远的打算,投工投肥多了,改良土壤、兴修水利的积极性也提高了。同时,针对不少承包合同不规范、不完整,指标偏低,条款不细不齐,文字表达不清,权责利不明等情况,开展了完善承包合同的工作。

(三)家庭联产承包责任制的形式

浙江实行的家庭联产承包责任制,主要有以下几种形式。

1. 包干到户

它是以社员户为承包单位,承包所得的劳动成果,在完成国家征购任务、上交集体提留的公共积累和其他费用之后,全部归承包户所得,发包单位不再评工分和实行统一分配。这种办法的承包者经营自主,责任明确,利益直接,而且方法简便,浙江农村水田和园地生产普遍实行的是这种形式。

2. 包产到户

它的规范做法是,基本核算单位将土地、耕畜、农具等生产资料给社员户使用,通过定产、定工、定本的计算,承包到户。劳动成果中包产部分由基本核算单位统一分配,超产部分全部或部分作为奖励,分给承包的社员户。基本核算单位仍然采用按工分分配。社员户所得的劳动报酬,包括完成包产任务应得的工分和超产部分应得的奖励,减产则扣减一定数量的工分,或者以实物进行奖赔。实际上,这种规范化做法不多,大多数都转为包干到户。

3. 联产到劳

它是在坚持"三不变"(即生产资料所有制不变,基本核算单位不变,按劳分配不变)、"四统一"(即生产队统一种植,统一调配用于公益事业的劳力,统一使用畜力和大中型农机具,统一核算分配)的条件下,由务农劳动力按能力大小来承包耕地。生产队对承包者定产量(值)、定工分、定费用,定产以内统一分配,超产奖励,减产赔偿。

4. 专业承包

在坚持统一经营的前提下,实行专业承包,根据产量、产值、成本、收益计算报酬的一种责任制。这种形式在经济特产作物园地上有少量采用,海洋渔业上实行的"三定两奖"、"纯收益比例分成"等生产责任制,也同此形式相类似。

5. 定额包干

这种责任制在海洋渔业中采用较多。其做法是:渔业合作社对生产作业单位(对船或单船)规定每年"四上交"定额,即向集体交纳公共积累(包括公积金、公益金)、固定资产折旧费、大修理费、管理费,其余的收入归生产作业单位自行分配,生产费用一般也由生产作业单位自筹,独立核算,自负盈亏。

6. 以船核算

这种责任制同农业上的包干到户一样,方法简便,利益直接,所不同的是,它是以一只或一对海洋捕捞船为一个基本核算单位,自主分配,自负盈亏,而且一对(只)船一般有二三十个劳动力,还是一个小集体。

(四)家庭联产承包责任制的惊人绩效

以家庭联产承包责任制为主的这场生产关系的变革,使浙江农村的生产力获得了极大的解放,充分调动了广大农民的生产积极性。它不仅迎来了浙江农业增长的"黄金时期",而且在很短的时间内解决了浙江农民的温饱问题。1984 年与 1978 年比,全省农业增加值从 47.09 亿元增加到 104.4 亿元,增 47.47%(按不变价);粮食产量从 1467.2 万吨增加到 1817.15 万吨,增 23.9%;棉花产量从 7.26 万吨增加到 13.29 万吨,增 83.1%;油料产量从 20.73 万吨增加到 32.68 万吨,增 57.6%;糖料产量从 5.87 万吨增加到 9.56 万吨,增 62.9%;茶叶产量从 5.87 万吨增加到 9.56 万吨,增 62.9%;蚕茧产量从 4.69 万担增加到 7.02 万担,增 49.8%;黄红麻产量从 18.19 万吨增加到 20.37 万吨,增 11.9%;水果产量从 14.61 万吨增加到 30.66 万吨,增 110%;猪牛羊肉产量从 42.27 万吨增加到 68.88 万吨,增 63.0%;水产品产量从 87.52 万吨增加到 95.28 万吨,增 8.9%。在生产发展的基础上,农民生活得到了显著改善。1984 年全省农村居民人均纯收入为 446 元,人均生活消费支出为 369 元,分别是 1978 年的 2.7 倍和 2.35 倍;人均居住面积达 20.45 平方米,人均粮食消费量达 622.08 公斤,人均蔬菜消费量达 273.65 公斤,人均油类消费量达 3.05 公斤,人均肉禽及制品消费量达 13.67 公斤,分别比 1980 年增长 27.3%、99.4%、133.9%、18.7%、58.4%。根据林毅夫测算,在这一阶段我国农村经济体制改革对农业增长的贡献为 42.2%。

二、推动乡镇企业、小城镇蓬勃发展,农村工业化、城镇化快速起步

农业改革的成功,农业生产效率的提高,把农村改革的重点引向了调整农村产业结构和搞活农村经济的更高层次。随着农村基本经营制度的全面

确立,浙江农村改革的第二阶段(1985—1991)引入了市场机制,改革的重心放在改革农产品流通体制、促进乡镇企业发展和调整农村产业结构等方面,尤其是乡镇企业和小城镇的蓬勃发展,逐渐成为这一阶段浙江最耀眼的成就。

(一)多路并进发展乡镇企业

在《中共中央关于一九八四年农村工作的通知》(中发〔1984〕1 号)和《中共中央、国务院转发农牧渔业部〈关于开创社队企业新局面的报告〉的通知》(中发〔1984〕4 号)精神的指引下,浙江各级党委、政府把乡镇企业列为经济发展的战略重点,更加自觉地按照市场经济的规律来指导、扶持、管理乡镇企业,使得浙江的乡镇企业快速发展。在这一阶段,浙江扶持发展乡镇企业的主要做法如下。

1. 统一认识,切实加强组织领导

在改革开放初期,乡镇企业的起伏是与领导干部中存在的歧视、压制乡镇企业的错误思想认识密切相关的。早在 1978 年,浙江就成立了社队企业管理局,并在《中共浙江省委、省革委会转发省社队企业管理局关于贯彻执行国务院〈关于发展社队企业若干问题的规定(试行草案)〉的实施办法》(浙省委〔1979〕85 号)中,明确规定各地、市、县要"将社队企业工作列入议事日程,有一位负责同志分管,一年抓几次,有布置,有检查,有措施,经常督促主管部门搞好这项工作"。中发〔1984〕4 号文件下发以后,浙江逐步肃清"左"倾思想和小农经济习惯势力的影响,切实加强了乡镇企业工作的组织领导。1984 年 8 月,浙江省人民政府下发了《关于加快发展乡镇企业的若干规定》(浙政〔1984〕44 号),进一步统一了全省各级领导干部的思想认识,明确"加快发展乡镇企业是浙江省经济发展的重要战略","乡镇企业是浙江省国民经济的一支重要力量","乡镇企业应该成为浙江省经济发展的战略重点",并要求"各级政府都要充分认识乡镇企业对于社会经济发展的重要意义,主要领导同志要亲自动手抓乡镇企业"。从省、市(地)、县(市)到乡(镇),乡镇企业的管理工作进一步走上了规范化道路。

2. 搞好整顿,全面推行"一包三改"

"在发展中规范,在整顿中发展",是浙江农村改革的一条重要经验。在浙政〔1984〕44 号文件中,明确提出"要围绕提高经济效益整顿乡镇企业","关键是解决好领导班子,让能人当家"。1985 年 4 月,浙江省人民政府下发了《关于乡镇企业经济政策的补充规定》(浙政〔1985〕24 号),明确各市、县要组织力量由点到面帮助乡镇企业全面推行"一包三改",即实行生产经营承包责任制,承包期一般应延长到三至五年;改干部任命制为民主选举或招聘制,改固定工资制为计件或浮动工资制,改固定工制为合同工制。到1985年底,全省已经根据要求对乡镇企业全部进行了整顿。乡镇企业整顿以后,特别是通过开展"一乡(镇)一品"活动以后,乡乡镇镇基本上都有了自己的拳头产品,浙江乡镇企业的竞争能力明显得到提高。

3. 积极引导,不断加大政策扶持

乡镇企业的快速发展与各级政府的健康引导和政策扶持是分不开的。在实际工作中,浙江对一些产品质量差或不适销对路、亏损很大、经过整顿仍无法生存的企业,以及污染严重又无法治理的企业,坚决进行关停并转。凡是产品有销路,原材料和能源有着落的企业都给予发展,并且要求主管部门和财政、税收、工商、劳动和物价等部门引导、扶持乡镇企业健康发展。从1984年到1991年,浙江省委、省政府先后下发了《关于加快发展乡镇企业的若干规定》(浙政〔1984〕44号)、《关于乡镇企业经济政策的补充规定》(浙政〔1985〕24号)、《关于发展乡镇企业若干经济政策的规定》(浙政〔1987〕2号)、《关于积极引导和完善劳动者联合举办的合作企业的通知》(浙政〔1989〕38号)、《关于稳定发展乡镇企业若干问题的通知》(浙政〔1990〕10号)等众多文件,出台了一系列政策措施扶持乡镇企业的发展,这些政策措施主要有:统筹安排乡镇企业所需的原材料和能源,对计划供应的统配物资凡产品在乡镇企业管理部门归口管理的切块给乡镇企业管理部门分配,乡镇企业用电与其他工业一样;从地方财力中拨出一部分资金建立扶助基金,有偿扶持,限期收回,经常周转使用;积极扩大乡镇企业生产发展基金,规定乡镇企业税后利润至少应有50%留给企业,用于扩大再生产和充实流动资金,企业上交乡(镇)、村(队)的利润,至少有60%用于扶持企业扩大再生产和发展新的乡镇企业;实行减免税政策,1985年起对新办的乡镇企业(除生产属于国务院列举不能减免税的产品和经营商业外)自经营投产之月起免征工商所得税一年,从1987年起乡镇企业所得税税负超过30%的部分实行减半征收。

4. 放权扩权,着力搞活流通经营

浙江乡镇企业的最大特点就是经营"活"。多年来,浙江一直给乡镇企业松绑、放权,给地方政府扩权,充分调动市场调节的作用,动员各方面力量,保护和调动乡镇企业搞活流通经营的积极性。乡(镇)、村党组织,放手让乡镇企业独立自主地经营,保障企业的法人资格和厂长的合法权益,使厂

长在正确执行国家政策法令的前提下,在企业内部真正有经济分配权、机构设置权、劳动人事权、干部任免权、招工辞退权、经营决策权和奖惩权。浙政〔1990〕10号文件中明确提出要"进一步搞活乡镇企业的流通经营",并规定"经乡(镇)主管部门批准,对乡镇企业供销人员可实行联购、联销、联货款回收、联费用报酬的办法","供销人员购销提成收入,经当地税务部门审核,允许扣除在购销过程中所支付的差旅费、业务费用后,再按规定计征个人收入调节税","凡有利于搞活经营、发展生产、增加有效供给的,工商管理机关应允许企业扩大经营范围,增加经营项目,及时办理变更登记"。与此同时,浙江还加快乡镇企业的外向型发展。1988年3月,全省召开乡镇企业外向型经济工作会议,进一步制订了发展外向型经济的激励政策,促进乡镇企业向外向型转变。到1991年底,浙江已经拥有出口创汇乡镇企业4375个,从业人数58.87万人,实现出口产品交货总值98.82亿元,实现"三来一补"的工业收入2782万元。

5. 重视人才,努力推进技术进步

改变乡镇企业人才缺乏、设备陈旧、技术落后的状况,是提高乡镇企业素质,增强企业应变能力和产品竞争力的一条重要途径。在发展乡镇企业的过程中,浙江非常重视乡镇企业的人才培养和技术进步。在加快人才培养方面:教育部门把培养乡镇企业所需人才当作办学任务之一,并且列入招生和毕业生分配计划;每个县都建立乡镇企业培训中心,经常举办培训班;明确国家分配给乡镇企业的大专、中专毕业生,国家干部待遇不变;乡镇企业主管部门会同科技部门参照国家标准考核评定乡镇企业各类技术人员的职称等。在推进技术进步方面:从1984年起,乡镇企业大修理费支出可直接列入成本,数额较大的可分期摊销;鼓励企业设立科研、设计机构,或者联合搞科研,与有关单位协作攻关;从1985年起,乡镇企业按产品销售总额提取1%的技术开发基金,在税前提留,其中70%用于技术改造和开发新产品,30%用于智力开发;从1987年起,规定乡镇企业固定资产的综合折旧率可以提高到10%;大修理费用在税前按实列支;技改设备贷款全部在贷款新增项目的利润中税前还贷,等等。

6. "四轮驱动",多种形式协调发展

多路并进,是浙江加快乡镇企业发展的重要方针。一直以来,浙江允许各地立足于生产力水平,不套用一种模式,集体、联户、个体、私营四个轮子一起转,大中小企业一齐上,不论成分,不限比例,最大限度地调动各个方面发展乡镇企业的积极性。到1991年底,全省农村不同所有制乡镇企业已经发展到 51.56 万个,从业人数达到 525.38 万人,实现企业总产值(不变价)1066.12 亿元,其中乡办企业分别为 3.19 万个、221.81 万人、561.2 亿元,村办企业分别为 4.96 万个、149.56 万人、295.75 亿元,农民联户企业分别为 3.29 万个、43.73 万人、70.56 亿元,个体企业分别为 40.12 万个、110.28 万人、138.61 亿元,形成了"四轮驱动"、多种形式协调发展的局面。

(二)发展乡镇企业,促进小城镇建设

1.乡镇企业的发展推动农村产业结构的快速调整

改革开放前,由于以粮为纲的思想导致农业结构以种植业为主特别是以粮食为主长期不变。同时,由于"左"倾思想导致农村二、三产业发展落后。在计划经济下农村的产业结构相对比较单一。党的十一届三中全会以后,政府一方面积极鼓励发展多种经营,优化种植业结构,促进农林牧渔全面发展,另一方面鼓励农民从事工商业等非农产业活动,特别是乡镇企业的发展使浙江农村的产业结构快速调整。1991 年,浙江农村工业总产值为 869.46 亿元,是 1984 年的 7.15 倍,年均增长 32.4%,占农村社会总产值的比重从 1984 年的 39.1% 提高到 61.7%,提高了 22.6 个百分点;同时农林牧渔业总产值占农村社会总产值的比重从 1984 年的 47.4% 下降到 25.8%,下降了 21.6 个百分点,农村产业结构的变动在这个阶段明显快于农村改革的第一阶段。

2.农村城镇化快速起步

工业发展必然要走向集聚的客观规律和乡镇企业寻求更好发展平台的要求,使得乡镇企业在大发展中很快出现了向集镇集聚的趋势,再加上农产品和乡镇企业推销的需要,专业市场和小城镇建设应运而起。在规划布局上把乡镇企业集中于集镇,采取措施逐步把集镇建设成为农村区域性的经济、文化中心。早在浙政〔1984〕44 号文件中,浙江就明确提出"要吸引农村资金到集镇发展工商企业,特别是乡镇企业和农村专业户服务的各种企业。鼓励农民自理口粮到集镇办厂、开店,举办农工商联合企业。集镇所在地党政领导和各有关部门要给予扶持、提供方便。各级政府要制订集镇建设的总体规划,各有关部门要积极支持集镇建设,以加快集镇建设的步伐"。乡镇企业的发展促进了农村城镇化,农村城镇化水平的提高又给大力发展乡镇企业提供了条件和可能,这两者的相互促进、相辅相成直接促使浙江的农村城镇化快速起步。到 1991 年,全省市镇人口已经达到 2733.1 万人,占全省总人口的 64.1%,比 1984 年提高了 38.6 个百分点,已经在全省各地形成

了星罗棋布的众多小城镇。

三、推进乡镇企业产权制度改革、小城镇综合改革，
市场经济体制在农村全面建立

1992年初，邓小平同志发表南方谈话，同年10月党的十四大召开，明确了建立社会主义市场经济体制的改革目标，浙江农村改革也就进入了第三阶段(1992—2001年)，这也是浙江农村全面实行市场化改革的时期。在这一阶段，农村改革的重心放在推进乡镇企业产权制度改革、小城镇综合改革和粮食购销市场化改革等方面。

(一)积极推进乡镇企业产权制度改革

经过20世纪80年代中后期的快速发展，浙江省乡镇企业数量和产值都有了很大的提高，但随着市场化改革的深入推进，乡镇企业产权模糊、政企不分、机制落后、竞争力弱等问题日益显现，乡镇企业产权制度改革被推上了历史的舞台。乡镇企业产权制度改革是确立农村社会主义市场经济体制框架的一个重要环节，是继实行家庭联产承包责任制之后，在农村经营体制上又一次具普遍意义的重大改革。

1. 确立了大发展大提高的发展战略

针对上述问题，浙江省委、省政府于1992年作出了《关于全力推进乡镇企业大发展大提高的决定》，确立了大发展大提高的发展战略。战略重点抓两头，一头抓重点县市、重点乡镇、重点骨干企业，一头抓欠发达地区，通过抓两头带中间，促进全省乡镇企业整体水平有一个大的提高。战略措施是以深化企业改革为突破口，以推行股份合作制为主要形式，达到明晰产权、搞活企业、提高效益之目的。在这一发展战略的指导下，全省乡镇企业在发展中求提高，克服资金短缺、原材料价格暴涨、市场疲软等困难，继续保持了快速、健康发展的好势头。

2. 积极推进企业产权制度改革

为了进一步优化乡镇企业经营机制，克服乡镇集体企业所有制和经营机制上的弊病，应对个私经济大发展的严峻挑战，在认真总结台州、温州等地创造的股份合作制经验的基础上，中共浙江省委办公厅、浙江省人民政府办公厅转发了省农村政策研究室、省乡镇企业局《关于乡镇集体企业推进股

份合作制改革的试行意见》(省委办〔1993〕6号),要求乡镇集体企业通过引入股份制的机制,改革企业组织制度和产权制度,进一步优化经营机制,改善内部管理,探索农村社会主义公有制新的实现形式。1994年,浙江省委办公厅、浙江省人民政府办公厅出台了《关于进一步完善乡镇集体企业产权制度改革的若干意见》(省委办〔1994〕39号),要求各地按照"认真试点,分类指导,稳步推进,不断完善"的工作方针,以转换企业经营机制、提高企业整体素质和经济效益为目标,坚持政企职责分开,对具有一定经营规模、生产发展正常、经济效益较好的乡镇集体企业,一般都应逐步改建成股份合作制企业,积极探索农村社会主义公有制多种实现形式。此后,全省以股份合作制和"小微亏"企业租赁、兼并、拍卖等形式为主的乡镇集体企业产权制度改革由点到面逐步推开,取得了明显成效。1993年,全省乡镇企业总产值达到2669.26亿元,同比增长82.9%,这在浙江历史上都是前所未有的。到2001年底,全省乡镇企业改制面达到97%,乡镇企业产值、利税等主要经济指标连续多年居于全国首位。乡镇企业转制带动了民营经济大发展,形成了多轮驱动、全民创业创新闯市场的发展态势。

3. 鼓励乡镇企业大力发展外向型经济

进入20世纪90年代以后,浙江的乡镇企业紧紧抓住改革开放的有利时机,扩大出口、境外办厂,大力发展外向型经济,这是浙江农村改革第三阶段乡镇企业发展的新特点。1998年5月,浙江省委、省政府专门召开全省乡镇企业工作会议,要求乡镇企业坚定不移地深化改革,优化调整产业结构,紧紧依靠科技进步,加快发展外向型经济。1997年6月,中共浙江省委、浙江省人民政府出台了《关于进一步促进浙江省乡镇企业改革发展与提高的若干政策意见》20条(省委〔1997〕17号),要求各地"大力发展外向型经济","对效益好、创汇多的重点出口生产企业,各有关部门要在信贷、能源、原材料、技术和人才等方面给予重点支持","对年自营进出口额在1000万美元以上的自营进出口乡镇企业,可以申报成立独立的有限责任进出口公司,并允许经营同类相关的进出口业务"。

4. 进一步完善乡镇企业管理

1991年12月,浙江省人民政府下发了《关于完善浙江省乡镇企业管理体制若干问题的通知》(省政〔1991〕19号),明确各级政府的乡镇企业局是乡镇企业的行政管理部门,对本行政区域内的乡镇企业实行指导、管理、监督、协调和服务。省委办〔1994〕39号文件中明确,"省里由省农村政策研究室牵头,组织省乡镇企业局等有关部门密切配合,全力抓好这项改革,切实加强具体指导"。省委〔1997〕17 号文件进一步加强了乡镇企业管理机构和队伍建设,同时明确"各级乡镇企业行政管理部门是政府主管乡镇企业的综合职能部门","各市(地)、县(市、区)的乡镇企业行政管理机构原则上应不保留,已经改为事业单位的,应授予行政管理职能"。

(二)着力推进农村小城镇综合改革

经过 80 年代中后期的快速发展,浙江省小城镇已达到一定规模。到 1992 年,全省已经有建制镇 894 个,此外还有众多的非建制集镇。其中不少小城镇已初具规模,在农村改革和发展中发挥了重要的作用。但是,从总体上看,浙江省小城镇建设和发展还存在着布局分散、规模偏小、规划落后、基础薄弱、投入不足、功能不全等问题,在管理体制和运行机制上也有一些深层次的矛盾亟待解决。

1. 小城镇综合改革的酝酿

从积极推进小城镇建设和发展的目标出发,1992 年浙江省委、省政府决定在全省开展"撤区扩镇并乡",形成以小城镇为中心的农村经济新格局,充分发挥小城镇在农村经济发展中的引领和带动作用。1993 年提出要办好工业小区和市场,加快城镇化步伐。1994 年提出进一步确立小城镇在经济区域中的中心地位。

2. 小城镇综合改革的试点

1995 年,全国 57 个小城镇开展小城镇综合试点。为加快浙江省小城镇建设步伐,适应农村改革和发展的新形势,浙江省决定选择部分具备条件的小城镇进行综合改革试点。1996 年 4 月,中共浙江省委办公厅、浙江省人民政府办公厅下发了《关于推进小城镇综合改革试点的通知》(省委办〔1996〕30 号),提出以国家体改委等十一个部门确定的湖州织里镇、富阳新登镇、玉环陈屿镇、东阳横店镇、绍兴杨汛桥镇、苍南龙港镇等 6 个国家小城镇综合改革试点为重点,其他有条件的地方,也可以结合当地实际情况,参照国家和省里的有关原则,开展小城镇综合改革试点,并且成立了省小城镇综合改革试点领导小组,办公室设在省体改委,试点工作的具体指导协调由省体改委和省农办牵头负责。1997 年,浙江省人民政府下发了《关于进一步加强村镇建设的通知》(浙政〔1997〕14 号),提出了到 2000 年末建成 100 个规划合理、基础设施完备、交通便利、辐射能力强、产业人口集聚度高、功能齐全、环境优美、各具特色的村镇建设现代示范镇,主要内容和政策措施有改革小城镇行政管理体制等十三条。至 1998 年,全省确定了 112 个综合改革试点镇,其中全国试点镇 28 个。

3. 推进小城镇的城市化

为了建立起有利于城镇发展的集聚机制与政策环境,提高城镇的人口、产业集聚功能,增强城镇对区域经济发展的带动作用,加快城市化进程,把培育中心镇、促进小城镇的城市化作为发展方向,2000 年 9 月,浙江省人民政府下发了《关于加快推进浙江城市化若干政策的通知》(浙政〔2000〕7 号),明确"全省范围内的小城镇实行按居住地登记户口的管理制度"、"2000 年起农民进城镇落户不再受农转非指标限制"、"对省政府确定的中心镇,可赋予其在计划、城镇建设、工商登记等方面部分县级管理权限"等政策。同年 8 月,在各地推荐、部门酝酿、专家论证的基础上,浙江省人民政府下发了《关于公布浙江省中心镇名单的通知》(浙政发〔2000〕198 号),确定了萧山市瓜沥镇等 136 个建制镇为浙江省的中心镇,并且明确有条件的中心镇要努力发展成为小城市。

(三)实施农业和农村现代化率先推进战略

根据农民群众生活水平普遍提高的状况,1991 年中共浙江省委八届六次全会作出了"浙江省农村已进入商品经济全面发展、由温饱向小康迈进的新阶段"的重要判断,并正式提出了浙江省 90 年代实现小康、建设社会主义新农村的奋斗目标和具体要求。1994 年,浙江省委、省政府重新制定了浙江省奔小康和新农村建设的目标,并提出了两步走战略:第一步,到 1995 年根据全国标准基本实现小康,即全省农村居民人均纯收入达 1600 元(1990 年物价水平),有 70% 的县(市、区)达到国家统计局提出的全国农村小康标准。第二步,到 20 世纪末,基本实现浙江省委、省政府确定的 90 年代社会主义新农村建设目标,全省人民人均纯收入达到 2200 元以上(1990 年物价水平),有 70% 以上县(市、区)达到或基本达到省定的县级新农村建设标准。1995—1998 年 2 月,浙江省委、省政府先后分三次命名 54 个县(市、区)为小康县(市、区),命名 17 个村为"浙江省社会主义新农村建设示范村"。

为了认真贯彻党的十五届三中全会通过的《关于农业和农村工作若干重大问题的决定》和江泽民同志在浙江农村考察时关于"沿海发达地区要率先基本实现农业现代化"的重要讲话精神,加快解决浙江省农业和农村发展还面临的一些突出矛盾和问题,开创农业和农村工作的新局面,1998 年 12 月 18 日,中国共产党浙江省第九届委员会第十四次全体会议通过了《浙江省农业和农村现代化建设纲要》(浙委〔1999〕3 号),提出必须把全省现代化建设的着力点放到农业和农村现代化建设上来,把全省广大农民的积极性凝聚到提前基本实现农业和农村现代化建设的目标上来,并要求从浙江省地区经济社会发展不平衡的实际出发,以乡(镇)村为基础、以县(市、区)为基本实施单位,梯度推进,分三步实现:第一步,到 2005 年全省着力打好农业和农村现代化的基础,力争有近三分之一的县(市、区)基本实现农业和农村现代化;第二步,到 2010 年全省有三分之二的县(市、区)基本实现农业和农村现代化;第三步,到 2020 年全省基本实现农业和农村现代化。

(四)推进欠发达地区加快发展和农村扶贫开发

浙江属于东部发达地区,但区域差异性很大,如何在市场经济快速推进的新形势下加快欠发达地区人口的脱贫致富是一项艰巨的任务。浙江省委、省政府高度重视扶贫和缩小区域差距问题,采取一系列措施开展扶贫攻坚。20世纪 90 年初,浙江省按照中央的部署认真实施国家'八七'扶贫攻坚计划",加大对欠发达地区的扶持和建设力度,欠发达地区经济社会面貌发生了根本改观。到 1997 年浙江省全面完成了国家"八七"各项目标,8 个贫困县提前三年摘掉了贫困帽子。2000 年,根据 8 个贫困县摘帽后浙江省仍有 100 个左右乡镇农村居民人均纯收入在 1200 元左右的实际情况,中共浙江省委、浙江省人民政府又提出要切实把贫困群众挂在心上、把扶贫工作抓在手上,大力开展实施"百乡扶贫攻坚计划",并专门召开会议进行部署。根据欠发达地区与发达地区差距进一步拉大的实际,浙江省委、省政府在实施"百乡扶贫攻坚计划"的同时又把推进欠发达地区加快发展摆上重要议事日程,2001 年 8 月中共浙江省委、浙江省人民政府下发了《关于加快欠发达地区经济社会发展的若干意见》(浙委〔2001〕17 号),要求对总体发展水平比较低、发展难度比较大的衢州、丽水两市所属各县及泰顺、文成、永嘉、苍南、磐安、武义、三门、仙居、天台、淳安等 25 个县作为重点扶持对象,通过加大财政转移支付力度、发展山区特色产业、加大山海协作和全社会扶贫力度等多种扶持措施,努力实现欠发达地区的跨越式发展。到 2002 年列入扶贫攻坚计划的贫困乡镇平均收入达到 1922元,1000 元以下的贫困人口下降到 3.7 万人,比 1999 年减少 14.4 万人,贫困乡镇如期实现了脱贫目标,浙江成为全国第一个没有贫困乡镇的省区。

通过这一阶段的改革,浙江省农村各类微观领域的改革基本完成,社会主义市场经济体制基本建立,市场对资源配置的基础性作用进一步增强,经济发展的质量和效益明显提升。2001 年,全省农业增加值达 1120 亿元,农村居民人均纯收入为 4582 元。

四、实施统筹城乡发展方略，社会主义新农村建设全面推进

进入 21 世纪以后，浙江省进入了全面建设小康社会的关键时期，如何统筹城乡发展，全面推进社会主义新农村建设，切实满足农民群众全面发展的要求，保障农民群众合法权益已经成为新时期新阶段的主要矛盾，这也是浙江农村改革第四阶段（2002 年至今）的重点。在这一阶段，浙江省委、省政府按照党的十六大的部署和胡锦涛同志"两个趋向"的重要论断，贯彻建设社会主义新农村的战略决策，从浙江省已全面进入以工促农、以城带乡发展新阶段的实际出发，把大力实施统筹城乡发展方略和推进新农村建设作为现代化建设的重大战略任务来抓，以建立以工促农、以城带乡的体制机制为重点，先后制定了《浙江省统筹城乡发展　推进城乡一体化纲要》（浙委〔2004〕93 号）和《关于全面推进社会主义新农村建设的决定》（浙委〔2006〕28号），出台了一系列统筹城乡"兴三农"的政策，全省上下呈现出城乡公共服务加快向农村覆盖、城市基础设施加快向农村延伸、城市文明加快向农村辐射的新态势，城乡差距明显缩小，城乡一体化进程明显加速。

（一）率先推进农村税费改革

浙江农村税费改革起步早、力度大。2001 年浙江就停征了 25 个欠发达县的农业特产税。根据中共中央、国务院《关于进行农村税费改革试点工作的通知》（中发〔2000〕7 号）和国务院《关于进一步做好农村税费改革试点工作的通知》（国发〔2001〕5 号）的要求，中共浙江省委、浙江省人民政府于 2002 年 7 月下发了《关于全面进行农村税费改革的通知》（浙委〔2002〕4号），提出用两年的时间在全省范围内全面完成以"减调改稳、合理负担、转移支付、配套进行"为主要内容的农村税费改革。

2003 年，浙江省又对粮油农户停征农业税。2005 年，浙江省宣布全面停征农业税，使这项延续了几千年的专门对农民征收的税种退出历史舞台。与此同时，浙江省把推进农村税费改革与推进乡镇政府职能转变、精简乡镇机构、减少村干部补贴人数、改革农村教育管理体制、完善县乡财政体制和健全农民负担监督机制结合起来，统筹兼顾，同步推进。通过农村税费改革，农民的税费负担逐年得到削减，人均负担从 2001 年的 92 元下降到 2002年的 52 元，2003 年又下降到 34 元，2004 年进一步下降到 14 元。之后，又率先

建立对涉农收费部门的农民负担专项考核制度,在全省范围内建立农民负担监测网络,使农民负担呈现出持续减轻的好势头。

(二)发展高效生态农业

为了适应经济市场化改革不断深化和效益农业发展的要求,浙江率先推进粮食购销市场化改革,全面取消粮食指令性生产任务和计划收购任务,农业生产全面走上市场化发展道路。同时,针对进入 21 世纪后城乡居民消费进一步升级和国内外市场竞争压力持续加大而浙江省农产品"优质难优价"、质量安全水平不高以及资源环境压力不断加大的问题,浙江省委、省政府在认真总结效益农业发展经验的基础上,于 2004 年提出了把发展高效生态农业作为浙江现代农业的主攻方向和实践模式的战略决策,要求各地把发展高效生态农业放到全面推进新农村建设的首要任务来抓,以"高效"、"生态"为目标,以增强农产品的市场竞争力和可持续发展能力为核心,大力推进农业的专业化、规模化、企业化、信息化、产业化和农民的组织化,使农业尽快走上经济高效、产品安全、资源节约、环境友好、技术密集、人力资源优势得到充分发挥的发展路子。浙江省委、省政府着重抓了以下几个环节的工作。

1. 深入推进农业结构的战略性调整,大力培育具有浙江特色的农业优势主导产业

2004 年浙江省委、省政府在浙委〔2004〕1 号文件中提出要按照《浙江省特色优势农产品区域规划》的要求,培育一批具有区域特色优势和较强竞争力的农业主导产业。2006 年在《浙江省生态高效农业发展规划》中提出了建设浙江省十大特色优势主导产业的意见;2007 年浙江省委、省政府在全面分析浙江省农业资源禀赋、竞争优势和农民收入贡献率等因素的基础上,把蔬菜、茶叶、果品、畜牧、水产养殖、竹木、花卉苗木、蚕桑、食用菌、中药材等确定为浙江省十大农业特色优势主导产业,并先后命名省级农业特色优势产业综合强县 21 个、单项强县 88 个、强镇 217 个,命名省级兴林富民示范镇(乡)71 个、示范村 433 个。

2. 顺应市场经济和现代农业发展的客观要求,把培育现代农业经营主体作为重要任务来抓

鼓励专业大户、农业企业按照"自愿依法有偿"的原则发展土地规模经营。在加快培育发展农业龙头企业和专业大户的同时,积极鼓励发展农民专业合作社,2004 年在全国率先出台了《浙江省农民专业合作社条例》,切实

加强现代农业经营后备人才的培养，从 2006 年起对就读省内大中专院校农业种养专业类的本省学生实行免交学杂费的政策，第二年又把这一政策扩大到园艺花卉、蔬菜、果树等专业。2007 年末全省农业产业化经营组织达 11066 个，带动农户 780 万户，联结基地 1893 万亩，其中农民专业合作社 4608 家，带动农户 245 万家。

3. 推进农技推广体系改革，实施农业科技创新

2005 年开始按照"强化公益性职能、放活经营性服务"的思路推进基层农技推广体系改革，妥善解决了农技人员的养老、医疗保障等历史遗留问题，同时率先在全国建立责任农技员制度，把责任农技员覆盖到每个乡村的农户。整合省、市、县、乡（镇）各级农技力量，发挥农业高等院校、科研单位、农业龙头企业、农民专业合作社和民营组织等在农业技术推广中的作用，建立由首席推广专家、农技指导员和乡镇责任农技员组成的新型农技推广队伍。组建了省级农技推广中心，并下设种植业、畜牧业、林业等 6 个分中心和 20 个专家组，明确了农技推广的功能定位、职责任务。2005 起在全省推广以实名注册与手机短信相连接为主要特征的浙江农民信箱，到 2007 年用户已达 180 万户，在信息发布、产销对接、科技服务、灾害预警、电子政务等方面发挥了重要作用。积极实施农业科技创新工程，建立了六大农业科技创新平台。

4. 率先推进以"三位一体"合作服务为重点的现代农业服务体系建设

针对当前浙江省农户经营规模小而分散和市场信息不对称、生产资金难落实的实际状况，着力推进以"三位一体"合作服务体系为重点的现代农业服务体系建设。2006 年，浙江省委、省政府在认真总结各地发展农民专业合作社、瑞安市建立"三位一体"的农村合作协会、平湖新仓供销社为农服务等发展农村新型合作经济方面经验的基础上，该年底在瑞安市专门召开了现场会，习近平同志在会上作了重要讲话，明确"三位一体"的现代农业服务组织就是以农民专业合作、供销合作为依托，以农村信用合作为后盾，以政府相关部门的服务和管理为保障，供销合作社、信用合作社和农民专业合作社为强化服务功能、扩大服务供给、提高服务质量而结成的资源共享、优势互补、功能齐全、分工明确的服务联合体。2007 年又确定在全省 17 个县（市）进行试点，有效强化了农业服务。同时，为切实加强农产品公共营销服务，率先举办了浙江农业博览会、浙江（上海）名特优农产品展销会等综合性农业展会。全面实施农产品"绿色通道"制度，2003—2007 年全省共有 1.8 万辆车辆免收通行费 3.5 亿元。

5. 强化农业基础设施建设,夯实农业发展基础

20 世纪 90 年代末,浙江省就深化水利投资体制改革,积极开展了"五自"(自行筹资、自行建设、自行收费、自行还贷、自行管理)水利工程建设,每年水利集资达到 40 多亿元。进入 21 世纪以后,以增强农业的防灾减灾和可持续发展能力为目标,以增加政府的公共财政投入为重点,以各类工程为载体,大力推进农业基础建设。"十五"期间全省水利等农业基础建设投资达 600 多亿元,比"九五"增加了 200 多亿元,先后开展了千里海塘、标准江堤、千库保安、千万亩十亿方节水等工程建设,大力推进千万亩高标准农田建设。深入推进农业综合开发,加强低产田和黄土丘陵改造,对 120 余个小流域开展了山、水、田、林、路综合治理,开展了 17 个重点渔港建设。全面推进土地整理和标准农田建设,1998 年以来完成土地整理 1600 万亩,累计建成标准农田 1500 万亩。切实加强生态环境建设,42 个平原县、半平原县开展了高标准平原绿化建设,1840 公里大陆海岸基干林带基本合拢,3000 万亩重点生态公益林建设进展顺利。

(三)拓宽农民就业增收渠道

顺应城乡经济加速融合和三次产业联动发展的趋势,加快推动农村产业集聚,促进农村劳动力向非农产业和小城镇转移,不断夯实农民转移就业新平台、拓展农民增收新渠道。

1. 做大做强以中心镇为依托的区域特色块状经济

进入 21 世纪以来,浙江省委、省政府从推进浙江省区域特色产业集群化发展出发,积极推动农村非农产业和人口向中心镇集聚,做大做强以中心镇为依托的区域特色块状产业。2000 年浙江省委、省政府就提出,要以县(市)政府驻地镇、中心镇为重点建立设施完善的特色工业园区,并在全省规划了 136 个中心镇。2003 年浙江省政府出台了整顿工业小区的意见,撤销了一大批不符合土地利用总体规划以及有关规定的开发区,全省开发区(园区)面积减少 3316 平方公里,工业小区向产业集中区域集聚的趋势更为明显。2006 年浙江省政府专门就中心镇布局等有关问题组织到上海、江苏等地进行了调研。2007 年浙江省政府出台了《关于加快推进中心镇培育工程的若干意见》,制定了支持中心镇发展的十大政策,提出要以统筹城乡和区域协调发展为目标,以新型工业化和新型城市化为支撑,按照因地制宜、梯度发展的原则,通过政府推动、政策扶持、体制创新、市场运作,在全省建设一批中心镇,努力把中心镇培育成为产业集聚区、人口集中区、体制机制的

创新区和新农村建设的示范区,同年公布了 141 个中心镇名单。中心镇的崛起使一大批农村企业因依托于中心镇发展而变得更富有活力,一大批农民因进入中心镇居住而更快地体验到了现代文明生活。

2. 推进农村新兴产业发展

充分利用各地自然生态资源和劳动力资源优势,农家乐休闲观光旅游业和来料加工业成为农民就业致富新热点。根据浙江省农村生态优良、文化底蕴深厚、交通便捷的优势,适应城乡居民消费新趋势,积极拓展农业的生态生活功能,全省涌现了"餐饮食宿型"、"农事体验型"和"综合休闲型"等多种农家乐休闲形态。2005—2007 年浙江省政府多次就发展农家乐休闲旅游业召开会议,出台有关扶持政策,把它作为促进农民增收的重大举措来抓,到 2007 年底全省农家乐休闲旅游业经营户(点)已达 1.5 万个,从业人员达 8 万多人,年营业收入达 30 亿元,增长了 3 倍多。同时充分利用未能外出打工就业的"4050"农民因地制宜大力发展来料加工业,据不完全统计,全省有 32 万人通过来料加工实现了就地就业,农民因此增收 10 亿元。

3. 全面提升农村劳动力就业竞争能力

顺应城乡劳动力就业市场竞争加剧的形势,浙江省委、省政府在 2004 年启动了以提升农民就业技能和整体素质为重点的"千万农村劳动力培训工程",要求各地围绕打造先进制造业基地、发展现代服务业,建立"政府购买培训、学校提供培训、农民自主选择培训"的机制,开展"订单培训"、"定向培训"等多种形式,到 2010 年培训 1000 万人。2007 年起进一步加大职业证书培训力度,以促进转移就业的农民工成为稳定就业的技术工。2004 年至 2007 年,全省共已培训农村劳动力 655 万人,其中有 187 万农村劳动力通过培训实现了转移就业。同时大力开展农村后备劳动力的职业教育,努力使未升入大中专院校的农民子女普遍接受 6 个月至 1 年的职业技能培训。

(四)积极开展农村环境整治和农村新社区建设

针对农村环境脏乱差、村庄布局零星分散、社会事业落后的情况,2003 年浙江省委、省政府作出了实施"千村示范万村整治"工程的决策,要求用 5 年时间整治 10000 个村,并把其中的 1000 个村建成全面小康示范村和文明和谐新社区的目标任务。在这一建设工程的带动下,全省各地普遍加强了对农村基础设施建设、村庄建设和生态环境建设,并按照统筹城乡发展、建设社会主义新农村的需要,实施了一系列工程建设,使农村面貌发生了历史性的变化。这期间,各地着重抓了以下几个方面的工作。

1. 大力开展村庄规划编制

高度重视村庄规划的编制,要求各地按照"减少村庄数量、扩大村庄规模"的原则,编制县域村庄布局规划;要求各地按照有利于提高农民生活质量、传承历史文化和体现人与自然和谐相处的原则,搞好村庄总体规划和村庄建设规划。至 2006 年全省所有县(市、区)完成了县域村庄布局规划的编制任务,规划实施到位后,全省的行政村减少到 2.4 万个,还编制了 3048 个中心村和 16389 个村的村庄总体(建设)规划和整治方案。

2. 开展村庄整治示范村建设和农村新社区建设

从整治村开始起步,由点到线到面,全面开展垃圾清理、污水治理、改水改厕、河道洁化、"赤膊屋"整治等农村环境整治,形成了平原村庄"户集、村收、镇中转、县处理"、山区村庄"统一收集、就地分拣、综合利用、无害化处理"的垃圾集中收集处理模式,建立了三格式化粪池、无动力厌氧处理、湿地处理、纳管处理等污水处理方法。2006 年起还实施农村环境"五整治一提高"工程(畜禽粪便污染整治,生活污水处理排放,垃圾固废统一收集,化肥农药污染治理,河沟池塘清淤治污,村镇绿化水平提高),推动了农村环境全面改善,到 2007 年底全省已累计完成 10303 个村的环境整治。按照"合并小型村、缩减自然村、拆除空心村、搬迁高山村、保护文化村、改造城中村、建设中心村"的要求,采取拆迁新建、合并组建、移民迁建、保护复建、整理改建等多种形式,推进人口到示范村和中心村居住,并以示范村、中心村为载体,推进基础设施向农村延伸和公共服务向农村覆盖。到 2007 年底全省共完成 1181 个示范村的建设任务。同时,提出了以中心村为载体,推动自然村适度撤并和农民居住集中,把传统农村社区改造成为现代社区,大批中心村建设成了布局合理、规划科学、服务便利、文明祥和的农村新社区。

3. 全面改善农村基础设施

以布局优化、卫生洁化、河道净化、道路硬化、四旁绿化、路灯亮化等为重点,以各类工程建设为载体,充分发挥村庄整治建设的龙头作用,把农村基础设施、社会事业、公共服务等各项建设与村庄整治建设有机结合起来,按照"示范整治的点定在哪里,服务和资金配套就跟到哪里"的要求,配套推进"绿化示范村"、"万里绿色通道"、"万里清水河道"、"千万农民饮用水"、"乡村康庄"、"生态富民家园"、"百万农户生活污水净化沼气"、"兴林富民"等工程,2003—2007 年全省累计解决农村饮用水不安全问题人口 482 万人,受益总人口 833 万人,农村饮用水安全覆盖率达到 86%,累计整治清水河道 13700 公里。

（五）着力构建农村公共服务体系

根据富裕起来的农民群众对改善农村生产生活条件和共享基本公共服务的愿望日趋强烈的实际,浙江省委、省政府按照统筹城乡公共服务体系建设的战略思路,把切实改善农村基本公共服务放到十分重要的位置来抓,先后召开了一系列工作会议,出台了一系列政策,实施了一系列工程,着重抓了以下几个方面的工作。

1. 率先推进城乡劳动就业体制改革

2001 年以来浙江省就在全国率先开展了城乡统筹就业试点,先后下发了《关于全面推进城乡统筹就业指导意见》《关于解决农民工问题实施意见》《关于进一步加强和改进对农村进城务工人员服务和管理的若干意见》等文件,以深化城乡就业改革和形成城乡一体化的劳动就业市场为目标,促进城乡劳动者平等就业,让农民成为工业化城市化的主体。到 2005 年已有 35 个县(市)实现了就业政策、失业登记、劳动力市场、就业服务和劳动用工管理"五统一"的就业试点,到 2007 年底全省城乡"五统一"就业制度基本形成。这一期间,浙江省委、省政府着重抓了以下几个环节的工作:一是取消了对农村劳动力进入城镇就业的地域和行业限制。明确农民工进城务工和从事经营活动,凭本人居民身份证即可进入劳动力市场求职和办理各种相关手续,任何地方和部门不得设置与农民工进城就业或从事经营活动相关的行政审批和收费项目,按照劳动者自由择业、市场调节就业、政府促进就业的方针,实行用人单位自主用工,劳动者公平竞争就业。二是按照属地管理的要求,将城乡劳动力开发和外来劳动力就业工作纳入政府统一管理目标,形成了城乡统一的劳动力市场和就业管理服务体系,建立全省一体化的城乡劳动力就业和失业状况统计调查制度,全面掌握城乡劳动力资源和就业失业状况。三是开展了"民工公寓"建设,为民工就业提供廉租房。四是深化与城乡统筹就业相关的户籍、土地、住房等公共服务制度改革,为统筹城乡就业提供政策支持。

2. 全面推进农村社会保障体制改革

党的"十六大"以后,浙江省委、省政府按照统筹城乡发展的要求,从促进经济社会协调发展的大局出发,不断深化城乡社会保障制度改革。

一是建立健全城乡一体的最低生活保障制度。浙江省于 1996 年率先在全省建立了覆盖城乡的最低生活保障制度,到 1997 年底全省有 88 个县(市、区)落实了这一制度。2001 年 8 月浙江省政府又以政府令的形式颁布了《浙江最低生活保障制度办法》，最低生活保障制度走向规范化、法制化。到 2007 年全省共有低保对象 65 万人，其中农村 56 万人。同时相继建立教育医疗和住房救助等社会救助制度。

二是建立健全被征地农民社会保障制度。为了确保被征地农民的权益，2002 年浙江省政府出台了《关于加强和改进土地征用工作的通知》，文件除了规定合理确定征地补偿标准、及时支付征地补偿费用等外，还要求完善土地征用补偿安置办法、加大被征地农民就业工作力度、建立健全被征地农民基本生活保障制度。2003 年 5 月浙江省劳动保障厅等五部门联合下发了《关于建立被征地农民基本生活保障制度的指导意见》，明确被征地农民养老保障各方出资比例为：政府承担部分不低于保障总金额的 30％，村集体组织和个人为 70％。2003 年 9 月浙江省政府又下发了《关于加快建立被征地农民社会保障制度的通知》，明确被征地农民社会保障是一个与城镇社保体系既有区别又相衔接的制度框架和运行机制。2004 年 1 月浙江省委、省政府在《关于统筹城乡发展促进农民增收的若干意见》中提出，要"切实维护被征地农民利益"、"被征地农民基本生活保障问题没有解决的不予审批"。2005 年 4 月浙江省政府又发出了《关于深化完善被征地农民社会保障工作的通知》，提出"从 2005 年 1 月 1 日起，各地对被征地农民要做到即征即保"。至 2007 年底，全省共有 297 万名被征地农民纳入社会保障覆盖范围，被征地农民已参加社会保障的人数和筹集保障资金的总量约占全国的 1/3。

三是建立健全农村新型合作医疗制度。浙江省于 2003 年 8 月出台了《关于建立新型农村合作医疗制度的实施意见》，提出按"低点起步、扩大覆盖，政府推动、多方筹资，县级统筹、保障适度，先行试点、逐步推广"的原则，到 2007 年全省基本建立以县为单位的农村大病统筹合作医疗制度，当年确定了 27 个县开始试点。几年来各地自觉推行新型农村合作医疗制度，至 2007 年底全省全部实行了农村新型合作医疗，参合农民达到 3000 万人，占全省农业人口的 89％，人均筹资水平达到 100 元。

四是率先实行农村"五保"和城镇"三无"人员集中供养。2003 年浙江省委、省政府就提出，要在试点的基础上，实施农村"五保"和城镇"三无"对象的集中供养，力争 3 年内全省集中供养率达到 80％以上，科学规划、合理布局，积极调整利用社会性各方资源，加快农村敬老院、城市福利院等养老基础设施建设，明确农村"五保"对象集中供养经费由县（市、区）、乡镇政府和村集体按比例分担。2006 年 5 月，浙江省政府又下发了《关于促进养老服务业发展的通知》，通知要求全省各地大力发展养老服务业，加快建立与经济社会发展水平相适应、能满足老年人生活需要的养老服务体系。2007年全省农村"五保"和城镇"三无"人员集中供养率分别达到94％和99％。

五是积极推进城镇职工社会保险向农民工覆盖。"十五"时期以来,浙江省在实现职工社会保险制度转轨的基础上,逐步将城镇职工社会保险向农民工覆盖。在城镇职工养老保险的覆盖方面,1997年浙江省人大常委会颁布了《浙江省职工基本养老保险条例》,在全国率先将基本养老保险覆盖面扩大到城镇辖区内工商注册登记的各类企业、实行企业化管理的事业单位和与其形成劳动关系的职工以及城镇个体劳动者。在2001年和2003年浙江省政府又先后两次要求完善职工基本养老保险"低门槛准入低标准享受"办法。在城镇职工医疗保险的覆盖方面,2000年浙江省政府就发出了《浙江省推进城镇职工基本医疗保险制度改革的意见》,全面启动了医疗保险制度的社会化改革,建立起了覆盖城镇全体职工的社会统筹与个人账户相结合的基本医疗保险制度,并实现了新旧制度的平稳过渡和保险基金的收支平衡,起到了保障职工基本医疗需求的作用。2002年全省有78个县(市、区)实现了基本医疗保险制度。在城镇失业保险的覆盖方面,2003年9月浙江省十届人大常委会第五次会议通过《浙江省失业保险条例》,要求全省做好失业保险的转轨与规范化运作。在此期间农民工逐步享受到了与城镇职工同等的社会保险待遇。

六是探索建立新型农村养老保险制度。2007年浙江省委、省政府提出"有条件的地方可探索建立多种形式的农村养老保险制度"后,杭州、宁波、嘉兴等地已出台并实施新农保制度。

3. 大力推进城乡教育均衡化发展

把促进城乡教育公平均衡发展作为促进城乡社会公平和统筹城乡发展的重要基础,浙江省委、省政府于2002年和2005年相继提出建设"教育强省"和把建设"教育强省"的重点放到农村的目标,并先后出台和实施了一系列的举措,全面促进城乡增长率均等化。一是加快普及从学前到高中段的15年基础教育。2005年浙江省委、省政府提出要高标准普及从学前到高中段的15年基础教育,加大农村基础教育投入,改善农村办学条件,到2007年底全省15年基础教育普及率达到95.5％。二是启动实施"农村中小学教师素质提升"、"农村中小学食宿改造"、"家庭经济困难学生资助扩面"、"爱心营养餐"四项工程,各级财政将在三年内(至2007年)投入资金32亿元,2003—2007年累计资助贫困家庭学生502万人次,新建和改造农村中小学食堂、宿舍279万平方米。三是推进农村中小学布局调整,改善农村办学条件,全省中小学数量由 4 万多所调整为 9000 多所。四是推进义务教育管理体制改革和免费义务教育。建立以县为主的义务教育管理体制,将学生义务教育经费全面纳入财政保障范围,建立各级政府分级负担体制,2007 年还提高了中小学生人均公用经费标准。2006 年秋季起,全省城乡义务教育阶段中小学全部免收学杂费;对低收入家庭子女就读中等职业学校的免收学杂费。五是加强农村教师队伍建设。大规模开展农村教师培训,提高农村教师工资和补贴待遇,建立城镇教师支援农村教师工作机制,实施农村中小学书香校园工程,按生均每年 5 元标准编制图书目录,加强农村学校图书馆建设。六是大力发展农村职业教育。2000 年浙江省政府召开全省职业教育工作会议,提出职业教育必须做大做强。2004 年浙江省政府召开全省农村教育工作会议,进一步强调职业教育要以就业为导向,以服务为宗旨,加快培养大批高技能人才和高素质劳动者,发挥职业教育在推进城镇化进程和转移农村劳动力中的重要作用。2001—2006 年连续 6 年实现普教与职教之比 1∶1,创造出了职业教育的浙江模式。

4. 大力推进农村公共卫生事业发展

针对农村市场经济发展后农民"看病难、看不起病"越来越多的情况,浙江省委、省政府在 2003 年出台了《关于进一步加强农村卫生工作的意见》,提出要"加强宏观管理,优化卫生资源配置,逐步缩小城乡差距,满足农民不同层次的医疗服务需求,从整体上提高广大农民的健康水平和生活质量"。2005 年 8 月浙江省政府召开农村卫生工作会议,出台了《关于加强农村公共卫生服务工作的实施意见》,按照"让农民看得起病、有地方看病、加强预防少生病"的要求,作出了实施"农民健康工程"的决策。几年来重点抓了以下几项工作:一是完善农村公共卫生管理和服务网络。以人人享有基本医疗卫生服务为目标,发挥县级医院、疾控中心、卫生监督所、妇女保健院等为龙头的技术服务指导中心的作用,推进乡镇卫生院和村卫生室向农村社区卫生服务中心和服务站转变,形成县、乡(镇)、村三级公共卫生服务网络。二是实施社区责任医生制度。按照 1000～1500 名人口配备一名社区责任医生的要求组建社区责任医生队伍,全面负责和参与责任片区群众的健康体检、公共卫生项目服务等工作。三是建立农民健康体检制度。从 2006 年开始全省还实行了每两年一次的农民免费健康体检制度,建立了农民健康档案 1186.2 万份,累计体检人数占参合农民的 80% 以上。四是开展以公共财政为保障、项目管理为抓手、三大类 12 个服务项目为内容的农村公共卫生服务,目前农村公共卫生服务项目的任务落实率达到 87.6%,农民对公共服务的满意率明显提高。

5. 大力推进农村文化事业发展

按照建设文化大省的要求,把繁荣农村文化作为重要内容,大力实施"农村文化阵地建设工程",加强农村文化设施建设。2007年浙江省委、省政府专门发出了《关于加强农村文化建设的通知》,提出要以满足农村群众精神文化需求为核心,全面提升农村文化工作整体水平。这期间重点抓了以下工作:一是积极发展民间文化。让农民像种庄稼一样把农村文化活动开展起来,建立一支"不走的文化队伍",使农民真正成为农村文化建设的主体。二是加快乡村文化设施建设。充分发挥政府的主导作用,全面推进农村文化建设十项工程(农村基础设施建设工程、广播电视村村通工程、文化信息资源共享工程、文化遗存保护工程、农民健身工程、农村电影放映工程、送戏送书工程、农村文化繁荣工程、农村文化队伍建设工程、农村文化示范户工程),力争到2010年实现县县有文化馆、图书馆,乡镇有文化站,85%的行政村有形式多样的文化活动场所。三是实施农村广播电视村村通工程,2007年底全省乡镇和行政村有线电视联网率分别达到99.5%和97.5%。四是深入推进文化下乡活动。全省先后组织开展了万场电影、万场演出和万册图书下农村活动。2006—2007年共组织送戏下乡2.8万场次,完成送书下乡540万册,送电影下乡30万场次。同时在全省举办全省乡镇文艺系列活动及各类农民工文化活动。

(六)实施欠发达乡镇奔小康工程和低收入农户奔小康工程

在完成"百乡扶贫攻坚计划"的基础上,2003年以来,按照统筹区域发展的要求,浙江省实施了"欠发达乡镇奔小康"、"百亿帮扶致富"、"山海协作"工程,不断健全政府扶持、区域协作、社会援助的扶贫机制,着力增强欠发达地区自我发展能力,扎实推进欠发达地区新农村建设,努力使欠发达地区成为全省经济新的增长点。同时,根据低收入农户脱贫奔小康是扶贫工作最大难点的实际出发,浙江省委、省政府又实施"低收入农户奔小康工程",集中力量,攻克扶贫难点。

1. 大力推进下山搬迁脱贫

2003年开始,浙江省政府把每年下山搬迁5万人作为十件实事之一,按照"下得来、稳得住、富得起"的要求,把下山脱贫与工业化、城市化结合起来,以高山远山区域、重点水库库区、地质灾害隐患区域的整体搬迁为重点,依托县城、中心镇和工业功能区建设下山移民小区,促进下山农民进城落户、转产转业,实现易地致富。5年来,26个欠发达县和黄岩、婺城两区共下山搬迁10.2万户、36.3万人。

2. 加强贫困农民培训

按照"政府主导、市场运作、部门协作、企业参与"的方式,加强对欠发达地区的农民进行技能培训,促进农民就业致富。认真抓好一个全国扶贫培训基地和五个省级扶贫培训基地建设,帮助四川等省开展农村劳动力的就业技能培训。2003—2007年,共培训欠发达地区农民209万人次,其中85万人通过培训实现了转移就业。

3. 努力推进产业化扶贫

充分发挥欠发达地区的比较优势,加大对扶贫龙头企业和专业合作社的扶持力度,并把低收入农户集中村作为扶持重点。选派优秀科技特派员到欠发达乡镇服务,2003—2007年,省级单位共选派了5批、837名科技特派员到211个欠发达乡镇开展科技服务,推广农业新技术、新品种3800多项(个)。同时积极利用欠发达地区丰富的人力资源和优美的生态资源扶持发展来料加工业和休闲旅游业,促进山区农民增收致富。

4. 促进欠发达地区基础设施建设和社会事业发展

2003—2007年欠发达地区乡镇公路全部实现硬化,等级公路通村率达到94.3%,通村公路硬化率达到91%;欠发达乡镇安全卫生饮用水普及率达到72%,20户以上自然村广播电视通村率达到90%。农村最低生活保障制度实现了城乡全覆盖,农村"五保"对象集中供养率达92.5%,70%的残疾贫困人口实现了脱贫,74%的农村人口参加了新型合作医疗。

5. 切实加大帮扶力度

对欠发达地区在财政投入、税费改革和"两保两挂"等有关政策方面实行倾斜,2003—2007年欠发达地区财政收入平均每年增长22.1%。建立经济较发达的县乡村与欠发达县乡村的结对帮扶制度,从项目、技术、信息、人才等多方面给予帮扶,2003—2007年全省累计签订山海协作项目3830个,到位资金634.39万元,有组织输出欠发达地区劳动力32万人。117个省级单位(机关部门、事业单位、国有企业)和133个强县强镇与欠发达乡镇建立结对帮扶关系。5年来,省级结对帮扶单位为211个欠发达乡镇提供帮扶资金2.58亿元,实施各类帮扶项目3035个,发展各类特色产业基地36.9万亩,带动农户23.5万户。同时切实加强区域协作,引导发达地区的劳动密集型产业向欠发达地区转移。各地在实施低收入农户奔小康工程中,建立"一户一策一干部"的挂钩扶贫脱贫工作机制,把扶贫责任真正落到实处。

（七）加强农村基层党组织建设

为了适应社会利益主体增多、价值取向多元和群众民主意识增强、民主需求增长的趋势，大力推进"平安浙江"建设，并以保障农民享有全面的民主权利为目标，不断创新基层民主形式，大力发挥基层党组织的战斗堡垒作用，充分发挥农民群众当家作主的主体作用。重点抓了以下几个方面的工作。

1. 积极创新农村基层民主形式

把推进村务财务"两公开"、加强民主监督作为全面落实村民自治"四民主"制度的重要抓手。普遍开展村务公开，推进村务公开的内容、形式和程序"三到位"，推行村干部"双述双评"、村务监督委员会等民主监督办法，努力健全监督机制；把财务公开作为村务公开的重点来抓，全面推行村级会计委托代理制、电算化和农村集体经济审计，健全农村财务公开、民主理财和财务监督机制。全面实行村委会直选，实现了村委会由委任制到选举制、从间接选举到直接选举的转变。大力推进村务决策和管理民主化，创造村级民主恳谈会、村民议事会等群众广泛参与的民主形式，保障农民群众的知情权、参与权、表达权、监督权，民主参与成为越来越多的村办好涉及面广、难度大的村务的有效途径。积极开展"民主法治村"创建活动，大力推广新时期"枫桥经验"，探索依靠农民群众、加强农村社会管理、维护农村社会稳定的有效机制。

2. 进一步加强农村基层党组织建设

把加强农村基层党组织建设作为保障农民民主权利、推进新农村建设的根本保证。大力开展农村"三个代表"重要思想的学教活动和农村党员先进性教育，不断深化农村党的建设"三级联创"活动，着力增强党组织的凝聚力、号召力、战斗力。加强农村基层党风廉政建设，推进廉政文化进农村。开展农村党员干部远程教育，努力提高基层干部的素质。新建、改建、修建村级组织活动场所 8040 个，做到全省村村都有活动场所。

3. 全面建立农村工作指导员制度

为了促进党委、政府工作重心下移，促进乡镇政府改革、公共服务延伸、年轻干部培养，2004 年浙江省委、省政府决定实行农村工作指导员制度，要求从当年起连续从省、市、县、乡镇四级机关抽调机关干部，为全省每个行政村派驻一名农村工作指导员，履行村情民意调研、政策法规宣传、富民强村服务、矛盾纠纷化解、民主制度规范、组织建设督导等六方面职责。四年来，全省累计选派指导员 14.6 万人次,协助落实各类建设项目 25 万个,调处矛盾纠纷 50 多万起。积极推进乡镇农村工作指导员专职化,60％的乡镇建立了专职农村工作指导员制度。

(八)着力推进城乡配套改革

充分发挥浙江省微观经济体制比较完善和经济社会发展阶段相对领先的优势,按照统筹城乡发展的要求,以保障农民权益、增进农民利益为核心,不断深化城乡二元体制改革,建立健全以工促农、以城带乡的机制。

1. 深化强县扩权改革

浙江省县域经济充满活力,这除了长期实行"省管县"的财政体制外,还有一个重要原因,就是不断扩大县级经济发展的自主权。为搞活县域经济,1992 年以来,浙江省委、省政府按照"能放则放"的原则,多次向县级放权,特别是 2002 年,省里把 313 项属于地级市的经济管理权限下放给 20 个县(市、区)涵盖了计划、经贸、国土资源、交通、建设等 12 个大类,减少了审批环节,降低了过程成本,增强了县域经济发展的活力。

2. 积极调整财政支出结构

强调各级政府要充分发挥对新农村建设的主导作用,按照中央提出的"三个高于"、"三个主要用于农村"的要求,2006 年浙江省政府明确各级财政每年新增财力的 2/3 用于改善民生,并重点用于改善农村民生。2007 年全省各级财政预算内用于"三农"的支出达 418 亿元,其中省级财政预算支出96 亿元,比上年增长 29％。

3. 不断深化土地征用制度改革

针对城市化加速推进中征地矛盾日益突出的问题,推进土地征用制度改革,建立土地征用补偿"区片综合价"制度,建立被征地农民基本生活保障制度,初步建立农民共享土地出让增值的机制。

4. 不断深化农村金融体制改革

针对农民贷款难长期得不到解决的问题,借鉴发达国家发展农村合作金融的经验,2003 年启动新一轮农村金融体制改革,构建了一个既符合市场经济规律、又适应"三农"发展特点的农村合作金融新体制,2007 年末全省金融机构对农业的贷款余额 1276 亿元、乡镇企业贷款余额 1621 亿元、农户贷款余额 1157 亿元,分别比上年增长 26.4％、16.9％和 28.1％。针对农业种养大户投入增多、风险增大的趋势,浙江省政府于 2005 年起开展建立政策性农业保险制度的试点工作,首创政策性农业保险的共保经营模式,到 2007

年扩大到 32 个县,共有 4.59 万户农户参保,累计保额 16.9 亿元,参保率达 67%。2008 年浙江省政府决定把试点范围扩大到有农业生产的 86 个县(市、区)。渔业互助保险覆盖到沿海市县和 3 个内陆县,2007 年底保费总量 1.46 亿元。针对浙江省台风灾害频发、农房倒塌易发的实际,2006 年开始推行政策性农房保险制度,当年全省参保率 71.7%,57 个县(市、区)参保率超过 80%。

5. 动员社会各方力量参与新农村建设

积极动员社会力量参与新农村建设,开展了 3 个"双万结对"(万家工商企业、万个城镇文明单位、万名科技人才)活动,浙江大学、浙江工业大学、浙江林学院等大专院校、科研院所与地方建立共建新农村机制。驻湖部队与湖州市建立"百连联百村"的新农村建设机制。2006 年还专题召开了工商企业参与新农村建设座谈会。目前全省共有 15665 家工商联会员企业参与新农村建设,有 10205 个城市文明单位与 9830 个行政村结对共建新农村,掀起了工商企业参与新农村建设的热潮。

通过这一阶段的改革,浙江农村的面貌发生了显著变化,统筹城乡发展水平居于全国前列。2007 年,全省农村居民人均纯收入达到 8265 元,比 2001 年提高 3683 元,实际提高了 57.9%;全省农业增加值从 2002 年的 693.7 亿元增加到 2007 年的 1025 亿元。2007 年,全省有 266 个镇进入全国千强镇行列。全省城市化率达到 57.2%。全省森林覆盖率从"九五"时期末的 59.4% 提高到 60.5%。

第二章　农业经营体制变革与传统农业向现代农业转变

农业是安天下、稳民心的基础产业。中国的改革是迫于农业落后、农产品短缺、农民贫困而兴起的。以包产到户为突破口,废除"一大二公"的人民公社体制和农产品统派购等制度束缚,实现了农业经营体制的历史性变革,可以说农业改革是实现计划经济体制向社会主义市场经济体制转变的有效的战略突破口。浙江以与时俱进的改革创新精神,以农业经营体制的不断创新,促进农业结构创新、科技创新和管理创新,不断完善支农强农惠农政策,建立以工促农、以城带乡的机制,实现从传统的产量农业到一优两高农业、效益农业和向高效生态的现代农业迈进的历史性转变,为中国特色的农业现代化道路提供了非常有益的启示。

一、农业经营体制改革

从20世纪80年代初全面实行家庭联产承包责任制以来,浙江省的农业经营体制,实现了从稳定完善家庭联产承包责任制到建立农业社会化服务体系再到积极推进农业产业化经营,从农户分散小规模经营到发展适度规模经济的转变。

(一)进一步发展完善家庭联产承包责任制

家庭联产承包责任制作为农村的一项基本制度,必须长期稳定。实行家庭联产承包责任制以来,随着农业生产力的发展,各地都出现了一些新情况、新问题,浙江省从实际出发,不断深化农村改革,进一步完善家庭联产承包责任制。

1. 进一步加强家庭联产承包合同管理

从 1984 年开始,浙江省一直没有间断过完善家庭联产承包合同的工作,重点是解决合理确定承包指标、规范合同书、生产物资分户订入承包合同、推进合同公证、要求承包双方信守合同等方面。1986 年,浙江省农村研究室下发了《关于健全和完善地区性合作经济组织的若干意见》(浙农研〔1986〕1 号),明确"土地承包以后,因人口增减、农田基本建设、国家集体征用、社员建房等带来土地的变化,一般可以采取经济找补、不动土地的办法,使土地承包稳定下来。土地变化过大、群众意见较多的地方,也可以根据大稳定、小调整的原则,进行适当调整"。同年 10 月,浙江省农村研究室、浙江省林业厅下发了《关于进一步完善林业生产责任制的意见》(浙农研〔1986〕15 号)。1987 年,浙江省政府印发了《浙江省农业承包合同管理试行办法》(浙政〔1987〕61 号),明确了农业承包合同管理机构及职责、承包合同的签订与履行、承包合同的变更和解除、违反承包合同的责任、承包合同纠纷的调处和仲裁等,使浙江省的农业承包合同有法可依。1991 年 6 月,浙江省农村研究室、浙江省农业厅联合发出了《关于加强农业承包合同管理几个问题的通知》(浙农研〔1991〕23 号),进一步加强了农业承包合同管理机构建设和档案管理制度,并且明确各地要认真办理农业承包合同签订和妥善调处农业承包合同纠纷,同时抓好农业承包合同结算、兑现。到 1992 年,全省农业承包合同管理规范化程度进一步提高,规范的农业承包合同达 833.81 万份,占总数的 87.6%,合同兑现率提高到 88.1%。

2. 开展第二轮土地承包工作

根据中共中央办公厅、国务院办公厅《关于进一步稳定和完善农村土地承包关系的通知》(中办发〔1997〕16 号),1997 年 12 月,中共浙江省委办公厅、浙江省人民政府办公厅下发了《关于搞好第二轮土地承包工作 稳定完善家庭联产承包责任制的若干意见》(省委办〔1997〕70 号),要求在第一轮土地承包到期后,把土地承包期再延长 30 年。同时,要求各地在第二轮土地承包中严格规范土地调整的范围,合理确定土地承包款标准,严格控制和管理"机动地",正确处理好土地权属关系。1998 年 3 月,浙江省人民政府办公厅转发浙江省农业和农村工作办公室《关于浙江省农村集体土地承包权证发放管理实施意见》(浙政办发〔1998〕39 号),进一步明确了土地承包权证发放管理的主管机关、发放对象、有效期限、发放程序、变动登记、换发收回等。1999 年 6 月,浙江省人民政府农业和农村工作办公室、浙江省妇女联合会联合下发了《关于在第二轮土地承包中切实保障妇女权益的通知》(浙农办

〔1999〕37 号），要求各地切实保障对农嫁女、入赘男、离婚或丧偶妇女的合法权益。2002 年 8 月 29 日第九届全国人民代表大会常务委员会第二十九次会议通过、并于 2003 年 3 月 1 日开始实施的《中华人民共和国农村土地承包法》赋予了农民长期而有保障的土地承包经营权，标志着农村土地承包走上了法制化管理轨道。2003 年 12 月，中共浙江省委办公厅、浙江省人民政府办公厅下发了《关于进一步稳定完善农村土地承包关系的意见》（浙委办〔2003〕76 号），要求各地切实稳定第二轮土地承包关系，严格按照"四到户"要求落实农户承包地，认真落实"农嫁女"的土地承包经营权，妥善解决"定销户"、"外来户"等历史遗留问题，加强土地承包经营权证和合同的管理，规范土地承包经营权的流转行为，切实保障农户的土地承包经营权，切实加强农村集体土地征用过程中农民的权益保护，进一步落实农村土地承包关系中的有关政策。截至 2006 年 6 月底，全省村集体经济组织与农户签订承包合同 911.85 万份，颁发土地承包经营权证 896.63 万份，分别占家庭承包经营农户的 98.5% 和 97.6%。2007 年 1 月 1 日起，浙江省第十届人大常委会通过的《浙江省实施〈农村土地承包法〉办法》开始正式实施。

3. 切实做好山林延包工作

1981 年以来，浙江省全面开展了以"稳定山权林权、划定自留山和确定林业生产责任制"的林业"三定"工作，形成了以家庭承包经营为基础、统分结合的林业双层经营体制，极大地调动了全省广大农民的积极性，林业收入已成为浙江省农民收入的重要来源之一。但随着各地山林承包合同已经到期或将陆续到期，少数地方农民保护和开发山林资源的积极性受到影响，乱砍滥伐林木现象逐渐增多，因承包引发的纠纷事件时有发生，给农村社会稳定带来了负面影响。2006 年 1 月，中共浙江省委办公厅、浙江省人民政府办公厅发出了《关于切实做好延长山林承包期工作的通知》（浙委办〔2006〕5 号），要求按照"调查摸底、分类指导、先易后难、全面落实"的要求，积极做好延长山林承包期工作，已经划定的自留山保持长期不变由农户长期无偿使用，已承包到户的责任山继续由原承包户承包再延长 50 年，通过延包、统一发放《中华人民共和国林权证》，确认并有效保护农民的合法权益，并在明晰产权的基础上，建立和完善森林、林木和林地使用权的流转机制。到 2007 年底，山林延包工作顺利完成，全省完成换（发）林权证面积 8654.5 万亩，占应换（发）证面积的 96.8%；换（发）全国统一式样的林权证 425.9 万本，占应换（发）林权证的 99.0%；共签订责任山承包合同 143.9 万份，占应签订承包合同 147.6 万份的 97.5%。通过山林延包，稳定和完善了林业生产责任制，对自留山、责任山都依法核发了林权证,规范和重新签订了承包合同,进一步明确了经营主体和责任主体,确认和保护了林农的合法权益,使广大林农真正实现了"山有其主、主有其权、权有其职、责有其利"。

(二)建立农业社会化服务体系

浙江省的农业社会化服务起步早、发展快。1983 年桐乡青石乡东田村率先成立了农业综合服务公司,为全村农户开展机耕、排灌、植保、加工、运输、电工等 6 项服务。1985 年,金华地区围绕农业产中服务,办起了一批机耕、排灌、植保服务公司,掀起了一股"服务热"。1987 年 7 月,中共浙江省委发出的《关于发展村级集体经济完善双层经营体制的通知》(浙委〔1987〕8号)中,提出要"加强社会化服务工作","把村级服务体系建立和健全起来,做到组织、人员、措施、报酬四落实。当前应把农户急需的机耕、机灌、植保和良种的服务工作搞起来,并积极创造条件,逐步扩大服务领域、增加服务内容"。1992 年 6 月,浙江省人民政府下发了《关于进一步加强农业社会化服务体系建设的通知》(浙政发〔1992〕177 号),明确提出要"争取经过三年、五年努力,在全省形成以乡村合作经济组织为基础,以专业经济技术部门为依托,以农民自愿服务和群众性科普组织为补充,覆盖农、林、牧、渔各业的多层次、多成分、多形式、多功能、高效率的社会化服务网络","重点加强乡村集体服务,转换县级涉农部门职能,兴办服务实体,加强服务功能,积极发展产供销一条龙服务"。1997 年 12 月,浙江省人民政府下发了《关于学习蔡卢经验加快发展农业社会化服务的通知》(浙政办发〔1997〕298 号),进一步提出"引导和组织全社会力量,参与和开展农业产前、产中、产后服务,努力实现服务体系网络化、服务手段现代化、服务市场规范化、服务内容综合化"。2007 年,全省机耕面积已达 1513.6 万亩,机收面积达 1848.5 万亩,机播面积达 32.11 万亩。

(三)积极推进适度规模经营

改革开放以来,特别是 20 世纪 80 年代中期以来,浙江涌现了一批以种粮大户为主的粮田适度规模经营实体。实践证明,粮田适度规模经营的发展,为浙江省粮食生产注入了新的生机和活力。由于经济发达地区发展粮田适度规模经营的条件基本成熟,浙江省多年来一直积极稳妥地推进粮田适度规模经营。1987 年 4 月,浙江省召开土地规模经营试点会议,会议把探索农业规模经营作为完善家庭联产承包责任制、实现农村生产力诸要素最佳组合的新尝试,并且选择了已有一定程度规模经营基础的鄞州邱隘二等15个村和萧山红山农场进行第一批试点。1988年初,浙江省在村试点的基础上,扩大到15个县(市、区)的范围进行试点。1988年10月,浙江省人民政府下发了《关于经济发达地区推进土地适度规模经营的若干政策规定》(浙政〔1988〕48号),"在坚持土地公有制不变、家庭联产承包责任制不变、双层经营体制不变的前提下,实行土地所有权、承包权、使用权分离",并规定在商品粮地区逐步推行"双田制"。1994年9月,中共浙江省委、浙江省人民政府下发了《关于发展粮田适度规模经营的决定》(浙委〔1994〕14号),决定选择条件相对成熟、工作基础相对较好的25个县(市、区)和湖州市本级,作为全省推进粮田适度规模经营的重点,并且明确按照"稳制活田"原则,建立土地使用权流转机制。"稳制活田"和"三权分离"是实行粮田适度规模经营的一项基本政策。2001年9月,中共浙江省委办公厅、浙江省人民政府办公厅下发了《关于积极有序推进农村土地经营权流转的通知》(浙委办〔2001〕53号),坚持"条件、自愿、有偿、依法、规范、引导、管理"的基本原则,可以采取转包、反租倒包、股份合作、租赁等多种形式积极鼓励、有序推进农村土地经营权流转。特别是近年来,全省各地积极引导土地承包经营权流转,指导建立土地承包经营权流转档案,推行合同管理,推动土地承包经营权流转和规模经营有序推进。到2007年底,全省土地流转面积达476.28万亩,土地流出的农户数250.82万户;36个市、县(市、区)建立了土地承包纠纷仲裁机构。

(四)积极推进农业产业化经营

浙江人多地少,长期以来为了解决温饱问题,农业生产主要是抓粮食生产。20世纪80年代后期以来,随着浙江省农业历史性地解决了温饱问题和农产品供应长期短缺问题之后,浙江省充分利用市场化改革起步早,农村经营机制活,第二、三产业比较发达的优势,坚决放弃"小而全"和"自求平衡"的农业生产格局,在继续抓好粮食生产的同时,按照农业产业化经营的思路,把培育农业支柱产业与区域结构优化紧密结合起来,把发展种养业与推进农产品加工、营销业紧密结合起来,把积极调整农业产业结构与发展外向型农业紧密结合起来,有效拓宽了农业经营领域。如果说家庭联产承包使改革开放后农业生产出现了第一次飞跃,那么农业产业化经营使农业生产出现了第二次飞跃,并且使农业发展的领域大大拓宽。

为适应农业市场化、国际化的新形势,进一步推进农业先进生产力的发展,全面提升农业产业化经营水平,促进农业结构战略性调整,提高农业竞争力,从 20 世纪 90 年代末开始就实施"百龙工程",重点培育产业化龙头企业。2001 年开始浙江省开展了省、市、县级农业龙头企业的认定工作,加强对省级骨干农业龙头企业的管理和服务,并且制定出台《浙江省农民专业合作社条例》,加快农民专业合作经济组织建设。2002 年 1 月,中共浙江省委、浙江省人民政府下发《关于加快发展农业产业化经营提高农业竞争力的若干政策意见》(浙委〔2002〕3 号),明确提出要"加快发展一批竞争力和带动力强的农业龙头企业,大力扶持与农民签订订单合同,形成紧密利益关系的农业龙头企业",省重点扶持一批带动农户 3000 户以上(欠发达地区 1500 户以上)的外向型、科技含量较高的加工型龙头企业,扶持一批重点农副产品专业批发市场和示范性农村专业合作组织,省财政专项扶持资金在原有基础上再增加 2000 万元,并且要求各有关部门要牢固树立"扶持农业产业化就是扶持农业,扶持农业龙头企业就是扶持农民"的思想,不断加大扶持力度,为提高农业产业化经营水平多作贡献。同年 8 月,浙江省人民政府下发了《关于加快发展农产品加工业的通知》(浙政发〔2002〕18 号),提出要"以市场为导向,以增强产业竞争力为核心,坚持发展与提高并重,注重体制创新、技术创新和外向拓展,加快推进农工科贸一体化,通过若干年的努力,把浙江省建成农产品加工业强省",并且围绕主导产业,培育壮大一批农产品加工的龙头企业。"省里重点支持水产、果蔬、畜禽、乳品、粮油、竹木、茶叶、中药材、皮革羽绒、茧丝绸、饲料等农产品加工业的发展和提高。"

　　到 2007 年底,全省已经累计发展产业化基地面积 1569.7 万亩,农业产业化经营组织达 1.03 万个,种植业大户 10.3 万户,新增规范化农民专业合作社 425 家,其中粮食专业合作社 61 家,新增农民专业合作社入社社员 33.4 万人,农业产业化带动农户 530 万户。全省认定农业特色优势产业综合强县 21 个,农业特色优势产业单项强县 88 个,农业特色优势产业强镇(乡)217 个。

二、传统农业向现代农业的转变

　　随着农业经营体制的改革深化,农产品流通体制进一步走向市场经济,在农业科技进步的支持和农业基础设施的加强下,浙江省的传统农业逐步向现代农业过渡和转变。

（一）农产品流通体制改革

1. 农产品经营逐步放开

1979—1984 年,农产品流通体制由计划调节向市场调节初步松动。这一时期的最大特点就是政府逐步减少了统购统销农产品的数量和品种,到 1984 年底政府对主要农产品下达的各种指令性计划指标已基本取消。1985 年,浙江决定对农副产品购销政策作重大改革,取消国家统派购任务,按照不同情况,分别实行合同定购和市场收购的办法,农村集贸市场和传统的农副产品专业市场得到了初步恢复和发展。从同年 4 月 1 日起,浙江对粮食取消统购,改为合同定购。从 1990 年秋粮收购开始,浙江将粮食合同定购改为国家定购,作为农民应尽的义务,必须保证完成。1992 年 6 月浙江省人民政府下发了《关于深化粮食流通体制改革若干意见的通知》,开始粮食流通市场化改革。1993 年报经国务院批准,在全省范围内放开粮食购销和价格,结束了粮食统购统销的传统体制。由于以市场化为目标的农产品流通体制改革并未顺利付诸实施,导致 1994 年的粮食价格大幅度上升及紧跟的通货膨胀,政府再度强化了对农产品流通的介入,从收购到批发恢复了国有粮食部门的统一经营。1998 年国家对粮食流通体制实行政企分开、按保护价敞开收购农民余粮顺价销售、粮食收购资金封闭运行等政策。2001 年以来,新一轮的粮食购销市场化改革,把农产品流通体制改革又推向了全面市场化。从 1998 年开始浙江省实施柑橘运输"绿色通道"。2002 年初,省里对国家级、省级骨干农业龙头企业生产、经营的农产品运销常年开通"绿色通道",免费通行省内除高速公路以外的收费公路。2005 年初,浙江又专门出台《关于印发浙江省鲜活农产品运输"绿色通道"暂行管理办法的通知》(浙政办发〔2005〕8 号),对装运本省生产的鲜活农产品的挂本省牌照的车辆,免费通行包含高速公路在内的收费公路。

改革开放以来,浙江省不断深化流通体制改革,农产品得到了极大的丰富,农产品市场供求形势发生了根本性的变化,绝大多数农产品供给大于需求,已经告别商品短缺时代,逐渐进入农产品的买方市场,农产品流通体制取得了显著成就:基本打破农产品流通行业垄断和区域条块分割体制,粮食购销市场化改革已经深入开展,多元化农产品市场竞争格局基本形成,多样化的农产品市场流通形式和新型业态不断出现,农产品流通现代化水平显著提高,形成了以市场为导向,以各类农产品贸易市场为主体、贩销户为经营骨干的流通网络,多渠道、多经济成分、多经营方式、多经营环节的农产品流通格局。2003年,全省有各类农产品批发交易市场千余家,年交易额达300多亿元,并以年均8%以上的速度增长。

2. 新一轮的粮食购销市场化改革

粮食的计划经济是国家在农产品购销领域的最后一个堡垒。浙江省从改革开放以来一直注重推进粮食购销体制改革,先后进行过从统购统销到"双轨制"、再到新一轮的粮食流通体制改革的曲折道路。

(1)粮食购销体制改革过程

1993年,浙江就曾全面放开粮食购销体制和价格,取消了实行了长达40多年的粮食统销制度,成为继广东省后的第2个全面放开粮食购销的省份。1993年12月,在中共浙江省委办公厅、浙江省人民政府办公厅下发的《关于进一步加快农业和农村经济的若干政策措施》(浙委〔1993〕22号)中,明确提出"全面放开粮食购销和价格改革,实践证明是成功的,必须坚定不移地坚持下去"。1995—1997年,由于省里对粮食工作实行统一领导、分级负责、分级管理、分级管理责任制,粮改基本处于停滞状态。1998—2000年,根据中央要求,浙江省进行了以"四分开、一完善"和"三项政策、一项改革"为核心的粮食流通体制改革,实行了粮食购销的"两线运行"。2001年3月,按照《国务院办公厅关于浙江省加快推进粮食购销市场化改革有关问题的复函》(国办函〔2001〕17号)的精神,在周密论证的基础上,浙江省人民政府下发了《关于加快推进粮食购销市场化改革的通知》(浙政发〔2001〕21号),在全国率先推进粮食购销市场化改革试点。

(2)新一轮粮食购销市场化改革的主要内容

浙江省的粮食购销市场化改革,是按照社会主义市场经济体制的要求,实行粮食生产、收购、销售市场化,目标是充分调动广大农民群众的生产积极性,保护好粮食综合生产能力,实现农业增效、农民增收、粮食供求安全。浙江省粮食购销市场化改革的基本内容:一是取消粮食定购任务,充分尊重农民生产经营自主权,大力发展市场适销对路的优质高效农产品生产,努力提高农业效益。二是放开粮食购销市场,实行经营主体多元化。努力建立规范有序、运转灵活、连接省内外的多形式、多层次的粮食市场体系,将粮食收购企业的审批权下放到县级工商行政管理部门,凡符合国家法律法规规定并依法登记的各类所有制企业,都可以申请从事粮食收购和粮食批发经营。进一步向全国各省开放浙江省的粮食市场,鼓励和支持各类企业到浙江省从事粮食批发、零售、加工等业务。鼓励浙江省粮食加工、流通企业面向全国采购、运销粮食,在省内外粮食主产区建设原料基地,建立稳定的粮食产销关系。三是放开粮食购销价格,实行随行就市。在市场粮价过低或过高时,通过政府吸储或抛售储备粮调节市场供求,保持粮食市场稳定。对原承担定购粮任务、一时难以调整种植结构的大户,国有粮食购销企业要主动与其签订购销合同,按合同价收购。四是建立和完善粮食储备制度,增强政府调控能力。根据国务院关于地方粮食储备数量要按照"产区 3 个月、销区 6 个月"的标准确定的要求增加地方粮食储备。

(3)粮食购销市场化改革的成效

粮食购销市场化改革,使得浙江农民生产经营的自主权得到极大的解放,2001 年全省调减粮食播种面积 504 万亩,蔬菜、瓜果、花卉、中药材等经济作物面积不断扩大,粮食作物与经济作物面积比由 1998 年的 71∶29 调整为 59∶41,全省形成了 300 多个万亩以上的效益农业产业带,出现了 49 个国家级的茶叶、珍珠、香菇、麻鸭、杭白菊等"特色之乡",占全国的 1/5。

(二)农业结构的战略性调整

1. 农业结构调整大趋势

从浙江实际来看,农业经营体制变革与农业产业结构调整是同步推进的,家庭联产承包责任制的实施,也带动了农业产业结构调整和优化,粮食棉播种面积逐年减少,高价值的经济作物和养殖业快速发展。经过多年的改革开放,农业生产力有了很大的提高,浙江省农产品供给实现了由长期短缺向基本平衡、丰年有余的历史性转变,但同时"增产不增收"、农产品销售难等问题也开始困扰着各级领导和广大农民。特别是 1997 年以后,农业发展出现了很大的变化,农产品销售困难、价格下跌、农民增收缓慢,农民来自农业的收入大幅度下降。1998 年底,中央在认真分析的基础上,作出了一个重要判断,就是我国农业和农村经济的发展进入了一个新的阶段。新阶段主要有两个标志:第一个标志是,农产品的供求关系发生了深刻的变化,过去有多少、卖多少,现在是生产出来卖不掉;第二个标志,就是市场对农业的制约发生了很大的变化,农产品供求不再是主要受自然灾害影响,而主要是受市场的影响。1998 年,浙江省委、省政府针对农业和农村发展进入新阶段后出现的新情况和新问题,按照江泽民同志在江浙沪农村考察时提出的"沿海发达地区要率先基本实现农业现代化"的要求,制定了《浙江省农业和农村现代化建设纲要》,以推进农业结构战略性调整为中心任务,大力发展效益农业。进入新世纪,浙江又根据发展现代农业的新要求,提出把发展高效生态农业作为现代农业建设主攻方向。

2. 农业结构战略性调整的主要做法

浙江农业结构的战略性调整,是以农业增效和农民增收为目标,跳出以粮为主的单一种植业圈子、传统种养业的小农业圈子、产加销脱节的狭隘生产圈子和小而全的自求平衡圈子,树立大粮食、大农业、大产业、大市场的观念,出台政策措施,放手让农民进行适应性生产结构的调整。

(1)大力推进农业区域结构的调整,着力形成区域特色农业新格局

积极主动地参与农业的国内国际分工,找准市场定位,调整优化农业区域结构,着力培育特色支柱产业,大力发展区域特色农业。在确保300亿斤粮食生产能力和50亿斤可调控库存的前提下,按照市场需求确定年度粮食生产总量。压缩劣质滞销的粮食品种生产,积极发展优质口粮、行业专用粮和种子粮。着力推广高效的粮经结合、种养结合的耕地经营模式,发展市场适销对路的名特优新高附加值农产品,涌现了一批"千斤粮万元钱"的典型,形成了粮、经、饲、肥的复合弹性结构和种养混合结构。加快畜牧业从家庭副业向专业化、规模化生产的转变,努力提高畜牧业在农业中的比重。充分发挥山海资源优势,大力发展山区特色农业和海洋特色农业。加快规模化的特色农业基地建设,大力发展规模化、区域化的生产基地,增加名特优产品的产量。浙江省委、省政府还提出了培育特色农业强县、强镇、强村的战略目标,努力形成贸工农一体化的特色块状农业发展新格局,努力提高区域特色农业的发展水平。

(2)大力推进农业品种品质结构的调整优化,着力提高农产品的市场竞争力

加大农产品优质名牌战略的实施力度,把实施种子工程作为调整优化农业品种品质结构的首要环节来抓,把节地型、知识密集型和劳动密集型的种养业作为效益农业的新兴产业来发展。省里确定了水稻、畜禽、瓜果菜、花卉园艺、名特优水产等五大省级种子种苗龙头工程,建立了一批繁育基地,省财政专门安排1500万元作为启动资金。把农产品创品牌和农业标准化生产作为优化农业品种品质结构的重要措施来抓。1998年省里首次评出了20个名牌和951个优质农产品,带动各地纷纷注册名优农产品商标,制定地方标准,推行农业标准化生产。

(3)大力推进农业产业结构的战略调整,着力发展农业产后加工流通业

把推进农业产业化经营,发展农业产后加工流通业,作为带动农民调整

优化农业生产结构、拉长农业产业链、提升农业产业层次的重要举措,特别是把食品加工业作为浙江工业的一大支柱产业加以重点扶持。力争形成贸工农一体化、产加销一条龙的现代农业产业体系,省里重点扶持100家规模大、带动能力强、以农产品加工为主的农业龙头企业,建立种养业基地152万亩,联接基地农户40万户,带动面上农户283万户。采取了建设农产品专业市场、培育购销大户、举办展销活动、开通"绿色通道"等方面措施,积极探索超市、连锁、配送等农产品现代营销方式,搞活农产品流通。同时,积极引导乡镇企业、城镇工商企业、外资企业投资农产品加工业,全省规范化的农业龙头企业已达到3100多家,越来越多的农民开始按照龙头企业的订单来组织生产,有效地带动了农业产业结构的调整。

3. 浙江农业结构战略性调整的成效

通过全省上下的不懈努力,浙江农业结构战略性调整取得了显著进展,农业竞争力显著提高。2003年,全省农业总产值增加到1165亿元,增长3.6%,农民来自农业收入下降的趋势得到扭转,粮经比已经从1998年的71∶29调整到2003年的50.4∶49.6,五年共调减粮食面积2058万亩,减幅达96.7%,一些地方效益农业已经成为工商资本追逐的热门行业。全省农业结构战略性调整主要取得了以下五个方面的进展。

(1)农业产业结构不断优化

全省农林牧渔业产值比从1998年的52.1∶5.9∶16.5∶25.5调整到2003年的45.4∶5.6∶20.0∶29.0。农林牧渔业内部结构也不断优化,蔬菜产值超过粮食成为种植业第一大产业,效益林业迅速崛起,畜牧业向规模化、优质化和多样化方向发展,水产养殖面积500万亩,养殖水产品产值超过捕捞。

(2)农业区域结构快速调整

各地比较优势得到较好的发挥,农业区域化布局和专业化生产水平显著提高,效益农业区域块状经济格局开始形成,全省共涌现了350多个万亩以上、850万亩的效益农业产业带;万亩以上的水产养殖基地50个,总面积150万亩;万头以上生猪饲养基地86个,45%的生猪和85%的家禽实行了规模饲养。

(3)农产品品质结构得到改善

各地适应加入世贸组织的新形势和国内市场消费的新需求,把发展特色优势农产品放在突出的位置,优质特色农产品迅速崛起,全省涌现了1000多个优质名牌农产品;拥有全国专业之乡52个,占全国的1/5;建设无公害农产品等基地 5300 多个、面积 411 多万亩,无公害生猪 270 多万头,有 90 个农产品获得了绿色食品标志使用权。

(4)农产品加工率、出口率迅速提高

全省农产品开始向精深加工方向发展,农产品加工率达到 30% 以上,水产、茶叶、罐头、乳制品、啤酒、软饮料等 11 个行业的产量名列全国前茅;全省农产品出口达到 39.6 亿美元,居全国第三位。

(5)农村劳动力就业结构得到优化

农业结构战略性调整,推动农产品加工业等农村二、三产业的发展,进一步推动了农村劳动力向非农产业的转移,2003 年全省从事非农产业的劳动力占农村劳动力的 61%,比 1998 年提高 14 个百分点。

(三)农业"走出去"发展

浙江农业"走出去"起步较早。早在 20 世纪 80 年代就有一批农民发挥种养优势利用外地的市场和资源,积极"走出去"经营农业。进入 90 年代中后期后,随着农业市场化程度不断提高,越来越多的企业和专业大户为了自身的进一步发展壮大,顺应市场经济和现代农业发展的规律,走出县域、市域、省域,甚至到国外发展农产品生产和加工流通业,取得了明显成效。2004 年 11 月 4 日,浙江召开农业"走出去"工作会议,积极实施农业"走出去"战略,探索新形势下浙江省外向型农业发展的新路子,着力提高开放型农业的发展水平。引导专业大户、龙头企业、农产品加工企业带种子种苗、信息、资金、技术、管理等到省外发展优质农产品基地,促进浙江省的农业要素与省外的土地资源、人力资源的优化组合。此后,浙江农业"走出去"的队伍越来越壮大,地域分布越来越广,投资领域越来越丰富,经营形式越来越多样,经营效益越来越明显。绍兴市"走出去"的农民已遍及 20 多个省份,异地租用土地在 2004 年就已经达到 262 万亩,提前实现了"再造一个绍兴"的目标。全省农民和农业龙头企业在省外建立的各类农产品基地已经超过1500 万亩。

近年来,按照"两头在外"的思路,抓住农业市场化、国际化进程加快的机遇,积极参与农业的国际国内分工,充分发挥比较优势,促进农业要素在更大范围、更高层次上的合理流动和优化配置,推动了开放型农业的加快发展。充分发挥出口主体、出口产品、出口方式和出口市场"四个多元化"的优势,破壁垒、跨门槛、拓市场,农产品出口保持了持续快速增长的势头。"走出去"发展战略全面启动,促进农村劳动力在更大区域内流动。从省域外部看,新世纪,国家实施了西部大开发战略,西部地区丰富的资源状况对浙江省农村劳动力产生极大的吸引力,一部分农民带着优良的种子种苗、先进的种养技术、充裕的资金和丰富的管理经验,积极"走出去",拓展新的发展空间。

三、农业发展战略转变

农业发展战略指一国或地区在一定时期内具有全局性、决定性、长远性的有关农业发展重大问题的筹划与决策,通常包括战略目标、战略重点、战略步骤、战略措施等方面的内容。在改革开放的发展历程中,浙江农业发展战略实现了从"产量农业"到"效益农业"再到"高效生态农业"的不断提升,使浙江农业全面进入了向现代农业快速迈进的新时期。

(一)产量农业

在改革开放初期,农业生产技术和管理制度比较落后,农业生产积极性还没有得到充分发挥,农业生产一方面还需要为工业生产作积累,另一方面还需要维持大量农业人口的生存,浙江的农业生产与全国一样,更高、更多的产量是农业生产的目标追求,产量农业成了浙江农业生产战略的合理选择。

1979年,浙江省根据《中共中央关于加快农业发展若干问题的决定》(中发〔1979〕4号)的精神,提出浙江的农业生产要在保证粮食增产的基础上,重点扩大棉花等经济作物的种植面积。1981年,浙江省委、省政府在《关于发展农村多种经营若干问题的通知》(浙委〔1981〕44号)中,提出"决不放松粮食生产,积极开展多种经营"的农业生产方针和"调整农业生产结构,调整农作物布局,使之合理化"的战略任务。1982年、1983年提出确保粮食增产,调减油菜籽面积;1984年提出农业生产要在保证粮食稳定增长的同时,争取经济作物全面发展的方针。1979年至1984年,全省粮食作物平均播种面积5163.9万亩,比前6年平均播种面积减少38.9万亩;经济作物平均播种面积849.9万亩,比前6年平均播种面积扩大194.5万亩。在以粮为主、调整结构的发展阶段,产量农业的核心是增产粮食。

根据"卖粮难"、"贮粮难"和粮食相对过剩的实际情况,浙江不失时机地提出了"调整好农作物的布局,积极发展经济作物和饲料作物。粮食、棉花种植面积适当地调减",并且把发展肉、禽、蛋、奶、鱼、果、菜、菌等食品生产,作为发展农村商品生产的重点。1985年,全省粮食播种面积4906.8万亩,比1984年减少317万亩,粮食产量1621.29万吨,比1984年减少10.8%;棉花种植面积比1984年减少17.6万亩,产量减少38.8%。同期,一年生经济作物种植面积扩大1071.1万亩,比1984年扩大217.2万亩。在适度减粮、调整结构的发展阶段,产量农业的核心是增产经济作物,途径是调整结构、减少粮食生产,其实质是提高食品产量。

(二)"一优两高"农业

随着大众产品供给的增加和基本需求的满足,人们对优质品种的需求进一步增加。浙江在"七五"时期,农业政策调整为:粮食作物种植面积基本稳定,提高单产,保证粮食产量的稳定增长;调整粮食作物品种结构,有计划地发展优质稻谷、优质啤酒大麦,注意扩大饲料用粮作物,积极恢复和发展各种名豆和名贵杂粮;一年生经济作物稳定棉花生产,适当扩大油菜籽等经济作物;积极发展蔬菜、果品、茶桑、水产等。在20世纪90年代,浙江的农业生产目标基本上以提高单产、提高品质为主。1992年10月,浙江省下发了《关于发展优质高产高效农业的通知》(浙政〔1992〕26号),明确提出要发展"一优两高"农业,即优化农产品的质量、品种和结构,提高农产品的产量,提高农业的综合效益。在稳定粮食、调整品种的发展阶段,产量农业的核心是提高优质品种产量,方法是调整品种结构。在这一阶段,虽然农业生产的高产依然是第一位的,但同时注重农产品的优质和高效。

(三)效益农业

农业的发展战略必须与农业生产的发展阶段及其消费需求相适应。经过20世纪80年代至90年代中期农业经营体制改革和农产品流通体制改革,农业生产力水平有了极大的提高,在80年代中期一举解决温饱问题的基础上,到90年代中后期农产品供求关系出现了重大转变,农产品供给短缺局面全面结束,"农业增产不增收"的问题日趋突出,以增产为主要目标的"产量农业"发展战略走到了尽头。

20世纪90年代后期以来,浙江省委、省政府针对农业发展面临重大阶段性变化的形势,审时度势地作出了"以市场为导向,大力发展效益农业"的战略决策。特别是"什么来钱就种什么"的口号,强烈地唤醒了广大干部群众农业生产的市场意识。在多次深入农村进行调研的基础上,按照中央的部署,浙江省率先进行了以"取消粮食定购任务,放开粮食市场、放开粮食价格,确保粮食综合生产能力、确保政府宏观调控能力、确保粮食供给安全"为主要内容的粮食购销市场化改革,促进了浙江农业特别是粮食产销全面走上市场化的轨道,各类特色优势产业快速发展,农业产业化经营水平大幅提升,开放型农业发展步伐明显加快,农林牧渔业商品率 2000 年为 69.4%,2004 年已达到 72.6%;农副产品出口额相当于农林牧渔业总产值的比重,2000 年为 21.1%,2004 年达到 31.1%。浙江省有效地适应了农业全面市场化和加速国际化的新趋势。

实践表明,"大力发展效益农业"决策正确,各地执行有力,推动了农业结构的大调整、农业生产力的大发展、农业竞争力的大提高。浙江效益农业发展,引起了中央和全国各省的高度关注,在 2000 年以来的多次中央农村工作会议上,浙江以效益农业为主要内容,作了典型经验介绍,得到了与会代表的一致好评。

(四)高效生态农业

浙江省委、省政府针对农业市场竞争力不强、农产品质量安全水平不高、农业资源环境压力加大等问题,顺应经济全球化、工业化、城市化不断加快的趋势和传统农业向现代农业转变的规律,作出了大力发展"高效生态农业"的重大决策。高效生态农业是对效益农业的提升。

1. 高效生态农业的概念

在 2004 年,时任浙江省委书记的习近平同志第一次提出了"高效生态农业"的概念。在当年的全省农村工作会议的讲话中,他明确提出要"把发展高效生态农业作为效益农业的主攻方向",并且在 2005 年浙江全省农村工作会议上,又进一步阐述了什么是高效生态农业。

所谓高效生态农业,就是以绿色消费为导向,以经济生态化、生态经济化的理念为指导,以提高市场竞争力和可持续发展能力为核心,集约化经营与生态化生产有机耦合的现代农业。高效生态农业这种模式既要有很高的经济效益,也要有良好的生态效益,既要技术含量高,又要能让农民充分就业,是一种能让农民致富的现代产业。通俗地讲,发展高效生态农业实际上就是要走出一条经济高效、技术密集、资源节约、环境友好、凸显人力资源优势的新型农业现代化路子。

高效生态农业具有五个基本特征:一是以绿色消费需求为导向,体现农产品的绿色化、特色化与农业可持续发展的兼容性;二是以农业工业化和经济生态化理念为指导,体现农业集约化经营与生态化生产的有机结合和经济社会生态综合效益的最大化;三是以农业资源集约、精细、高效和可持续开发利用为前提,体现资源节约型农业与精致型农业的统一性;四是以科技创新为农业增长的主动力,体现高产优质技术与绿色安全技术的有机结合;五是以贸工农一体化的产业体系为支撑,体现专业化、企业化生产主体与产业化、社会化服务组织的有效连接。

主攻高效生态农业,是转变农业增长方式、提高农业综合生产能力的总抓手。高效、生态是农业综合生产能力的集中体现。主攻高效生态农业,必然会引发农业思想观念、产业结构、技术结构和经营管理体制的一系列大变革,能够更加充分地把工业化、城市化成果应用到现代农业建设中来。因此,只有主攻高效生态农业,才能有效带动农业增长方式的转变,促进农业综合生产能力的全面提升,才能充分挖掘农业增效、农民增收的潜力。

2. 高效生态农业的创新模式

从人均农业自然资源稀少和市场经济比较发达的省情出发,按照高效生态农业基本特征,浙江积极探索、创造出了六种效果明显、前景良好的高效生态农业新模式。

（1）设施栽培模式

这是一种着眼于土地产出率和经济效益的提高,通过地膜覆盖、大棚、温室、无土栽培等多种方法,营造全天候的农业生产条件,创造具有更高产出率的光照、热量、气温和土壤等农业生产条件,实现农作物周年生产、多季收获、高产优质、安全高效的生产模式。这种设施栽培以工业化装备和标准化、安全生产技术为基础,能够大大提高土地的年产出率,使有限的耕地生产出更多更符合消费需求的绿色、特色农产品。这种模式对人多地少的浙江来说,具有普遍的推广价值。

（2）生态养殖模式

这主要是指在水产、畜禽养殖业中把工厂化集约生产嫁接到生态化养殖上来,生产出具有天然养殖特性的绿色农产品,从而既提高农业产出率,又提高农产品的价值。如工厂化生态养鳖、工厂化循环水养鱼、海水网箱养殖。

（3）立体种养模式

这是依据动植物生态共生圈、食物链和循环经济原理,把种植业和养殖业在空间和时间上进行优化组合,充分挖掘农业资源的生产潜力。诸如稻田养鱼,稻田养鸭,虾、鱼、贝类多层混养,柑园、竹园养土鸡,稻田种菇等多种模式。

（4）休闲农业模式

这是适应经济社会发展的休闲时代到来的需要,开发农业文化功能和生态功能,使第一产业的农业具备第三产业的性质,从而提高农业效益的一种有效探索。如把养鱼与垂钓、餐馆结合起来的现代休闲渔业,把果蔬、花卉、茶叶生产与观光休闲结合起来的观光果园、休闲茶园,把林业与旅游业结合起来的森林公园等。

（5）种养加一体化模式

主要是把具有产业关联度的种植业、养殖业和加工业通过农业产业化经营方式,紧密地结合成有序的产业链,使农产品得到循环利用,多次增值,开发创造多种功能,不断提高农产品效用和附加值。尽可能拉长农业产业链,形成贸工农一体化的产业体系,充分挖掘农业增效和吸纳劳动力的潜力,实现农业高效益和农民高收入。

（6）有机农业模式

这是崇尚绿色、自然消费,专门生产有机农产品的高效生态农业模式。有机农业以不使用化肥和化学农药,专用有机或生物肥、药为主要特点,生产有机农产品的土壤和水也必须没有化肥、农药的残留(其土壤必须三年内不施化肥和化学农药)。通过认证的有机农产品以绿色安全、高品质为特点,其价格也大大高于一般农产品。但这种有机农业也不同于自然生态农业,虽然不施化肥、农药,但却要施用有机或生物肥药,也广泛采用设施栽培、各类农业机械设备,故也是高效生态农业的一种类型,诸如有机茶、有机蔬菜等。

3. 高效生态农业的发展成效

近年来,浙江全省各地把建设现代农业、繁荣农村经济作为新农村建设的主要任务,大力发展高效生态农业,使农业成为农民增收的新亮点。

2007 年,全省农村居民家庭经营第一产业人均纯收入 1551 元,同比增长 12.6％。粮食生产保持稳定,总产量 842.6 万吨,同比减 4.7％。省财政安排高效生态农业专项资金 1.16 亿元,重点扶持优质粮油、蔬菜瓜类、干鲜水果、茶叶、蚕桑、食用菌、中药材、竹木产业、花卉苗木、特色畜禽和水产养殖等主导产业的发展。到 2007 年底,全省有设施大棚 220.6 万个,设施栽培面积 84.8 千公顷,分别比上年增加 3.4 万个和 7400 公顷。其中智能大棚 129 个,面积 47.8 公顷,分别比上年增加 26.5％和 14.7％;连栋大棚 1.3 万个,面积 2600 公顷,分别比上年增加 1.6％和 26.5％;钢管大棚 37.1 万个,面积 12100 公顷,分别比上年增加 8.2％和 8.8％;普通大棚 91.3 万个,面积

28300公顷,分别比上年减少9.5%和3.6%;季节性大棚90.7万个,面积23700公顷,分别比上年增加12.3%和6.2%。全省认定农业特色优势产业综合强县21个,农业特色优势产业单项强县88个,农业特色优势产业强镇(乡)217个,有力推进了块状特色农业的发展。全省农业产业化经营组织达1.03万个,新增规范化农民专业合作社425家,其中粮食专业合作社61家,新增农民专业合作社入社社员33.4万人,农业产业化带动农户530万户。启动了32个沃土工程建设示范区建设,全省建立各级测土配方施肥示范区120万亩,共推广测土配方施肥1600多万亩。全省在341个村推广建设农村生活污水净化沼气池12万多立方米,新建户用沼气池2.2万多户,年可处理生活污水1589万多吨。基层农技推广体系、畜牧兽医体制改革有序推进,科技特派员制度进一步健全,农民信箱作用进一步发挥,农业科技服务得到加强。农产品质量安全水平明显提高,累计通过认证绿色食品1010个、无公害农产品1784个,认定省无公害农产品产地1984个。省财政安排水利建设专项资金15亿元,重点支持"千库保安"等"五大百亿"工程建设,继续实施"水资源保障百亿工程"建设,农业综合生产能力进一步提高。全省建成标准农田面积140.61万亩,新增耕地23.24万亩,1999—2007年全省累计建成标准农田面积1500万亩。全省建成兴林富民示范乡镇42个,示范村226个。完成高效生态林业基地建设90.1万亩,建设示范基地220多个,面积12.4万亩,建设林道1300公里。林业总产值达到1269亿元,森林覆盖率达到60.5%。渔业经济总产出1235亿元,增长11.6%。全省"百万亩养殖塘建设工程"2007年完成实绩为27.67万亩,其中建设改造17.69万亩、年作年修9.98万亩。到2007年底,全省已累计发展农家乐休闲旅游村(点)2710个,同比增长30%,经营农户14565户,直接从业人员81334人,共接待游客5621.3万人次,营业收入达到30.4亿元。

第三章　农村合作经济的变革与发展

合作就是外部力量强大、单个主体力量不足的情况下，多个主体为了达到共同目标而联合行动、共同作用。农村合作经济是农村经济的一种经营形式或经营体制。中国的改革从农村起步，农村的改革又是从农村生产关系的变革开始的。农村生产关系的调整与变革，其根本目的，就是要把农民从计划经济体制、"一大二公"的人民公社体制和以粮为纲的单一农业经济体制中解放出来，赋予农民生产经营自主权和财产权。

一、农村合作经济的变革与发展

（一）改革开放前农村合作经济发展的历史沿革

中华人民共和国成立以后，我国农村合作经济的发展经历了一个曲折的过程。以农业生产资料所有制及其经营方式的变革为主线，特别是围绕着农民与土地之间关系的"分""合"变化，改革开放前，农村合作经济的发展主要经历了两次变革。

1. 农业合作化

中华人民共和国成立前后，经过全国范围的土地改革，农民实现了"耕者有其田"的愿望，农村建立了土地等农业生产资料的农民个人所有制。虽然这一制度的建立，调动了农民的生产积极性，但也遇到了分散农户生产力薄弱和出现贫富两极分化的问题。为了促进农业生产力的发展，我国开始农业社会主义改造，通过发展农业生产互助组、初级农业生产合作社、高级农业生产合作社的形式，推行农业合作化（亦称农业集体化），把以生产资料私有制为基础的个体农业经济改造为以生产资料公有制为基础的农业合作经济。1951 年至 1955 年，浙江省农业生产互助组经历了产生、发展、整顿提高到转型的历史过程。农业生产互助组是在不改变农民个体所有制的基础

改革开放与浙江经验研究系列

上,由若干户农户按照自愿互利原则组织起来共同劳动,换工互助,以解决成员之间缺少劳动力、耕畜和农具的困难。这种生产方式突破了个体劳动的限制,发挥了集体劳动的优势,克服了个体小农的自身局限和条件约束,解决了农民在生产上的困难,提高了劳动效率。1952年1月,在新登县新堰村,浙江省成立了第一个初级农业生产合作社——许桂荣合作社。初级农业生产合作社是在社员将个人私有的土地和其他大型生产资料入股交社的基础上,实行统一经营、统一分配。这种生产方式由合作社统一安排使用社员入股的土地和其他生产资料,但保留社员的个人所有权,并在分配中取得土地分红与报酬。1952年4月,慈溪县岐山乡成立了浙江省第一个高级农业生产合作社——五洞闸集体农庄。高级农业生产合作社是在把社员个人私有的土地和其他生产资料折价归公、实现生产资料集体所有制的基础上,实行统一经营、统一核算、统一分配。

2. 人民公社化

在"要以先进的生产关系,去推动落后的生产力"的思想指导下,高级农业生产合作社发展出现了急于求成、盲目求纯的问题,1958年8月又轻率地发动了人民公社化运动。诸暨县红旗公社和普陀县蚂蚁岛公社是浙江省最早建立的两个农村人民公社。人民公社由农业生产合作社合并而成,实行政社合一、工农商学兵一体的体制。这一体制的特点和问题:一是实行"一大二公",无偿平调各高级社、各生产队及社员的财产,出现了严重的平均主义。二是实行工资制与供给制相结合的分配制度,严重地影响了农民的劳动积极性。三是实行政社合一,助长了生产上的强迫命令和瞎指挥。四是实行生活集体化(举办公共食堂),超越了当时生产力水平。五是实行劳动组织军事化、大兵团作战,完全违背了农业生产的客观规律。这就造成了1959年至1961年连续三年的农业生产倒退。到1962年,经过多次对人民公社的整顿,确定了"三级所有、队为基础"的体制,实行生产队为基本核算单位。但人民公社的体制弊端未能从根本上解决。

(二)在家庭承包经营基础上的社区性合作经济的发展

党的十一届三中全会以后,农村合作经济发生了根本性变革。一是实行家庭联产承包责任制,恢复了农户经营在农业生产中的主体地位和作用,并建立双层经营体制和农业社会化服务体系,发挥了统分结合双层经营机制的作用。二是废除政社合一的人民公社,实行政社分设,恢复了社区性合作经济组织。三是允许在公有制为主体的前提下发展多种所有制经济,出现了以土地集体所有制为基础的农户承包经济和以农民个体所有制为基础的农民个体经济两种成分。四是实行"交足国家、留足集体、剩余归己"的分配办法,充分发挥了按劳分配的优势,并在此基础上,实行多种分配方式。五是逐步放开农产品流通,鼓励农民务工经商,为农业合作经济向贸工农一体化发展打下了基础。六是允许农村资源进行跨地区、部门和所有制的流动,为农业资源的合理利用打下了基础。

1. 家庭联产承包责任制的产生与发展

家庭承包经营制度的建立经历了一个长期摸索和十分曲折的过程。早在1956年,浙江省温州地区的一些农业合作社就自发地搞过包产到户。60年代初,在全国经济出现严重困难的情况下,安徽农民又以"责任田"形式,在全省85％以上的生产队搞了包产到户。由于"左"的干扰,包产到户几经起落,直到党的十一届三中全会以后,我们党重新确立解放思想、实事求是的思想路线,农民群众在党的领导下,针对农村单一集体经济模式的弊端,大胆改革,勇于创新,在农业生产领域实行了多种形式的生产责任制,如小段包工、包产到组、联产到劳、包干到户等。中央对农民的伟大创举给予了充分肯定和有力支持。1982年,中共中央在批转《全国农村工作会议纪要》的"一号文件"中明确指出:"目前实行的各种责任制,包括小段包工定额计酬、专业承包联产计酬、联产到劳、包产到户到组、包干到户到组等等,都是社会主义集体经济的生产责任制。"在党中央的领导和支持下,80年代初,以家庭联产承包为主的责任制由点到面,由少到多,由贫困边远地区到比较发达地区,由农业到林、牧、渔、工副业等各个领域,迅速在全国广大农村推行开来。以后,在党中央、国务院关于农业和农村工作的重要文件中,始终充分肯定家庭联产承包责任制,并一再强调要长期坚持。1993年,国家将"农村集体经济组织实行以家庭承包经营为基础、统分结合的双层经营体制"写进了宪法,将其作为我国农村的一项基本经济制度固定下来,并在同年颁布的《农业法》中进一步作出了规定。1997年起,随着第一轮土地承包的陆续到期,全国范围开展了延长土地承包期的第二轮土地承包,农民家庭的土地承包期普遍延长了30年。1998年,党的十五届三中全会通过的《关于加强农业和农村工作若干重大问题的决定》明确强调:"稳定党的农村政策,关键是稳定以家庭承包经营为基础、统分结合的双层经营体制,稳定土地承包关系,这是党的农村政策的基石。要坚定不移地贯彻土地承包再延长三十年的政策,同时抓紧制定确保农村土地承包关系长期稳定的法律,赋予农民长期而又有保障的土地使用权。这是保证农村长期发展和稳定的重

改革开放与浙江经验研究系列

大战略措施。"2002年《中华人民共和国农村土地承包法》正式颁布,以家庭承包经营为基础、统分结合的双层经营体制,成为我国长久不变的农村基本经营制度。

2. 社区性合作经济的发展

废除政社合一的人民公社体制,实行以家庭承包经营为基础、统分结合的双层经营体制,乡村二级社区性合作经济组织应运而生。社区性合作经济组织,发挥集体统一经营的生产服务、协调管理、资产积累作用的经营体制。家庭承包经营和集体统一经营两个层次形成相互依存的统一整体。1992年7月,浙江省率先在全国颁布了第一部关于社区性合作经济的地方性法规——《浙江省村经济合作社组织条例》,该法规对社区性合作经济组织的成员界定、组织机构、性质特征、职能任务等作了明确的规定。

社区性合作经济是双层经营体制的组织载体,是农民集体所有的土地、山林、水面等资源、生产资料和集体财产的所有者代表和管理组织,是家庭承包经营发展的客观需要。这一体制中的"双层经营",一是指家庭承包经营,即将集体的土地承包给农户经营,让承包农户成为拥有独立生产经营自主权的经营单位。家庭承包经营是农村集体经济组织内部的一个经营层次,是农村集体经济的一种有效经营方式,农民通过承包本集体的农村土地,得到的是对农村土地的承包经营权。农民的土地承包经营权集中体现在农民对所承包的土地有了经营自主权、收益权和土地承包经营权流转的权利。农民可以根据市场的供求关系,自主地组织生产,打破了过去那种高度集中的计划经营方式;农民在依法纳税和交纳承包费之后,其他收益都归自己所有,由自己自由支配,打破了过去那种"大锅饭"式的分配方式。二是指集体统一经营,就是社区性合作经济组织对生产经营的统一服务和调节。集体统一经营主要承担增强生产服务、协调管理、资产积累等功能,其中最重要的是增强对农户的服务功能。集体统一经营对促进家庭承包经营和农业生产是必不可少的,一些农田水利和其他公共设施建设,一些产前、产中、产后等生产、流通环节的服务,这是一家一户难以办到的,需要依靠集体统一经营才能做得更好。农村集体经济组织可以配合国家实施的科教兴农战略,抓好农业先进实用技术的推广和普及,为农户提供生产、技术、信息等服务;组织本集体经济组织的农业基础设施的建设和集体资源的开发;发展各种形式的专业性服务组织,将生产、加工、流通等环节紧密地联系起来,从某些生产环节的服务发展到生产全过程的服务。农村集体组织的综合服务与国家和社会的专业性服务密切结合,构成农业服务体系。通过服务体系联结千家万户,农户分散的小规模经营实现了与市场的紧密联系,走上了向商品化、专业化、现代化发展的轨道。

(三)社区性股份合作经济的发展

社区性股份合作经济是农村实行家庭联产承包责任制改革之后由社区性合作经济组织改革而成的一种股份合作经济。股份合作,顾名思义,就是对合作制进行股份制改造,也就是在合作经济内部引入股份制机制,它既区别于集体所有制的合作经济,也区别于一般的股份制企业,它既有股份制的投资方式和产权制度的主要规范特性,又有合作制简单易行和联合劳动等特性。

1. 社区性股份合作经济的产生与发展

我国在社会主义改造过程中,曾对农业、手工业和资本主义工商业进行过合作制改造的实践。20 世纪 50 年代初期的农业初级合作社、供销合作社、信用合作社、手工业合作社和合作商店等实际上都带有一些股份合作的元素,这是当时城乡人民为冲破自然经济和小农经济对生产力发展的束缚而自愿组合起来的一种经济形式。然而,在社会主义改造基本完成之后,由于"左"的思想路线的干扰,出现了片面追求所有制"一大二公"的失误,把股份合作制当作"资本主义尾巴"给割掉了。党的十一届三中全会以后,才使得股份合作经济得到了新生。浙江农村股份合作经济最早出现在商品经济活跃的温台农村,80 年代中期逐渐由温台地区向全省农村拓展。历史地看,股份合作经济以其机制上的优势,在发展的广度和深度上经历了一个不断演进的过程。从农民自发的、不规范的股份合作,发展成由政府引导的、农民群众自觉的、比较规范的股份合作。涉及的领域也从原来以乡镇企业为主,拓展到农、林、牧、渔、第三产业等各个产业领域,社区性股份合作经济是其一种比较典型的形式。

社区性股份合作经济是农民群众在改革实践中的又一伟大创造,它之所以一出现就得到广大农民和各级领导的支持,并很快在农村风靡起来,是因为社区性股份合作经济既符合共同富裕的目标,也与社会主义市场经济发展的要求相适应。家庭联产承包责任制的农村第一步改革解决了农户与集体经济的经济关系,但并没有解决集体经济这一层次的经营机制问题,"人人所有、人人没有"的产权虚置问题,"看得见、感觉不到"的农民群众对集体经济发展的关心问题,"既要分配,又要扩大再生产"的发展后劲问题,一直困扰着集体经济的发展。社区性股份合作经济是在农村社区性合作经济组织内,不改变其生产资料公有制的前提下,把集体资产量化折股,同时又吸收农民现金入股组建而成的股份合作经济。其主要出发点在于明晰产权关系,保证资产收益,促进要素流动,增强集体经济发展后劲,这样既保证了集体经济的扩大再生产,又保证了农民能从集体经济发展中获得应有的收益。也转换了集体经济的经营机制,理顺了村集体与农民之间的经济利益关系,使村集体经济形成了与社会主义市场相适应的新的经营机制和管理体制。

2. 社区性股份合作经济的两种主要模式

社区性股份合作经济是广大农民群众在农村改革发展实践中的创新,它具有形式上的多样性,归纳各地的做法,主要有村级资产量化型股份合作经济及村企合一型股份合作经济等两种社区性股份合作经济的模式。

(1)村级资产量化型股份合作经济

这种模式主要以宁波鄞州区的社区型股份合作社为代表,城市化快速推进的城郊大多采用这种做法。这一模式的基本做法是在坚持土地集体所有和集体财产不可分割的前提下,通过对村社所有的资产进行清产核资、折价量化,把部分集体资产的股权量化到每个社员,并吸引社员现金入股,达到了明晰产权、资金共投、劳动合作、利益共享、风险共担,建立起了新型的集体经济组织、集体资产经营管理体制和运行机制,使之真正成为自主经营、自负盈亏、自求积累、自我发展的市场经济主体。经过实践运行,这些村社不但集体经济得到了巩固和发展,而且各种社会矛盾明显减少。

(2)村企合一型股份合作经济

拥有实力较强的骨干村办企业的村大多采用这一模式进行改造。这一模式把社区股份合作制改革与以骨干企业为核心组建企业集团的两项改革有机结合起来,创造出了社区股份合作制与村企一体化的管理体制相融合的新的经济模式,并在实践中显现出了强大的生命力。如杭州市滨江区东冠村组建由9家村办骨干企业为核心的东冠集团公司,在社区性合作经济改革过程中,明确村集体对集团占大股,达到1/3以上,同时鼓励社员和企业职工广泛参股,要求中层以上干部入大股,一般入股3000元到1万元,社员干部现金入股1701万元,占总股本的33.8%。通过股东大会选举村党委书记为集团公司和股份合作经济组织的董事长,这样就形成了村集体与母公司,母公司与子公司两个层次明晰的产权关系,形成了村企一体化的新型经营管理体制。这一改革,既打破了原有村集体和集体企业的"大锅饭",理顺了村社员与企业职工、企业发展与公益事业建设等方面的关系,促进村级组织、村办企业的发展以及农民的致富。

二、农村供销合作经济的改革与发展

农村供销社是广大农民群众为了改善自身生产生活条件和维护自己的经济利益,按照自愿、互利、民主、平等等原则联合起来的一种合作经济组织。农村供销合作经济是农村合作经济的重要组成部分,是广大农民群众在生活、生产和发展过程中的一种创造。不同的历史时期,供销合作社的办社宗旨有所不同。在 20 世纪 50 年代以前,农民的主要要求是解决温饱问题,恢复和发展农业生产,因此,当时供销社的活动是商业经营性和服务性相结合的。50 年代末之后相当长的一个时期,供销社只是按照国家计划进行商业活动以及农产品收购、调拨和分配,实际上变成了国家实行农产品统派购制度的组织载体。党的十一届三中全会以后,农村供销社又逐步恢复了合作性质。特别是随着农村市场经济的发展,农民在发家致富过程中,迫切要求有关各方提供广泛的社会化服务,在专业化的基础上实现新的联合,这些供销合作社在农业产业化经营和农村经济发展中扮演了十分重要的角色。虽然几经分分合合,几经民办转官办、官办转民办的变革,但是它对于推动农业生产发展和农村社会经济发展起到了十分重要的作用。

(一)改革开放前浙江省农村供销合作社的历史沿革

浙江早期的供销合作事业主要是由进步知识分子和有识之士推进的,早在 1928 年浙江省就出现了萧山东乡蚕丝合作社、义桥运销合作社等。1940—1945 年,为改善人民生活、支援革命战争,四明山等革命根据地相继创办了粮食运销、食盐产销、手工业生产、山货推销等合作社 43 个。中华人民共和国成立后,浙江省政府在组建国营商业的同时,成立了隶属于商业厅的省供销合作总社,颁发了县以上各级供销合作社组织简则,并主要在土特产集散地发展运输、供销等。1951 年,省供销合作总社提出五条办社标准,其中最主要的两条是:一是真正是劳动人民自觉组织起来的,并全心全意为社员服务;二是业务为社员服务,不追求利润,不亏损,有正常盈余,社员得益。1958—1978 年,供销的集体所有制性质几次被否定,升级为全民所有制,供销合作事业受到严重的损害。

(二)供销合作社的改革与发展

党的十一届三中全会以后的供销合作社改革与发展一直是围绕着如何真正确立农民合作经济组织的性质、如何始终坚持为"三农"服务的办社宗旨、如何在为农服务中发展壮大自己而展开的。1982年,中共中央、国务院在批转《全国农村工作会议纪要的通知》中指出,要恢复和加强供销社组织上的群众性、管理上的民主性和经营上的灵活性,使它在组织农村经济生活中发挥更大的作用,并要求供销合作社要逐步进行体制改革。1983年,浙江省政府办公厅批转了《关于加快供销社体制改革的试点意见的通知》,从试点示范到面上铺开,全省开展了以从"官办"到"民办"为核心的经营机制和管理体制的改革。1994年,针对供销合作社体制不顺、缺乏经营活力、为农服务观念淡薄、服务工作削弱以及基层社经营困难重重等问题,浙江省政府办公厅批转发出了《关于继续深化供销合作社改革的意见》,明确提出了必须坚持供销合作社的集体所有制性质、坚持为"三农"提供综合服务的办社宗旨、坚持自愿、互利、民主、平等的合作制原则等供销社改革的方向,并要求各级供销社按照建立现代企业制度的要求,加快推进股份合作制的改革,转换经营机制,实行资产经营方式的多样化。围绕贯彻落实这一文件,各级供销社在体制机制改革,特别是在如何强化为农综合服务上迈出了十分重要的步伐。坚持围绕区域特色农产品的发展,以县为单位,大力发展农业龙头企业,组建产业集团,发展农产品贸工农、产加销一体化综合服务组织。坚持技物结合,巩固和完善农资服务体系,联合农、科、教等技术力量,完善以庄稼医院为基础的农资科技服务网络,以农资供应为纽带,进一步加强对农业的产前、产中和产后综合服务。1999年,浙江省政府办公厅又批转发出了《关于依托供销社积极发展农村专业合作社的意见》,文件指出要以供销社为依托,积极发展专业合作社,完善农业社会化服务体系,加快农村产业化进程,同时进一步深化供销合作社自身的改革,并就专业合作社的发展明确了有关政策。根据浙江省农村资源和基础条件,供销社牵头组织发展了柑橘、茶叶、蚕茧、蔬菜、食用菌以及畜牧业方面的专业合作社。至此,供销合作社一直坚持着为"三农"服务的宗旨,把兴办专业合作社作为为农服务的主渠道以及自身改革与发展的主战场。

(三)关于基层供销合作社的改革

基层供销社一般依托中心集镇,按经济区域建社,浙江全省现有700多个基层社,职工人数占全省供销系统职工总人数的50％以上,县以上供销社是以基层社为基础的再联合和再合作。基层供销社一头联着大城市,一头联着广大农村和千家万户,是整个供销社系统为农服务的基础环节和基本力量,是整个供销社经济发展的重要依托,是整个供销社系统的组织基础。因此,没有基层社改革与发展的活力,就没有供销社系统为农服务的阵地,也没有整个供销社系统的稳定和发展。

由于历史的原因,传统的基层社经营机制明显不能适应市场经济体制的要求,在多渠道竞争面前,相当数量的基层社出现了业务萎缩、效益滑坡、基础脆弱、发展后劲不足、为农服务能力不强等诸多问题。为此,20世纪90年代中期,浙江省基层社广泛开展了以"搞活、巩固、开拓"为主要内容的改革。

1. 转换经营机制

运用股份合作制机制,根据供销社特点,吸收和鼓励农民入大股,增强供销社与农民群众的经济联系,并逐步与农民特别是专业大户结成经济利益共同体。根据市场经济要求,建立以资产保值增值为核心的基层供销社企业运行机制,对基层社下属企业按行业特点与为农服务的关系,分别实行以资产承包经营为主要内容的经营责任制。对边远、小型、微利、亏损的生活资料门店,实行"抽资承包"、"社有个营"。

2. 盘活存量资产

对集镇以下的低效益网点,在方便农民生产生活和为农服务的前提下,经清产核资,按照一定程序实行转让、出租、拍卖,有的实行跨地区、跨行业、跨部门兼并,促进资产向效益好、经营能力强的集镇和部门集中。至1996年底,全省基层社共拍卖、出租各种闲置网点近30万平方米,收回资产1亿元左右。

3. 优化布局

按照"以大集镇为中心建社,适当调整基层社建社规模,实行并社留店,提高规模经营效益"的要求,实施基层社建制调整。对没有中心集镇依托,规模过小的基层社进行撤社留店,对长期亏损、扭亏无望的基层社进行解散重组,对资不低债的基层社进行破产改革。通过布局调整,全省基层社数量由原来的800多个减少为700多个。

4. 开拓业务

着眼于农村经济社会发展的大局,在继续做农资供应和大宗农产品收购的同时,按照农民需要什么服务就提供什么服务的原则,寻找和培植新的经济增长点。办好庄稼医院,增加农资供应中的科技服务,特别是对种植、养殖大户的服务;组建各种专业合作社,与农民联办生产基地,发展一社一品;兴办贸工农、产加销一体化的龙头企业,大力发展外向型农业。

三、农村信用社的改革与发展

农村信用社是农民群众集体所有制的合作金融组织。农户分散性、农业弱质性与金融风险性、银行趋利性的矛盾,长期影响着农村金融的发展。我国农村合作金融发展经历了一个十分曲折的过程。这一曲折的过程,主要是围绕着农村金融是"商业金融"(官办金融)还是"合作金融"(民办金融)展开的。

(一)农村信用社的历史沿革

早在第一次国内革命战争时期,农村根据地就建立了信用合作社。1951 年 5 月,中央银行召开第一次全国农村金融工作会议,决定在广大农村重点试办农村信用合作组织。1952 年春,浙江省在开展农业生产互助组和初级合作社的试点中试办不收股金的信用互助组,当年 10 月,浙江省首个农村信用合作社——慈溪县南山乡信用合作社成立,该信用社吸收社员资金入股,发放农户生产生活贷款,避免农户受高利剥削,被农民称为是"自己的小银行"。1955 年,针对部分信用社存在的错账等问题,以"民主办社、勤俭办社"为中心整顿、巩固、规范信用社,对信用社的性质、任务、组织、业务经营、财务管理等作了规定,并以一个农业社(生产队或自然村)为单位普遍设立信用服务站,代理社员个人的存、放款业务,开展了以农业社为载体,农业社、供销社、信用社、手工业社等"四社合一"的试点,以后由于实现人民公社化,"四社合一"的做法没有全面推行。

1958 年,农村信用社并入人民公社信用社,下放到生产大队,工作人员由生产大队管理,盈亏由生产大队统一核算,财务管理和业务经营由生产大队领导,信用社的作用被大大削弱,资金被大量挪用,社员储蓄大幅下降。1961 年,省里制定《农村信用社工作条例(草案)》,开始恢复信用社工作,信用社又从生产大队中分离出来,重新确立了独立经营、独立核算的经营体制以及受人民银行领导、监督、审查的管理体制。"文化大革命"期间,在全省普遍推行信用社"贫管",即由贫下中农管理信用社,其实质仍然是把信用社的人权、财权下放给社队掌管,对信用社组织造成了严重的破坏。1977 年,国务院《关于整顿和加强银行工作的几项规定》中指出:"信用社是集体金融组织,又是国家银行在农村的基层机构",这一规定使得信用社不仅要办理社队集体经济组织和社员个人的存贷业务,而且要办理国家银行在农村的信贷、结算和现金管理等业务。实行这一管理体制虽然有利于加强银行对信用社的领导,但也使得信用社严重脱离了社员群众,集体所有的合作金融组织特点基本上消亡,形成了"官办",这也是以后农村信用社改革所要解决的问题。

(二)农村合作金融的改革与发展

20 世纪 80 年代初,浙江省在农村普遍推行家庭联产承包责任制以后,开展了以恢复信用社"三性"(即组织上的群众性、管理上的民主性、经营上的灵活性)为主要内容的改革工作,明确要加强经济核算、独立经营、自负盈亏,实行浮动利率,普遍建立县联社。1984 年,国务院发布《关于信用合作社管理体制的报告》,要求把信用社办成在农业银行领导下的合作金融组织。恢复"三性"的改革虽然在完善内部管理、促进农村资金市场发展等方面取得了一定的成绩,但如何做到"农民办""农民管""为农民服务"等问题还没有得到真正解决,特别是随着乡镇企业的发展,使得相当多的农村信用社背离了合作金融的性质和主要为农服务的发展方向,资金投向不够合理,工商业贷款比例过高。1992 年以后,农业银行全面向商业银行转轨,由农业银行管理的农村信用合作社很难按合作制的原则发展。

20 世纪 80 年代至 90 年代之间,农村信用社承担了政策性负担和支付储蓄保值贴补息,未能得到国家财政弥补;乡镇企业快速发展中,因政策性和政府行为的影响,农村信用社数以千亿计的不良资产至今仍未能享受到剥离政策,农村信用社陷入了严重亏损与风险经营之中。与此同时,80 年代初家庭承包经营制度的实行和乡村管理体制的变革,原农村集体提留的积累资金的一部分以"还权于民"的方式,按人劳比例分摊到户,为了管好用好这块资金,农村又办起了合作基金会,资金为民(村)所有、乡村管理,这是我国农村发展合作金融的又一次尝试,农村合作基金会的产生,给农村信用社增添了竞争对手。同时,农村合作基金会由于受乡镇政府行为的严重影响,不仅其农民合作的性质尚未得到体现,而且其经营行为的不规范造成的风险越来越突出,一个本具有很好发展潜力的农村合作金融组织在农村生存了 10 多年以后,在 1999 年全国统一的清理取缔中夭折了。1996 年,国务院发出《关于农村金融体制改革的决定》，明确要根据农业和农村经济的客观需要，建立和完善以合作金融为基础，商业性金融与政策性金融分工协作的农村金融体系。改革的重点是恢复农村信用社的合作性质，进一步增强政策性金融的服务功能。农村信用社与农业银行全面脱钩、自成体系，农业银行在农村中的网点机构收缩整顿，与农村信用社转为平等互利、分工合作的同业关系。

（三）构建农村合作金融新体制

进入新世纪以来，我国农村经济结构调整和产业升级步伐加快，农产品生产商品化程度不断提高，农村市场经济不断完善，农业和农户快速融入市场，农村经济发展对资金的依赖程度越来越高、需求数量越来越大，农村金融服务供给短缺的问题越来越突出。1999 年以来，四大国有商业银行逐步从农村撤走，基本取消了县级分支机构的放贷权，全国先后撤销了 3.1 万多家县以下金融机构；限制并取缔了城乡具有互助性质的各种民间金融组织，全国关闭了数千家农村合作基金会；邮政储蓄在农村只吸储不放贷，为农民服务的金融机构只剩下了农村信用社，但大部分农村信用社奉令只吸储不放贷，农民借贷无门，农村发展乏力，工农差距、城乡差距、贫富差距呈扩大趋势。

2003 年，国务院发出《关于印发深化农村信用社改革试点方案的通知》（国发〔2003〕15 号），再次启动农村信用社改革试点，提出要按照"明晰产权关系、强化约束机制、增强服务功能、国家适当支持、地方政府负责"的总体要求，加快农村信用社管理体制和产权制度改革，把农村信用社逐步办成由农民、农村工商户和各类经济组织入股，为农民、农业和农村经济发展服务的社区性地方金融机构，充分发挥农村信用社农村金融主力军和联系农民的金融纽带作用；提出要按照因地制宜、分类指导原则，积极探索和分类实施股份制、股份合作制、合作制等各种产权制度，建立与各地经济发展、管理水平相适应的组织形式和运行机制。浙江省作为国务院确定的全国 8 个试点省之一，大胆探索农村合作金融新的实现形式，为正处于传统农业向现代农业快速转变进程中的农民提供了越来越多和越来越便捷的服务，也为全国推进农村信用社改革作出了可贵的示范。2003 年 4 月 8 日，中国第一家农村合作银行——宁波鄞州农村合作银行成立。同年 8 月，这种模式被国务院确定为全国农村信用社改革试点的推荐模式。2004 年 4 月 18 日，浙江省在 81 个县（市、区）农村合作银行、农村信用社联合社和农村信用联社入股的基础上,组建了具有独立法人资格的地方性金融机构——浙江省农村信用社联合社,这是浙江省政府授权管理农村信用社的一个省级管理机构。至2006年上半年,浙江省81家县(市、区)农村信用社中已有26家改革为农村合作银行。2006年7月,荷兰合作银行、国际金融公司与杭州联合农村合作银行签署协议,分别以持有杭州联合农村合作银行10%和5%的股份入股。这是外国股份首次加入中国农村合作银行,标志着中国农村金融改革又迈出了新的步伐。

四、农民专业合作经济组织的兴起与发展

市场化、国际化条件下,广大农民最需要的服务是产前的信息服务、产中的技术服务和产后的流通服务。村级社区性合作经济组织和县乡农业技术推广组织是在计划经济、产品经济条件下形成的以产中生产服务和技术服务为主要内容的服务组织,随着农业市场化、国际化进程的加快和农业结构调整的快速推进,服务功能明显弱化,越来越难以满足农民群众的需求。农民专业合作经济组织作为一种新型的合作经济组织,是农业结构调整和农业产业化经营的产物,为农户提供了产前的市场信息、产中的生产技术和产后的产品流通等全方位的服务,促进了农户生产与市场的有机对接,更重要的是提高了农民的组织化程度和在市场中的谈判地位,促进了龙头企业与农户之间利益联结机制的逐步建立。可以说,农民专业合作经济组织不仅是市场化、国际化条件下新型的农业服务主体,而且也是提高农业产业化经营水平、创新农业经营体制的有机一环。

(一)农民专业合作经济组织的产生与发展

农民专业合作经济组织是在农村家庭承包经营基础上,同类农产品的生产经营者或者同类农业生产经营服务的提供者、利用者,自愿联合、民主管理的专业性合作经济组织。农民专业合作经济组织是农村改革和市场机制作用下产生的并不断发展壮大起来的新生事物。党的十一届三中全会以后,农业生产开始打破自给半自给和小而全的格局,农户成了独立的商品化的农产品生产者。为了掌握新的生产技术,发展市场适销对路的农产品,广大农民群众迫切要求解决生产技术、良种引进、产品加工、市场营销等单家独户办不了和办不好的新问题。正是在这种情况下,一种以专业户为主体,

以广大农民群众为基础,以农技推广机构为依托,以发展专业化农产品为目的,以技术服务和产销服务为纽带的专业合作经济组织应运而生。20世纪90年代以来,中共中央、国务院先后发出了《关于依靠科技进步振兴农业,加强农业科技成果推广工作的决定》、《关于加强农业社会化服务体系建设的通知》、《关于积极实行农科教结合推动农业经济发展的通知》等一系列文件,都对专业合作经济组织的发展提出了明确的要求,并充分肯定了专业合作组织是科技兴农的一支生力军,是农业社会化服务体系的有生力量。

为了支持、引导农民专业合作社的发展,规范农民专业合作社的组织和行为,保护农民专业合作社及其成员的合法权益,2004年11月11日浙江省第十届人民代表大会常务委员会第十四次会议通过了《浙江省农民专业合作社条例》,这是全国首个关于农民专业合作社的地方性法规。2006年10月31日第十届全国人民代表大会常务委员会第二十四次会议通过了《农民专业合作社法》。这些法律法规的颁布进一步明确了专业合作社的发展方向。《农民专业合作社法》第三条规定,农民专业合作社应当遵循以下五个原则:一是成员以农民为主体;二是以服务成员为宗旨,谋求全体成员的共同利益;三是入社自愿、退社自由;四是成员地位平等,实行民主管理;五是盈余主要按照成员与农民专业合作社的交易量(额)比例返还。浙江省农民专业合作社的发展走在全国前列,迄今仅仅只有30余年的历史,但它经历了从萌芽、发展到提高的阶段,并在全省范围内发展了上万家的专业合作经济组织,普遍形成了多层次、多类型的组织形式。

(二)农民专业合作经济组织的类型与作用

农民专业合作经济组织是农民群众在推进专业化、产业化的农产品经营中发展起来的,因而明显具有形式上的多样性。既有生产服务环节的合作,也有贸工农一体化的合作;既有非经济实体型的技术协作和服务组织,也有经济实体型的合作经济组织;既有农户之间的合作,也有农户与供销社及农技推广部门和国家企事业单位之间的合作。从浙江省的实际来分析,主要有两大类型:第一类是各种专业合作社、专业合作农场和专业性产加销一体化的经营服务组织。这是由从事生产相同品种的专业农户相互联合或与农村供销社等经济组织一起,按照自愿互利、分工协作和约定的章程,组建成具有合作社性质的经济实体。这类专业合作经济组织按照牵头单位不同,主要有三种:一种是由种养能手和营销大户牵头的群众性专业合作社。另一种是以基层供销社为依托,专业农民等参加的专业性产销合作服务组织。据统计这种性质的专业合作组织有几百个,主要分布在茶叶、长毛兔、食用菌、黄红麻、蚕茧、畜禽等专业生产领域。还有一种是以农业龙头企业为依托,以专业化的农产品生产基地建设为主要内容,以专业农户为主体的产加销、贸工农一体化经营的经济联合体。第二类是农村专业技术协会。它主要是由农村专业农户在各级科协和农技推广部门的支持下组织起来的,是以技术协作、技术开发、技术服务为主要内容的群众性科技服务社团组织,这类专业合作经济组织广泛活跃在农、林、牧、渔等各个生产领域。

农民专业合作经济组织对提高农民组织化程度、促进农业产业化经营和农业全面走向市场起到了十分重要的作用。一是有助于提高农民进入市场的组织化程度。随着农业市场化程度的提高和农产品供求关系的变化,千家万户的小生产与千变万化的大市场难以对接的矛盾日益加剧。解决这一矛盾,一方面需要通过农业劳动力转移和农用土地流转,扩大农业的经营规模;另一方面需要通过发展农民专业合作经济组织,提高农民的组织化程度。二是有助于推进农业产业化经营。"公司+农户"是农业产业化经营的基本形式,由于公司和农户是两个独立的利益主体,它们的利益联结缺乏有效的制度保障,特别是在市场波动时难以真正结成利益共同体。而农民专业合作经济组织植根于农民之中,既能保持农户家庭的独立经营,又能克服农户单家独户在经营中的局限性,维护农民的利益,使农民形成利益共同体。因此,农民专业合作经济组织是农业产业化经营的理想载体,它既可以通过在组织内部发展龙头企业来实现产业化经营,又可以依托自身的组织优势,在龙头企业和农户之间发挥中介作用,推进农业产业化经营。三是有助于提高农民的自身素质。农民专业合作经济组织可以使农民在科技推广、分工协作、组织管理、市场营销、对外联系、民主决策等方面得到锻炼,这既有利于农民科技意识、营销能力和合作精神的培育,又可以增强农民的民主意识和参与意识,提高农民自我组织、自我服务、自我管理、自我教育的能力。四是有助于改善政府对农业的管理。农民专业合作经济组织的发展是市场经济环境下农村微观经济组织的再造和创新,它不仅架起了农民联结市场的桥梁,也架起了农民联结政府的桥梁。

(三)农村新型合作经济的试点与发展

进入新世纪,浙江省大力发展农村合作经济,专业合作社发展快、覆盖广,总体水平处于全国前列;供销合作社和信用合作社深化改革、重构合作、改进服务,走上了回归"三农"和发展壮大的路子,促进了农业双层经营体制中"统"的层次的不断完善。但是,三类合作经济组织各自都存在一些自身难以解决的困难,专业合作社服务功能不全、实力不强,供销合作社和信用合作社服务供给范围窄、成本高、风险大,仍有一些农民群众迫切需要而三类合作经济组织各自也解决不了、解决不好或解决起来不合算的事情。这就需要我们构建一个更高层次的服务平台,为三类合作经济组织更好地发挥自身优势和服务功能提供载体,进一步拓展"统"的领域、增强"统"的功能、完善"统"的层次。

2006 年初,浙江省委、省政府在全省农村工作会议上提出要"积极探索建立农民专业合作、供销合作、信用合作'三位一体'的农村新型合作体系"的要求,瑞安等 17 个县(市、区)开展了发展"三位一体"农村新型合作经济的实践与探索,当年 12 月,浙江省委、省政府在瑞安召开全省发展农村新型合作经济工作现场会,总结瑞安市和试点县的经验,对全省各地发展新型农村合作经济进行指导。

"三位一体"农村新型合作经济就是以农民专业合作社为基础,以供销合作社为依托,以农村信用合作社为后盾,以政府相关部门的服务和管理为保障,供销合作社、信用合作社、专业合作社为强化服务功能、扩大服务供给、提高服务质量而结成的资源共享、优势互补、功能齐全、分工明确的服务联合体。它本身不是合作经济组织,而是合作经济组织的联合组织。它不是三类合作经济组织结成严格意义上的利益均沾、风险共担的"利益共同体",更不是三类合作经济组织合并为一个组织,而是三类合作经济组织组成的"服务联合体",其基本功能是要促进三类合作经济组织形成合心(为农服务)、合拍(步调一致)、合力(资源共享、优势互补)的"服务协调机制"。

各地在"三位一体"农村新型合作经济的改革与发展中,探索出了瑞安经验、新仓经验、绍兴经验等行之有效的做法。瑞安市把"三位一体"农村新型合作经济叫作"农村协会"。新仓经验,重点是推进基层供销社与农民生产、生活的有效"结合",把供销社的发展要求与"三农"的发展需要结合起来,把自身的独特优势与农民的实际需要结合起来,把生产与消费、工业与农业、城市与乡村结合起来,找准为农服务与自身发展的最佳"结合点"。绍兴经验,重点是适应现代流通业的发展趋势,充分发挥供销社的组织资源和市场资源优势,结合实施"千镇连锁超市、万村放心店"工程,推进省、市、县供销联社之间的"联合"和与基层供销社的"联合",构建以省供销超市为龙头、县级供销社为枢纽、基层供销社和村级放心店为网点的农村日用消费品连锁经营网络。

第四章　乡镇企业发展与农村工业化

乡镇企业是中国农民的伟大创造。改革开放以来,浙江乡镇企业保持持续快速发展的势头,总量、质量和效益不断提高,综合竞争力不断增强,成为浙江经济快速发展的主要动力,也是解决农民就业增收的主要途径。浙江发展快主要是农村发展快,农村发展快主要是乡镇企业发展快,乡镇企业快速发展是浙江经济后来居上的法宝。从1997年开始,浙江乡镇企业总产值超过江苏,全省乡镇企业总产值、营业收入、利润总额、实交税金等7项主要经济指标已连续多年位居全国第一,成为全国乡镇企业发展的一面旗帜。

一、乡镇企业异军突起

浙江乡镇企业的迅速崛起有其客观必然性。浙江自古就有农商兼营、工商皆本的理念和生产传统,能工巧匠多,商业气氛浓,家庭手工业普遍,杭嘉湖和绍兴一带的纺织业自古有名;处于沿海开放地带,具有发展工商业的有利条件;土地面积狭小,人口密集度高,土地等资源的承载力相对有限,具有发展工商业的内在冲动和要求;浙江农民吃苦耐劳,勤于动脑,具有创业创新的品质。中华人民共和国成立后,在党的发展农村副业政策的指引下,浙江农村传统的多种经营开始快速发展,为满足农业生产和农民生活的需求,恢复和发展城乡经济发挥了重要作用。在人民公社时期和"文化大革命"期间,在"左"的错误影响下,农村工副业的发展受到严重挫折。1976年后,政府重新肯定了社队企业的地位和作用,废除了不利于生产力发展的规定,加强对社队企业的引导和管理。到1978年底,全省社队工业总产值达到21.7亿元。1978年以来,乡镇企业逐步步入了健康快速发展的轨道。具体可以划分为五个阶段。

1979—1983年,这是乡镇企业的全面启动阶段。1979年,中央发布了

改革开放与浙江经验研究系列

关于加快农业发展的若干问题的决定的文件,明确了农村工业在农村经济发展中的地位,提出了社队企业要有一个大发展;同年,国务院颁发了《关于发展社队企业若干问题的规定(试行草案)》,提出了加快发展社队企业的方针、政策、技术和管理等问题。浙江省委根据中央文件精神,结合浙江实际出台了贯彻落实的办法,全省社队企业如雨后春笋般迅速发展,特别是家用电器和纺织印染行业发展更快。同时,大批具有创业意识的浙江农民走出家门、跨越省界、遍及全国,推销浙江生产的各种小商品,同时省内专业市场的迅猛发展,也为社队企业产品的销售搭建了良好的平台,社队企业数量不断增加、生产规模不断扩大。到 1983 年底,全省社队企业总产值达到 80.57 亿元,新吸纳农村劳动力约 80 万人。

1984—1988 年,这是乡镇企业的大发展阶段。从这一时期开始,社队企业改称为乡镇企业。在中央 1984 年 1 号和 4 号文件的指引下,浙江省政府先后制定了鼓励乡镇企业发展的若干经济政策,鼓励乡镇企业之间开展横向联合,全面推行"一包三改"制度,实行了对乡镇企业的减免税政策等,实行集体、联户、个体、私营四个轮子一起转,浙江省乡镇企业发展速度进一步加快。到 1988 年底,全省乡镇企业已经发展到 50.48 万家,从业人数达到 540.3 万人,总产值达到 621.6 亿元。乡镇企业突飞猛进的发展得到国家领导人的充分肯定,被称为中国农民的伟大创造。

1989—1998 年,这是浙江省乡镇企业的改革提升阶段。国家对乡镇企业采取治理整顿和"双紧"的方针,乡镇企业发展的速度开展放慢,但乡镇企业经过优势重组,质量得到提高、竞争力逐步增强。1992 年,浙江省政府作出了《关于全力推进浙江省乡镇企业大发展大提高的决定》,决定以深化企业改革为突破口,以推行股份合作制、股份制和个人独资为主要形式,大多数乡镇企业转制为产权清晰的民营企业,进一步激发了乡镇企业的发展活力。乡镇企业各种经济成分蓬勃发展,乡镇企业开始广泛进入各个领域,外向型经济发展势头迅猛,一大批有竞争力的企业在市场竞争中脱颖而出。

1999 年至今,这是推进乡镇企业发展方式转变阶段。乡镇企业加快产业结构调整,大力发展外向型经济,积极推进科技创新,建立和完善现代企业制度,在国民经济发展中的作用进一步凸现。

乡镇企业的异军突起,推动了浙江经济的迅速崛起,加快了浙江市场化、工业化和城市化的进程,对浙江经济社会发展产生了极大影响。改革开放以来,浙江经济社会快速发展,多项指标跃居全国前列,创造了著名的温州模式和浙江模式,一个重要原因就是以乡镇企业为主体的民营经济的快速发展。2007 年底,全省乡镇企业实现增加值 8645 亿元,占全省生产总值的 46.4%。在乡镇企业的产业结构中,工业一直占据主体地位。2007 年,乡镇企业工业增加值占乡镇企业增加值的 90.3%,占全省工业增加值的 77.3%。乡镇企业从事的工业行业已经从发展初期的劳动密集产业扩展到资金密集、技术密集和知识密集行业,很多行业在全国有很高的市场占有率。由于乡镇企业和民营经济的迅速崛起,乡村工业和小城镇发展做到了比较好的结合,历史性地实现了农村工业化和城镇化的同步推进,尤其是20 世纪 90 年代后期以来,以乡镇企业为基础的专业市场、块状经济的快速发展和乡镇工业小区建设,浙江小城镇数量和竞争力迅速提高。2007 年,全国千强镇中,浙江省已经占到 268 个。乡镇企业成为农民就业增收的主要渠道。有资料显示,2006 年,全省乡镇企业从业人员达到 1303.1 万人,占农村劳动力总数的 56.6%,农村从业人员的非农化率达到 68.2%;目前,浙江农民的人均纯收入中,来自乡镇企业为主的二、三产业的收入已经占到80%。乡镇企业的发展也为发展现代农业创造了条件。随着 2/3 的农民转向二、三产业,加快了土地流转,促进了现代农业发展和规模经营;在乡镇企业中,农产品加工业占相当的比重,提高了农产品增值水平,促进农产品流通;大批乡镇企业开始涉足现代农业和新农村建设,成为以工促农、以城带乡的重要力量。

二、家庭工业和个私经济在争论中发展壮大

家庭工业是乡镇企业的重要组成部分,是浙江省民营经济的重要组织形式,也是今天浙江省农民创业的一种主要形式。家庭工业,是指以家庭为基本生产单位,以家庭住宅或承租场地为生产场所,以家庭成员为主要劳动力,生产资料归家庭所有,劳动成果归家庭共同所有,并以家庭财产对债务承担相应责任的一种工业生产组织形式。到 2007 年底,全省有个体工商户180 万户,私营企业 40 万家,其中,家庭工业 67 万多家,他们的经营主体大多是农民。从今天来看,浙江社会经济发展比较快的一个重要原因就是浙江省从实际出发,坚持了以公有制为主体、多种经济成分共同发展的方针,积极引导、促进个私经济发展。这是浙江经济发展的一大优势和特点。

（一）家庭工业

浙江省以家庭工业为主体的个体私营经济迅速发展具有必然性。在中国几千年的发展史上，浙江一直具有小商品生产发达的历史传统。中华人民共和国成立以来，中央对浙江的投资少，发展经济更多的需要依靠市场、依靠民间的经济活动。但改革开放前，家庭工业一直视为"资本主义尾巴"被禁止；改革开放后，全省各级党委、政府解放思想，实事求是，冲破了"左"的束缚，排除"姓资""姓社"的争论，把发展个体私营经济作为重要经济增长点来抓，积极探索，大胆实践，取得了显著成效。

20 世纪 90 年代，浙江个体私营经济出现了蓬勃发展的良好势头。到1997 年底，全省个体工商户发展到 153.2 万户、256.4 万人，分别比 1992 年增长了 36.3％和 47.3％，个体私营经济发展水平位于全国前列。1998 年以来，浙江省委、省政府继续加大对个体私营经济的推动力度，全省个体私营经济呈现出大提高、大发展的态势。很多个私经济纷纷摘掉用于自我保护的"红帽子"，恢复了民营经济的本来面目。仅在 1999 年下半年，短短半年左右的时间里，3000 多家"红帽子"企业通过各种方式转制成私营企业。到1999 年，全省个体工商户总产值名列全国第一；个体工商户注册资金名列全国第二。2006 年，全省家庭工业产值已占到规模以下工业产值的 57.5％，上交税费占到规模以下工业税费的 35.2％；家庭工业单位数、从业人员和营业收入分别占全国的 12.4％、14.9％和 20.6％，在全国各省（自治区、直辖市）中均列第一。

浙江省家庭工业现状有四个鲜明特点：一是紧密依靠市场和小城镇建设。比较发达的专业市场为民营经济的发展提供了销售平台。民营经济的发展紧密依靠这些市场特别是专业市场，从户帮户、村带村，逐步向一村一品、一乡一业的连片经营拓展，形成了基础在一家一户，规模是千家万户的块状经济。通过市场将其产品辐射到全国乃至世界各地。另一方面，市场对民营经济产生了集聚和专业化效应，块状经济的发展带动了小城镇发展。二是区域布局相对集中。从家庭工业户数看，金华、温州、嘉兴分别为 10.9万户、10.8 万户、8.4 万户，三市合计占全省比重为 47％；从家庭工业营业收入看，绍兴、宁波、温州分别达 700 亿元、625 亿元、589 亿元，三市合计占全省比重为 45％。三是家庭工业类型多样，有市场依托型、产业配套型、产品协作型、来料加工型等等，形成了多轮驱动的格局。四是行业分布比较广泛，涉及 33 个国民经济行业大类，其中，有 23 个行业的营业收入在 50 亿元以上,纺织业家庭工业户数、从业人员、营业收入已占到全省总数的 22.9%、16%、20.7%。五是经济效益较为明显,近两年家庭工业户年户均营业收入达到了 66 万元,而且使大批农村富余劳力得到就业消化,极大地缓解了社会就业的压力,在全省 31.4% 行政村中家庭工业收入已成为居民经济收入的主要来源。

浙江省以家庭工业为主体的个私经济发展呈现出新趋势、新特点。一是产权结构日趋多元化。民营企业逐渐由单一的自然人所有经济,逐渐向混合所有制经济转化,形成了多种所有制经济相互促进、共同发展的良好态势。浙江各地从实际出发,大胆探索公有制实现形式多样化和多种所有制经济共同发展的路子。2001 年浙江全省参与国有集体企业改制并控股的私营企业有 682 家。私人资本与国有资本、集体资本相互合作的混合型经济的兴起,提升了个体私营经济发展的整体规模和质量。二是经营手段也有了极大的转变。浙江民营企业正逐步由单一的产品经营向资本经营转变,民营企业已经成为海内外证券市场的新宠。浙江上市企业绝大部分为民营企业。三是外向步伐越迈越大。个体私营外向型企业是拉动浙江省外贸进出口高位增长的重要力量,很多私营企业获得自营进出口权,纷纷与外商合资,并在境外设立机构。四是第三产业日新月异。第三产业的迅速发展是浙江省个体私营经济又一亮点。社区服务业、中介服务业、信息服务业、融资担保等新兴行业逐步兴起,在各地蓬勃发展的旅游经济和假日经济的推动下,从事第三产业的个体工商户数和私营企业数一路上升。此外,浙江民营企业的科研、技改投入显著加大,科技创新已成为浙江个体经济拾级而上的"助动车"。

(二)股份合作企业的发展演变

股份合作制作为一种有效的产权制度创新,是中国农民的伟大创造。股份合作制企业作为一种独立的企业形态,因其适应市场经济对企业制度的需要而具备了独立存在的价值,它既是资合与人合的结合,也是按劳分配与按资分配的结合以及按人投票与按股投票的结合。股份合作制企业具有以下优点:一是股份合作制企业产权清晰、职责分明,实行民主管理,具有激励与约束相结合的管理体制,更符合市场经济的要求,是现代企业制度的重要组成部分,因而也是小型国有企业和集体企业改制的重要选择形式。二是有利于增强企业活力。企业实行股份合作制后,将出资者和劳动者统一于一体,能更好地调动劳动者的积极性,提高劳动者对企业生产经营成果的关切度,不存在传统意义上的劳资矛盾,这是股份制企业包括公司也不具有的优越性。三是推行股份合作制,通过吸股方式将消费资金转化为生产资本,在一定程度上可以缓解企业资金短缺的矛盾。因此,90年代以后,股份合作制逐步成为浙江省家庭工业等民营经济的主要形式。

股份合作制的出现是理论和实践发展的必然结果。早在170多年以前,伟大的空想社会主义者傅立叶就提出了股份合作企业的构想。20世纪50年代,中国农村兴起的农业合作化运动,经历了互助组、初级社、高级社等阶段。其中,初级社就包含了许多股份合作的因素。股份合作制在我国首先诞生于浙江省温州市。20世纪80年代初期,在对待股份合作制的问题上,各地区干部的意见也存在很大分歧,在80年代初,大多数党员干部对此持怀疑态度。然而,在玉环、温岭、临海、黄岩等县(市、区)的一些地区,乡村干部通过各种形式,对农民集资办厂加以肯定和扶持。"红帽子"使得股份合作制这种新的制度安排得以在当时的环境下生存和发展起来。若干年之后,浙江许多股份合作制企业都是由原来的"红帽子"企业摘帽正名而来的。温岭市率先发明了"社员联户集体"这一新的称呼来命名股份合作制企业,1982年6月温岭市工商局颁发了第一个"联户集体"企业营业执照。而在80年代中期的温州,众多家庭合伙企业扩大规模、合股经营,不敢称自己为私营企业,又不愿挂集体的牌子,于是温州人发明了"股份合作企业"这个名称。由于股份合作能明晰企业产权,聚集各种生产要素,调动经营者和劳动者的积极性,有利于实现资源的优化配置,更重要的是,在当时所有制歧视的情况下,给民营经济打起了保护伞,所以在农村和城镇的家庭工业、集体企业等中得到迅速发展。80年代的温州成了中国私营企业的"麦加"。1985年中央1号文件中首次采用了"股份式合作"的提法,认为这种办法值得提倡。此后,股份式合作的企业形式逐渐在浙江省及安徽、山东等省份推开。1987年11月,温州市政府颁发了我国股份合作制企业第一个政策性文件,将企业所有制性质明确定性为公有制,从而使股份合作由群众自发联合转变为政府引导下的规范化建设。这份文件,将温州人的创造载入了中国企业的发展史,为中国企业体制改革提供了一个全新的思维。而在这一时期,我国的国有企业还在热火朝天地进行承包制的试验和改革。直到11年后,在党的"十五大"上,明确提出"股份制是现代企业的一种资本组织形式,资本主义可以用,社会主义也可以用",温州的探索比全国的推行早了整整11年。股份合作制最初出现在浙江的温台一带,也不是偶然的。农村改革后,工业化浪潮的兴起迫切要求解决资金供应问题,与浙江北部杭嘉湖平原不同,温台一带集体经济向来薄弱,集体积累少,无法满足发展工业的资金需求。在这种情况下,农民自发集资,通过资金积聚的方式创办企业便是客观必然的选择。到 20 世纪 90 年代后,股份合作制已成为浙江省乡镇企业改制的一种主要形式。

然而,股份合作制的经营形式既有优势又有弱点,其改革创新势在必然。从浙江省的情况看,股份合作企业本来很多是由个体工商户、私营企业、集体企业发展而来,随着股份合作制的演变,很大一部分原是个体经济、私营企业逐步恢复本来面目;真正的股份合作企业,一部分在不断完善内部治理机制,还有一部分演变为股份制企业,走向集团化经营。到 1998 年,私营企业有 40% 以上组建了有限责任公司;90% 的乡镇集体企业完成了改制,其中 1.5 万余家改为规范的股份有限责任公司、有限责任公司或股份合作制企业。在求精开关厂的基础上成长起来的正泰、德力西集团在短短的几年内成为温州公司制企业的代表。1992 年在温州开始出现的集团化倾向实际上正是民营企业充分发挥企业家作用的又一次制度创新。

三、乡镇集体企业产权制度改革

乡镇集体企业包括乡办集体企业和村办集体企业。改革开放初期,乡镇集体企业发展很快,由于国家不允许发展个体私营经济,很多个体私营经济处于地下状态,也不得不带上集体经济的红帽子。浙江省乡镇集体企业发展大致经历了以下几个阶段:第一个阶段是从改革开放初期到 1992 年,这是乡镇集体企业快速崛起阶段;第二个阶段是从 1993—1998 年,这是乡镇集体企业的产权改革时期;第三个阶段是 2000 年以来的转型升级发展阶段。

(一)浙江省乡镇集体企业改革发展的历程

改革开放以来,浙江省一直把发展壮大集体企业和集体经济作为推进国民经济发展和坚持社会主义公有制主体地位的重点,在企业改革的许多方面,无论是初期的承包制和后期的产权制度改革,都把城乡集体企业改革放在重要的地位。20 世纪 80 年代,乡镇集体企业快速崛起。但是到了 90 年代,随着发展个私经济政策的放宽,集体经济的发展速度有所放缓,经济总量不断下降,不得不进行产权制度的改革。1991 年,浙江省政府出台了扶持乡镇集体企业稳定发展若干政策措施的通知,提出乡镇企业发展要从大发展转到大提高,从量的扩展转到质的提高,在提高中发展。1993—1995年,浙江省委、省政府针对乡镇集体企业改革,先后出台了《关于乡镇集体企业推行股份合作制的试行意见》、《关于进一步完善乡镇集体企业产权制度改革的若干意见》和《进一步发展壮大农村集体经济的若干意见》等文件,经过探索,逐渐确立了乡镇集体企业进行股份合作制和股份制的改制形式。进入新世纪,乡镇企业绝大多数都已成为产权清晰的民营企业,并出现了民资与国资、民资与外资融合发展的新态势,并按照建立现代企业制度的要求,完善企业治理结构,大力推进科技创新、产业升级,企业竞争力不断提升。

(二)乡镇集体企业产权制度改革及成效

20世纪90年代以后,在进一步加快改革开放和建立社会主义市场经济新的历史条件下,乡镇集体企业既面临发展的重大机遇,也面临着来自多方面的冲击和压力。乡镇集体企业自身存在的政企不分、产权不清、权责不明等体制方面的弊端越来越突出,使得乡镇集体企业在改革发展初期的机制优势大打折扣,可以说乡镇集体企业的发展正处于一个发展的十字路口。推进产权制度改革已经成为乡镇企业生存与发展的必然选择,只有通过产权制度改革,才能解决乡镇集体企业中存在的"企业负亏、厂长负盈、银行负债、政府负责"等问题,否则只能是坐以待毙。而与此相对应的是,个体、私营经济的发展和股份合作制企业大量涌现,对于乡镇集体企业产权制度改革起了推动作用,加上各地搞的一批产权制度改革试点,经验也比较成功,乡镇集体企业的产权制度改革的条件已经成熟。因此,从1993年开始,浙江省委、省政府决定把乡镇集体企业的改革作为当前改革的一个重点首先突破,决定在全省推行以股份合作制为重点的乡镇集体企业产权制度改革。到1997年底,全省6万多家集体企业已有5万多家实行了不同形式的改制,改制面达到86%,其中实行股份合作制的企业达到1.2万多家。到2000年底,全省共61254家乡镇集体企业完成改制,改制面达到98%。通过改制,乡镇企业实现了产权清晰化、股权多元化、经营形式多样化目标,与市场经济的亲和力进一步增强,企业用工制度和工资制度更为灵活,利益趋向更为明显,对内对外扩展的内在动力更加强烈。

在乡镇集体企业产权制度改革的有效途径上,浙江省委、省政府要求,产权制度改革务求彻底,产权关系一定要明晰,企业的机制一定要真正活起来。乡镇集体企业的产权制度改革,大体采取三种途径:第一,产权重组,目标是一部分转为个体、私营企业，大部分转为有经营者和主要骨干参加较大股份的混合所有制企业，把企业经营者和主要骨干与企业的利害关系变得更为直接。至于大中型企业，以及有条件合资嫁接的企业，一般是实行比较规范的股份制。大型企业则走股份制的集团化道路。第二，资产存量搞活，主要通过出卖、租赁等形式，把乡镇企业现有的集体资产部分转让。无疑也允许拍卖、租赁或改组为股份合作制，允许出售给个人。乡镇集体企业的产权重组，不少地方都是以企业原来的经营者为主组建股份合作制企业。第三，政府及时转变职能，实行明确的政企分开、政资分开，乡镇政府和集体普遍退出资产经营，向服务型政府转变。

除了乡镇集体企业改制外，家族企业的改制也逐步提上日程。浙江省乡镇企业绝大部分是个体私营经济，而个体私营经济大多起源于家庭经营。可以说，在个私经济发展初期，家庭经营模式发挥了重要作用，这类企业的共同特点是所有权与经营权的统一，从产权制度安排来看，它对于企业所有者的激励是最为充分的，监督成本也是最低的。然而由于绝大多数的企业主是在商海中"自学成才"逐步成长起来的，很少来自经营管理科班出身，管理企业的水平普遍较为粗放。同时，他们所启用的经营管理层人员主要集中在家族内部，选人标准更看中的是其对企业主的忠诚，个人经营管理素质通常是放在第二位的。当企业规模扩大到一定阶段后，如果企业经营阶层的资源配置仍然局限在家族内部，则往往直接影响到企业的发展后劲。因此，从 20 世纪末以来家族企业的改制步伐也在加快，很多家族企业建立了现代企业制度，走上了科学管理的发展道路。

四、乡镇企业从分散到集聚的发展

乡镇企业在发展初期，从事的主要是农副产品加工业，创始者或产权所有者为农民自己，厂房主要是租用生产队或农户家庭用房，土地基本上由生产队无偿提供，这种人缘地缘和产权关系决定了乡镇企业发展初期分散于农村的各个角落，形成了"乡乡冒烟、村村点火"的分散发展状况。乡镇企业发展初期这种布局状况有其合理性和必然性，但过度分散的格局必然不利于企业发展壮大，对经济社会也产生消极影响，因此，20 世纪 90 年代后的乡镇企业在政府引导下逐步由分散走向集聚。

乡镇企业的聚集是其自身发展和外部环境改变的必然要求。随着乡镇企业产权制度的明晰,经营规模的扩大,技术手段的改善,管理方式的现代化,乡镇企业与外界的人员物资信息交流交往日益频繁,交流交往的空间半径日益扩大,内容层次也日益提升,迫切需要新的发展平台。同时,乡镇企业的过分分散发展也带来严重的负面效应,对农村环境的污染也越来越严重。在此情况下,偏居乡村一隅的空间环境成了乡镇企业生存发展的不利因素,向供水供电、交通运输、商业服务、邮电通信等基础设施较好,人员物资信息商品交往交易方便的城镇聚集,成为乡镇企业发展的内在要求。乡镇企业的聚集发展要求最终形成了对旧的城乡隔离制度的一次重大冲击,掀起了一场在浙江乃至整个中国城市化历史上都具有重要意义的农村城镇化运动。20 世纪 80 年代后期,首先在浙江温州由当地务工经商农民兴起了一股造城进城运动,出现了龙港、柳市、桥头等一批农民城,汇聚了一批较具规模的农民工商企业,形成了繁荣的专业性产品和生产要素市场,并带动了运输、信息、商业服务等第三产业的发展,成为当地乡镇企业的聚集中心和辐射中心。同时,这些农民城彻底扬弃了旧的户籍身份制度,热情欢迎四面八方的农民前来创业定居。农民城的出现揭开了浙江城市化历史上的重要一幕,一种以市场经济为基础的新型城市现出了清晰的轮廓。

农民的造城运动和由此产生的经济效应,对全省的城市化发展起了推动作用,使人们看到了一条以小城镇为依托发展乡镇企业的新路子。于是在各级政府主导下,浙江全省范围兴起了一股小城镇建设的热潮。许多乡政府所在地纷纷撤乡建镇,规划出生活区、商业区、乡镇工业小区,鼓励农民进镇投资办厂。到 1991 年底,全省农村建制镇数量达到 700 多个,比 1985 年增加了近两倍。在这个过程中,一批有较强专业特色和经济辐射功能的新型城镇迅速发展起来,成为乡镇企业的聚集发展中心,如绍兴的柯桥、黄岩的路桥、诸暨的枫桥等。

乡镇企业集聚发展促进了乡镇工业区的建设。乡镇企业在向小城镇集聚的过程中,需要一个基础良好的空间载体。这个载体最初是各地开办的乡镇企业小区、工业园区等各种形式。在 20 世纪 90 年代后期,各地在工业化结合城市化发展的方略引导下,兴办了大量的乡镇企业工业区。据浙江省乡镇企业局(中小企业局)统计,2002 年各类乡镇工业集聚区共有 985 个,占当年全省 1375 个乡镇总数的 71.6%。然而,工业开发区的过多过滥、缺乏规划,也造成了重复建设、效率低下、资源浪费等问题。从 2003 年开始,国家开始清理整顿各类开发区,加强建设用地管理,加大调控力度。浙江省按照国家的要求,认真清理整顿开发区,各类工业小区、乡镇工业专业区、特色工业园区等,除少数获准保留或拟保留外,均被摘牌;留存的区块,均作为乡镇的工业功能区加以整顿规范。

经过清理整治,乡镇工业功能区在联结工业和农业、城镇和乡村,促进农村经济发展方面发挥了不可低估的作用。首先,乡镇工业功能区有力地推动了地方经济发展。据 2005 年底统计,乡镇工业功能区工业总产值 4868 亿元,占全省工业总产值的 16.1%。390 个乡镇工业功能区中,工业总产值超过 20 亿元的有 77 个,占 19.7%;超过 50 亿元的有 8 个。其次,乡镇工业功能区成为中小企业的重要成长地,共容纳了 2.3 万多家企业,其中入驻标准厂房的有 5000 多家。目前,乡镇财政收入相当大部分来自乡镇工业功能区,乡镇工业功能区成为地方财政收入的稳定增长点。第三,乡镇工业功能区有力地推动了城市化发展。乡镇工业功能区是工业化结合城市化发展的产物和载体。乡镇工业功能区为城市化提供发展动力、产业支撑与人口基础,推动工业在城镇集中布局,促进农村劳动力向以工业为主导的非农产业转移,加快工业发展和经济社会结构向现代化转型。乡镇工业功能区的发展,改变了以往"村村点火、户户冒烟"的农村工业布局,促进区域特色产业的提升和经济强镇的形成。

乡镇企业的聚集发展,在产业组织形式上也促进了企业的集群化。产业集群是一种相关的产业活动在地理上或特定地区的集中现象。浙江省以乡镇企业为主体、以小城镇为依托、以专业市场为龙头的块状经济,具有小企业集群的基本特征。也是浙江农民的伟大创造,这是浙江乡镇企业具有强大竞争力的重要因素。浙江省在原有的乡镇企业的基础上进行改造,通过当地政府的政策推动,首先形成中小企业集聚,再逐步形成中小企业集群。

乡镇企业向小城镇集聚的同时,相当多的乡镇企业走向大中城市和国际舞台。进入 21 世纪之后,农村小城镇已无法适应乡镇企业的发展要求,乡镇企业向具有一定规模的中心城市聚集,中心城市成为浙江工业化和城市化发展新的结合点,成为乡镇企业从农村走向城市的第三个阶段,乡镇企业开始把大中城市作为管理决策营运中心。一大批县级建制市成为乡镇企业生产营销中心。如义乌稠城市区成为小商品生产企业的集聚辐射中心和交易中心,嵊州市区成为丝绸领带企业的集聚辐射中心和交易中心,海宁市区成为皮革制品企业的集聚辐射中心和交易中心。由于以市场交易、运输、信息、服务等基础条件优越的中心城镇为依托,使浙江乡镇企业又跨上了一个新的发展台阶,形成了一批在国际、国内市场具有很高知名度和占有率的专业性企业集群。可以说,浙江城市化的几个主要发展阶段与乡镇企业的相应发展阶段是密切相关的,工业化和城市化是浙江现代化进程不可或缺的两股力量。

五、乡镇企业的市场开拓

浙江乡镇企业的生产和市场开拓经历了一个从封闭走向开放、从就地小市场走向国内外大市场的过程。

(一)乡镇企业起步阶段的"三就地"发展格局

乡镇企业最早是从"三就地"发展起来的。这种经营方式主要发生在改革开放前以及改革开放初期,最初局限于乡村区域范围内自产自销,后来扩大到县域范围内,再扩大到市或地区、全省范围。浙江手工业在历史上一直比较发达,能工巧匠多,家庭工业比较普遍,形成了浙江乡镇企业发展的基础。这些手工业自发组合、互利互助,就地取材、产销一体、来料加工、来样制作,植根于农村依托于农业,并以本乡本土农民为主要服务对象,对于满足农业生产和农民对生产资料和生活资料的需求,恢复和发展城乡经济发挥了重要的拾遗补阙的作用。但这一时期政府明文规定社队工业应本着就地取材、就地加工、就地销售(简称"三就地")方针,不得从事商业活动和出省兜售业务,乡村工业经营粗放、工艺落后,发展艰难,效益低微。改革开放后,社队工业的地位和作用得到肯定,农副产品加工业得到了政策鼓励,各地的社队工业如雨后春笋般蓬勃发展。特别是家用电器和纺织印染等行业发展最快,家用电器成为分布最广的行业之一,主要产品占了省内60%的市场,纺织印染业成为浙江社队企业的一支劲旅,在绍兴和杭嘉湖地区发展最快。创业初期,由于资本不足,大部分纺织印染企业用的是国有企业淘汰下来的老设备,技术力量主要依靠从城市聘请老工人,原材料来源及产品购销渠道靠的是老关系,在这"设备靠换旧、技术靠退休(师傅)、供销靠亲友"(俗称"三老")起家并逐步发展壮大的。随着改革开放的推进,乡镇企业逐步摆脱了"三就地"的束缚。

(二)创造"无中生有"的生产营销方式

资源和产品市场两头在外,是浙江乡镇企业由封闭走向开放的一个重要形式,也是乡镇企业发展过程中的一个重要阶段,迄今为止仍然是浙江乡镇企业发展的一个重要特征。从浙江的具体情况看,由于土地狭窄,缺煤少电、矿产匮乏,是一个典型的资源小省,而乡村工业从事的行业主要集中于加工制造业,特别是农副产品加工业,本省原材料远远难以满足乡村工业的需求,因此所需原料很大一部分需要从省外、国外进口。同时,随着乡镇企业产能的快速扩张,省内市场需求逐步饱和,乡镇企业不得不把眼光投向省外市场,通过各种方式推销浙江的工业产品。乡镇企业市场开拓靠营销大军、专业市场两大法宝。实际上,从 20 世纪 80 年代开始,商品意识极强的浙江农民已经不满足于吃"窝边草",走出家门跨越省界,或专业供销或经商创业,推销浙江的产品,成为改革开放的弄潮儿和商品经济的领头雁。据估计,当时遍及全国的浙江营销大军已经达到 10 万人之多。这种主动送货上门的营销策略,拓展了营销渠道和市场空间,加快了资金的流转,同时可以及时掌握各地的需求信息,起到了等客上门难以收到的效果。如今浙江已经形成了 500 万浙商走天下的经营大军。第二种销售方式就是专业市场的发展。浙江专业市场的发展起源于义乌。早在 1978 年,义乌廿三里就出现了专业市场的雏形,80 年代初义乌县正式开放稠城镇小商品市场,市场规模开始迅速扩张。1984 年,浙江省委、省政府出台政策支持商品市场发展。从 1986 年到 1992 年,浙江专业市场进入燎原期,1991 年,全国十大专业市场排名中,义乌小商品市场以 10.25 亿元的成交额雄踞榜首;到 1992 年底,全省共建专业市场超过 2500 个。1996 年,浙江包揽了十大市场的前三名,市场总数接近 5000 家。至 2001 年,全省各类商品专业交易市场 4278 个,年成交额达到 4652 亿元,连续 11 年名列全国第一。其中,年成交额亿元以上的专业市场 465 个,超 10 亿元的 78 个,超百亿元的 6 个,形成了义乌小商品博览会、绍兴轻纺博览会、余姚塑料品交易会、永康五金博览会等一批知名专业市场。这些专业市场成为乡镇企业产品销往省外、国外的主要平台。随后,浙江又把专业市场开到了省外、国外。浙江外出务工经商的农民,采取承包、租赁柜台等形式,或零卖、或专卖、或批发,销售产自乡镇企业和专业市场的产品,成为浙江专业市场放飞的经济风筝;通过开办专业市场的形式输出市场,嫁接浙江当地的专业市场,为漂泊在外的浙江商贩提供服务,成为一块块浙江经济"飞地"。义乌小商品市场 1993 年以来,已经在国内创办了 13 家分市场,复制义乌小商品市场的经营模式。到 1997 年初,这 13 家市场年成交额已经超过 80 亿元,相当于义乌小商品城的 1/2,与全国第四大市场成交额相近,义乌农民创造了连锁全中国的神话。随着信息技术的发展和互联网的推广普及,乡镇企业又开始拓展网上营销方式,又是一次营销的重大创新,大大降低了交易成本,促进了商品流通效率。

（三）闯荡国际市场

浙江处于沿海地带，具有发展外向型经济的有利条件。改革开放后，浙江的温州和宁波首先被确定为沿海开放城市。这其中，乡镇企业是发展外向型经济的重要力量。浙江乡镇企业的外贸出口起步于 20 世纪 80 年代。经过近 30 年的发展，基本实现了从产品走出去，到人员走出去，再到企业走出去的一个全方位、多渠道拓展国际市场的格局，实施"走出去"战略成为当前浙江乡镇企业发展的主旋律。浙江省委、省政府一直把引导和扶持乡镇企业发展开放型经济作为实现经济跨越式发展的一项战略举措来抓。进入"七五"时期后，浙江省委、省政府明确提出，必须把发展外向型经济作为战略重点来抓，努力扩大乡镇企业的外向度。1988 年，浙江省政府专门召开全省乡镇企业外向型经济工作会议，进一步制定和完善了出口激励政策，从税收、信贷、项目审批等方面进行支持，有力地促进了乡镇企业由内向型向外向型转变。2000 年 6 月召开的全省开放型经济工作会议，则是浙江省乡镇企业全面"走出去"的号角。2001 年 10 月，浙江省政府专门出台了《关于加快实施"走出去"战略的意见》。近年来，仅浙江省委、省政府出台的鼓励企业发展开放型经济的政策文件就达 10 多个。为解决企业在出口过程中的一些实际困难，实施出口增量奖励政策，对有自营进出口生产企业实行"免、抵、退"政策；对出口退税未能足额到位的，协调银行给予质押贷款，等等；率先在全国实行境外投资外汇管理改革，内容包括"取消境外投资的购汇限制"、"不再缴纳汇回利润保证金"、"境外企业利润可留在境外使用"等诸多方面，为乡镇企业发展外向型经济创造条件。

目前，浙江省乡镇企业已形成了出口市场布局多元化、生产企业组织形式多元化、出口贸易方式多样化、出口商品门类品种多样化的新格局。2001年，全国 1000 家出口创汇大户中，浙江省占了 308 席。2006 年，浙江省有约 4 万家乡镇企业生产外贸产品，从业人员接近 300 万人，有 100 多万浙江商人漂洋过海，在五大洲从事经商活动；有 5 万多浙江人充分利用国家西部大开发的契机，活跃在中俄、中越、中蒙、中哈等边境，从事边境贸易活动，浙江乡镇企业出口总量也多次获得全国第一。到 2006 年，乡镇企业出口交货值达到 5800 亿元，产品遍及 156 个国家和地区。浙江乡镇企业在巩固原有亚洲传统市场的同时，大力开发欧美市场、拉美市场，至今已有温州人创办的巴西中国商贸城，台州人创办的阿联酋中国日用小商品城，以嘉兴人为主的俄罗斯中国皮革城等，扩大和提高了浙江和中国商品在国际市场的占有份额。温州人以中国商贸城为依托,逐渐打破了犹太人在南美市场的垄断地位,还迅速地扩大了在南非市场的占有份额。乡镇企业的出口方式,采取委托出口、自营出口、设立境外公司、网上交易等多种方式,边境贸易及"三来一补"贸易日趋活跃。到 2001 年,全省有 2700 多家乡镇企业获得自营进出口权,在境外设有 700 多个营销网点。同时,行业协会在开拓市场、解决争端上也发挥了重要作用。乡镇企业出口的产品品种多、规格齐、门类全,达2000 多个种类,有机械、电子、化工、医药、纺织、服装、轻工、工艺、食品加工等 10 多种大类产品。浙江省乡镇企业高新技术产品出口初露端倪,成了出口创汇产品中的亮丽风景线。中国加入世界贸易组织,为乡镇企业发展外向型经济带来了新机遇。"十五"期间,浙江乡镇企业紧紧抓住加入世贸组织的有利时机,积极实施外向带动战略,外贸出口持续增长,年均出口交货值达 3000 亿元以上,出口范围扩大至 220 多个国家和地区,对外交流与合作成绩斐然。与此同时,许多具有一定实力的企业,按照"跳出浙江、发展浙江"的发展思路,适应全球经济一体化的新趋势,加大了"走出去"的步伐,目前已在国外创办经营公司 780 家,兼并收购外国公司 50 多家,设立各类营销网点 2600 多个,并有 14 家股份有限公司在境外上市,进一步提高了浙江企业在国际市场的声誉。

(四)对外投资创新业

浙江乡镇企业的对外投资始于 20 世纪 90 年代。近年来,伴随着浙江经济发展的要素制约问题日益突出,作为一个资源小省,跳出浙江发展浙江,在更大的范围内实现各种要素合理配置,是市场经济条件下产业梯度转移的客观规律。浙江大力鼓励企业对外投资,向外求发展,鼓励、支持、引导部分产业和企业有序地走出去,特别是把部分劳动密集型、资源消耗型以及环保要求较高的产业转移出去,腾笼换鸟、凤凰涅槃,将有限的发展空间让渡于科技含量高、经济效益好、资源消耗低、环境污染少、人力资源优势得到充分发挥的产业。据调查,浙江约有 400 万名在外投资创业人员,其中经商办企业人员约 200 万人;在外企业约 9 万家,个体工商户约 70 万户,对外投资累计约 5320 亿元,其中从浙江输出资金约 800 亿元。

综观浙江乡镇企业对外投资创业的历程,大致可分为三个阶段:一是 20世纪 70 年代末至 90 年代初,一大批浙江农民,纷纷到全国各地从事务工经商,逐步实现了创业资本的原始积累。到 1990 年,浙江常年在外务工经商人员达 100 万人左右。这一阶段,浙江在外人员主要是"做别人不愿做的事"。二是整个 90 年代,主要是在全国各地开辟市场,先后在省外创办了一大批"温州城"、"义乌路"等,并开始在服装、轻纺、日用小商品等行业投资,同时,一部分浙江的大乡镇企业开始在中西部地区进行大规模投资。到2000 年浙江在外务工经商人员达 207 万人左右。这一阶段,浙江在外人员主要是"做别人不敢做的事"。三是 2000 年以来,随着国家西部大开发、振兴东北地区等老工业基地、中部地区崛起等战略的先后实施,一大批浙江企业带着资本、品牌和先进的经营理念北上南下、挺进中原、征战西部、抢占上海滩,在商贸物流、基础设施、旧城改造、教育科技、资源开发、工业生产、农副产品加工以及国有企业改造等领域进行大规模投资,大手笔开发、大资本运作,实现了从商贸流通、商品生产向品牌经营、资本运作的新跨越。截至2003 年底,浙江在外务工经商人员达 400 万人左右。这一阶段,浙江在外投资创业人员主要是"做别人没有实力做的事"。

乡镇企业对外投资包括对省外投资和国外投资。浙江的省外投资覆盖了全国 30 个省(自治区、直辖市)。从投资领域看,浙江对外投资一开始主要集中在第三产业。浙江对外投资的领域已经发生了很大的变化。2000 年后,浙江对外投资的领域开始出现多元化趋势,触角已伸向农业、工业、建筑、房地产、商贸、物流、餐饮、基础设施等各行各业。从资金来源看,浙江对外投资的资金主要是早期在外经营的积累。从企业规模看,浙江在外企业的主体是中小企业。从经济关联度看,浙江在外企业与浙江经济具有很强的互动性。据各地调查,浙江省在外从事商贸流通业的企业和个体工商户,经营的产品 70% 以上产自浙江。浙江省在外企业中,以拓展市场为主要目的的占企业总数的 66%,以获取原材料为主要目的的占 14%。同时,相当一批企业将部分利润汇入浙江,或做强做大后返回浙江投资。浙江企业大踏步"走出去",对外直接投资已遍布 6 大洲、121 个国家和地区。截至 2007 年6 月底,全省经政府部门核准的境外企业和机构累计已达 2809 家,投资总额16.4 亿美元,中方投资 13 亿美元;境内主体数和境外机构数居全国第一。"走出去"的 2800 多家企业中,有 1910 家是民营企业,占总企业数的 68%。浙江对外直接投资企业主要集中在亚洲、欧洲和北美,分别占境外机构总数的 83.6% 和总投资的 83.8%。特别是美国、阿联酋、俄罗斯和中国香港等重点国家与地区的集聚程度较高。浙江对外直接投资领域主要涉及机械、纺织、电子、轻工等行业。浙江对外直接投资形式,包括设立境外加工生产型企业、境外资源开发、境外营销网络、房地产开发和设立研发机构、商品专业市场等。对外直接投资途径也逐渐多样化,从单纯出资设立企业到跨国参股并购、境外上市,先后有万向、杭州机床、纳爱斯、哈杉、佳力科技等省内知名民营企业在发达国家和地区发起了一系列的并购活动。

乡镇企业在对外投资的过程中,民间商会发挥了重要作用。随着市场经济的发展,浙江在发达的经济基础上孕育形成了大量自主性的社会中介组织,社会的组织化程度正在逐步提高。到 2002 年 5 月底,浙江全省经民政部门登记注册的社会团体共有 9738 个,专职、兼职工作人员 4 万余人,单位会员 100 多万个(次),占全省总人口的近 1/4;民办非企业单位达 7422 个,从业人员 10 万余人;经工商行政部门登记的中介机构 4782 个,从业人员 4.3 万人。值得注意的是,浙江许多社会中介组织是具有相当强的自主性的民间性组织,其中最为典型的就是温州的民间商会,这些民间商会,在政治参与、市场开拓、应对贸易争端等方面发挥了重要作用,为中小投资者赢得了更多的权利、利益和发展空间,在利益表达、公共政策影响、替代性公共服务提供等方面发挥着越来越大的作用。

六、乡镇企业发展方式转变

乡镇企业大多是中小企业,在发展初期从事的主要是劳动密集型产业。随着科学技术的发展和企业的发展壮大,乡镇企业及时转变发展方式,促进产业结构不断优化,资本有机构成不断提高,逐步从高消耗、高污染转变到主要依靠采用先进科学技术和改善经济管理的轨道上来。

浙江乡镇企业从人多地少、有轻纺工业基础和小商品生产悠久历史的实际出发,逐步形成了乡镇企业优势行业,如纺织工业、机电工业、化学工业、缝纫工业、建材工业、食品工业等主导产业。其中,杭嘉湖绍平原以纺织、机电、化工为主,浙东南沿海以食品、工艺、小五金为主,浙中西丘陵地区以建材、建筑、食品、工艺美术等为主,浙南山区以林产、矿产和建材为主。这些劳动密集型工业充分利用农村富余劳动力,利用农民家庭和集体土地等场地条件,以简陋的条件实现了意想不到的发展,有效促进了农村经济发展和农民增收。

80 年代中后期之后,乡镇企业的技术改造问题开始提上议程。一方面,随着企业规模的扩大和产能的扩展,需要大量的农村劳动力,这必然抬高劳动力成本,实行技术对劳动力的替代,是浙江乡镇企业的必然选择;同时,由于技术设备落后也导致投入大产出小,经济效益不佳,这迫使乡镇企业加大技术投入;另一方面,乡镇企业污染问题也逐步引起社会和政府的关注。因此在 20 世纪 80 年代初,浙江省政府就提出推进乡镇企业的调整,把一些产品质量差或产品不适销对路的企业,以及污染严重又无法治理的企业进行关停并转;支持乡镇企业通过提高设备折旧率来加速设备更新,鼓励乡镇企业开展科研、设计和新产品开发,鼓励大中专毕业生到乡镇企业工作。于此同时,由于乡镇企业的高速发展,对信贷的需求急剧增长,不可避免地与国有企业争原料、争资金,市场竞争日益加剧,产品结构雷同和管理水平不高的问题越来越突出。因此从 80 年代末到 90 年代初,国家对乡镇企业实施治理整顿和双紧政策(紧缩银根、紧缩信贷),从政策上限制乡镇企业的扩张。从 1988 年开始,浙江省政府采取"产业微调、行业调慢、产品快调"的策略,从税收等方面支持乡镇企业技术改造,有计划、有步骤地对乡镇企业进行调整、整顿、改造、提高,陆续关停并转乡镇企业近万家,促使乡镇企业从注重产值增长向注重技术提高转变,从粗放式增长向集约型增长转变。90年代后期,浙江省政府对乡镇企业科技进步提出两个 70％的要求,即在每年乡镇企业的投入资金中,要有 70％用于技术改造和新产品开发;在用于技术改造的资金中,要有 70％用于引进先进设备,推动乡镇企业技术进步不断取得新的成效。同时,在全国第一个开办乡镇企业学院。从 1992 年到 1999年,全省乡镇企业用于技改的投入每年都在 100 亿元以上,尤其是绍兴纺织行业技术水平大为提高。到 1994 年,全省已有 4000 多家乡镇企业与大专院校、科研单位建立长期协作关系,1000 多家企业建立了科研所。

为了提高乡镇企业的科技竞争力,浙江省委、省政府一直重视乡镇企业的科技创新问题。20 世纪 90 年代初期,浙江省委、省政府就实施了乡镇企业星火计划,大力提高乡镇企业技术层次和技术含量。1998 年,浙江省委、省政府又提出,乡镇企业要在巩固和提升传统产业的基础上,培育机电、化工、生物、信息、环保等高新产业;实施名牌战略,开发名优新特产品。近年来,随着乡镇企业技术改造的完成,自主创新能力逐步提上日程,经历了土法上马搞创新、产学研结合搞创新、引进消化吸收再创新、自主研发搞创新,乡镇企业创新能力大为提高,形成了一大批自主知识产权和知名品牌,成为乡镇企业竞争力的一个重要因素,使得昔日的"小不点儿"尽显自主创新"闪光点"。由此同时,通过内引外联,建立产学研共同体,这是浙江中小企业增强自主创新能力的又一路径。据统计,全省已有 4500 多家中小企业与高等院校、科研院所建立了较为稳固的协作关系,正在合作研发的项目有 3600多项,其中 30％进入了中试阶段。在近 3 年创建的 300 家产学研共同体中,由中小企业加盟的占了 90％以上。积极实施自主创新人才培训工程,从源头上为中小企业提升自主创新能力支招。目前已有 100 多万名务工农民掌握了一门以上专业技能,1000 多位企业高层管理人员成为自主创新的"领头雁",从而为中小企业自主创新提供了人才支撑。"十五"期间开发的 6000多种省级以上新产品中,由科技型中小企业研发的占了一半左右,并有近百项高新技术居国内领先水平。技术进步在中小企业经济增长中的贡献率提高到了近 50％,成为浙江经济最具活力的增长点。

七、乡镇企业的软实力

乡镇企业经营者和职工的精神风貌、文明素质、价值追求等构成了乡镇企业发展的软实力。浙江乡镇企业发展成绩显著与软实力有很强的相关性。乡镇企业的发展壮大不仅表现在企业的组织形式上,也表现在企业的软实力不断提升上。

乡镇企业的快速发展与深厚的商业底蕴密切相关。浙江在古代就具有重商的传统;改革开放以来以温州人为代表的浙江人秉承务实的传统文化,创业创新,崇尚实际,追求物质富裕,注重商业文化,也善于建立合作双赢的创业模式。浙江县域产业集群的产生与这一文化背景密切相关。以温州、台州为例,它们远离大城市,地理位置偏僻,资源短缺,在计划经济时代,国家基本没有扶持、投资,再加上工业基础薄弱,其发展并没有什么优势。在改革开放的契机下,温台人的重商文化发挥了重要作用。从全国范围来看,温州出现了全国最早的工商制造业和专业市场,柳市的低压电器,瑞安塘下的汽模配,平阳水头的羊毛衫等迅速打响省外,在全国范围内铺开销售网络,靠的是一批敢闯敢拼的营销队伍和创业大军。我们所说的乡镇企业的"四千精神",即历经千辛万苦、走遍千山万水、想遍千方百计、说尽千言万语,这种精神正是对当年乡镇企业经营者的精辟概括,也是以创业创新为核心的与时俱进的浙江精神的精彩解读。这种精神其实在浙江省乡镇企业发展初期非常具有典型性。浙江人深知无商不活、无工不富、无农不稳的道理,靠"三农"起家,在希望的田野上办起了一家又一家工厂;他们中的许多人,白天当老板、晚上睡地板,像游牧民追赶太阳一样,为心中的目标奋斗不息,"四千精神"成为浙江"自强不息、坚忍不拔、勇于创新、讲求实效"的浙江精神的生动体现。同时,他们也与时俱进,在保持艰苦创业、不断创新的同时融入诚信和谐、宽容大度等现代元素。这个在利希霍芬博士眼里"善于背东西"的浙江农民群体，依靠千百年形成的商业精神和无法想象的坚韧毅力，不舍弃"小的零碎的利润"，用他们的脚、用他们的嘴、用他们的脑子和身体，硬是闯出了自己的一片天下和令世人惊奇的浙江人经济。

乡镇企业造就了一批农民企业家。著名经济学家吴敬琏说："浙江是一个具有炽烈企业家精神的地方。"浙江经济的快速发展，得益于改革开放带来的制度环境的改善，也得益于浙江所拥有的企业家资源方面的优势。浙江拥有发展经济最重要的要素条件——相对充裕的企业家资源。企业家或"企业家才能"，是一种非常重要的生产要素，它对其他三个要素（劳动、资本和土地）进行"组织"，以形成具体的生产经营过程。企业家才能不是一种能够被生产出来的人力资本，而是符合某种概率分布的、稀缺程度很高的生产要素。浙江拥有企业家资源上的优势，这和浙江的地域社会文化环境有关。追溯浙江企业家精神的文化渊源，既充分借鉴了海洋文化和中原文化的精髓，又创新出儒家文化中独特的一脉，这一文化基因以永嘉学派为代表，在农耕社会中就开始强调"义利并重、工商皆本"的观念。这一创新文化成为无法克隆的浙江企业家精神的文化基因，成为浙江经济发展的经久不衰的动力，造就了创新的浙江企业家队伍，也才有了浙江今天经济的腾飞。应当说，经过30年市场经济大潮的洗礼，在千百万农民创业创新闯市场的大潮中，造就了一大批乡镇企业家，形成了一支庞大的企业家资源队伍。这些"洗脚上岸"的农民初始创业者，很多已成为经营管理经验丰富的企业家，他们中的很多拿到 MBA 文凭，进入高等学府深造，由小业主、家长意识、草根企业家成为管理大师。鲁冠球、邱继宝、南存辉、胡成中、朱重庆、傅企平、邵钦祥，这些知名企业家的名字大家都耳熟能详。在历年全国乡镇企业家的评选中，浙江省入选企业家人数都排在前列，其中 2002 年达到 121 名，人数居全国各省（自治区、直辖市）之首。这些企业家大部分是中共党员，具有大专以上文凭，可以说是有文化、懂经营、会管理，是一支敢于创业、勇于创新、善于创优的队伍。

企业家精神是乡镇企业软实力的重要支撑。企业家精神是企业家的个人魅力和价值的最好体现，它是一个比企业家才能更好的表述，它涵盖了企业家才能同时又有着更多的内涵，如冒险精神、效率精神、诚信精神、合作精神和敬业精神等，还必须有强烈的社会责任感。因此，企业家精神比企业家才能更加稀缺，对一个企业的发展作用更大。乡镇企业快速发展呼唤高素质的企业家。目前，乡镇企业家队伍建设已经得到各级政府的高度重视。

广大的乡镇企业经营者正努力加强学习,提高素质,敢于创新,善于开拓,提高自身素质,艰苦创业,遵纪守法,致富思源,回报社会,加快从初始创业者向企业家的提升。

现代企业治理机制是乡镇企业软实力的重要保障。随着乡镇企业的发展壮大,必须创新企业经营管理制度,引进专门的管理人员和管理技术。对于采取家族制、合伙或股份合作形式的乡镇企业,培育企业家群体,创新企业经营形式至关重要。实际上,从 20 世纪末,乡镇企业逐步从封闭走向开放,从自然人企业走向法人企业,从家族制或社区化管理走向现代企业制度,实现了乡镇企业的脱胎换骨。如方太集团、正泰集团等,逐步建立起与市场经济相适应的现代企业制度。一些家族企业还将家族制经营与引进职业经理人结合起来,为企业再造新优势、实现二次创业创造条件。很多企业进入资本市场,通过发行股票和企业债券进行筹资。很多企业建立了管理团队,引进首席执行官制度,实行管理者的年薪制和股票期权激励计划,企业的融资和经营管理上了一个新的平台,为企业持续健康稳定发展创造了条件。

八、乡镇企业反哺"三农"

改革开放以来,乡镇企业在浙江省经济发展中发挥了重要作用。乡镇企业对"三农"乃至国家的贡献,概括起来就是"45678",吸纳了 42.83% 的农村富余劳动力,农民人均年收入中来自乡镇企业的占 50% 以上,乡镇企业交纳的税金和附加值占了地方财政收入的 60%,村级财力的 75% 来源于乡镇企业,乡镇企业占全省工业增加值的比重达到 88%。然而,同大多数发达国家的发展历程一样,浙江省乡镇企业与农业的关系也经历了一个以农补工转到以工促农的过程。以农补工主要发生在改革开放以前及改革开放初期。由于中华人民共和国成立后国家实行重工业优先发展战略,以农业剩余积累支持工业发展,以牺牲农民利益保护市民利益,以调配农村资源和国家财政支持城市发展,通过国家财政投入、工农业产品比价、城乡信贷流动、劳动力价格、信贷资金投入、土地资源价格等各种途径,为工业和城市发展创造条件,这种现象在全国各地都普遍存在。从乡镇企业发展过程来看,发展初期的原始资本投入、土地厂房等大多来自村级组织和村民,是靠有限的农业剩余积累逐步转化来的。可以说,中华人民共和国以来的我国城市化、工业化发展一直是建立在以农补工基础上的,这种状况一直延续到 21 世纪初才逐步有所改观。

相对其他省份,浙江省乡镇企业与农业农村的关系比较融洽。改革开放以来,浙江省率先推进市场化改革,坚持工业化、城市化和农业现代化整体推进,充分发挥“三化”对“三农”的带动作用,不脱离农业抓工业,不脱离农村抓城市化,走出了一、二、三产业联动的发展道路。由于与“三农”有天然的联系,浙江省乡镇企业很早就开始了“以工补农”。乡镇企业的创始人,很多是“洗脚上岸”的农民,他们生在农村、长在农村,企业发展也在农村,有天然的农村情结,自觉投身农业发展和农村建设,既使农民群众真正得到实惠,也使企业得到发展。同时,政府也大力鼓励乡镇企业反哺农业、投资农业,引导工商企业参与新农村建设,各地也出台了很多激励政策,如采取税前列支、风险补偿等办法,支持乡镇企业反哺农业支持农村,加速了以农支工向以工促农的转变。目前,浙江省已经进入工业化中后期阶段,已经全面进入以工促农、以城带乡的发展阶段。

浙江省乡镇企业反哺“三农”的内容和形式十分丰富,现列举如下。

一是促进农民就业增收。2007 年,全省乡镇企业从业人员已达 1200 万人,约占农村劳动力的 55%,形成百万农民创业带动千万农民就业的局面。2005 年,浙江省农民的纯收入中有近 60% 来源于乡镇企业,乡镇企业成为农民就业增收的主渠道。同时,很多乡镇企业改制后变成股份合作制或股份制企业,农民既是企业股东又是产业工人,在获得工资性收入的同时,还能获得股份分红,财产性收入也成为农民重要的收入来源。农村剩余劳动力的大量转移,也促进了土地流转和农业经营规模,提高了农业劳动生产率,增加了务农农民的收入。

二是推动小城镇建设。乡镇企业在推进农村工业化的同时,也有力推进了农村的城镇化进程,成为小城镇建设的主要力量。乡镇企业带动了农村富余劳动力的转移就业,促进生产生活服务业的发展,推动了区域专业市场的形成,提升区域块状经济发展水平,促进了农村人口的集中和产业的集聚,为小城镇发展创造了条件。

三是提高农民素质。浙江省乡镇企业的投资主体主要是农民。这些企业创业经营者,具备较高的管理水平和经营能力,其中有许多已成长为优秀的企业家。同时,这些乡镇企业又吸收了大量农民就业,从而为浙江省培养了一大批产业工人,带动了整个农村人口素质的提升。尤其是近几年,各地对务工农民的技能培训尤为重视,许多乡镇企业舍得智力投资,既抓岗位培训,也抓学历教育,有的农民还被选送到大专院校学习深造。截至 2008 年,浙江省已有 70 多万务工农民接受了岗位技能培训。

四是促进社会事业发展。乡镇企业已成为新农村建设的重要力量。一方面,乡镇企业把工业文明带入农村,打破了原先狭隘封闭的观念和意识,使得现代观念、信息观念、市场观念逐步形成。乡镇企业还带动了农村文化事业的发展,丰富了农民的文化生活,促进农村科学、文化、教育等各项事业的发展。

五是促进现代农业发展。转移大量农村劳动力,提高农民收入,为现代农业发展创造了良好的环境条件。20 世纪末以来,乡镇企业把投资现代农业作为重要投资方向,大力发展效益农业和高效生态农业,建起农业生态示范园区和良种培植基地,创办了一批农产品加工专业园区,推进农业产业化经营,增强了农业的比较效益,也拓展了乡镇企业自身发展的领域。“九五”时期,全省乡镇企业年均投向效益农业和用于小城镇建设的资金在 30 亿元以上;“十五”时期以来每年投入现代农业资金在 120 亿元以上。实践证明,乡镇企业投资效益农业不仅为发展优质高效农业和培育区域特色块状经济注入了活力,企业自身也从中得到了丰厚的回报,以农产品为原料开发的产品累计达到 1300 多个,年销售收入近 5000 亿元。

六是促进了农产品加工业的发展。发展农产品加工是乡镇企业的优势。“十五”期末,浙江省以农产品为原料的加工企业已发展到 26 万多家,职工 297 万多人,年销售收入 6400 多亿元,约占全部乡镇工业销售收入的 27.8％,涉及的加工范围有 12 大类 1300 多个品种。

目前,浙江省包括乡镇企业在内的工商企业,积极参与社会主义新农村建设,取得了可喜的成效。乡镇企业家通过担任经济顾问,实施产业带动,开展合作开发等形式,全面参与农村经济社会发展。在全省率先开展“农村经济顾问”工作的奉化市,当地 280 多名乡镇企业家踊跃挑起了村里的经济顾问担子,结对村庄 210 个,兴办开发项目 150 个,解决实际问题 335 个,投入帮扶资金 2500 多万元。据了解,浙江省各级慈善总会收到的捐赠款中,80％以上来自民营企业,名列全国前茅。正泰、德力西等民营企业发起成立全国首家民营企业联合扶贫机构——乐清市民营企业扶贫济困总会。据不完全统计,全省有 15665 家工商联会员企业自觉参与社会主义新农村建设,其中有 3788 家会员企业与行政村结对,兴办企业 10574 家,投资金额近 80.8 亿元,安置农村劳动力 61 万余人,公益捐款 14.93 亿元,还有 2474 位民营企业家担任农村经济顾问。根据统计,仅仅 2007 年,全省参与村企结对数已经达到 12880 个,各类捐款总额达到 9.78 亿元,有力地支持了新农村建设。

改革开放与浙江经验研究系列

第五章　城镇建设与农村城镇化

以乡镇企业带动小城镇建设是浙江农民的又一大创造。改革开放以来，尊重广大农民的创造力，坚持工业化和城镇化互促共进，以农村城镇化推动全省城市化，走出了一条具有鲜明特色的浙江城镇化道路。这就是以农民为主体建设小城镇、发展小城镇，并以农村城镇化推动全省的城市化。目前，一大批小城镇已经在建设规模、基础设施、城镇功能、镇容镇貌和综合经济实力、社会事业等方面有了很大的飞跃。小城镇已经成为浙江省农村二、三产业发展的中心、产品加工和集散的中心、务工经商农民集聚的中心，成为浙江农村经济社会发展的主要载体和重要支撑。

一、农民城镇农民建的小城镇建设

改革开放前，由于农业基础薄和主要农产品供不应求，实行工业化和城市化脱离的发展道路，不允许农民进城务工经商，产业布局分散，城市发展严重滞后，城市功能残缺不全，影响了国民经济的健康发展。改革开放后，随着国家工业体系的基本健全、农业综合生产能力的提高，城市化步伐开始加快，但城乡二元体制依然存在，城市发展依靠向农村索取资源，城乡户籍管理制度限制农民进城，除非参军和上大学等途径，农民很难获得市民身份和进城居住的资格，小城镇的建设并没有得到充分重视。从全国的情况看，大约是在 20 世纪 90 年代后，小城镇才逐步发展起来。而在浙江，随着乡镇企业和专业市场的蓬勃发展，农民在 80 年代就已经在小城镇建设中大显身手，并走出了一条以乡镇企业和专业市场带动小城镇建设、以农村城镇化促进全省城市化发展的道路。

苍南县龙港镇是改革开放之后崛起的中国第一座农民城，被誉为中国农民自主建城的样板。龙港人在全国率先推行土地有偿使用，突破户籍制度禁区,吸引农民自理口粮进城、自建住宅落户、自办企业发展,成功地走出了一条农民自费建城的农村城镇化路子,不仅完成了农村向城镇、农民向居民、农业社会向工业社会的转变,而且开始由城镇向城市、居民向市民、工业社会向现代社会的发展和变迁。目前龙港成为国家综合改革试点镇、全国农村劳动力开发就业试点镇、全国投资环境百强县、浙江省社会发展综合实验区、浙江省教育强镇和卫生城镇、温州城乡一体化试验区。2006年,全镇实现生产总值70.3亿元,工业总产值161.6亿元,财政收入6.5亿元,税收总收入由2001年的2.6亿元增加到6.3亿元。

　　1984年,苍南县委、县政府决定开发龙港,陈定模——这个中国第一农民城的缔造者,毛遂自荐到龙港镇担任党委书记,并向县委立下军令状,怀揣着3000元开办费和7位自告奋勇的干部,携带着他亲自动手绘制的《龙港建城规划图》,开始了他们的造城运动。他们率先在长期的城乡壁垒上打开了一个缺口,实行土地有偿使用,引导农民自费建城。1984年7月,一则《龙港对外开放的决定》在当地的报纸上刊登,同时公布了八项进城优惠政策,并提出"地不分东西,人不分南北,谁投资谁受益,谁出钱谁建房,鼓励进城,共同开发"的口号,同时将图纸上的地块分成若干等级,征收不同的公共设施费。《决定》发出的第10天,就有2200户农民申请入城,到第30天,就有七县十二区乡5000户农民申请进镇建房。为方便农民办理手续,专门成立"欢迎农民进城办公室",实行集中办公。在城市建设方面,除了建房地块拍卖外,市政设施、开发区道路、滩涂开发全部由农民创办;在户籍体制方面,他们根据当年中央"一号文件"提出的鼓励农民自理口粮进城务工经商的精神,打破传统的城乡农业和非农业户口的划分,创造出一种"自理口粮户",即既非农业户口,亦非非农业户口,此户口只限于龙港镇有效。进城农民虽被默许为非农业人口身份,但不享有任何城市的计划供给,仍需自带口粮。批准"自理口粮户"后,又出现了红印户口和蓝印户口。能人的集聚、资金的注入、信息的交汇,给龙港的发展注入了强大活力,反过来促进了乡镇企业和专业市场的发展,龙港迅速成为浙南经济中心和物资集散基地,形成了富有自己特色的再生毛毯、布角、钢材、工业品等十大专业市场。到1987年,龙港入城农民已达6300户,城区面积达到102万平方米,修建道路27条,城市设施一应俱全。根据国家统计局的评估,1994年龙港综合经济实力位居全国乡镇的第17位。1997年,龙港城区面积达到58平方千米,居民人口达到15万人,城内工业企业达到800家。据估计,龙港建城共投入市政建设资金8亿元,其中98%的钱是进城的农民掏的。

龙港走出了一条以农村城市化带动区域城市化的道路,在全世界各地城市发展历史上,也是一个少有的范例——先有城,后有民;它打破资本主义国家靠驱赶掠夺农民的城市化方式,让农民成为城市建设的主体和城市的主人。从建城的方式上,它也是国内最早实行土地有偿使用制度的内地城镇,而且更具有象征意义的是,它的开放对象是农民。更具有深远意义的是,城市的建设和市场经济的发展,打破了小农经济赖以生存的基础,也造就了新一代农民,实现了农民对自身的改造。

龙港的发展道路,是浙江依托乡镇企业和专业市场发展小城镇的成功范例。乡镇企业、专业市场、小城镇是浙江农民的三大创造,也是浙江经济的"三驾马车",它们之间存在着非常密切的联系,尤其是小城镇既是专业市场发展的必然结果,也是乡镇企业发展的重要平台和载体,它冲击了旧的城乡隔离制度,极大地推动了浙江省的城市化进程。从浙江的情况看,像龙港这样的农民城都是崛起在乡镇企业和专业市场发达的地方。例如路桥,在20世纪80年代就兴起了小商品加工和销售的热潮。随着建设小城镇计划的开始实施,在短短五六年中,路桥城区面积扩大了3倍,常住和流动人口达到25万人,城建基础设施也逐步完善。到1990年,在3.2平方公里的小镇上,集中了71个专业市场,形成了"无街不市、无巷不贩、无户不商"的景象。在路桥建城的总投资中,民间资金占到80%以上。城镇建设反过来又有力地促进了专业市场的发展,到1995年,路桥中国日用品商城成交额达到97亿元,成为全国第三大专业市场。东阳市横店镇原是浙中地区以农为主的城镇,80年代以来,以乡镇企业为主体的社团经济得到迅速发展,到1997年全镇工业总产值达48亿元,已形成了磁性、电子、医药、化工等10多个支柱产业。依托乡镇企业,横店小城镇得到快速发展,现已初步形成了工业、商业、住宅和文化旅游区四大功能区的现代城镇格局。

二、大力培育中心镇

和乡镇企业的发展过程一样,浙江的小城镇发展经历了一个由自发到自觉的过程,从空间布局上看,就是逐步实现了由遍地开花、星罗棋布向统筹布局、重点培育中心镇转变。

（一）双轮驱动带动小城镇做大做强

由于行政区划太小以及发展缺乏整体规划，在改革开发初期小城镇集聚工业、人口的功能大受限制。从浙江的情况看，随着小城镇的蓬勃发展，这种情况也比较突出，最大的特点就是小而散。1992 年，全国上下掀起了"撤区扩镇并乡"热潮。1999 年浙江省也启动撤区扩镇并乡工作，撤销区公所，扩大建制镇行政范围，合并人口少的乡。乡镇数量从 1998 年底的 823 个乡、1006 个镇减为 2001 年底的 563 个乡、836 个镇，分别减少了 260 个乡和 170 个镇，乡镇总数从 1829 个减为 1399 个，减少了 430 个。乡镇平均规模从 56.7 平方公里、1.92 万人提高到 67.5 平方公里、2.5 万人。通过撤区扩镇并乡，为造就一批实力雄厚的经济强镇创造了条件。此后，浙江持续推进乡镇规模调整工作。2001 年，浙江省人民政府办公厅转发浙江省体改办等部门关于乡镇行政区划调整工作意见的通知，要求在经济比较发达、交通便捷的地区，若干个乡镇已经发展连片的，要加大撤并力度；省定中心镇要按功能定位的要求，合理拓宽发展空间，增强集聚和辐射能力；在大中城市城建规划区内的镇（乡）和县（市）政府驻地镇，要逐步撤镇设立街道办事处；要合理确定乡镇和街道的设置规模，除县（市、区）驻地镇以外，原则上经济发达地区的省定中心镇总人口达到 8 万人以上，面积为 80～150 平方公里；其他地区的省定中心镇总人口为 6 万人左右，一般乡镇总人口为 2 万～3 万人；对省定中心镇、小城镇综合改革试点镇，可采用委托、授权等方式，赋予其在计划、城镇建设、工商登记等方面部分县级管理权限。经过乡镇行政区划的有力调整，小城镇布局趋于合理，中心镇地位更加突出。到 2004 年底，全省乡镇总数比 1998 年减少了 543 个，其中建制镇减少 251 个，初步形成了"县（市）城区—中心镇—中心村"三级梯度辐射、以城带镇、以镇促村、协调发展的格局（从 2001 年到 2006 年，浙江建制镇数量从 971 个减少到 754 个）。

加强中心镇建设。浙江省委、省政府一直高度重视中心镇建设。浙江省于 1997 年、1998 年，分两批确定了省级综合改革试点镇 114 个（含国家级综合改革试点镇 28 个）；2000 年，浙江省政府下发了《关于公布浙江省中心镇名单的通知》，明确 136 个镇作为中心镇，其中包含 35 个县城所在地的镇（这 136 个镇 2001 年的经济总量约占全省所有建制镇的 1/3）。2007 年，浙江省政府出台的《关于加快推进中心镇培育工程的若干意见》，确定了第一批 141 个省级中心镇名单，推出了十大扶持政策和改革措施，包括建立和完善中心镇财政体制、实施税费优惠政策、加大对中心镇的投入和用地支持力度、扩大中心镇经济社会管理权限、加快推进户籍制度改革、加快建立统筹城乡的就业和社会保障制度等,将中心镇定位于产业的集聚区、人口的集中区、体制机制的创新区、"三农"的服务区、社会主义新农村建设的示范区。浙江省中心镇成为强县经济和块状经济的基础,农民就近转移、就业、致富的平台,农村农民生活、生产的服务中心,在全省经济社会发展中发挥越来越重要的作用。

(二)积极推动中心城市建设

20世纪90年代末和21世纪初浙江省在推进乡镇行政规模调整的同时,各地针对大中城市发展空间不足,集聚和辐射功能不强,行政管理体制不顺,城乡二元分割等突出问题,启动实施大中城市行政区划调整,将市辖区、县级市的城关镇撤镇设立街道办事处,规划了新的城市发展框架,扩大了县域中心的发展空间,增强了城市功能。为了做大做强区域中心城市,在县域行政区划调整工作方面,调整力度也比较大,并取得了突破性进展。截至2008年底:温州市区行政区划调整,将永嘉县、瑞安市部分镇村居委会纳入市区范围,市区面积从1082平方公里扩大到1187.9平方公里,人口从121万增加到129万,为构筑温州大都市创造了有利条件;绍兴市区面积由原来的101平方公里扩大到336平方公里,城市发展空间得到了拓展,同时将绍兴县政府迁至柯桥,改变了"有县无城"的状况;嘉兴市区行政区划调整工作全部完成,市区布局得到合理调整;金华市撤金华县设金东区,解决了"一城多府"的问题;衢州撤销衢县设立衢江区,调整后,衢州市辖区增至两个,市辖区总人口达到79.57万人,市区土地总面积达到2357.4平方公里;台州市的临海、温岭、黄岩"二市一区"已撤销城关镇设置,成为街道办事处。通过撤县建市和撤县建区,推动了县级中心城市和区域中心城市(地级)的发展。

三、小城镇综合改革

中心镇是经济实力强、区位条件好、发展潜力大的小城镇,其特有的集聚效应、辐射效应、反哺效应、联接效应及融合效应,不仅是城市化发展的一个重要组成部分,就近转移农村富余劳动力的重要平台,也是社会主义新农村建设的重要内容,加快社会主义新农村建设的重要阵地,尤其在统筹城乡发展、解决"三农"问题的历史进程中,更具有深远的意义。2005 年,个数仅占全省乡镇个数的 60.5％,人口占全省乡镇总人口的 86.1％的小城镇,创造了全省乡镇 95.89％的农村经济总收入和 94.44％的乡镇财政总收入。20 世纪 90 年代中期以来,浙江以小城镇综合改革试点为载体,加快中心镇建设,逐步激发中心镇发展活力,增强小城镇发展的综合实力,促进小城镇发展上规模、上水平、上档次。

20 世纪 90 年代的小城镇综合改革。进入 90 年代以后,浙江省委、省政府高度重视小城镇的发展问题,把小城镇发展作为加快城市化、加速工业化、有效解决"三农"问题的重要途径,按照国务院的部署结合浙江实际开展小城镇综合改革试点。1994 年 11 月,浙江省提出推进小城镇综合改革试点,建设 100 个现代化的小城镇,带动农村经济社会的发展。1995 年,浙江省就开始对小城镇进行综合改革试点,全国 57 个实行小城镇综合改革试点的镇中,浙江有 6 个镇列入试点。1998 年,全省确定了 112 个综合改革试点镇,其中全国试点镇 28 个。小城镇综合改革试点的主要内容是:推动试点镇户籍制度、行政管理体制、财政体制和投资体制等一系列改革,逐步理顺条块管理关系,适当扩大小城镇政府经济社会管理权限,完善镇级财政体制,加快小城镇基础设施建设,促进农村富余劳动力和各类人才向小城镇合理流动,合理制定小城镇发展规划,为小城镇大发展奠定良好政策基础。经过多年来的探索,已取得了较好成效,积累了宝贵的发展经验。

城市化快速推进中的中心镇建设。进入 21 世纪后,浙江进入快速城市化阶段。2000 年、2001 年和 2002 年分别有重点地制定出台了以综合改革为手段、以扩权放权为主要内容、以建立完善镇级财政体制为重点的一系列小城镇发展培育政策,依靠政策深化小城镇的体制改革,推动了小城镇的发展。2000 年,浙江在实施城市化战略中确定了择优发展小城镇的原则,浙江省政府公布了 136 个省中心镇。这阶段改革的目标主要是继续推进小城镇综合改革,择优发展小城镇。这一时期,小城镇和中心镇发挥了集聚产业的同时,也进一步发挥了集聚人口的重要作用。

统筹城乡发展中的中心镇培育。2002 年以来,中央提出了统筹城乡发展的战略决策,标志着我国进入统筹城乡的发展阶段。2004 年,浙江省委、省政府出台《浙江省统筹城乡发展　推进城乡一体化纲要》,把培育中心镇列为统筹城乡发展、推进城乡一体化的重要内容。浙江省政府 2007 年出台的《关于加快推进中心镇培育工程的若干意见》(浙政发〔2007〕13 号),对 141 个试点小城镇的行政管理体制进行了大幅度的改革,改革措施包括建立和完善小城镇的财政体制、扩大经济社会管理权限、投入与投资体制、城镇规划与小城镇建设用地权、户籍制度改革等 10 项权力。随后,浙江省发改委印发了《浙江省中心镇发展规划(2006—2020 年)》,明确了今后一段时期浙江省中心镇的发展方向和建设重点。2008 年 4 月,国家发展改革委办公厅下发了《关于公布第二批全国发展改革试点小城镇名单的通知》,公布了 160 个试点小城镇的名单,浙江省又有 14 个镇被列入。到目前为止,全国发展改革试点小城镇共有 278 个,浙江省 25 个,居全国各省(自治区、直辖市)之首,8 个镇被列入联合国可持续发展试点镇。

加快中心镇培育的主要措施是:在公共财政体制、投入与投资体制方面,提出要完善中心镇财政体制,使之适应中心镇培育和壮大的需要。允许中心镇依法组建城镇建设投资公司。在社会管理权、执行权和人事权方面,扩大中心镇的管理权限,赋予中心镇部分县级经济社会管理权限。在小城镇规划、建设用地制度、户籍制度、就业和社会保障制度方面,提出凡在中心镇有合法固定住所、稳定职业或生活来源的人员及其共同居住生活的直系亲属,都可根据本人意愿办理城镇常住户口,在教育、就业、兵役、社会保障等方面享受与当地城镇居民同等待遇,并承担相应义务等。这一改革是浙江省针对小城镇在经济社会发展中面临的体制性瓶颈而推出的一项重大举措,也是浙江省在乡镇政府管理体制改革方面进行的探索,是对现行乡镇管理体制的一种突破。

通过体制机制的全面创新,扩大经济社会发展管理的权限,实施农村集体土地流转制度,建立小城镇财政体制,中心镇的综合实力开始显著提升。到 2006 年,141 个中心镇平均年财政收入达 2.2 亿元,是全省建制镇的 2.2 倍,最高的镇年财政收入达到了 12.8 亿元;中心镇平均面积为 117.3 平方公里、镇区面积 9.5 平方公里,分别是全省建制镇平均水平的 1.38 倍和 1.63 倍;中心镇平均总人口 7.4 万人、镇区人口 3.1 万人,分别是全省建制镇平均水平的 1.9 倍和 2.5 倍,有 1/3 的中心镇已初具小城市的规模。中心镇"一镇一品"的特色经济规模也不断扩大。全省涌现了年产值 10 亿～50 亿元的特色经济区块 134 个,50 亿元以上的特色经济区块 95 个,这些区块大多集中在中心镇。如大唐镇的袜业、柳市镇的低压电器、大溪镇的水泵等产品,市场占有率都位居全国第一。小城镇充分发挥了在统筹城乡发展中的节点作用,推进了城市基础设施向农村延伸、农村公共服务向农村辐射、城市现代文明向农村辐射,逐步成为农村公共服务中心、农村经济增长点和农村市民化的主要场所。

四、小城镇承载功能不断增强

伴随着乡镇企业、专业市场和服务业的发展,浙江省小城镇的功能不断完善和拓展。1978 年至 1997 年城市化水平提高了 18.7 个百分点,小城镇在其中发挥了重要作用。

小城镇成为乡镇企业集聚的载体。在农村工业化发展初期,由于对工业化和城市化发展的一般规律认识不足,没有及时对农村工业进行合理的空间布局和引导,导致农村工业"村村点火,户户冒烟",企业分布过散、规模过小。从 20 世纪 90 年代以来,各地党委、政府尊重广大农民的积极性、创造性,加强对小城镇发展的引导,小城镇发展逐步走上健康的轨道。

乡镇企业向小城镇集聚经历了一个由自发到自觉的过程。从 20 世纪 90 年代起,浙江省开始重视乡镇企业的集聚发展问题,把小城镇发展与乡镇企业发展结合起来。1992 年,浙江省政府在关于全力推进乡镇企业大发展大提高的通知中指出,要以小城镇为依托,因势利导搞好工业小区建设,鼓励各类所有制企业到小区兴办项目。同时提出,对于那些易于分散经营的家庭工业、服务业等项目,要继续鼓励千家万户就地发展。把乡镇企业发展与小城镇发展同提共论,鼓励以小城镇为依托建立乡镇工业小区,对"就地办厂"、"就地转移"、"离土不离乡"的发展原则也首次有了变更。小城镇和乡镇工业小区的建设,使乡镇企业开始步入以城镇为依托、与城镇发展同步的良性健康轨道。1997 年,浙江省委、省政府在关于进一步促进乡镇企业改革发展与提高的若干政策意见中提出,今后兴办乡镇企业和重大技改项目,原则上要向城镇工业小区集中。为鼓励乡镇企业向小城镇集中,凡异地到工业小区内办乡镇企业的,上缴税金的 70% 返还给乡镇企业。同时,各级政府依托规划管理发展小城镇,通过抓好小城镇规划、城镇体系规划、乡镇行政区划调整等方面促进大中小城市协调发展,促进了产业向城镇的集聚。2003 年,浙江省乡镇中的特色工业园区、工业小区、工业专业区约为 985 家。

然而,乡镇工业小区发展过多、过滥,最终也带来了严重的资源和环境问题,促使政府决定对乡镇工业小区开展治理整顿。2007 年,浙江出台了全国首个乡镇工业功能区发展指导意见,将乡镇工业功能区的规划布局主要内容纳入当地经济社会发展规划、城镇建设总体规划和土地利用总体规划,并调整和优化乡镇工业功能区的整体布局。经过清理整顿,各类乡镇工业集聚区（或功能区）总数减少了 60.4％，小城镇产业集聚度进一步提高，块状化特色更加明显。一些乡镇工业功能区结成了上下游产业融为一体的产业链，研发能力明显增强，主导产品在国内外占有很高的市场份额。目前，乡镇财政收入相当大部分来自乡镇工业功能区，乡镇工业功能区成为地方财政收入的稳定增长点，在联结工业和农业、联结城乡经济方面发挥特殊的地位和作用。

农民市民化的重要平台。自 20 世纪 90 年代中期以来，在推动乡镇企业向小城镇集聚的同时，浙江省委、省政府开始重视农村人口的城市化问题，推进农民进城。如 1996 年浙江省委、省政府关于推进小城镇综合改革试点的通知中就指出，实行户籍管理制度改革，促进农村富余劳动力和各类人才向小城镇合理流动，提出凡是农民在小城镇有合法稳定的住所、有稳定的就业或生活条件、对原有承包地做出妥善处理，即可在小城镇办理城镇户口登记，在全国率先推出购房落户政策。1998 年，浙江省政府在关于户籍制度改革试点有关问题的通知中确定了 20 个户籍制度改革试点镇，对六类人员可以在小城镇办理城镇常住户口，使农民进城落户进入操作阶段。2000 年底，奉化在全国率先取消了"农转非"指标限制。在奉化，只要有固定收入、固定住所的人，不需要交任何费用，都可以获得奉化市城镇户口。2001 年，浙江省在全国率先取消了进城控制指标和"农转非"计划指标，率先对进城落户人员的待遇享受作了政策规定，率先建立了全省相对统一的户籍改革政策体系。

党的十六大以来，浙江省委、省政府制定和实施《浙江省城市化发展纲要》和《浙江省统筹城乡发展　推进城乡一体化纲要》，大力推进城市化和新农村建设，加强城市规划、建设和管理，促进人口和产业集聚，全省城市化水平不断提高。特别是 2004 年，浙江省委、省政府印发《浙江省统筹城乡发展　推进城乡一体化纲要》，提出要按照工业化、城市化和市场化整体推进的要求进一步优化生产力和人口空间布局，努力打破城乡二元体制结构，推动城乡资源要素合理流动，形成以城带乡、以乡促城的发展新格局，努力缩小城乡差别、工农差别和地区差别，确定了统筹城乡产业发展、社会事业发展、基础设施建设、劳动就业和社会保障、生态建设和环境保护、区域经济社会发展等六大任务，浙江小城镇建设和城市化进一步提速。据统计，2000—2002 年，浙江省迁入城镇的农民人数达到了 288 万人。给户口"松绑"，浙江一直走在全国的前列。2006 年，浙江省委、省政府在《关于全面推进社会主义新农村建设的决定》中提出，要将小城镇建设成为农村经济增长

点、农民市民化的主要场所和农村公共服务中心。2007 年,浙江省政府在推
进中心镇培育的指导意见中指出,要在中心镇加快推进户籍制度改革,把产
业集聚与人口集聚结合起来,增强区域块状经济和城镇吸纳农村劳动力的
能力。打开中心镇门户,凡在中心镇有合法固定住所、稳定职业或生活来源
的人员及其共同居住生活的直系亲属,都可以根据本人意愿办理城镇常住
户口,在教育、就业、兵役、社会保障等方面享受与当地城镇居民同等的待
遇,并承担相应义务;在转为城镇居民之日起 5 年内,还可继续享受农村居
民生育政策。同时,允许中心镇开展农民住宅产权登记试点,采取异地置换
方式,积极鼓励山区农民迁移到中心镇落户就业,努力把中心镇培育建设成
为产业的集聚区、人口的集中区,镇域建成区人口集聚率年均增长 1 个百分
点以上。

五、小城镇成为城乡统筹的枢纽

随着计划经济体制向市场经济体制、城乡二元发展体制向城乡一体化
发展体制的转变,在小城镇发展的功能定位和地位作用上也发生了重大变
化,小城镇逐步由农村区域中心向以城带乡的枢纽转变。

城镇化的主要内容随着工业化的推进不断变化。改革开放以来,浙江
省农村城镇化和农村工业化总体上是协调的,并随着农村工业化的推进内
容也在不断变化。改革开放的头 15 年,总体上是浙江工业化的初期阶段。
在这一阶段,由于城乡二元社会结构尚未明显松动,城市国有企业也尚未完
成改革,以农村为载体的工业化、城市化却异军突起,并逐渐成长为全省工
业化、城市化的主导力量,非农生产力在农村大地上大量布局,农业劳动力
在农村内部迅速转移,生产力和人口分散布局的格局逐步形成,由此形成了
中国特有的双重工业化、双重城市化和双重二元结构。这一阶段的浙江城
市化主要表现为在农村工业化推动下农村城镇化。从 20 世纪 90 年代中期
到 21 世纪初的 10 年,总体上是浙江工业化的中前期阶段。这一阶段,形成
了农村工业化与城市工业化汇流与融合的局面,城乡二元社会结构在这一
过程中明显松动,农业劳动力(特别是省外劳动力)越来越多地进城就业。
这一阶段的浙江城市化主要表现为因扩大招商引资和集聚农村企业需要的
城市规模的迅速扩大。"十一五"时期以来,浙江省进入了工业化中后期阶
段。浙江省委、省政府根据科学发展观的要求,提出走经济效益好、科技含

量高、资源消耗少、环境污染低、人力资源优势得到充分发挥的新型工业化道路。相应地,这一阶段的浙江城市化顺应工业化的新要求,以推进城乡一体化和社会结构优化,优化城乡劳动就业结构和人口布局,促进城市公共服务向农村延伸。

乡村政治经济中心。20世纪90年代初以来,浙江省委、省政府为了进一步搞活农产品流通,更多地转移农业劳动力,解决乡镇企业分散布局带来的各种弊端,促进农业专业化、规模化、集约化,开始重视发展小城镇的作用,不断加强小城镇建设,先后提出"搞好小城镇和乡镇工业小区建设,加快农村工业化步伐","在主要城镇建设几个有特色的、设施功能比较完备的农产品批发市场","以小城镇为依托,实现乡镇工业大提高、第三产业大发展、农村劳动力大转移","进一步确立小城镇在经济区域中的中心地位,抓好农村小城镇综合改革试点及配套政策的制定,在20世纪末建成100个基础设施完备、辐射能力强、产业与人口集聚程度高、功能齐全的现代化小城镇,并使一批基础好的小城镇发展成为中小城市","搞好城镇体系规划的制定工作,不仅要规划到城市、集镇,还要规划到乡村","加快农村小城镇建设步伐,促进乡镇企业和农村劳动力向小城镇集聚"等一系列政策,越来越多的乡镇企业向城镇和工业园区集中,提升了块状经济的规模和发展水平,扩大了城镇的规模,促进了城镇第三产业的快速发展和功能的日益完善,增强了城镇对农村人口的集聚能力。这在城乡分割体制尚未完全突破、大中城市难以接纳农村人口落户的情况下,为提高全省城市化水平开辟了一条新的途径,走出了一条以商带工、以工促商、工商兴城的发展路子。到1997年底,全省已有建制镇998个,比1978年的167个增加近6倍;城镇人口占总人口的比重达到35%,比1978年提高了21个百分点。小城镇已经成为浙江省农村二、三产业发展中心、产品加工和集散中心、务工经商农民集聚中心,成为浙江农村经济社会发展的主要载体和重要支撑。

从改革开放以来到20世纪末,在城乡二元经济和社会发展体制下,小城镇作为一个相对独立和封闭的空间,发挥了农村区域中心的作用,成为乡村政治经济文化中心。

一是发挥了农村商品流通中心的作用。小城镇在农村经济社会发展中,既是农村生活性服务业的中心,也是生产性服务业的中心,尤其是成为专业市场发展的良好平台。多年来,浙江各地因地制宜,因势利导,一些地方充分发挥浙江人善于经商的传统,积极引导社会各方投资兴办专业市场,围绕专业市场,发展特色工业,走以商带工、工商联动的路子;一些地方根据以中小企业为主的农村工业快速发展的特点,围绕特色优势产品,兴办专业市场。2005 年,全省共有商品交易市场 4008 个,成交总额 7173 亿元,其中 100 家重点市场成交总额 3838 亿元;"十五"期间总成交额 28797 亿元,是名副其实的市场大省。特色工业的快速发展,专业市场的迅速崛起,为小城镇的发展和繁荣提供了坚实的产业支撑,推动了第三产业发展领域的进一步拓展和城镇经济的进一步扩张,大大促进了农村劳动力的转移和农民收入的增长。1997 年,全省共有各类商品交易市场 4488 个,商品交易市场成交额达 2798 亿元。全省 60%以上的新兴城镇是因市场的发展而建设起来的。

二是发挥了农村工业集聚中心的作用。县城和小城镇是农村工业化的实现载体。在城乡分割的二元社会结构框架下,不能进城就业而又不甘贫穷落后的农民,只能在基础设施较差的农村就地转移农业剩余、兴办乡镇企业,形成了"村村点火、乡乡冒烟"的局面。这种遍地开花的乡镇企业和星罗棋布的小城镇造成了资源利用不经济、环境污染难治理和生产力与人口分散布局等"农村病"。进入 20 世纪 90 年代后,各地依托小城镇开办乡镇企业小区、工业园区等各种形式,引导乡镇企业向城市和园区集聚,不仅促进了乡镇企业的发展壮大,也推动了城市化水平的加速提升。到 2002 年,各类乡镇工业集聚区共有 985 个,占当年全省 1375 个乡镇总数的 71.6%,小城镇成为乡镇工业企业的集聚中心。据宁波市统计,1997 年全市 66 个乡镇工业小区创工业产值 152 亿元。

三是发挥了农村人口就业中心的作用。在计划经济时代、城乡隔离体制下,农民的职业、地域、身份和阶层都不能流动,完全被排斥在工业化、城市化之外。改革开放以来,由于乡镇企业和专业市场的快速发展,推动了小城镇的迅速崛起;取消对农民进城务工经商的限制,允许农民自理口粮进集镇务工经商和落户,启动小城镇综合改革。降低农民进入小城镇的门槛,推行城乡一体化的就业制度,越来越多的农民随着职业向二、三产业转移,居住也逐步向城镇集聚。如早在 1992 年,浙江省公安厅出台了关于农民进城落户问题的解决意见,为符合进城务工经商的农民办理蓝印户口等。到 2001 年,全省大约有 1000 万名农民从村庄里走了出来,蜕变为创造和享受现代文明成果的市民。

从浙江省农村城镇化的进程可以看出,浙江在改革开放进程中的农村工业化、城镇化,较好地带动了"三农"发展,农民群众既是发动者、投资者,也是就业者、受益者。全省的工业化、城市化也正是因为有了农村工业化、城镇化的推动,才有了全国领先的水平,全省的工农关系、城乡关系才有了比较融洽的局面。然而,由于"离土不离乡"、"进厂不进城"的工业化模式,农村的工业化并没有很好地带动城市化的相应发展,并未带来农业专业化、规模化的同步推进,只是在农村内部形成了新的二元经济结构,未从根本上动摇城乡社会二元结构。同时,也造成了生产力和人口的分散布局,导致了资源利用不经济、环境污染难治理。城市化水平滞后于工业化的矛盾日益突出,这又反过来阻碍了工业化本身的进一步发展。

以城带乡的重要枢纽。小城镇是连接城乡的桥梁和纽带,是改变城乡二元结构的切入点、突破口,是新时期统筹城乡经济社会发展的重要载体。近年来,浙江把小城镇作为以城带乡的重要枢纽,推动城市基础设施向农村延伸、城市公共服务向农村覆盖、城市现代文明向农村辐射。

从21世纪初开始,浙江逐步进入工业化中期,迈入统筹城乡发展的新阶段,具备了以工促农、以城带乡的能力。小城镇发展也逐步突破农村区域的限制,从更大的发展空间上寻求自己的发展定位。2005年,浙江人均GDP首次超过3000美元,2007年已达到4883美元,这标志着浙江全面进入工业化中后期。实际上,1999年底,浙江省委、省政府在制定《浙江省城市化纲要》时,就从推进整个省域现代化的高度,提出要把"坚持城乡一体化发展"作为推进城市化的一个重大原则,提出要彻底冲破城乡分割的旧体制,形成以城带乡、以乡促城的城乡协调发展格局。这标志着浙江促进城乡一体化已突破了县域界限,从理念和政策上开始转到把城市与乡村置于"一盘棋"上。进入新世纪以来,浙江积极发挥规划的指导作用,编制和修订了市域、县域的城镇体系规划和城市总体规划,启动土地利用规划修编和县域总体规划的编制,调整和优化城镇布局,为促进城市化快速发展打好基础。同时,积极改善投资环境,大胆探索解决非农建设用地供需矛盾的有效途径,大规模地开展了土地整理和置换,既保护了耕地,又缓解了建设用地紧缺的难题,大大拓宽了城镇建设和二、三产业发展的空间;积极转变政府职能,普遍推行了"集中办事大厅"的政府服务形式,为广大投资者提供了公开、公平、公正的办事环境,提高了办事效率。一个以大中小城市为龙头、中心镇为纽带,布局合理、功能互补的城乡一体化新格局正在加快形成。

2006年,浙江省委、省政府针对过去城市化过程中重生产要素集聚、轻农村人口集聚,重产业布局优化、轻产业层次提升,重产业结构调整、轻就业结构优化,重城市集聚效应、轻城市扩散效应,重经济加快发展、轻资源环境保护,重城市加快建设、轻城乡体制改革等弊端,按照科学发展观的贯彻落实和统筹城乡发展方略的组织实施,作出了走资源节约、环境友好、经济高效、社会和谐、大中小城市和小城镇协调发展、城乡互促共进的新型城市化道路的战略决策,进一步促进工业化、城市化走上科学发展轨道。新型城市化道路把小城镇建设尤其是中心镇建设放在重要位置,提出要把中小城市和小城镇的发展作为统筹城乡发展的战略节点,准确界定大中小城市、小城镇的发展定位,大力发展中小城市和小城镇,推动乡村合理布局和有序建设,积极引导农村人口进入中小城市和小城镇定居,形成特大城市、大城市、中小城市和小城镇协调发展的格局。新型城市化道路与以往相比,更加充分地体现了"均衡"与"协调"的要求;新型城市化道路提出的走"大城市—卫星城—中心镇"的网络式城市化路子,既有利于缓解发展中国家普遍出现的大城市"摊大饼"式发展带来的众多"城市病",又有利于解决我国农村工业化、城镇化带来的众多"农村病"。

为了充分发挥小城镇和中心镇在统筹城乡发展中的重大作用,2007年,浙江省委、省政府又出台了关于加快推进中心镇培育工程的若干意见,从建立和完善中心镇财政体制、实施规费优惠政策、加大对中心镇的投入和用地支持力度、扩大中心镇经济社会管理权限、加快推进户籍制度改革、加快建立统筹城乡的就业和社会保障制度等方面扶持中心镇发展,努力把中心镇建设成为产业的集聚区、人口的集中区、体制机制创新区和新农村建设的示范区。目前,已经启动了第一批141个中心镇的建设。到2006年底,141个省级中心镇的平均面积为117.3平方公里,镇区面积9.5平方公里,平均年财政收入达2.2亿元,特色经济规模也不断扩大,大部分已初具小城市的规模,已经初步发挥农村经济的增长极、农民市民化的主要场所和农村公共服务中心的作用。

目前是浙江城市化在现代化进程中的最关键时期。浙江省过去的工业化只解决了部分农业劳动力的转移就业问题,过去的城市化只解决了部分农村企业的布局集聚问题。下一步的城市化要突出小城镇特别是中心镇的枢纽作用,把优化人口布局和社会结构作为重大任务,在继续优化生产力布局的同时,应着力突破城乡二元社会结构,赋予进城就业农民同等的市民待遇,加快向农村延伸城市公共服务,更多地集聚农村人口,更强地带动农村发展,更快地减少低收入人口,促进城乡人口结构和社会阶层结构的优化。

六、千强镇群星璀璨

浙江小城镇的实力得到了国内国际的充分肯定。2005 年,在小城镇峰会"全国强镇发展论坛"上,国家统计局公布了第一届全国综合实力千强镇测评结果,浙江省有 268 个入围,名列全国第一(江苏省有 266 个入围);2006年,国家统计局又发布第二届全国千强镇名单,浙江省共有 266 个强镇入围,名列全国第二(江苏省有 275 个强镇入围),占全国总数的四分之一强。

2005 年,浙江省全国千强镇平均每个强镇农村经济总收入高达70.85 亿元,是全省乡(镇)平均水平的 3.6 倍,是全部建制镇平均水平的2.3 倍,其中有 50 个浙江全国千强镇农村经济总收入超过 100 亿元。浙江省全国千强镇平均每个强镇财政总收入达 1.9 亿元,是全省乡(镇)平均水平的 3.7 倍,是全部建制镇平均水平的 2.3 倍多,其中有 43 个浙江全国千强镇财政总收入超过 3 亿元。据悉,浙江全国千强镇人均财政总收入为3123 元,是全部乡(镇)人均水平的 1.6 倍,是全部建制镇人均水平的1.5 倍。另外,浙江全国千强镇农村居民人均纯收入达 8412 元,比全省农村居民人均纯收入高出 26.3%,比全部建制镇农民人均纯收入高出 21.3%。

另外,从每年浙江省评选的"百强镇"情况看,也能基本反映出浙江省小城镇的巨大实力。2005 年,最发达 100 名乡(镇)在浙江省农村经济社会的发展中占有举足轻重的地位。最发达 100 名乡(镇)个数仅占全省乡镇个数的 8.0%,人口占全省全部乡(镇)总人口的 21.3%,创造了全省全部乡(镇)48.9%的农村经济总收入和 47.6%的乡(镇)财政总收入。

(一)经济总量大,财政实力雄厚

2005 年最发达 100 名乡(镇)平均每个乡(镇)农村经济总收入高达119.20 亿元,是全省乡(镇)平均水平 19.51 亿元的 6.1 倍,是其他乡(镇)平均水平 10.84 亿元的 11 倍。其中有 46 个乡(镇)农村经济总收入超过100 亿元。最发达 100 名乡(镇)平均每个乡(镇)财政总收入达 3.10 亿元,是全省乡(镇)平均水平 0.52 亿元的 6 倍,是其他乡(镇)平均水平 0.30 亿元的 10 倍多,其中有 38 个乡(镇)财政总收入超过 3 亿元。从预算内财政收入来看,2005 年最发达 100 名乡(镇)平均每个乡(镇)预算内财政收入达2.29 亿元,是全省乡(镇)平均水平 0.35 亿元的 6.5 倍,是其他乡(镇)平均水平 0.18 亿元的 12.7 倍;其中有 42 个乡(镇)超过 2 亿元,有 9 个乡(镇)超过 5 亿元,最高的玉环县珠港镇已经接近 10 亿元。

(二)经济增长速度快,人民生活水平高

2005 年,浙江省最发达 100 名乡(镇)人均农村经济总收入比 2004 年增长 21.6%,人均财政总收入比 2004 年增长 15.4%,人均预算内财政收入为 3147 元,是全部乡(镇)人均水平的 2.5 倍,是其他乡(镇)人均水平的 4.1 倍。最发达 100 名乡(镇)农村居民人均纯收入达 9534 元,比全省农村居民人均纯收入高出 43.2%,比其他乡(镇)农民人均纯收入高出 66.6%。最发达 100 名乡(镇)每百户拥有固定电话和每百人拥有移动电话数分别为 123.3 部和 49.2 部,比全省乡(镇)平均水平分别多 38.7 部和 14.4 部,比其他乡(镇)平均水平分别多 48.9 部和 18.3 部;最发达 100 名乡(镇)每万人生活用轿车(面包车)拥有量为 283.0 辆,比全省乡(镇)平均水平多 161.3 辆,高出 1 倍多,比其他乡(镇)平均水平高出 2.6 倍。

(三)整体推进协调发展,社会建设水平高

最发达 100 名乡(镇)的教育基础条件优于其他乡(镇)。2005 年,最发达 100 名乡(镇)平均每个中小学校学生数为 819 人,是全部乡(镇)平均数的 1.4 倍,是其他乡(镇)平均数的 1.6 倍。医疗卫生基础设施明显好于全省乡(镇)平均水平。2005 年,最发达 100 名乡(镇)平均每万人拥有的医生数为 19.4 人、拥有的病床数为 23.3 床,分别比全部乡(镇)的平均数高出 6.0 人和 8.5 床,比其他乡(镇)平均数分别高出 7.6 人和 10.8 床。

最发达 100 名乡(镇)的社会保障体系建设也明显快于全省乡(镇)平均水平。2005 年,最发达 100 名乡(镇)养老保险参保率为 22.0%,比全部乡(镇)的平均数高出 9.6 个百分点,比其他乡(镇)的平均数高出 12.3 个百分点。此外,最发达 100 名乡(镇)的平均每个乡(镇)拥有的敬老院、福利院床位数为 105.7 床,是全部乡(镇)平均水平 55.3 床的近 1 倍,是其他乡(镇)平均水平 50.9 床的 1 倍余。此外,平均每个乡(镇)拥有的幼儿园托儿所、图书馆文化站、体育场馆等社会服务机构数,最发达 100 个乡(镇)的平均水平也远高于全部乡(镇)的平均水平。

(四)小城镇建设规模扩大,城镇化水平高

从建制镇的镇区建设来看,2005 年最发达 100 名乡(镇)中 92 个建制镇

（不包括县级政府驻地镇和乡）镇区面积平均为 6.94 平方公里,其中大于 10 平方公里的乡(镇)有 21 个。镇区平均人口为 2.34 万人,其中镇区人口 10 万人以上的乡(镇)有 2 个,5 万～10 万人的有 10 个。2005 年,镇区人口 的集聚率(镇区人口占全镇总人口的比重)平均为 35.9％,明显高于全省建 制镇(不包括县级政府驻地镇)人口集聚率(27.5％)。

第六章 县域经济发展与农村经济结构变革

　　县域是浙江农村改革发展的主战场,是以农民为主体的市场化、工业化和城镇化道路的发源地,也是浙江经济最重要的增长源。发展壮大县域经济,是浙江在改革开放中创造的十分重要的一条经验,也是浙江"三农"发展形势好、"三农"问题得到有效解决的重要因素。浙江的县域经济是在城乡分割的体制下,以农业经济为基础、以农民为主体、以市场为导向,在农村工业化的主导下和农村城镇化的带动下发展壮大起来的。改革开放以来,浙江从乡镇企业异军突起到民营经济、块状经济发展壮大,从供销人员走南闯北到专业市场长盛不衰,从家庭作坊星罗棋布到"园区经济"集聚提升,从村村冒烟到小城镇集聚发展,县域经济规模越来越大、产业越来越强、市场越来越广,其带动作用越来越明显。特别是进入 21 世纪以来,随着城市化浪潮的兴起和统筹城乡发展方略的实施,城乡的开放互通和城乡间要素的加速流动,县域经济的发展空间不断拓展、发展环境不断改善,出现了县域经济空间布局加速优化、与都市经济分工与协作日益加强和发展水平快速提高的趋势。在历年全国经济最发达的 100 个县测评和全国县域经济基本竞争力评定中,浙江省所占的席数一直名列前茅。浙江县域经济实现了从农业经济主导的农村经济型县域经济向工业化主导的城镇经济型的历史性转变。

一、县域所有制结构变革与非公有制经济发展

　　改革开放以来,浙江经济能够快速增长,所有制结构变革是最大的动力,这是与非公所有制经济快速发展相联系的。自 1978 年以来,浙江省非公有制经济从无到有,从小到大,不断发展壮大。在所有制结构变化上,体现为公有制经济比重的不断下降与非公有制经济比重的不断上升,以乡镇

企业为主体的股份合作经济等混合所有制经济和个体私营经济快速增长。据省工商局统计,2005 年,全省共有个体工商户 172.7 万户,从业人员 320 万人,资金数额 602 亿元;私营企业 36 万户,投资者 82 万人,雇工 453 万人,注册资金 5167 亿元。全省个体私营经济实现总产值 11530 亿元,销售总额(或营业收入)9055 亿元,社会消费品零售额 3902 亿元,出口交货值 2070 亿元,民营经济在县域经济增长中的贡献越来越大,在全省经济中的比重越来越高。

回顾改革开放来县域所有制变革和非公有制经济发展,大致可分为以下四个阶段。

一是集体所有制经济和非公有制经济初始发展阶段(1979—1983 年)。各地拨乱反正,贯彻改革、开放、搞活的方针,农村普遍推行家庭联产承包责任制,农村集体经济组织享有土地的所有权,农民享有土地的承包经营权,实现了土地所有权和经营权的分离,极大地调动了广大农民的生产积极性,掀开了农村所有制改革的序幕;同时,家庭承包经营的推行,使大批农民从土地中解放出来,城乡个体经济开始发展,成为社会主义公有制经济的补充。以温州、义乌为代表的浙江一些地方的城乡居民,出于谋生和对致富的渴望,开始兴办家庭工业和小型私营工商业,自发兴办集市贸易活动,开始艰苦的创业。不少私营企业出于尚未解决合法生存的疑虑,或者为了少惹麻烦,主动戴上了集体所有制的"红帽子"。这一时期,非公有制经济绝大部分是个体私营经济,并且主要集中在第三产业的批发、零售、贸易、餐饮业和交通运输业上。全省城乡个体工商户从 1979 年的 8091 户、8690 人发展到 1982 年的 7.9 万户、8.8 万人。1978 年,非公有制经济增加值占全省 GDP 的比重仅为 5.7%。这一时期,浙江农村经济所有制结构以集体经济为主,所有权和经营权合二为一,民营经济处于起步阶段。

二是非公有制经济快速发展阶段,并在国民经济中的比重上升(1984—1992 年)。1983—1985 年中央连续三年下达 1 号文件,放宽政策,扶持个体经济发展,促进农村经济向商品化、专业化发展,乡镇企业、家庭企业蓬勃兴起。党的十三大提出私营经济也是公有制经济必要和有力的补充,并写入宪法修正案,确定了私营经济的法律地位和经济地位。1988 年 6 月,国务院发布了《私营企业暂行条例》,使一批个体工商大户向私营企业发展。1992 年党的十四大提出在所有制结构上以公有制经济为主体,个体经济、私营经济和外资经营为补充、多种经营成分长期共同存在。到 1992 年底,全省个体工商户发展到 100.26 万户、155.83 万人,分别比 1982 年增长 11.63 倍和

16.7 倍；私营企业从无到有，发展到 10907 户、16.94 万人。1990 年，个体私营经济占 GDP 的比重为 15.7％。

三是集体企业产权制度改革和民营经济大发展阶段（1993—1997 年）。在邓小平南方谈话的鼓舞下，个体私营经济出现了蓬勃发展的良好势头，全省各地掀起了集体企业产权制度改革和非公有制经济发展的新高潮，许多原来带"红帽子"的企业也开始摘帽还其本来面貌。同时，浙江省委、省政府大力推动乡镇企业、集体企业产权制度改革，集体企业逐步实现产权多元化和民营化。1997 年，党的十五大又提出要以公有制为主体，多种所有制共同发展，提出非公有制经济是社会主义市场经济的重要保证。到 1997 年底，全省个体工商户发展到 153.2 万户、256.4 万人，分别比 1992 年增长了36.3％和47.3％；私营企业发展到 9.18 万户、135.5 万人，分别比 1992 年增长 6.98 倍和 6.63 倍，成为全国个体私营经济发展较快、影响较大的省份。这一时期，在所有制结构变化上，公有制经济比重下降主要体现为集体经济比重大幅度下降，非公有制经济比重上升主要体现在个体私营经济比重大幅度上升。在 1997 年全省国内生产总值中，集体经济比 1990 年下降了16.4 个百分点，达到 36.7％，非公有制经济比 1990 年上升了 19.8 个百分点，其中个体私营经济比 1990 年上升了 18 个百分点，达到 33.7％。

四是民营经济提高发展阶段，所有制结构向混合所有制方向发展（1998 年至今）。1997 年 9 月召开的党的十五大明确指出："非公有制经济是我国社会主义市场经济的重要组成部分。对个体、私营等非公有制经济要继续鼓励、引导，使之健康发展。"这为非公有制经济的更大发展提供了广阔的政策空间。浙江省委、省政府为认真贯彻"十五大"精神，发出了省委 2号文件《关于大力发展个体私营等非公有制经济的通知》，召开全省个体私营经济工作电视电话会议，全省个体私营经济呈现出大提高、大发展的态势。同时，国有、集体企业改制步伐不断加快，产权多元化的股份公司和股份合作企业得到快速发展，非公有制经济投资与经营范围渗透到国民经济的大部分领域。在全国率先放宽对私营企业投资领域的限制，鼓励和支持个体、私营企业参与国有企业的改制、改组，一大批有条件的私营企业逐步实现经营权和所有权相分离，向着现代企业的方向发展。2004 年《中华人民共和国宪法》修正案再次规定，国家保护非公有制经济的合法权利和利益；次年，国务院颁布了《关于鼓励支持和引导个体私营等非公有制经济发展的若干意见》。浙江省委、省政府根据浙江省民营经济发展实际，出台关于推动民营经济新飞跃的若干意见，提出从浙江实际出发，积极推动民营经济从主要依靠先发性的机制优势,向主要依靠制度科技管理文化的全面创新转变,提高民营经济综合实力和国际竞争力;从主要集中在传统制造业和商贸业,向全面进入高技术高附加值先进制造业、基础产业和新兴服务业转变,提高民营经济产业层次和发展水平;从主要依靠国内资源和国内市场,向充分利用国际国内两种资源、两个市场转变,提高民营经济外向型发展水平;从现有特色产业、小规模经营逐步向更高层次的集群化、规模经营转变,提高民营经济组织化和规模化水平;从比较粗放的经营方式向更加注重集约发展的经营方式转变,提高民营经济整体素质和可持续发展水平。2006年,浙江省民营经济占全省 GDP 的比重为 62.9%,其中个体私营经济占 GDP 的 54.9%。

民营经济作为计划经济向市场经济转变的先导力量和新的经济增长点,与公有制经济优势互补、相互促进、共同发展,对县域经济和社会生活发挥积极的作用,成为浙江快速发展的主要推动力量。经测算,1979—2006 年,按现价计算的浙江民营经济增加值年均增长 19.0%,其中个体私营经济年均增长 28.9%,大大快于 GDP 的年均增长速度,在浙江省经济社会发展中发挥了重要作用:①民营经济成为农民增收、就业的重要渠道。改革开放以来,全省通过发展个体私营经济,安置了 1000 多万劳动力,成为解决富余劳动力就业的一条重要渠道。据统计,浙江省个体私营经济从业人员中,从农村剩余劳动力转移过来的比重高达 80% 以上。2006 年,全省非公有经济从业人员占全部从业人员的 69%。浙江省农民收入连续多年位居全国各省、自治区、直辖市首位,主要在于民营经济的快速发展。②民营经济成为税收的重要来源。2006 年,浙江省税收收入 47.7% 来自民营经济;不少市(县)的个体私营经济税收成为当地财政的主要来源。广大个体私营企业经营者致富不忘国家,热心社会公益事业,仅 1998、1999 两年,全省个体、私营企业经营者就向社会各种福利事业以及扶贫、救灾、教育事业捐款 3.28 亿元。③民营经济成为浙江省外贸直接出口的重要组成部分。2006 年,浙江省民营经济的出口总值占全省出口总值的 44.8%。④民营经济已成为浙江省投资需求的主要推动力。2006 年,浙江省民间投资占限额以上固定资产投资完成额的 53%。⑤促进社会主义市场经济体系的完善。个体私营经济与市场经济有着天然的亲和力,是浙江省市场经营主要的主体力量。个体私营经济与专业市场互为促进,较好地解决了浙江资源不足与产品市场狭小的矛盾,保持了浙江经济的活力和良好的发展势头,有力地促进了浙江省市场体系的形成。2006 年,全省 4347 个商品交易市场的

82万经营户中,有86％以上是个体工商户和私营企业。⑥促进了公有制企业改革和政府转变职能。个体私营经济一方面由于经营机制灵活,给国有、集体企业造成很强的竞争态势,推动了国有企业改革改制;另一方面,个私经济广泛吸纳下岗职工,通过租赁、承包、参股、兼并购买等形式积极参与企业转制,有力地支持了国有企业的改革。同时,发展个体私营经济,暴露了传统体制的弊端和问题,加快了经济体制改革的进程,促进了政府职能的转变。⑦促进了城镇化发展和农村全面小康建设。民营经济促进了区域经济的快速发展。1997年,全省全部摘掉贫困县帽子,成为全国第一个消灭贫困县的省份。2006年,农村全面小康实现度达到68.1％,居于全国各省、自治区、直辖市首位。同时,区域块状经济又促进了农村资源和要素的积聚,推动了小城镇建设,加快了县域市场化、工业化、城镇化的进程。

二、县域特色块状经济发展壮大

　　浙江的乡镇企业和民营经济以中小企业为主体,而这些中小企业同时也是县域块状经济的主体力量。

　　县域经济的主体是中小企业。2004年底,浙江各行业拥有的中小型企业数量30.41万家,资产总量35683.81亿元,从业人员1130.71万人,营业收入27703.85亿元,中小型企业数占全部企业数的99.6％,资产总量占全部企业数的82.6％,营业收入占全部企业数的71.7％。浙江在引导中小企业发展中,从20世纪90年代中期就开始注重产业集聚发展,积极发展乡镇工业园区。目前,全省特色产业集群多数是中小企业聚集区,企业的集聚发展,有力地推动了全省先进制造业基地建设。中小企业发展的结果,一是形成一大批有竞争力、以产权为纽带、紧密型的大企业。到1997年底,全省已有省级乡镇企业集团150多个,省级重点骨干企业1041个,有781家企业跨入国家大中型企业行列。在农业部1995、2001年公布的全国1000家最大规模乡镇企业中,浙江省分别占160家、245家。集团公司、大中型企业占乡镇企业总数的比重虽然不大,但规模优势和龙头效应明显,营业收入、利税等指标占了全省乡镇企业的1/3,实现了由船小好调头向船大抗风浪的转变。二是更多的中小企业是以小城镇和工业园区为载体,大力推进社会化协作和专业化分工,走上集群式发展的块状经济发展道路。

　　块状经济是浙江中小企业的主要聚集形式。所谓"块状经济",是指以集聚化的企业特别是中小企业为主体,立足于特定的地域和资源,面向市场,实行专业规模生产的经济组织形式。"块状经济"是产业集群的一种特殊形式或者说特殊状态。2005年,"块状经济"工业总产值18405亿元,占全部工业总产值30212.4亿元(其中规模以上企业22812.4亿元)的60.9%。也就是说,全省工业经济总量中,高达六成的份额以"块状经济"的形态来显现。2005年,全省工业总产值在1亿元以上的"块状经济"有360个,工业总产值在50亿元以下的有265个,占区块总数的73.6%,其中1亿~10亿元的131个、10亿~50亿元的134个;工业总产值在50亿元以上的有95个,合计占区块总数的26.4%,其中50亿~100亿元的51个、100亿~200亿元的23个、200亿~300亿元的7个、超过300亿元的14个。块状经济典型代表有:温州的服装鞋业、义乌的小商品、绍兴的纺织、台州的水泵阀门、湖州的童装、萧山的化纤、乐清的电工电器、海宁的皮革、永康的五金、大唐的袜业、嵊州的领带、海宁的皮革、嘉善的木业、温岭的泵业、桐乡的羊毛衫等等。这些特色块状经济的产品在市场上具有很高的占有率。据国家统计局2001年的有关统计,全国532种主要工业最终产品的产量,浙江有336种进入前10名,占总数的63%;56种特色产品产量居全国第一,109种居全国第二,154种居第三位。如温州市的打火机占世界总产量的70%,嵊州的领带产量占国内市场的80%、占全球市场的30%,而苍南铝制徽章的国内市场占有率高达45%,并出口至欧美各国,诸暨山下湖镇的淡水珍珠占全国总产量近九成,等等。另据统计,2005年,浙江30个制造业中,销售收入和利润总额均占全国同行10%以上的产业共有17个。可以说,这部分产业是目前浙江在全国最具特色优势的制造业。这些市场占有率高的产品主要来自"块状经济"。以特色产业为支柱的"块状经济"已成为浙江经济的支柱,集中体现富有浙江特色的工业化新路。

"块状经济"是浙江优势产业和区域经济的主要支撑。依托"块状经济"支撑产业和区域发展,是浙江制造业的显著特点。目前,浙江在全国具有特色优势的产业和区域,多数也是"块状经济"发达的产业和区域。"块状经济"与县域经济融合发展,良性互动,较发达的"块状经济"造就了较发达的县域经济。从调查情况看,平均每个县有3个产业集群,这些集群的产业不是全国行业最大就是最强。由于块状经济的发展,出现了县强于市,农村强于城市的局面。历年来国家统计局公布的全国百强县(市)中,浙江所占比重在各省、自治区、直辖市中遥遥领先,这些强县也主要是因为块状经济比较发达。浙江以"块状经济"为重要依托发展特色优势产业的成功实践,反映了当今国际产业发展的一大趋势。正如美国的国际竞争战略权威波特在《国家竞争优势》中强调指出：一个国家在国际上成功的产业，其企业在地理上呈现集中的趋势。产业集聚已经提升成为国家或地区竞争力的重要方式。

浙江的"块状经济"具有独特的动力机制，形成了不易为其他地区所模仿的核心竞争力，形成了"小资本大集聚、小企业大协作、小商品大市场、小产业大规模"的格局。块状经济具有以下特点：

一是以中小企业为主体。以数十万之众集聚于"块状经济"的中小企业单位，虽然多数没有进入大工业生产体系，但是形成了以特色产品为龙头、以专业化分工为纽带、以中低收入消费群为主要市场的地方生产体系，以及为之配套的社会服务体系，构筑起专业化产业区，呈现"无形大工厂"式的区域规模优势。并且，不少中小企业做深专业化，成为"专精特新"的"小型巨人"企业。

二是以小城镇为平台。20世纪90年代以来，浙江把小城镇作为统筹城乡发展、加快县域经济发展的重要节点，大力发展以特色产业为主导的块状经济。以中心镇建设为主要平台，积极引导乡镇企业向小城镇集聚，向工业园区集聚，有效地促进了乡镇企业的结构调整、技术进步、组织创新和规模扩大，培育了一大批区域特色明显的骨干企业、大型市场、品牌产品，形成了"托一个城镇、办一个市场、兴一门产业、富一方群众"的景象和企业发展、市场繁荣、城市建设相得益彰的局面。

三是以专业市场为依托。专业市场与块状经济是一对孪生兄弟。专业市场的出现，在较大程度上解决了特色制造业和中小企业发展，尤其是初始发展所必需的市场信息、原材料供给和产品销售渠道。如今，专业市场已从省内扩展到省外，从有形延伸到无形（即互联网），并与企业销售终端和在外近300万人的浙籍经商大军相结合，形成遍布国内外的产品销售网络，大大拓展了"块状经济"的发展空间，并促进了产业融合和升级。

四是以分工协作为纽带。如在苍南县不足45平方公里的金乡镇标牌产业集群中，小小徽章生产的设计、熔铝、写字、刻膜、晒版、打锤、钻孔、镀黄、点漆、制针、打号码、装配以及包装等十几道工序，全都由独立的企业（加工专业户）来完成，而且每道工序产生的半成品都通过市场来交易，共由800多家企业参与各道工序集合起来才形成了一条完整的生产"流水线"。在年产30亿双袜子的诸暨大唐袜业集群中，在53.8平方公里的土地上分布着袜子生产企业2453家，同时，还有550家原料生产企业、400余家原料经销商、312 家缝头卷边厂、5 家印染厂、112 家定型厂、305 家包装厂、208 家机械配件供应商、635 家袜子营销商和 103 家联托运服务企业,并且建有占地400 亩,共有商铺 1600 多间的大唐轻纺袜业城。

浙江"块状经济"形成的原因,既与浙江人文地理背景有关,也与民营经济发达、中小企业众多紧密相关。"块状经济"迅速崛起并充满发展活力,其深层原因就是扎根于深厚的地域文化特别是商业文化。在这种商业文化的熏陶下,农民具有强烈的市场意识、创业精神和经商素质,善于学习、模仿和聚集,一旦得到政策的允许和政府的引导,就能迅速转化成经济优势。同时,"块状经济"中的中小企业,相当部分采用家庭或家族经营方式,以血缘姻亲、地缘乡谊为维系纽带,以非契约的信任和承诺构成协作精神的基础,以此降低经营风险、交易成本和应对外来竞争。"块状经济"也是赢得市场竞争优势的重要途径。浙江民营经济以中小企业为主体。在市场经济竞争大潮中,单个中小企业生存能力是非常渺小的,往往成为市场竞争的牺牲品。中小企业只有联合起来,集聚在一个地方,才能应对市场风险,形成规模经济和竞争优势。实际上,小企业的集聚可以产生多方面的优势,如基础设施建设与利用的规模经济,能够形成集中供应与配套服务优势、同业竞争带来的学习能力和竞争能力的提高等优势。"块状经济"的分工协作是浙江企业在市场竞争中最强大的优势。

"块状经济"的发展趋势。近年来,浙江的块状经济顺应"全球化下的本地化"的国际产业发展趋势,已经摆脱产业集群的初级形态,向真正意义的产业集群发展的方向更加明确,步伐更加坚实。部分发展水平较高的"块状经济",已经从一般的产业集聚转为具有一定国际竞争力的产业集群,开展全球性的分工协作,壮大龙头企业,培育区域品牌,构建专业化服务平台,强化产业政策引导,健全行业协会、商会等中介机构。从国际经验看,劳动力成本、原材料、区位条件是工业化初级阶段的优势,在现代工业社会里,产业集聚优势已经超越低成本优势,成为吸引外资投向的主导力量;浙江"块状经济"已经产生明显的集聚优势,受到国际资本的青睐。目前,浙江的"块状经济"加快向具有国际竞争力的产业集群发展。依托"块状经济"招商引资,实行本地民营经济与全球生产体系的对接,这是浙江工业化的新路径。另外一个特点就是,浙江"块状经济"的资金技术密集型产业比重上升,劳动力资源密集型产业比重下降。浙江"块状经济"的这一变化,体现了产业升级的一般规律,显示了产业结构调整的积极效应。

三、专业市场的蓬勃发展

专业市场是浙江农民的又一伟大创造。它和乡镇企业一起被称为农村发展的双子星座。浙江专业市场的发展，创造了"20世纪国际经济中最富中国特色的乡土经济发展模型"。2007年，全省共有商品交易市场4096个，商品交易市场成交额9325亿元，市场成交总额、超亿元市场个数、单个市场成交额等多项指标多年来稳居全国首位。

浙江专业市场的发展大致经历了四个发展阶段。

一是1978—1984年的产生发展阶段。随着乡村工业的兴起和农村商贸经济的快速发展，浙江的专业市场应运而生并逐步发展壮大。1984年，浙江省委、省政府明确提出要搞活流通，促进商品生产，发展集市贸易，支持个人贩运活动，促进了专业市场的发展。到1984年，浙江集贸市场达到2241个，年成交额26.9亿元，全省专业市场有63个，其中以温州桥头纽扣市场为最具代表性，掀起了浙江办专业市场的第一个高潮。这一阶段专业市场的基本特点是：绝大部分专业市场分布于农村地区；参与市场的经营主体主要是由农户构成的个体工商户；商品主要是生产工艺简单的小商品和日用品，不属于国家指令性计划的生产范围。

二是1985—1995年的成长阶段。这一时期专业市场的发展与农村工业化进程中乡镇企业快速成长密切相关。1992年党的十四大确立建立社会主义市场经济体制的目标，浙江掀起了新一轮建设专业市场的热潮。主要特点是：专业市场的数量和规模都在快速增长；参与专业市场的微观主体明显多元化，市场主体的结构从以个体工商户为主逐步过渡到以企业为主；市场交易的商品结构明显变化，从较为初级的工业品向加工度较高的工业品转换；在农村专业市场快速发展的同时，城市地区的专业市场也在迅速崛起；浙江专业市场的交易范围也逐步扩展到全国，地方政府的参与度也明显加强，浙江专业市场发展进入燎原期。到1992年底，全省共建专业市场超过2500个，义乌小商品市场连续多年雄踞榜首，绍兴轻纺市场、路桥日用小商品城后来居上。1996年前后，浙江包揽全国十大市场的前三名。另外，第一部专业市场管理条例诞生在浙江。

三是1996—2002年的成熟与转型阶段。随着浙江经济社会发展进入工业化中期，专业市场发展面临的环境发生重大变化。这一时期专业市场的基本特点是:专业市场的发展势头明显减缓,新增加的数量明显减少,市场成交额增长速度放缓;专业市场开始出现分化,城市地区的专业市场好于农村地区,市场交易额的集中度不断提高;专业市场的交易方式、组织形式和市场功能逐步开始转型。

四是从 2002 年至今的国际化阶段。2001 年,中国加入世界贸易组织,给中国国际贸易带来了新的机遇。浙江的众多市场纷纷在省外、国外开办分市场,并大力开展对外贸易,省专业市场的国际竞争力有了显著提升。2005 年,开展外贸业务的市场达 47 个,开展外贸业务的经营户达 37891 户,商品交易市场外贸出口总额达到 251 亿元。同时,浙江在国内省外开办的市场达 69 家,在国外开办和筹建市场 10 多家,国际化已经成为浙江专业市场发展的新趋势,从事边境贸易的浙商已超过 10 万人。

经过多年的快速发展,浙江专业市场的发展取得了惊人的成就,涌现了一大批知名专业市场。它们创造了众多的全国第一,如最大的纽扣市场、最大的小五金市场、最大的鞋类市场、最大的香菇市场、最大的珍珠市场、最大的牛皮市场、最大的胶合板市场、最大的低压电器市场等等,成为名副其实的市场大省和市场强省。2007 年,浙江省商品交易市场成交额创历史新高,年成交额超亿元市场 574 个,超十亿元市场 133 个,超百亿元市场 15 个。义乌中国小商品城成交额达到 348 亿元,汇集了世界 150 多个国家的近 32 万种商品,成交额连续 17 年居全国工业品市场之首。绍兴中国轻纺城年成交额达到 332 亿元,面料出口中东、欧美、巴基斯坦、印度以及非洲等 90 多个国家和地区。海宁中国家纺城各种纺织装饰面料和成品远销美国、英国、俄罗斯、日本、意大利和中东等 30 多个国家和地区。专业市场正在从传统经营业态向国际化、最先进的经营业态模式发展,从网下交易向网上交易转变。像义乌中国小商品城发布了"义乌·中国小商品指数",绍兴柯桥中国轻纺城发布了"中国·柯桥纺织指数",宁波余姚中国塑料城发布了"中国塑料价格指数",这些都表明专业市场正在随着社会的发展而不断完善。

专业市场发展对县域经济的发展产生了多方面的积极效应:①为乡镇企业产品销售创造了良好平台,促进和带动了乡镇企业的发展。在浙江,数以千亿计的乡镇企业产品,是通过专业市场渠道销售的;②专业市场也开辟了大量就业岗位,加快了农民转移就业。全省至少有 300 万以上的农村人口在市场的各个环节寻找到自己的机会;③加快了城市化进程,龙港、义乌无不是以商兴城的范例;④与"块状经济"互促共进,促进了区域特色产业的持续发展,带动了现代物流业、科技服务业、信息服务业、现代会展业、金融服务业、涉农服务业等生产性服务业的发展,也促进服务业在农村经济和国民经济中的比重不断上升,不仅创造了大量的就业岗位,还成为农民增收的重要渠道。2007 年,全省服务业在 GDP 中的比重达到 40.4％。从义乌的情况看,专业市场的持续繁荣,带动了会展、物流、金融等现代服务业的快速发展,目前,全市已注册登记的服务业经营单位有 9 万多家,从业人员 50 多万。经国务院批准,由商务部和浙江省政府主办的中国义乌国际小商品博览会每年一届,设国际标准展位 4000 个,已成为继广交会、华交会之后的全国第三大贸易类展会。

目前从总体上看,浙江专业市场已经在其发展道路上走过了量的扩张期,步入了质的提高期。但是迄今为止,前期专业市场量的扩张所形成的惯性仍在不同层面、不同程度上对浙江专业市场的发展带来影响或冲击,市场在近期发展过程中仍在一定程度上带有粗放扩张的痕迹。特别是由于市场之间、地区之间发展不平衡状况的明显存在,粗放扩张现象在浙江一些市场、一些地区还表现得比较突出。此外,省外同类市场快速崛起,规模生产企业自建营销网络,国内外大型连锁超市扩张,电子商务迅猛发展也对专业市场发展构成潜在而巨大的挑战,迫使市场采取积极的应对措施。从总体上看,专业市场发展呈现十大趋势:一是传统集市贸易开始与现代企业制度对接,一批以市场为依托的股份制企业破土而出;办市场从单纯的政府行为向以经济规律为导向的企业行为转变。二是培育市场的思路不再一味靠税费优惠,而是从更广阔的空间着力改善市场发展的综合环境。三是商品交易手段从现货即期交易向契约化交易或远期合约交易延伸。有形市场与无形市场结合、现货交易与电子商务对接的经营模式正在浙江省逐步建立。据浙江省工商局最新统计,截至 2007 年底,浙江省共有 163 个市场建立网站,其中上规模的网上交易市场已有 6 家,通过网络开展交易的经营户达 36859 户,网上交易额达 796.2 亿元。把市场搬到网上去,实现从“有形”到“无形”的转变,已经成为浙江专业市场的共同选择。四是市场经营主体趋向多元化,国有、集体企业和外资纷纷进入市场经营。五是商业资本与产业资本持续交融和联动,带动与专业市场相配套的个体私营经济和股份合作工业的发展。六是布局合理、分工协作的市场群体逐步取代划地为牢、各据一方的诸侯经济,专业市场处于加速整合之中。七是专业市场逐步突破区域局限,辐射全国甚至走向世界。八是市场内假冒伪劣泛滥的状况已经大为改观,优胜劣汰的市场经营秩序逐步建立。九是专业市场从农村逐渐向大中城市渗透。十是集贸型专业市场日益推动各种要素市场的加速形成。

案例 1：中国第一个专业市场——永嘉县的桥头纽扣市场。20 世纪 70 年代末 80 年代初，桥头已以手工业发达闻名，"桥头生意郎，挑担走四方"描写了当时桥头的景象。党的十一届三中全会后，桥头人开始寻求新的发展道路，一个极具戏剧性的机会，桥头人卖起了纽扣，办起了纽扣交易市场，并逐步带动了纽扣制造业的发展。随后，拉链也依托着纽扣市场的崛起从无到有，从小到大，从粗到精，逐步形成一个庞大的拉链交易基地。到了 80 年代后期，纽扣和拉链的生产又带动了相关产业的发展，形成了极具温州特色的集群经济，有效地实现了社会化分工协作和资源的有效配置，到 1994 年，桥头市场摊位一度发展到 4000 多个，拥有各类纽扣品种达 2.8 万多个，纽扣销售占国内销售总量的 80％，市场年交易额超过 5 亿元。90 年代后期，随着义乌市场的兴起的冲击，现代营销方式的变化，桥头人开始走出家乡，成为众多国外知名品牌的代理商，把办市场的理念输送到全国各地，形成了一个没有围墙、没有边界、永不落幕的市场。2002 年，全镇全年纽扣总产值达 16 亿元，95％以上的产品出自当地；产销量占全国的 80％和世界的 60％。桥头被誉为"中国纽扣之都"和"中国拉链之乡"，《半月谈》杂志甚至还称它为"东方的布鲁塞尔"。

案例 2：义乌小商品城。早在 1978 年，在义乌东部的廿三里乡、福田乡等地已经出现了自发的乡间集市，活跃着一支相当规模的"鸡毛换糖"大军。但在那个时候，"鸡毛换糖"、搞自由商业经营是不允许的，被视为投机倒把和走资本主义道路。1979 年 10 月，义乌县委解放思想大胆决策，允许农民发展小商品流通，向经商农民发放了具有历史意义的《小百货敲糖换取鸡毛什肥临时许可证》，这个拗口的临时许可证，第一次承认了商品经济和小百货集市的合法性，成为中国小商品市场落地时的第一声啼鸣。1982 年 4 月，谢高华调任义乌县委书记，倡议开放义乌小商品市场，并提出"四个允许"，即"允许农民进城，允许农民经商，允许长途贩运，允许竞争（无论国营、集体和个体）"，义乌小商品市场逐步走上健康发展的道路。多年来，义乌小商品市场五易其址、九次扩建，实现了从最初的"马路市场"、"棚架市场"向大型现代化室内交易商场的跨越。义乌在资源匮乏，国有工业基础十分薄弱的情况下，坚持市场取向，紧紧依托市场发展小商品加工业，不以物小而不为，做大做足做好小商品制造业文章，大力实施"以商促工、贸工联动"战略，把小商品做成了大产业，小企业聚成了大集群。2005 年，联合国、世界银行、摩根士丹利联合发布的《震惊全球的中国数字》指出，义乌市场是世界上最大的商品批发市场。2006 年 10 月开始，由国家商务部主持编制的"义乌·中国小商品指数"定期向全球发布,成为全球小商品生产贸易价格变动的"风向标"和"晴雨表"。义乌的快速发展是浙江专业市场发展的一个生动缩影。

四、农民收入持续增长与来源结构变迁

改革开放以来,浙江农民发挥聪明才智,积极创业创新,收入快速增长。农村人均纯收入由 1978 年的 165 元提高到 2007 年的 8265 元,连续 23 年居全国各省、自治区、直辖市之首。80％以上的欠发达乡镇农村居民人均纯收入超过全国平均水平。

第一阶段,1978—1984 年农民收入快速增长。农村家庭联产承包责任制极大地解放了农村生产力,调动了农民生产的积极性,促进了农业和农村经济的快速发展,使农民收入无论是名义收入还是实际收入均呈快速增长态势。此外,乡镇企业的发展对这一时期农民收入的快速增长也做出了重要贡献。这一时期农民收入年均增长 15.8％。

第二阶段,1985—1989 年农民收入徘徊式增长。"七五"时期,由于外部环境条件的变化,农村经济出现了阶段性波动,收入水平增速明显放慢。这一时期农民收入年均增长 7.3％。

第三阶段,1990—1993 年农民收入逐步回升。这一时期农民收入年均增长 7.65％。

第四阶段,1994—1999 年农民收入缓慢增长。这一时期农民收入年均增长 4.93％。

第五阶段,2000—2004 年农民收入快速增长,其中 2002 年达到 8.4％,是 1994 年以来最快的一年。这一时期农民收入年均增长 8.62％。

第六阶段,2005 年以来农民收入稳定增长阶段。2006 年农民收入增长速度达到 12.2％,是自 1988 年以来 17 年中最快的一年。这一时期农民收入年均增长 7.97％。

从改革开放以来农民收入的增长情况看,具有以下特点:

一是家庭经营收入比重逐步下降。20 世纪 90 年代以前,家庭经营收入在农民收入中占据绝对的主导地位,1990 年家庭经营纯收入占全部纯收入的比重为 65.1％。1990—2001 年的 12 年间,家庭经营收入占纯收入比重由 65.1％下降到 43.6％,呈逐年走低的态势;而劳务收入占全部收入比重由 29.5％上升到 48.6％。劳务收入已成为浙江农民收入的重要来源和推动增

收的主要动力。

二是非农产业是收入增长的主要来源。改革开放初期,农村居民收入来自于单一的农业经营,随着农村经济的多元化发展,农业收入逐渐退出主体地位,1990年农业收入比重已经下降到44.9%;到2003年,农民收入来自第一产业的比重已经下降到18.4%,首次下降到两成以下。2007年,以个体私营经济为特色的浙江农村经济继续显示活力,全年农村居民来自非农产业的收入(包括工资性收入和家庭经营二、三产业收入)人均5964元,全年农村居民纯收入的72.2%来自于非农产业。在非农产业收入中,与往年不同的是,来自家庭经营的二、三产业收入增长速度明显回升,2007年的增长速度为13.2%,比上年回升4.3个百分点,其中来自建筑业、批发零售贸易餐饮业和文教卫生业的收入增长速度均超过了15%。因此,浙江农村居民已全面进入非农收入时代,2006年全省34.0%的农户仅有非农收入而没有农业收入。从我们的调查数据看,2007年浙江农村居民的财产性纯收入保持了快速增长的势头。

三是现代农业收入成为增收的新增长点。20世纪末以来,浙江省委、省政府根据卖难买难问题,积极发展效益农业。2004年根据农业不能持续增收问题和农业环境问题,提出大力发展高效生态农业,努力稳定农业收入。"九五"时期以前农业收入稳步增长,最高的1996年收入为1248.15元,比重为36.0%。在"八五"末期和"九五"初期,农产品出现"卖难"现象,"丰收悖论"现象产生,农民从农业中得到的收入呈逐年下降的态势。2007年农村居民来自家庭经营第一产业的现金收入人均1551元,增幅为12.6%,第一产业收入对全部现金收入增长的贡献率达18.7%,对农户收入的增长起到了非常重要的作用。调查数据显示,2007年纯农业户和农业兼业户人均纯收入比上年增长37.6%和13.7%,分别比平均水平快24.9个百分点和1.0个百分点。从2007年增收的主要原因看,农产品价格上涨为农业经营户带来了丰厚的收益,特别是具有一定经营规模的农业户,收入水平大幅提高。

四是财产性收入增长速度加快。改革开放以来农民非经营性收入总体呈上升趋势。由于浙江农村个体私营经济较为发达,吸引了大批外地打工者,加上城市房价和租金上涨较快,使得在农村租住房屋的打工者日益增多。2007年有72.2%的农村住户有房屋出租收入,这些农户全年平均租金收入为543元。到2007年底,全省已经完成795个村的集体资产产权制度改革,累计量化村集体资产近190亿元,享受股权的社员达102万人,百万农民成为"股东"。在全省已实施股改的农村中,股份经济合作社全年分红

5.6亿元,社员人均增收909元。此外,在非经营性收入中增长较快的还有利息收入、离退休金、养老金收入和亲友支付赡养费收入。购买基金(股票)、土地升值和股份合作这3条渠道,为东部先富农民叩开了财产性收入的"三重门"。从2002年到2006年的情况看,非经营性收入平均增长率达到9.0%,高于工资性收入的增长率(8.4%)和家庭经营收入的增长率(8.8%)。2007年农村居民非经营性收入人均750元,比上年增长13.9%,占纯收入增加额的9.8%。其中租金收入人均111元,增长20.8%,这些租金主要是房屋出租收入。但总体来说,农民财产性收入不到10%,远低于城市居民财产性收入比重。

五是城乡居民收入差距呈现缩小的趋势。虽然浙江省城乡居民收入差距仍然在扩大但有缓和的趋势。1997—2003年,收入比年均变化值为0.072,2004—2007年年均变化值为0.016,增幅明显缩小。其中,2004年和2007年收入之比的增幅分别为-0.04和0。2004年浙江农民人均纯收入达到6096元,比上年增长12.2%,而同期浙江城镇居民的收入增长幅度是10.4%。这是浙江农民人均收入增幅7年来首次超过城镇居民。2006年全省已有舟山、嘉兴、宁波、台州、绍兴、温州等7个市的农民人均收入增幅超过了城镇居民人均收入增幅,城乡居民收入比呈现下降趋势,其中舟山市2005年农民人均收入增幅连续第3年超过城镇居民收入增幅,嘉兴市城乡居民收入比已缩小到1.99:1。据统计,2006年浙江省农村人均纯收入在3000元以下的家庭比重由2001年的31.3%降至12.9%,农村人均纯收入在1万元以上的家庭比重由5.2%升至23.6%。2007年,浙江省人均纯收入3000元以下的低收入家庭比重由上年的12.9%下降到11.5%,人均纯收入3000~6000元的次低收入家庭比重由30.9%下降到25.7%,而人均纯收入9000~12000元的次高收入家庭比重由14.9%上升到17.5%,人均纯收入12000元以上的高收入家庭比重由15.2%上升到20.0%。

农民收入水平的持续增长,促进了消费水平和生活质量的不断提高,从2006年的情况看,全省农村居民人均生活消费支出5762元,农村居民的恩格尔系数37.2%,农民生活总体上进入了富裕阶段,商品性、时尚性消费特征明显,生活质量要求不断提高,主要表现在以下几个方面:一是食物消费加速升级。农村居民食物消费量增加,膳食结构趋于优化,食物商品性比重上升。2006年,农民在外用餐支出占到食物消费支出的13.8%。二是衣着消费更加讲究。农村居民人均衣着消费显著增加,衣着消费已基本实现了成衣化、商品化。三是居住条件显著改善。农民住房建设和进城购房消费明显增长,居住消费支出成为农民各项生活消费支出中增长最快的一项。住房质量和条件显著改善,钢筋混泥土和砖木结构住房基本普及,使用水冲式厕所、自来水、液化气的分别有 64％、75％和近 60％。2006 年末农村居民人均住房面积 55.6 平方米。四是家庭生活更加优越。家庭耐用消费品不断更新换代,拥有量不断增进。2006 年,农村居民每百户拥有洗衣机 55 台、电冰箱 68 台、彩电 137 台、空调机 43 台。五是交通通讯成为新的消费热点。交通和通讯的消费支出成为农村居民各项生活消费的新热点,汽车、摩托车、移动电话、电脑、互联网走入寻常百姓之家。六是文教娱乐成为新的生活方式。文化娱乐成为衡量生活质量的重要标志,"农家乐"休闲旅游成为新的消费需求。

改革开放以来,浙江农民收入之所以能够快速增长,原因在于中央和浙江省委、省政府的正确领导,在于党的好方针、好政策,在于工业化、城市化的快速推进,在于广大农民的创造、创新。其中,最重要的是,我们按照统筹城乡发展的要求,按照城乡统筹工农联动的发展思路,一手抓工业化、城市化和市场化的推进,一手抓统筹城乡发展,充分发挥"三化"对"三农"的带动作用,大力发展"老百姓经济",大力发展效益农业和高效生态农业,以小城镇为依托发展乡镇企业、专业市场,提高农民创新创业能力,促进农民分工分业分化,抓好统筹区域发展问题,促进欠发达地区的农民增收。大力推进城市化,通过减少农民来富裕农民,仅从 2000 年到 2002 年底,全省有 230 多万农业人口转化为非农人口,平均每天有 2100 名农民成了市民。据测算,浙江城市化水平每提高一个百分点,就有 45 万农民转为市民。城市化的推进同时还加快了浙江省第三产业的发展。2001 年,浙江省第三产业增长速度首次超过第二产业,从业人员达到 906 万人,会展、信息、流通等现代服务业成为农民就业的新领域。

五、县域经济管理体制改革

为优化县域经济发展环境,20 世纪 90 年代以来,浙江省实施"强县战略",先后于 1992 年、1997 年、2002 年、2006 年四次出台政策,开展扩大经济强县财政、经济管理和社会事务管理的三步改革。2002 年按照"能放都放"的原则,扩大了 17 个经济强县的管理权限,把 313 项属于地级市经济管理的权限放到了县级政府,增强了县级政府服务县域经济发展的能力,并通过审批制度改革和设立集中办事大厅等,优化企业发展环境,方便企业创业和办事。2006年11月,浙江省委、省政府又确定将义乌市作为进一步扩大县级政府经济社会管理权限的改革试点,扩大义乌市政府的经济社会管理权限,调整和完善有关管理体制和机构设置。强县扩权政策的实施,激发了县级发展活力,增强了县域经济实力,推动了浙江县域经济的持续快速发展。目前县域经济GDP已经占到浙江省的70%。

强县扩权是县域经济发展的必然要求。我国的市领导县体制是从计划经济出发的一种制度安排。"市管县",是以中心地级市对其周围县实施领导的体制,它以经济发达的城市为核心,依据行政权力关系,带动周围农村地区共同发展,形成城乡一体的区域整体。20世纪80年代,我国各地实行市管县体制,对于打破城乡分割,发展城乡经济方面起到了一定的积极作用。浙江省是在全国最早实行"市管县"体制的省份之一。然而,从20世纪80年代末开始,"市管县"的实质开始悄悄地发生变化,表现在经济上,地级市和下属县之间的经济发展不再是"市带县"的关系,而呈现出一定的竞争关系,"市刮县"、"市卡县"的情况屡有发生,尤其对于浙江一个民营经济发达的地区,制约作用更大,对县域经济发展带来负面影响。随着市场经济的进一步发展,"市管县"体制反而成了阻碍城乡经济快速发展的障碍。

90年代初期,浙江省开始推进市、县体制改革。其实,浙江的行政体制一开始就包含省管县的内容:财政上,浙江省在1983年的改革中原本就保留了早先"市县分灶吃饭、各自对省负责"的财政制度,地级市对县没有财政管辖权;外贸和进出口方面,县和市也是各自独立的;人事管理权上,虽没有变化,但原本就处于部分"省管县"的状态;社会事务上,因为市管不到县的财政,也就管不到县的各项社会事务,市对县的这方面管理基本都属于指导性的,没有约束力。在1992年,为"在经济上和上海接轨",浙江对13个经济发展较快的县(市)进行扩权,扩大基本建设、技术改造和外商投资项目的审批权等4项(浙政发〔1992〕169号)。这些改革对于促进县域经济发展发挥了积极作用。

2002年8月,浙江省委、省政府又进行了一次大规模的扩权改革,313项本该属于地级市经济管理的权限"空降"至20个县级政区头上:绍兴、温岭、慈溪、诸暨、余姚等17个县(市)和杭州、宁波的三个区。这次扩权的内容涵盖了计划、经贸、外经贸、国土资源、交通、建设等12大类扩权事项,几乎囊括了省、市两级政府经济管理权限的所有方面,在经济上完全实现了"省管县"。这次改革体现了一个总体原则就是"能放都放",即除国家法律、法规有明文规定须经市审批或由市管理的之外,由扩权县(市)自行审批、管理;须经市审核、报省审批的,由扩权县直接报省审批,报市备案。浙江省委、省政府还特别提出:对国务院有关部委办文件规定的,须经市审核、审批的事项,原则上也要放。宁波和杭州索性让未进入扩权县名单的其他县(区)全部享受"扩权县"的待遇。嘉兴市对未享受扩权县政策的海盐全面放权。就连浙江经济欠发达的衢州、丽水也参照省里的扩权政策,宣布给部分县(区)放权。与此同时,浙江省委、省政府规定,民营资本将可以进入绝大部分领域;社会性投资项目将以"登记制"代替沿用多年的"审批制","24小时完成登记,零收费"等,为县域经济发展创造了宽松的空间。此前,浙江省一直实行"省管县"的财政体制,县财政直接归省财政管辖。同时,县里主要领导均由省里直接任命。在财权和人事权方面实际上接近于"省管县"行政体制。"强县扩权"使经济强县也直接掌握了经济大权,为强县的进一步快速发展创造了条件。

2006年11月,浙江省委、省政府以义乌市作为试点县,再次启动了第四轮强县扩权,决定除了规划管理、重要资源配置、重大社会事务管理等经济社会管理事项外,赋予义乌市与设区市同等的经济社会管理权限,法律法规规定由设区市政府及其主管部门批准和管理的事项,无禁止委托条款的,由金华市政府及其主管部门委托义乌市行使批准和管理权;少量规定由省级政府及其主管部门批准和管理的事项,也可采取由省政府主管部门委托或延伸机构的方式下放权限。调整和完善有关管理体制和机构设置。除了海关、出入境检验检疫、外汇管理等职能"提升"外,义乌市还获得了调整优化政府机构设置和人员编制、对现有机构及其职能进行整合的"特权",义乌市的党政一把手也可采取适当方式予以"高配"等。这次扩权将为义乌打造浙中中心城市、发挥其辐射带动作用、实现经济社会发展的新跨越创造了极为有利的条件。

强县扩权带来了多方面的积极作用。

一是促进了经济强县(市)的快速发展和综合实力的迅速提高。强县扩权政策的实施,有效改善了经济强县(市)发展的环境,增强了加快发展的信心和决心,调动了发展积极性,促进了县域经济的发展。2005年,上一轮扩权的17个经济强县(市)和萧山、余杭和鄞州3个区实现生产总值5276.3亿元,是2001年的1.8倍,占全省生产总值的39.48%;人均国内生产总值33428元,比全省平均高21.3%;全社会固定资产投资2454.6亿元,是2001年的4.76倍,占全省的36.9%;进出口总额377亿美元,占全省的

35.1%;实际利用外资 32.94 亿美元,占全省的 42.67%;财政总收入 618.8 亿元,是 2001 年的 2.6 倍,占全省的 29.26%,其中地方财政收入 301.6 亿元,是 2001 年的 2.25 倍,占全省的 28.28%。

二是促进了经济强县(市)统筹城乡和经济社会发展能力的提高。积极实施强县扩权政策,促进了经济强县(市)要素集聚和合理配置,加快了块状特色经济发展,推动了地方工业化进程。到 2004 年,全省共有年产值亿元以上的工业区块 601 个,块状经济工业产值占全省工业总产值的 64%,块状经济平均规模 26.3 亿元,企业总数 30.84 万家,从业人员约 800.4 万。块状经济的快速发展,有效实现了农业剩余劳动力就近转移就业,提高了农民的收入,浙江省农民人均纯收入连续 21 年排名各省、自治区、直辖市榜首。2005 年,17 个经济强县(市)和萧山、余杭和鄞州 3 个区农村居民人均纯收入,全部超过全省平均水平。17 个扩权县(市)农民人均收入达到 7930 元,高出全省平均水平 1270 元。增加了县级财政实力,促进了各项社会事业发展,改善了城乡面貌,扩大了城乡的最低生活保障制度覆盖面。如绍兴县 5 年来累计完成城市和基础设施建设总投资近 240 亿元,城市化水平从 29%提高到 54%;财政用于社会事业发展的支出 5 年累计达 39.5 亿元,年均增长 26.1%,基本实现了村村通公交、互联网、放心店、广播和城乡居民洁净饮用水的全覆盖。

三是促进了经济强县(市)对周边县(市)发展的带动作用。强县扩权政策的实施,优化了外部环境,进一步增强了块状特色经济和专业市场对区域经济发展的整体带动力。义乌中国小商品城、绍兴柯桥轻纺城等不仅成为区域经济发展新的增长点,而且成为带动周边县域产业结构调整和产品生产基地发展的"助推器",促进了区域产业分工协作,加快了周边县(市)的产业发展乃至全省工业化和现代化的进程。如义乌市充分发挥小商品市场的强大辐射功能,大力支持周边地区的企业在国际商贸城设立销售窗口,促进了各地相关产业的发展提升,一些县(市)逐渐形成具有鲜明特色的产业化格局,成为义乌市场强大的后方生产基地,"义乌商圈"雏形初具。据统计,截至 2018 年 1 月,在周边地区中,已有近 1 万户经营户在义乌市场经商,占义乌市场经营户总数的 20%左右,有 6 万多家中小企业与义乌市场建立了密切的业务联系。从 2000—2004 年,义乌已向金东、婺城、兰溪、东阳、浦江、武义和衢州等地输出合作项目近 100 个,累计输出资金总额近 20 亿元。浦江水晶、磐安仿古相框、兰溪毛巾、永康五金产品等区域特色产品,都通过义乌市场源源不断地销往国内外市场。再如绍兴县中国轻纺城的不断提升发展,不仅推动了地方经济的发展,还发挥了强大的辐射作用,有力带动了周边地区乃至全省轻纺相关产品或产业的迅速发展,催生了一批与之相关的专业市场,形成前后衔接相互配套的产业链条。

四是促进了经济强县(市)行政管理体制改革和行政效率的提高。强县扩权政策的实施,在一定范围内减少了行政管理的层次,简化了各种审批程序,减少了审批环节,提高了县级政府行政管理的效率,使县级政府能因地制宜履行职能,其决策和管理更贴近基层实际,更加直接、近距离地为市场主体和社会公众提供有效的服务,发展环境得到了明显改善。据绍兴县统计,扩权后,用地 5 公顷以上项目取消了市级国土部门的审批环节,一个项目的审批平均可减少 25 个工作日。扩权对县(市)自身审批制度改革起了示范和推动作用。一些县(市)顺势而为,进一步深化审批制度改革,把包括新扩权事项在内的所有审批、审核事项全部纳入办事服务中心,实行"一窗受理、一站审批、承诺办结"。县(市)各部门以扩权为契机,进一步转变工作作风,增强服务意识,主动为基层服务,为企业服务,为发展服务。扩权也强化了县(市)的责任意识。以前由于许多事项的审批、审核权限都在省、市两级,县(市)有关部门认为上级部门会把关,责任意识不够强,导致许多报批事项踏勘不细,把关不严。扩权以后,县(市)有关部门成为最后的审批、审核单位,审批责任意识大大增强,审批工作更加认真细致,依法行政能力得到了提高。

在强县放权的同时,浙江省也加大对欠发达县的扶持力度,激发欠发达县发展经济的积极性,如实行对欠发达县的"两保两挂"政策等。纵观我国财政体制的变迁,可以说"省管县"是自中华人民共和国成立后就一直实行的财政管理模式。1994 年我国实行分税制财政体制后,各地按照"一级政府、一级财政"的原则,确定了省管市、市管县的财政模式,而浙江独把"省管县"延续了下来。针对贫困地区的"两保两挂"政策,在确保中央"两税"完成和县财政收支平衡的前提下,实行省补助、奖励与地方收入挂钩的办法,地方收入增长越多,省财政的补助奖励也就越多。

1995 年,"两保两挂"政策开始实施,当年对这 17 个县的补助额度是5095 万元。由于补助和财政的增收挂钩,增得越多补得越多,大大调动了这些县自我创收的积极性,17 个县居然当年全部收支平衡。到 1997 年,浙江省对 17 个县的转移支付补助比 1994 年增加了近 1.4 亿元,17 个县的财政收入增长达 4.52 亿元。到 2001 年底,原先的贫困县已有 14 个进入了财政"亿元县"行列。

六、百强县群星璀璨

百强县评比是国家统计局发布的关于全国县域经济实力的权威报告。百强县测评指标体系由发展水平、发展活力、发展潜力三个方面构建：发展水平主要反映县（市、区）的发展程度，主要包括经济规模、产业结构、经济发展水平和社会发展水平四个方面的内容；发展活力主要反映县（市、区）的发展能力，主要包括经济发展速度、贸易、外资和投资等方面的内容；发展潜力主要反映县（市、区）的发展后劲，主要包括资金、生产效率、基础设施、自然环境、文化教育等方面的内容。2005 年，浙江在全国百强县中占据 30 个席位，百强县数量与 2004、2003 年持平，自 2000 年开始测评以来的 6 年均居全国第一，百强县数量多于山东、江苏、广东、河北、福建等东部发达省份，其中浙江萧山区和绍兴县跻身百强县的前十强。

在全国百强县中，浙江之所以能够三分天下有其一，主要得益于浙江省委、省政府对发展县域经济的高度重视。多年来，浙江坚持以县城和中心镇为依托，以特色支柱产业为支撑，以乡镇工业为主体，充分发挥区域比较优势，做大做强特色块状经济，形成以工业化支撑城镇化、城镇化提升工业化的发展格局。产业集聚、人口集聚和城镇化进程加快，是县域经济发展的强有力保证。2005 年浙江百强县发展主要有以下特点：

（一）经济发展速度快

从经济实力看，2005 年浙江 30 个百强县的人均生产总值达到 3.2 万元，人均财政总收入 3632 元，分别是非百强县的 2.5 倍和 2.9 倍；农村居民人均纯收入为 7747 元，比 2004 年提高 623 元，比非百强县的 4493 元高出 3254 元。与上年相比，30 个百强县的生产总值增长了 18.6%（未扣除物价因素，下同），财政总收入增长了 39.8%，均大大高于非百强县的增长幅度。30 个百强县平均规模以上工业企业 801 家，比上年增加 164 家，是非百强县的 4.7 倍；县均规模以上工业企业总产值 419 亿元，是非百强县的 6.4 倍。

（二）对经济增长贡献多

2005 年末，30 个百强县的行政区域面积占全省 60 个县单位的 42.8%；实现生产总值 6615 亿元，占 60 个县生产总值的 79.6%；实现财政总收入为

改革开放与浙江经验研究系列

760 亿元,占 60 个县的 82.0%;出口总额达到 343 亿美元,占全部县的 90.2%;城乡居民储蓄存款余额 3764 亿元,占全部县的 79.9%。

(三)工业化程度高,出口总额大

从工业化程度看,2005 年浙江 30 个百强县非农产业增加值比重达到 92.6%,比非百强县高 5.6 个百分点。乡村从业人员中非农从业人员的比重为 72%,比非百强县高 17.1 个百分点。县均出口总额达到 114437 万美元,是非百强县的 9.2 倍。

(四)投资规模大,利用外资多

从投资规模和利用外资看,2005 年,浙江 30 个全国百强县平均城镇固定资产投资完成额 65.34 亿元,县均贷款余额 176.5 亿元,分别是非百强县的 3.1 倍和 4.8 倍;当年合同利用外资平均 2.7 亿美元,实际利用外资 1.3 亿美元,分别是非百强县的 8.4 倍和 10.0 倍。

第七章　农业劳动力转移与农民分工分业

农业剩余劳动力向二、三产业转移，农村人口向城镇迁移，农民群体实现分工分业分化，这是发展中国家和地区走向现代化的必然要求，也是传统农业向现代农业转变的必要社会条件。浙江在农村改革发展中，依靠全民创业全民创新的机制，依靠农民主体的市场化、工业化、城镇化道路，实现了农村劳动力向二、三产业和城镇的快速转移，这是浙江农民收入持续增长、整个社会经济发展快的一个重要因素。全面系统地总结浙江农业劳动力转移的趋势、动力和路径，进一步探索加快农业劳动力转移和农民分工分业的新举措，对于统筹城乡发展和全面建设小康社会具有十分重要的现实意义。

一、农业劳动力转移的阶段性特点

中华人民共和国成立后，特别是改革开放以后，随着经济和社会的巨大发展和进步，浙江省农业劳动力持续稳定地向二、三产业转移，尤其是近年来流转的速度明显加快。全省农村第一产业劳动力从 1978 年的 1300.9 万人下降到 2007 年的 688.04 万人，考虑劳动力新增因素，30 年来共转移农业劳动力 1465.87 万人。从农业劳动力转移的历程来看，大致可以分为以下五个历史阶段：

（一）农业劳动力迟缓转移阶段（1949—1978 年）

中华人民共和国成立以来，浙江省人口数量高速增长，全省人口从 1949 年的 2083.07 万人增加到 1978 年的 3750.96 万人，增加 1667.89 万人；农村人口也从 1837.08 万人增加到 3223.96 万人，增加 1386.88 万人。但是，由于我国实行了城乡二元的发展战略，以牺牲农村、农民、农业利益为代价推进工业化，不仅在农业上积聚了大量的廉价劳动力，还从农业上抽取了大量资金支援国家工业化建设。同时,加上我国人口控制决策的重大失误,以及长期奉行闭关锁国方针,浙江省农业劳动力和全国一样,数量庞大,逐年递增,转移迟缓,绝大部分的农村人口滞留在农村从事农业。

(二)农业劳动力快速转移阶段(1979—1988 年)

1978 年起,我国走上了改革开放的道路。家庭联产承包责任制释放出巨大的能量,农业劳动生产率大幅度提高,农村经济由单一的农业经济向农业、工业、建筑、交通、运输、商业等综合产业发展;乡镇企业的迅速发展为农村劳动力的就地转移提供了广阔的舞台,从而使一大批农业劳动力迅速向非农产业转移。1979—1988 年的 10 年间,全省农村第一产业劳动力从 1300.9 万人下降到 1260.8 万人,占农村劳动力的比重从 1978 年的 88.8% 下降到 1988 年的 63.4%,年均下降 2.53 个百分点。考虑劳动力新增因素,这 10 年全省农业劳动力共转移 562.6 万人,平均每年转移 56.26 万人。

(三)农业劳动力转移徘徊阶段(1989—1991 年)

由于 1989—1991 年,国家实行经济紧缩和治理整顿,停止了允许农民自理口粮进城务工经商的政策,重新恢复了农产品计划派购,对个体私营经济实行限制政策,对乡镇企业实行信贷紧缩,农业劳动力转移速度明显放慢。全省农村第一产业劳动力从 1988 年的 1260.8 万人上升到 1991 年的 1348.74 万人,占农村劳动力的比重从 1988 年的 63.4% 上升到 1991 年的 65.1%。这三年,全省农村劳动力形成了负转移的情况,1989 年和 1990 年,农村劳动力出现了较大的回流,到 1991 年情况稍微有所好转。

(四)农业劳动力继续转移阶段(1992—1999 年)

1992 年,邓小平同志发表南方谈话,把我国改革开放引向一个新的阶段。当年,浙江省作出了《关于全力推进浙江省乡镇企业大发展大提高的决定》,确立了"多轮驱动、多业并举"的基本方针,乡镇企业步入了高速增长期,大量吸纳了农村劳动力。1993 年全省乡镇企业总产值增长 83%,从业职工 667 万人,占当年非农产业农村劳动力的 77%。1996—1997 年间,由于产品过剩,加上亚洲金融危机的冲击,劳动力转移速度放缓。1992—1999 年的 8 年间,全省农村第一产业劳动力从 1338.56 万人下降到 1073.58 万人,占农村劳动力比重从 1992 年的 63.8% 下降到 1999 年的 51.4%,年均下降 1.55 个百分点。考虑劳动力新增因素,这 8 年全省农业劳动力共转移

293.12万人,平均每年转移36.64万人。

(五)农业劳动力稳定转移阶段(2000年至今)

在这一阶段,省外流入农村劳动力逐步成为农业劳动力转移的主要力量。2002年党的"十六大"以后,浙江省明确了"统筹城乡经济社会发展"方略,并且提出了新型城市化与新农村建设双轮驱动推动农村劳动力战略转移和加速农民分工分业的战略思路,这为农业劳动力的转移提供了强大动力。特别是2004年5月中共浙江省委办公厅、浙江省人民政府办公厅出台《关于实施"千万农村劳动力素质培训工程"的通知》(省委办发〔2004〕21号)以后,全省各地都加强了农民培训工作,浙江的农业劳动力进入了加快转移稳定转移的阶段。2000—2007年的8年间,全省农村第一产业劳动力从1014.93万人下降到688.04万人,占农村劳动力的比重从1992年的48.1%下降到1999年的29.7%,年均下降2.3个百分点。考虑劳动力新增因素,8年来全省农业劳动力共转移613.67万人,平均每年转移76.7万人。在鼓励全民创业、全面创新和充分就业的政策导向下,浙江农民分工分业进一步加快,一大批进城务工经商的农民成为稳定就业的产业工人,一批农民创业者成为企业新阶层,还有一批专业大户、家庭农庄、农业龙头企业的经营者成为新型职业农民和农业企业家。

二、农业劳动力转移的趋势

浙江省的农业劳动力转移,是与农村工业化、农村城镇化密不可分的。但由于改革的先发性、开放的先导性、经济的先行性,浙江的农业劳动力转移突出表现出以下几个特点和趋势:

(一)农业劳动力总体上呈现持续转移的趋向,农村劳动力结构不断优化

改革开放以来,浙江省农业劳动力总体上呈现持续转移的趋向。一方面,浙江省农村劳动力中从事第一产业的劳动力人数持续减少,全省农村第一产业劳动力占农村劳动力的比重总体上呈现连年下降的趋向,从1978年的88.8%下降到2007年的29.7%,29年下降了59.1个百分点,除1982、1989、1990年外,其他年份都有不同程度的下降。另一方面,在农业内部,从

改革开放与浙江经验研究系列

事种植业的农村劳动力持续下降,从事林业、牧业、渔业的劳动力比例逐步上升,农业内部的分工分业趋势明显,结构逐年优化。全省从事农、林、牧、渔业的劳动力占农、林、牧、渔业劳动力的比重,分别从 1983 年的 84.5%、1.9%、7.3%、2.5%调整到 2006 年的 80.7%、4.2%、9.2%、5.9%。这23年中,农业劳动力从 1079.7 万人下降到 591.48 万人,减少了 488.2 万人,占农、林、牧、渔业劳动力的比重下降了 3.8 个百分点;林业、渔业劳动力从 56.4 万人上升到 74.17 万人,增加了 17.17 万人,占农、林、牧、渔业劳动力的比重却上升了 5.7 个百分点;牧业劳动力虽然从 93.8 万人下降到 67.27 万人,减少了 26.5 万人,但是占农、林、牧、渔业劳动力的比重却上升了 1.9 个百分点。

(二)农民就业门类不断丰富,农业劳动力转移由第二产业向第三产业转变

根据"配弟—克拉克定理",一个国家或地区的劳动力构成将随着社会经济的发展,逐渐由第一产业占优势而逐级向第二产业和第三产业占优势的方向发展。浙江农业劳动力转移也遵循这一定理。随着农村工业化和城镇化的加快,农民就业门类日渐丰富,农业劳动力不仅向工业、建筑业转移,近年来向第三产业,包括饮食业和批零业、房地产业及其他一些新兴行业加快转移的趋势已经基本形成。

据抽样调查,从事服务业的劳动力已占被调查劳动力的 6.2%,批零业占 5.6%,其他一些行业虽然就业人数不多,但已渐渐显示出农村劳动力就业空间的日益广阔。全省从事二、三产业的农村劳动力逐年上升,2003 年达到了 1346.9 万人,比 1978 年增长 7.2 倍,二、三产业从业的农村劳动力比重2000 年首次超过 50%,2003 年首次超过 60%。农村劳动力从业门类,原来主要集中在工业、建筑业等,现在逐渐向第三产业发展,包括饮食业和批零业、房地产业及其他一些新兴行业。据抽样调查,从事服务业的劳动力已占被调查劳动力的 6.2%,从事批零业的劳动力占被调查劳动力的 5.6%,其他一些行业虽然就业人数不多,但已渐渐显示出农村劳动力就业空间的日益广阔。从事二、三产业的农村劳动力快速增加,从业门类不断丰富。2003 年,浙江省从事农、林、牧、渔业的劳动力人数为 872.9 万人,与1970 年相比,在农村劳动力总量净增 982 万人的情况下,第一产业劳动力所占比重,2003 年下降到 39.3%。

2003 年,全省从事二、三产业的农村劳动力共 1346.9 万人,比 1998 年

增长 35.5％,5 年里每年均保持较快的增长速度,且呈现不断加速的趋势。二、三产业从业的农村劳动力的相对数也呈逐年上升的趋势,1998—2003 年在农村总劳动力中的比重分别为 47.4％、48.6％、51.8％、54.6％、57.5％和 61.3％,2000 年首次超过 50％,2003 年首次超过 60％。

(三)农村外出劳动力逐年增加,农业劳动力由就地转移向异地转移转变

20 世纪 80 年代,浙江省农村劳动力转移基本上属于离土不离乡的就地式转移,带有很强的封闭性,1982 年全省外出劳动力仅为 28 万人,占农村劳动力总数的 1.9％,到 1991 年,这个比例也只有 9％。但 90 年代以来,城乡隔离的政策开始逐渐松动,经济的开放度明显提高,浙江省农村劳动力的外出现象逐渐明显,2003 年,浙江省外出农村劳动力达 386.95 万人,占农村劳动力的比例达 17％。就业的空间已逐渐向外省和国外发展,2003 年出省农村劳动力达 110 多万,占外出总数的 1/3 强,出国达 10 余万人。从转向省外的劳动力就业区域分布看,以东部地区为主。在就业地点上,以省会城市、县级市、地级市为主,也就是说,流转具有明显的城镇趋向。2002 年末,全省785 个建制镇(不包括市、县驻地镇,下同)的镇区中,共聚集了 734.86 万人,其中外来人口达 131.74 万人,占镇区人口总数的 17.9％。据 2002 年抽样调查数据,转向东、中、西劳动力比重分别为 75.2％、14.6％、10.2％,在省会城市、县级市和地级市就业的比重分别为 57.7％、14.6％、12.4％。据有关资料统计,目前浙江省跨省流动农民工中的 23.8％流向上海,20.3％流向江苏,11.6％流向广东,约有 75％的外出劳动力集中在东南沿海。

1990 年第四次人口普查时,浙江省是人口净迁出省份,2000 年第五次人口普查时,已经成为一个净迁入省份。当年省外净迁入人口达 91 万,这一情况使得浙江的农业劳动力进入了新的阶段。2007 年,浙江省常住人口中来自省外流入人口约为 680 万人,与 2000 年相比增加 311 万人,同期户籍人口仅增加 149 万人。

(四)农业劳动力转移由不稳定性向稳定转移转变

这是我国农村劳动力转移的一个普遍特征。也就是说,农业劳动力转移后,并没有完全脱离农业,没有放弃土地承包,而是在完成农业生产后,利用农闲时节从事非农产业,属于季节性转移。据浙江省农调队抽样调查,2001 年两个以上行业兼业的劳动力,包括农业兼业(以农业为主兼非农产

业)和非农兼业(以非农产业为主兼农业)劳动力,占劳动力总数的48.5%,其中农业兼业劳动力占41.0%;非农兼业劳动力占59.0%。2001年农业兼业劳动力从事农业的平均时间为7.6个月,从事非农业的平均时间为2.8个月;非农业兼业劳动力从事非农业的平均时间为9.1个月,从事农业的平均时间为2.1个月。

(五)农业劳动力转移速度与经济发展水平高度相关

农村劳动力转移的速度与全省经济社会发展水平呈高度正相关,受国民经济周期性波动和政策变化的影响,呈现较大的不平衡性,但总体上保持着渐次加快的趋势,特别是人均GDP突破2000美元以后,转移速度明显加快。从对浙江省劳动力转移的五个阶段的划分中可以看出,1978、1982、1992、2002年等年份,都是国家出台大政方针的重要年份,宏观政策宽松,市场取向的改革势头很猛,农村劳动力转移速度都很快,这与浙江省生产总值的发展趋势是基本一致的。1982—1991年这10年,农业劳动力下降了12个百分点,年均下降1.2个百分点;1992—2003年这12年,农业劳动力比重下降了24个百分点,年均下降2个百分点。

三、农业劳动力转移的主要动力

近年来,浙江省大力实施提升工业化、提速城市化、推进农业现代化发展战略,稳定转移和分工分业。

(一)乡镇企业民营经济成为吸纳农村劳动力的主要途径

乡镇企业和民营经济在浙江经济中占有重要的地位,是促进经济增长的主要力量之一。近年来,浙江省按照加快经济发展从量的扩张向质的提高转变的方针,积极引导乡镇企业发挥体制机制的先发优势,推进科技创新和产业集聚,实现了在大提高中的大发展。乡镇企业的快速发展使其成为吸纳农村劳动力的主渠道,全省现有乡镇企业108万家,从业人员1082.7万人,比2000年增长23.0%,三年新增就业劳动力202.3万人。尤其是近年来个私经济、民营经济迅猛发展,成为吸纳农村劳动力的主力军。这几年,被转移的农村劳动力中有一半以上到民营企业从业。

(二)城市化进程不断加快,促进农村劳动力向城镇集聚

浙江省大力实施新型城市化发展战略,制定了《浙江省城市化发展纲要》,把规划作为城市化的龙头和灵魂,把改革创新作为推进城市化的重要途径,把合理调整行政区划与增强城市功能紧密结合起来,全省城市化取得了突破性的进展。2005年,全省城市化率从1998年的36%提高到57%,县级以上城市建成面积从1998年的977.85平方公里迅速扩大到1499.06平方公里。城市化进程的加快,极大地促进了农村人口向城镇集聚。据统计,1998—2005年,全省有200万左右农业人口转为非农人口,在城镇居住的农村人口占总人口的比重达到了25%以上。在推进城市化过程中,各地把农业和农村现代化建设与发展城市化有机地结合起来,大力发展小城镇,加快推进中心镇和中心村建设,有效地加快了农村人口向小城镇流动,加快农村劳动力向二、三产业转移,成为农村劳动力就业的有效载体。

(三)区域块状经济水平不断增强,成为吸纳农村劳动力的巨大潜力所在

浙江省块状经济发展很快,基本涵盖了各个县(市、区),块状经济比重进一步提高。到2005年底,全省已经形成了年产值超亿元的块状经济519个,涉及175个大小行业和23.7万余家企业,年产值近6000亿元,约占全省工业年总产值的49%左右;其中产值10亿~50亿元的有134个,50亿~100亿元的有51个,100亿元以上的有40多个。如宁波服装、温州鞋革、绍兴化纤、台州汽摩配件、乐清低压电器、海宁皮鞋、永康五金、嵊州领带、诸暨袜子等特色产业在国内外的市场占有率都很高,其生产地已经成为全国乃至世界重要的加工制造基地,也成为了吸纳浙江省农村劳动力的主要场所。如诸暨市目前已经形成袜业、珍珠、服饰、五金等十大块状经济。

(四)农业发展水平不断提高,促进了农业内部的分工分业

1998年,浙江根据全国农业和农村发展进入新阶段的实际,提出要以农业产业化经营为突破口,大力发展效益农业的战略决策,率先推进粮食购销市场化改革,率先推进农业结构战略性调整,效益农业发展取得了巨大的成就。效益农业水平不断提高,并向着高效生态现代农业方向提升。一方面使劳动力在农业内部的分布更加优化,从事高值作物的农村劳动力人数增加,同时也产生了大量的剩余劳动力,使农业劳动力有转出去的巨大冲动。

首先,由于浙江省率先推进粮改,广大农民冲破了粮食定购的束缚,一大批想出去而限于定购粮的纯农户,一大批亦工亦农的兼业户,下定决心,放下包袱,从农业生产中解放出来,义无反顾地投向了二、三产业。第二,农业技术不断创新,科技进步不断加快,农业的生产力不断提高,产生了一大批隐性失业的农业劳动生产者,他们虽然从事农业生产,但效率极其低下,就业不充分现象十分严重,客观上要求离开农业,从事新的职业。第三,贸工农一体化经济的发展,促进了农业内部的分工分业,对农村劳动力的转移起到了重要的"推力"作用。农业产业化经营的发展,使一部分农民离开农业生产,专门从事农产品的加工、销售,由此产生了一支农民贩销和经纪人队伍,同时,农业龙头企业的茁壮成长,不仅带动了当地农业的专业化生产,也使一部分农民成为了农业工人,专门从事农产品的加工。第四,土地使用权的有序规范流转,加快了农业劳动力的转移。浙江省坚持"依法、自愿、有偿"的原则,积极稳妥地推进土地使用权的流转。土地使用权流转的加快,使不少农民自愿放弃土地经营,寻求新的就业和增收的门路。

(五)农民培训工作的开展,使农民整体素质进一步提升

随着产业发展对劳动力素质要求提高和就业竞争加剧的趋势,着力提高农民的就业能力,可以促进农村劳动力的转移。2004年起浙江省实施"千万劳动力素质培训工程",到2010年全省培训农村劳动力1000万人,其中培训"专业农民"100万人,提高他们运用先进实用农业技术的能力;培训"转业农民"400万人,提高他们的就业技能和整体素质;培训"务工农民"500万人,提高他们的岗位技能。全省各地把提高培训质量,帮助受训农民切实掌握一门过硬技能、得到一份稳定工作作为培训工作的重中之重来抓,进一步完善和提升农民培训工作思路,拓展和增加培训内容,提高农民就业技能,增强农民就业竞争力,促进农民转移就业和增收致富。至2007年底,全省已累计培训农民655万人,经培训后实现转移就业187万人。贫困地区也把组织农村劳动力外出务工作为脱贫致富的重点工作来抓,取得了积极的成效。丽水市积极与温州、绍兴、湖州等对口市开展劳务协作,通过签订合作协议书、建立信息联系、举办招聘会、开展订单式培训等形式,组织劳务输出。2003年,全省欠发达地区共举办农技和职业培训班9700多期,受训人数达76.66万人次,其中职业技能培训21.45万人次,有6.69万人通过培训实现了转产转业。

四、加快农业劳动力战略转移和农民分工分业

农村劳动力持续稳定地向二、三产业战略转移,促进农民分工分业,是浙江省农村经济稳定增长、农民收入持续增加的重要原因。要保持这一态势,就要求我们从实施统筹城乡发展方略,推进城乡经济社会发展一体化战略的高度出发,进一步推进新型工业化、新型城市化和新农村建设,加快二、三产业的发展,推进区域协作,加强农民职业技能培训,以新型城市化和非农产业的快速发展来拉动农业劳动力的转移,以区域协调发展来稳定农业劳动力的转移,以农民自身素质的增强来推动农业劳动力的战略转移,不断推动农民分工分业分化。

(一)加快推进新型城市化战略,提高城市对农村劳动力转移的拉力作用

适应长江三角洲城市群崛起的新形势,抓住实施新型城市化战略的机遇,加快中心城市、县城和中心镇建设,促进农村产业、人口的集聚和第三产业的快速发展,进一步转移农村劳动力。一是加快中心城市扩容和城郊区农村人口的城市化,让已经在城市稳定就业的农村人口转化为安居乐业的市民,让城郊区农村加速城市化进程。二是加快县城和中心镇建设,为第三产业发展和农民进城就业提供有效载体。优先发展中心城区和中心镇,合理布局城镇的工业区、商贸区和居住区,提高城镇建设的品位,增强城镇对企业和农民的吸引力。特别要结合特色产业的发展要求,规划城镇的功能,发展配套的第三产业。三是深化城乡配套改革,为第三产业发展提供强大动力。要从增强城镇的吸纳能力和破除农民进城镇落户的制约两方面入手,促进产业和人口向城镇集聚。长江三角洲地区要建立相互开放、互通共荣、协调有序的城市化发展机制,推进各类要素的自由流动。积极引导企业与农民参与基础设施、公用事业等的投资和建设,解决建设资金短缺的"瓶颈"。把城镇建设与产业发展紧密结合起来,以特色工业园区、专业市场的建设带动产业和人口集聚。继续深化户籍管理制度改革,逐步建立起适应社会主义市场经济体制要求、城乡统一、按居住地登记户口的户籍管理制度,进一步深化就业制度和社会保障制度改革,进一步完善养老、医疗、低保等社会保障制度,积

极调整教育、住房、就业等政策,清理各种收费项目,降低农民进城的门槛,鼓励更多的农民进城落户。

(二)提升农村工业化水平,提高二、三产业对农村劳动力的吸纳能力

要把推进城市化与提升工业化结合起来,促进工业企业的进一步集聚,大力发展生产性服务业,以工业集聚带动第三产业发展,拉长工业产业链,走"优农业、强工业、兴三产"的集约发展路子;进一步推动全民创业,发展先进制造业,增强"造饭碗"的能力。现阶段乡镇企业的发展要在提高自身素质、增强竞争能力的同时,着力于进一步扩大农民就业、解决农产品出路和增加农民收入。一是提升工业园区建设水平,加快企业技术改造步伐。加大对企业技术改造引导和扶持的政策力度,吸引乡镇企业向工业园区集聚。二是加快培育一批带动力强的骨干企业。进一步促进各种生产要素加速向优势企业、名牌产品、优秀企业家集中,加快培育一批科技开发和市场开拓能力强、品牌产品市场占有率高的骨干企业,充分发挥其龙头带动作用。引导民营企业加快制度、技术和管理创新,放宽领域、改进服务、加强管理,推动民营经济实现新飞跃。进一步鼓励农民创业,大力发展个私经济,带动更多的农民就业。三是加快发展配套服务产业。在促进企业集聚的同时,积极发展产品开发设计、质量检测、市场信息、就业培训以及金融、会计、法律等一系列服务产业,吸引更多的农村劳动力就业。根据区域特色经济的发展需要,规划建设一批专业商品批发市场、原料市场、劳动力市场、科技市场。

(三)大力推进农业产业化经营,提高农业内部分工分业的能力

进一步发挥浙江省农业的比较优势,大力发展高效生态农业,积极拓展农业多种功能,大力发展资本密集、技术密集与劳动密集相结合的精致农业、精品农业、精准农业,拉长农业产业链,推进贸工农一体化经营,充分挖掘农业就业潜力,推动农业内部分工分业。要以培育龙头企业和专业合作组织为中心,提升农业产业化经营水平,进一步促进农民的分工分业,做大做强农产品精深加工业和农产品现代物流业。继续推进农业区域化布局,提高农户专业化生产水平。大力推进农业标准化,提高整个农业产业链的科技水平。认真贯彻《浙江省农业专业合作社条例》,大力培育专业合作组织,提高农民组织化程度。大力发展外向型农业,提高农产品的国际竞争力。充分发挥浙江省农村山水风光秀丽、人文景观丰富、文化底蕴深厚的优

势,积极发展"农家乐"、"渔家乐"、"森林旅游"等休闲农业和旅游观光农业,提高农民在农业内部和本地转移就业的能力。

(四)大力实施区域协调发展战略,推动欠发达地区劳动力流转

针对经济全球化、区域一体化发展的趋势,加快实施接轨长江三角洲战略,推动人力资源在更高层次、更宽领域、更大范围内的交流与合作,优化配置结构,构建农村劳动力从欠发达地区向次发达地区和发达地区梯度转移的制度。继续做好欠发达地区发展和山海协作,推进欠发达地区的跨越式发展。在促进农村劳动力转移方面,重点是加快推进产业集聚和人口集聚,提高欠发达地区二、三产业和城市化发展水平。欠发达地区要抓住发达地区产业升级的机遇,充分发挥劳动力丰富廉价的优势,主动接受劳动密集型产业的梯度转移,逐步形成各具特色的劳动密集型加工产业基地。充分利用当地多样化的资源优势,在保护好生态环境的前提下,大力发展资源开发型工业和农产品精深加工业。把下山脱贫和城镇建设紧密结合起来,积极引导农民劳务输出、移民下山、异地开发,规划好下山移民点的建设,把有条件的农民尽快吸引到城镇中来创业,实现下山脱贫和异地致富。

(五)加大农民素质培训力度,提高农民就业竞争能力

提高农民的科技文化素质和劳动职业技能,增强他们的就业竞争力,逐步降低劳动力回流幅度,是下一步农村工作的重点内容之一。按照统筹城乡经济社会发展的要求,以市场需求和农民需求为导向,以增强农民就业致富能力、扩大农民就业、增加农民收入为目标,扎扎实实地开展农民素质培训工程。以务农劳动力,特别以农村专业户、科技示范户、农村专业合作社社员(专业技术协会会员)为对象,进一步加强农业实用技术培训。对有转移就业愿望的农民,特别是中青年农民,大力开展农村富余劳动力转移就业技能培训,促进农村劳动力在农村和城市两个领域就业和创业。要严格把好培训质量关,引导培训单位提高培训质量和就业水平。整合现有的各类培训中心、职业学校、乡镇成校、义务教育学校等传统的培训资源,形成较为完善的农村成人教育和职业培训网络体系。深化教育改革,逐步创造条件把职业教育纳入义务教育范畴,把技能培训与学历教育结合起来,使学生能够掌握一定的就业技能。建立和完善"订单培训、企业参与"的培训机制,促进订单培训,走"先培训后输出、以培训促输出、定向培训定向输出"的路子。鼓励和支持用工企业开展岗前培训。鼓励农民培训后

进行职业技能鉴定,有关部门要降低职业技能鉴定收费标准。加快信息服务体系建设,努力建设培训与输出有效衔接的机制,加快建立健全外出农村劳动力保障制度,建立磋商解决机制和法律援助机制,切实帮助解决实际困难,维护外出劳动力的合法权益。

第八章 村庄整治建设与农村社区转型

进入 21 世纪,随着农民收入的不断增长,越来越多的农民已经不仅仅满足于自家住宅条件的改善和物质需求的满足,为适应农民提高生活品质的要求,一项旨在优化农村人居环境、丰富农民生活内容、提高农民生活质量、促进农民全面发展的农村社区改造工程——"千村示范万村整治"工程,在新世纪初的浙江农村大地轰轰烈烈地展开。这项工程在实践中逐步深化,成为统筹城乡发展、建设社会主义新农村的龙头工程,推动了城市基础设施向农村延伸、城市公共服务向农村覆盖和城市现代文明向农村辐射,缩小了城乡社区建设水平和城乡居民生活质量的差距,促进了传统农村社区加速向现代农村社区的转型。

一、传统村落与农民建房的现状与特点

由分散的自然村落组成的行政村是农民自治的最基本组织单元,农民群众在这一相对封闭的单元里居住、生活与生产。村落成员间的血缘、地缘关系十分密切,具有较强的家族观念;村落形成时间长,不少村落具有悠久的历史渊源和深厚的文化底蕴。由于特定的历史沿革和长期实行的政策体制等原因,构成了现阶段浙江省农村村落与农民建房具有显明的区域特征。

(一)自然村落分散

浙江全省陆域面积 10.18 万平方公里,其中山地和丘陵占 70.4%,平原和盆地占 23.2%,河流和湖泊占 6.4%,素有"七山一水二分田"之称。由于受土地制度、交通条件、生产生活需要等问题的制约,长期以来,人们大多选择沿河沿江沿路而栖,并在自己的承包地或自留地上建房定居,就近劳作,繁衍生息,从而形成了浙江省农村自然村落数量较多、地域分布较散、人口

集聚水平低等的基本格局。根据 2006 年浙江省村庄基础设施和公共服务事业现状调查,全省共有行政村 32449 个(不含农村居民为主的街道所属村庄和城中村),自然村为 115582 个,农户总数 1077.27 万户、3388.17 万人。全省平均每个行政村有 3.6 个自然村,少的有 1～2 个自然村,多的则有 30 多个自然村;村域面积小的村不到 0.1 平方公里,大的村有 10 多个平方公里,全省村均不到 3 平方公里;人口少的村不到 100 人,多的达到近万人,平均人口 1044 人。多年来,浙江省农村就一直处于一种基础设施和公共服务等公共物品供给匮乏的状态。

(二)一户多宅的现象比较普遍

宅基地的混乱,是一个历史问题,既与农户提高生活水平的要求有关,也与部分村集体和农户的违规、违法有关,更有深层次的制度原因。在我国农村土地制度从中华人民共和国成立初期私有,到社会主义合作化改造,再到家庭承包责任制的演变过程中,农户宅基地的产权发生了从明确到模糊的转变。但在农村现实生活中,宅基地一直被农民视为家产,代代相传。因此,"一户多宅"不单单是农户的"错",也有因制度原因而导致的结果。一户多宅、超面积住宅、违法建房等现象比较普遍,有的地方一户农户甚至拥有 6 处以上的宅基地。

(三)村庄类型多样

由于受浙江省自然资源多样和历史积淀丰厚等因素的影响,浙江省农村的村庄类型丰富、特色显明。在区域分布上,山地、平原、水乡兼而有之,在全省 32449 个行政村中,平原(水乡)类村庄 9070 个、半山区(丘陵)10033 个、山区 10898 个、海岛 436 个、城镇郊区 2012 个。在产业发展上,有工业强村、农业专业村、农家乐特色村等。在规划建设上,有的是要相对集聚的中心村,有的是要整治改建的一般村,有的是要逐步缩减的边远村。特别是浙江省农村在长期的发展过程中,形成了许多名村、古村,体现出了丰富的文化内涵。这些村,有的以地域和历史特色见长,如越国固陵城遗址萧山湘湖村、伍子胥躬耕过的建德乾潭村;有的以历史名人后裔移居建村得名,如兰溪诸葛村、富阳龙门村;有的是名人故里,如艺术大师吴昌硕的故乡安吉鄣吴村;有的以特产著名,如赏梅胜地余杭超山村;还有的以自然风光、民族风情、荣誉冠名等而成为名村。这些名村都有其深厚的文化底蕴和悠久的历史渊源。在新农村建设中,如何保护好这些古村落、古建筑、特色民居和历史文化遗迹,同时,顺应经济发展和社会进步的潮流,体现时代特征,实现宁静与繁华并存,坚守与开放兼容,传统与现代互动,使建设后的村庄达到"古韵今风相辉映,风情万种看不尽"的美妙境界,成为至关重要的一件大事。

(四)村庄基础设施建设落后

由于长期受城乡二元结构的影响,特别是随着城市化进程的加快,各地对城市、城镇建设都投入了极大的财力和物力,有限公共资源的配置更多地集中在城镇。但对农村建设重视不够,投资比重小,而且缺乏有力的指导和有效的服务。虽然经过近几年的努力,农村基础设施建设和公共服务事业建设取得了长足的进展,但对照快速推进的城市建设和迅速变化的城市面貌,农村的村庄建设、环境建设和社会发展仍显滞后,城乡差距依然有扩大的趋势,离全面建设社会主义新农村的差距还很大。村庄"散、小、乱"问题还比较突出,平原地区连片千亩以上的农田已屈指可数,不仅影响了农村的景观,还影响着村庄基础设施建设和社区服务业的发展;村庄环境"脏、乱、差"问题还没有根本解决,路面不硬、四旁不绿、路灯不亮、河水不清、垃圾乱倒、污水乱排、电线乱拉、管道乱铺等问题尚未根本解决;村庄基础设施和服务设施建设还显滞后,村庄的基础设施和公共事业建设缺乏稳定的财力保障,主要靠村集体和农户微薄的力量,村内道路、给水、排水、通信等基础设施配套性、共享性较差,教育、文化、卫生、环保等公共服务不能适应收入不断增长的农民群众提高生活质量的要求。

二、"千村示范万村整治"工程建设

2003 年,浙江省委、省政府根据党的十六大提出的全面建设小康社会目标和统筹城乡经济社会发展要求,着眼于尽快改变农村建设无规划、环境脏乱差、公共服务建设滞后等问题,作出了实施"千村示范万村整治"工程的重大战略决策,即用 5 年左右的时间,对全省 1 万个左右的行政村进行全面整治,并把其中 1000 个左右的行政村建设成全面小康示范村。工程实施以来,全省各级党委、政府高度重视,广大农民群众积极参与,社会各界广泛支持,工程建设呈现出内涵不断拓展、内容不断丰富、力度不断加大、成效不断显现的良好态势。至 2007 年底,全省已累计完成全面小康建设示范村

1181 个（示范村就是要达到布局优化、道路硬化、村庄绿化、路灯亮化、卫生洁化、河道净化等"六个化"的要求）、环境整治村 10303 个（环境整治村要达到环境整洁、设施配套、布局合理等三个方面的要求），圆满完成了 5 年阶段性目标任务，一大批传统村落改造成为文明和谐、生活舒适的农村新社区。"千村示范万村整治"工程 5 年建设取得了超出预期的好效果，被广大基层干部群众称为党和政府关爱农民的大好事，是真正落实中央关于"多予、少取、放活"方针的大实事，是浙江省委、省政府改善农村民生的实际行动，是浙江新农村建设走在全国前列的生动实践。

（一）坚持从解决农民最关心、最直接和最现实的民生问题入手，促进了村容村貌和农村人居环境的显著改善

解决农村环境脏乱差问题，是多年来农民群众反映强烈、要求迫切的民生问题。各地坚持把改善农村人居条件作为工程建设的重点，把垃圾收集处理、污水治理和村庄道路建设作为农村环境整治的基本要求，着力抓好村庄的改路、改水、改厕和改塘工作，探索出了符合农村实际的垃圾污水处理、环境卫生整治的有效方法，形成了平原村庄"户集、村收、镇中转、县处理"，山区村庄"统一收集、就地分拣、综合利用、无害化处理"的垃圾集中收集处理模式，推广了沼气净化、无动力厌氧处理、湿地处理、纳管处理等农村污水处理办法，促进了农村面貌的大变样、农民行为的大转变。

（二）坚持以城乡统筹的规划建设为引领，促进了农村基础设施的完善和农村公共服务水平的提升

针对过去村庄建设无规划、就农村抓农村和城乡分割的建设状况，各地着眼于建立规划先行、统筹城乡的建设机制，按照生产发展、生活宽裕、生态良好和城乡一体的要求，全面开展了县域村庄布局规划、村庄建设规划和村庄整治方案的编制工作，县域村庄布局规划已实现全省的全覆盖，村庄建设规划已覆盖全省半数以上的村庄。各级各有关部门把各自承担的"先锋工程"、"生态村"建设、"万里清水河道"、"乡村康庄"、"千万农民饮用水"、"兴林富民"等统筹城乡发展系列工程，与"千村示范万村整治"工程的项目建设配套实施，在建设力量组织、资金投入等方面予以重点保证，使农村基础设施得到了明显改善。通过城乡一体化的规划建设，逐步建立了以中心镇为依托、以中心村为节点，城乡衔接、功能完备、布局合理的公共交通、供水供电、广电通信、文化设施、卫生体育等农村基础设施网络和公共服务体系，越

来越多的农民群众开始享受到便利、安全、高效、多样的公共服务。

（三）坚持以村庄整治促生产发展，促进了农村特色经济的发展和农民的就业增收

各地发挥区位条件、生态资源、人文积淀、块状经济等优势，借村庄整治之力，不断开辟农民就业增收和农村特色经济发展的增长点。区位和经济条件较好的城郊村、城边村，把村庄整治、旧村改造、新村建设与改善投资环境、调整产业结构等紧密结合起来，发展标准厂房、农民公寓、服务设施等产业；地处生态源头地区、老区山区和海岛渔区的村庄，把村庄环境整治、古村落保护开发与发展特色农业、农家乐休闲旅游业结合起来，拓展了农民就业增收的门路；在欠发达的山区，发展"农家乐"更是成了农民脱贫致富的捷径，农民增收路子实现了由过去"卖山头、卖山货"向"卖生态、卖环境"转变。广大农民群众普遍感到，"千村示范万村整治工程"的实施，不仅使村庄变美了，而且收入也增加了。

（四）坚持把硬件建设与软件建设相结合，促进了农村文明水平和农民素质的提高

各地坚持把以人为本、促进农民全面发展贯穿工程建设全过程，以农村环境卫生长效保洁机制建立为抓手，积极倡导健康文明的生活方式，农民群众的公共卫生意识和社会公德意识普遍得到了提高，垃圾乱丢乱扔、污水乱泼乱倒的传统陋习明显少了；以廉政文化进农村和农村文化场地建设为抓手，大力开展农民"种文化"活动，扎根农村的草根文化成了农村百姓生活的重要组成部分；以社会主义新农村建设主题教育活动为抓手，大力倡导社会主义荣辱观，进一步培育和弘扬创新创业的浙江精神，崇尚科学，反对愚昧，体现时代精神的道德观和价值观得到了进一步的树立。

（五）坚持农民主体、社会参与，促进了新农村的共建共享

各地充分调动广大农民群众和社会各界参与新农村建设的积极性和创造性。加大典型引路和群众发动的工作力度，教育农民群众热爱家乡、建设家园、创造美好生活，老百姓对工程建设的认知度和参与度逐年提高，农民群众作为村庄整治建设的主力军作用得到了充分发挥；利用浙江省民间资金丰厚、乡村企业发达和经商创业人员众多的优势，按照"政府倡导、自助自愿、互惠互利、政策扶持"的原则，通过村企结对、捐资投资，广泛开展共建活

动,使村庄整治建设成为全社会的共同行动。

(六)坚持党政主导和部门协作,促进了政府职能和干部作风的转变

各级各部门把工程建设与农村先进性教育、机关作风建设年等活动有机结合起来,转变政府职能、下移工作重心,全面建立了领导蹲点调研、现场办公、联镇带村、真情服务等工作制度,村庄整治建设成了"建设新农村送项目"、"为民办实事长效机制建设"、"走进矛盾破解难题"的大舞台。充分发挥公共财政的主导和引领作用,带动了部门配套资金和村集体、农民群众、民营企业等社会资金投入新农村建设。充分发挥基层党组织在新农村建设中的战斗堡垒作用,进一步密切了党群、干群关系,培养和锻炼了农村干部,涌现了一批新农村建设的带头人。同时,活跃在基层的农村工作指导员和科技特派员,在村庄整治建设中也发挥了重要作用。

三、村庄整理、宅基地整理与中心村建设

在村庄整治建设中,各地积极开展村庄和宅基地整理,推进农村人口的集聚与中心村建设。据不完全统计,2003—2007 年,全省已开展村庄和宅基地整理的村达 3715 个,整理新增土地 97309.35 亩。通过这项工作,不仅显著改善了农民群众的生产生活条件,还极大地缓解了城镇和二、三产业发展用地的需求。

(一)村庄整理的主要类型

1. 旧村改造型

按照村庄建设规划和土地利用规划,通过在原村庄范围内拆除危房、旧房、空房、一户多宅,以及部分农户住宅的异地拆迁安置,盘活村内存量土地,增加村庄建设用地,满足农户新建住宅需求,推进农户住宅的相对集聚,建设村内道路、垃圾污水治理、公共绿地等公建设施。主要特点:一是原有村庄"一户多宅"多、旧房危房多、闲置废弃地多,整理新增村庄建设用地的潜力比较大;二是受土地利用总体规划和村庄建设规划的限制,村庄周围标准农田、基本农田比较多,村庄建设拓展空间小;三是实施宅基地整理项目达不到政策规定的标准(宅基地整理连片面积不到 3 亩)。

衢江区高家镇篁墩村现有农户 206 户、725 人,村庄建成区面积 0.5 平

方公里。村里制定规划,将整个村庄规划成 6 个片区,计划用 2~3 年时间完成 1 万平方米的拆旧改造任务。首期拆房、宅基地置换从空房、危房相对集中、群众积极性较高、工作容易展开的片区着手,绿化、亮化和道路拓宽工程同步跟进,做到拆除一片、建成一片。签订拆除协议,旧房、危房等按建筑面积 60~80 元/平方米、空地按 20 元/平方米的标准进行补偿。旧房危房拆除后,按照规划拓宽并硬化宽 4.5 米的村内主干道,并配套给排水管网等基础设施。整理出的农户住宅集聚规划区,以竞价选位的办法安排农户宅基地,筹措村庄建设资金。

2. 中心集聚型

针对农居点布局比较散乱的问题,按照农户住宅集聚、建设土地集约、公建设施配套的要求,编制中心集聚点规划。对照规划,严格控制农房的异地拆旧建新和拆旧翻新,促进村内新增农户住宅向经规划的中心点集聚。同时以一个行政村或一个乡镇为单位包装土地整理项目,实现农村建设用地减少与城市建设用地增加、自然村落减少与中心村集聚同步推进的良性互动。主要特点:一是行政村内的自然村落很多、分布较广;二是农民住宅占地面积和庭院面积大,通过宅基地整理复垦耕地的潜力较大;三是农户旧房翻新、新建住宅和公建设施配套的要求强烈,群众新建住宅向中心点集聚的意见比较统一。

平湖市新仓镇共有 16 个行政村,41231 人。该镇以一个乡镇为单位将全镇 16 个行政村包装成一个土地整理项目。2006 年,按照"布局优化、用地集约、设施配套、居住集中、环境美化"的总体目标和一个行政村"1 个中心点、2 个基层点"的布局要求,将 80 多个分散的农居点规划成 16 个中心点和 21 个基层点。通过对农户的逐户摸底调查,2~3 年内,全镇符合宅基地置换条件的共有 123 户,可复垦耕地面积 148 亩。经复垦置换,每户可节约土地 0.68 亩。另外还有 109 户农户需要新建住宅。对于中心点建设所需土地,采取予以基本生活保障和支付 8000 元/亩土地补偿费的办法进行政策处理。为确保农村新社区建设的资金需要,平湖市已将宅基地复垦指标费从每亩 2.5 万元提高到 5 万元,主要用于中心集聚点的通路、通水、通电和土地平整等公建设施配套建设。

3. 下山移民型

地处生态源头地区、高山远山地区、重点水库库区、地质灾害频发区的村,把山上等特殊地区的政策性移民与山下的脱贫小区建设有机结合起来,把宅基地整理政策、下山移民政策和村庄环境整治政策捆绑起来。通过山上分散的农居点的搬迁,退宅还耕还林,增加耕地面积;通过山下移民小区建设,配套水、电、路等基础设施,促进人口集聚,提高农民生活质量。主要特点:一是地处特殊地区,水、电、路等基础设施条件很差,按照政策规定,必须整体搬迁或逐年梯度搬迁;二是一般按自然地理、地貌建造房屋,居住分散,通过宅基地整理置换,可新增耕地潜力较大;三是可享受的优惠政策多,省、市、县各级各部门的扶持力度较大。

衢江区湖南镇华家村地处乌溪江库区,全村共有 8 个自然村,95 户、299 人。2006 年,该村采取库区移民与宅基地整理、移民小区建设相结合的办法,把焦坑自然村包装成一个宅基地整理项目,对该自然村的 16 户农户进行整体搬迁,并按拆老房 105~140 元/平方米、分户搬迁 7000 元/人和整体搬迁再加 2500 元/人的标准进行补偿。目前,该自然村已有 15 户农户搬迁到了经规划建设的华家移民小区,1 户农户搬迁到了甘里镇的白马新村。通过该自然村的宅基地整理复垦,共新增耕地面积 12 亩以上。

4. 整体搬迁型

针对原有农居布局极为散乱、水电路等基础设施无法配套建设的现状,顺应大多数农民群众要求翻新住房、希望社区集中居住的迫切愿望,在遵循土地利用总体规划的前提下,编制土地节约集约使用、公建设施配套完善并能够容纳全体村民居住的农村新社区建设规划,按照先易后难、分批到位的原则,分期分自然村推进宅基地的整理与置换,最终实现全村的整体搬迁和集聚。主要特点:一是村级班子和集体经济实力强。村级班子有很强的凝聚力、号召力和战斗力,深得群众的拥戴,村级集体经济有稳定的收入来源,实力较强。二是村民比较富裕。村民大多在二、三产业就业,收入水平较高。三是大多数村民翻建新房要求强烈,且原有的居住条件和水平比较均衡。四是经土地整理可新耕地的潜力较大。

长兴县夹浦镇月明村,全村共有 410 户农户,17 个村民小组,村域面积 5.6 平方公里,2006 年全村农民人均收入 8800 元,村级集体经济收入 87 万元。2005 年,实施第一期宅基地整理项目,搬迁农户 5 户,整理复垦耕地面积 127 亩。整理面积达 903 亩的第二期土地整理项目已基本实施完毕,搬迁农户 165 户,新增耕地面积 768 亩。规划建设了一个占地 135 亩,水电路、排污、广播通信等基础设施齐全的农村新社区。涉及 233 户、整理面积达 1394 亩(其中 188 亩用于另一个农村新社区的建设)的第三期土地整理项目也已完成。

(二)村庄整理与宅基地置换的基本做法

上述四种类型的村庄整理与宅基地置换,虽然村庄特点不一,工作切入点各有侧重,但其内在机制和基本做法具有一定的规律性。归纳起来,通过开展村庄整理与宅基地置换,推进中心村建设一般要采取以下几个步骤。

1. 摸清底数,编制规划

这是做好这项工作的首要基础。一是通过对全体村民的普查,掌握全村农民宅基地的占有使用情况,重点摸清旧房、危房、空房、一户多宅和村庄废弃地的数量和面积,并逐项登记造册。二是按照有关政策,采取问卷调查的方式,对农户分户、立户、翻建等建房需求进行摸底,包括拟建时间和建房面积等。在做好上述两项摸底调查的基础上,在遵循现有土地利用总体规划的前提下,按照"布局优化、人口集聚、公建配套"以及"盘活存量用地、控制增量用地"的要求编制村庄建设规划。按照提高村庄规划可操作性的要求,中心社区集聚点尽可能沿袭农居布局现状,减少拆迁户数,同时,努力缩减分散的农居点。按照"美观、实用、协调、节约"的原则,帮助农民设计住宅样板房。

2. 制定政策,包装项目

从旧房拆迁、各种土地的政策处理、基础设施配套建设等方面测算所需资金,从土地复垦指标补助、宅基竞价选位、争取各级支持等方面测算收入,按照资金基本平衡、大多数群众能够承受的原则,通过村民代表讨论等民主程序,确定旧房、危房、空房等拆迁补偿标准,以及自留地、院地等的补偿标准等。对现有两处以上宅基地的农户,要根据《浙江省人民政府关于加强农村宅基地管理工作的通知》,区别合法继承、违章建筑等不同情况进行依法处理。按照宅基地整理、下山移民、村庄环境整治项目的立项程序和要求申报省、市、县各级的项目。

3. 区块启动,竞价选位

精心选择首期启动区块是搞好宅基地置换、推进中心村建设的关键。按照规划,首期启动区块一般选择在旧房拆迁量较少、村集体所有的村庄建设用地较多、少用或尽量不占用耕地、区位条件较好的地方。首期启动区块经平整及有关基础设施配套后,可以按照竞价选位的办法,确定农户建房的宅基地。竞价选位按照"公开、公平、公正"的原则,采用农户报名—资格审查—公开竞价的程序进行,并对选位后农户建房在"定位"、"定高"、"定向"、"定立面"、"定建筑风格"等方面做一些约束性的规定。公开竞价一般采用零底价、向上竞拍的方式。

4. 拆迁整理，土地收储

旧房、危房、空房、自留地、院地、废弃地等经拆迁整理后，按照规定，有的要复垦成符合要求的耕地或林地，有的可以整理成村庄建设的留用地。以行政村为单位建立村庄建设用地的收储机制和储备库。在收储方法上，区别不同情况实行有偿或无偿收储。对农户非法多占的宅基地、集体所有的废弃地等依法无偿收储；对符合政策和农户意愿进行异地安置的宅基地旧址，对本地已无户口并符合继承条件的"世居房"和空房，村集体给予一定的经济补偿后进行收储。对于那些符合土地利用总体规划和村庄建设规划要求的农户承包农田，也可以在进行政策处理后，进行暂时的预收储。

5. 公建配套，社区建设

从土地复垦指标补助、宅基地竞价选位、争取各级支持等各个方面积极筹措中心村的建设资金。围绕"规划科学、环境整洁、设施配套、服务健全、管理民主、生活舒适"的农村新社区建设总目标，按照"取之于民、用之于民"和"量力而行、尽力而为"的原则，配套建设村庄基础设施和公共服务事业。

（三）开展村庄整理与宅基地置换的作用和意义

从近几年各地的实践来看，大力推进村庄整理与宅基地置换，把宅基地置换与村庄整治、下山移民、地质灾害点搬迁、农家乐休闲旅游业发展、农村新社区建设等项目有机结合起来，可以有效解决农户宅基地审批难、农户住宅布局乱、自然村落布点散、公建设施不配套、有新房无新村等矛盾和问题，呈现出了集约节约利用资源、有效改善民生、有利全局发展等多方面的现实意义和战略意义。

1. 有利于解决农民建房需求增加与村庄建设用地趋紧的矛盾

改革开放以来，随着农村经济的发展和农民收入的逐年增加，浙江省农村已经经历了两次建房高峰，第一次是在 20 世纪 80 年代初期，第二次是在 20 世纪 90 年代末期，目前，一些地方已开始进入新一轮翻建旧房和建造新房的高峰期。为规范农户的建房行为，改变农户建房的无序状况，严格执行"一户一宅"的农村宅基地政策，不少地方采取了暂停农村宅基地审批的措施。这一治标的措施，不同程度地加剧了农民建房要求强烈这一矛盾。同时，随着统筹城乡发展和社会主义新农村建设的不断推进，农户在居住环境和生活质量等方面也提出了更高的要求。因此，在现行严格的土地政策和形势下，通过使用用地指标和耕地来满足农户的建房需求，是一个难以解开的死结。通过宅基地的整理置换,不仅可以增加耕地面积和用地指标,而且还能盘活村庄建设用地的存量,拓宽新农村建设和发展的空间,有效缓解了农民建房需求增加与村庄建设用地趋紧的矛盾。

2. 有利于解决农民一户多宅与节约、集约使用土地的矛盾

在浙江省农村,一户多宅、超面积住宅、违法建房等问题是一个不争的事实,而且这一问题的形成有其深刻的历史和制度背景。如何解决一户多宅和多占耕地这一问题,不能简单地采用"拆"、"减"、"堵"的办法,必须用发展的思路,采取经济、法律、政策等多种措施相结合的综合办法。通过宅基地的整理置换,分类处置不同因素形成的多处住宅和多占宅基,不仅可以顺利解决历史遗留问题,而且可以规范农户今后的建房行为,不仅可以强调政策法律的严肃性,而且还可以保证大多数农民的经济利益,还可以配套推进农村基础设施,建设相对集聚的中心村,改善农户的生产生活条件,实现农户住宅占地减少与农民生活质量提高的良好循环。

3. 有利于解决村庄规模偏小、农居点分散与推进农村新社区建设之间的矛盾

自然村落的多、小、散,以及天女散花式的农居,直接导致了基础设施和公共服务事业的通达性、共享性极差,推进基础设施配套、公共事业完善、社会服务健全的农村新社区建设的难度较大。近几年来,虽然各级各部门大力实施"千村示范万村整治"等统筹城乡发展的系列工程,投入了大量资金进行农村基础设施和公共服务体系建设,但离通组达户要求、农民群众愿望的差距依然较大。因此,按照村庄规划,通过宅基地的整理与置换,推动自然村落的整合与农户的相对集中居住,可以从根本上改变农居点多面广、建设效益和效率差的现状,促进有限资金、资源的集约高效使用,促进农村基础设施和公共服务事业在中心村建设中,实现全方位、宽领域、多层次的对接、覆盖和提升。

4. 有利于解决村庄基础设施建设、公共服务事业发展资金需求大与村级集体经济薄弱之间的矛盾

按照布局优化、道路硬化、村庄绿化、路灯亮化、卫生洁化、河道净化的要求,建设基础设施配套、公共事业完善、社会服务健全的中心村,需要投入大量的资金。因此,必须确立农民群众和村集体经济组织在新农村建设中的决策主体、投入主体和受益主体的地位,充分发挥其在新农村建设中的主人翁和主力军的作用。在浙江省村级集体经济相对比较薄弱、农民群众普遍较富这一"村弱民强"的省情下,通过宅基地的整理置换和竞价选位,可以

发挥农村宅基地的一部分物权功能和价值潜能,使新农村建设产生内生性的动力,缓解农村基础设施建设和公共事业发展资金不足的问题。

5. 有利于县(市)域经济社会发展用地需要与用地指标紧张之间的矛盾

当前,浙江省各地经济社会发展不同程度地存在着"成长的烦恼",遇到了土地、信贷、能源、资源等要素的制约。特别是经济社会发展所需用地,不仅要受土地利用总体规划、农保率、用地指标等的控制,还需要同质量的耕地占补平衡。如何按照建设资源节约型和环境友好型社会的要求,拓展发展空间,节约集约利用土地,实现区域经济社会的又好又快发展,是当前各级政府贯彻落实科学发展观所面临的一个重大课题。浙江人多地少、土地资源贫乏的省情,以及在围田造地、土地整理潜力日趋减少的情况下,要缓解用地指标紧张的矛盾,就必须在"腾笼换鸟"、盘活存量上找出路、做文章。按照"用地集约、资源共享、设施配套"的要求,对占地面积大、居住分散的农村宅基地进行整理置换,不仅可以推进农村人口的集聚,而且还可以节约大量的农村建设用地,复垦出更多的耕地,实现农村建设用地减少与城市建设用地增加、自然村落缩减与农村社区集聚的良性循环。

四、农村新社区建设

社区是指聚居在一定地域范围内的人们所组成的社会生活共同体。农村社区是在农村生产生活方式基础上,由一定的人群、一定的地域、一定的生产和生活设施、一定的管理机构和社区成员的认同感等要素构成的社会实体,具有经济、政治、文化和社会等多重功能。传统农村社区向现代农村社区转变,既是工业化、城市化进程中的一个必然现象,也是工业化、城市化水平的一个重要标志。建设农村新社区就是人们在认识工业化进程中农村社区变迁规律后,将传统农村社区改造成为现代农村社区的一种自觉行动。这一过程,实际上就是通过城市文明的辐射,在传统农村社区中更快更多地引入现代因素,让农村社区成为一体化城乡体系中的有机组成部分和"终端"区域,让农村社区成员共享现代城市文明。浙江在实施"千村示范万村整治"工程中,首次提出了以中心村为载体,建设农村新社区的任务要求。党的十六届六中全会明确提出了要"积极推进农村社区"的任务。2006 年11 月,浙江省提出:"推进城乡社区建设。加快推进中小城市、广大城镇和农村社区建设,逐步实现城镇和农村的社区化管理和服务"。党的"十七大"强调要"把城乡社区建设成为管理有序、服务完善、文明祥和的社会生活共同体"。在浙江省农村工业化、城镇化和城乡一体化加速推进的背景下，按照科学发展观的要求，坚持城乡统筹的发展方略，立足浙江经济社会发展的现实基础和全省广大农民群众的需求，积极推进农村社区建设，是摆在我们面前的一个十分重要而又紧迫的任务。

（一）现代农村社区的基本特征和农村新社区建设的基本涵义

相对于传统农村社区来说，农村新社区（现代农村社区）具备以下特征：一是社区人口集聚度较高，社区成员以从事农业生产活动或农村二、三产业中就业的农民为主。二是社区区域规模较大，社区空间布局集中。三是社区服务业发达，社区成员普遍享有社会保障。四是社区经济发达，市场化程度较高。五是社区成员收入水平较高，社区生活质量普遍达到小康。六是社区文化的现代性明显提高，现代文化与传统文化相互交融。七是社区生态环境良好，社区中的居住点、农田、道路、河道普遍实现绿化。八是社区基础设施齐全，社区内部设施配套、对外交通与联系便捷。九是社区组织体系健全，社区组织功能发挥良好。十是社区民主政治制度健全，社区成员普遍享有民主权利。这十个方面也是建设农村新社区的总目标。

农村新社区建设，既不同于国外的城市社区发展和乡村社区发展，也不同于我国的城市社区建设。国外的城市社区发展是为了解决工业化、城市化进程中城市社会出现的各种社会问题，借鉴农业社会中形成的社区这种和谐的人类群体生活方式来改造和治理城市社会，促进城市社会的有机整合和人与人之间的和谐相处；国外的乡村社区发展是为了解决工业化、城市化进程中乡村社区衰落、乡村人口贫困等社会问题，在政府的引导和支持下，动员社区内民间团体、合作组织、互助组织和全体社区居民，共同建设自己美好的社区生活。我国的城市社区建设是为了解决体制转换过程中因"单位制"衰落带来的各种社会问题，借鉴国外城市社区发展的做法，建立新的城市社会整合机制和载体。新世纪初，率先在浙江兴起的农村新社区建设，则是为了顺应工业化、城市化加速发展和农村社区加速变迁的趋势，旨在提高农民生活质量和促进农民全面发展，把传统农村社区改造建设成为现代农村社区，让农村社区成为城乡一体化体系中的有机组成部分和"终端"区域，促进城市现代文明全面向农村辐射，缩小城乡发展差距，建设城乡一体化的新社会。因此，农村新社区建设有它的特殊性，相对于现代城市社区而言，农村新社区建设具有以下六个方面的基本特征。

改革开放与浙江经验研究系列

1. 农村新社区体现全面小康社会建设的水准

根据浙江省第十二次党代会提出的,要全面建设惠及全省人民的小康社会,努力实现"经济更加发展"、"政治更加文明"、"文化更加繁荣"、"社会更加和谐"、"环境更加优美"、"生活更加宽裕"的总体要求,针对"农村是落后社区、农业是弱质产业、农民是弱势群体"这一状况尚未根本改变的实际,农村新社区建设要以实现全面小康为目标,围绕着农村居民的全面发展,以物质文明、政治文明、精神文明和生态环境建设为重点,在党委、政府的支持下,利用社区资源,依靠自身力量,改善社区经济、社会、文化状况,创建一个规划科学、经济发达、文化繁荣、环境优美、服务健全、管理民主、社会和谐、生活富裕的农村新社区,使生活在农村新社区的农民达到全面小康生活的水准。

2. 农村新社区体现高效生态现代农业的发展要求

农村新社区的居民主体是主要从事或兼营农业生产活动的农民,农村新社区要服从和服务于现代农业的发展。要根据现代农业的发展要求保护好生态环境,建设好现代农业综合服务设施。要按照专业化、规模化、集约化的要求,大力发展特色农业产业基地,培育农业支柱或主导产业。要按照区域化布局、产业化经营、品牌化营销的要求,大力发展"三位一体"的农业社会化服务平台建设。要按照全面提升农业的综合生产能力和农产品市场竞争力的要求,大力开展现代农业技能培训,形成特色农业文化氛围。通过新社区建设与现代农业发展的互促共进,努力走出一条经济高效、产品安全、资源节约、环境友好、技术密集、人力资源优势得到充分发挥的现代农业新路子。

3. 农村新社区体现统筹城乡发展和城乡一体化的需要

农村新社区建设要以提高农村社区建设水平和承接城市辐射能力为重点,不断增强城市对农村的带动作用和农村对城市的促进作用,促进城乡要素自由流动和资源优化配置,城乡公共服务设施互联共享,形成以城带乡、以工促农、城乡互动共进的新格局。在此基础上,要按照公共服务均等化原则,加快城市基础设施向农村延伸,城市公共服务向农村覆盖,城市现代文明向农村辐射,建立健全以区域城镇为依托,城乡衔接、功能完备、布局合理的公共交通、供水供电、广电通信、商品连锁、就业服务、社会保障、科技教育、文化设施、卫生体育、应急救助等公共服务体系,让生活在农村社区里的农民享受到便利、安全、高效、多样的公共服务。

4. 农村新社区体现以土地集体所有制为基础的共同富裕的社会主义原则

根据农村社区拥有土地等集体资产、社区管理组织与集体经济管理组织相融合的特殊性,使得经济关系在农村新社区中具有重要的联结作用,以社区农民集体所有制的土地资产为基础的集体经济在农村社区经济发展中具有十分重要的主导作用。要建立健全产权清晰、机制完善的社区集体资产管理体制,以及个体私营经济和社区集体经济合理分工、共同发展的机制,形成多种所有制经济共同发展,努力体现社会主义的先富带后富,实现共同富裕的目标,促进社区农民就业和公共福利事业发展。因此,农村新社区要把促进农民增收和集体经济发展作为工作的出发点和落脚点,积极发挥生态、人文、区位等优势,运用经营村庄、经营物业、循环经济的全新理念,借农村社区建设之力,推动农家乐休闲旅游业、村级集体物业经营和循环产业的发展,建设标准厂房、农民公寓、服务设施等,不断开辟农民增收和村级集体经济发展的新增长点。

5. 农村新社区体现现代社区建设的规律

中国的社区建设首先从城市开始,是中国城市适应市场经济发展而进行的一场基层城市管理体制改革的重要切入点,社区建设、社区管理、社区自治成为传统的计划经济向新型的市场经济过渡,成为替代以单位制为主要管理模式的城市基层管理体制改革创新的重点依托平台。农村社区建设是现代城市社区建设向农村地区的自然延伸。为此,要针对传统农村社区人口密度低、社区组织结构封闭、经济社会活动简单、社区设施与文化生活落后、居民传统观念浓厚的事实,按照现代社区建设的要求,以中心村社区建设为重点,加大村庄撤并力度,加强村庄布局规划和建设规划,推动社区生产、生活、服务功能分区,实现人口高度集中和大规模聚集。加快农民分工分业,深化农村社区股份制改造,大力引进人才,实行外来人员属地管理,传统封闭社区全面向现代开放社区转变。

6. 农村新社区体现政治文明建设的要求

秩序和管理机构是协调社区生活关系的调节器,是社区的基本特征。农村新社区的组织建设要坚持党的领导、人民当家作主和依法治国的有机统一的原则,建立健全以社区党支部为核心的组织体系;村民自治进一步完善,实行自我管理、自我教育、自我服务、自我监督;村规民约进一步健全,农民的民主法制意识和文明素质全面提高,广大农民成为德、智、体全面发展的现代农民。以构建和谐农村社区为目标,充分发挥党组织在农村社区建设中的战斗堡垒作用和党员先锋模范作用,创新基层民主形式和基层组织运行机制,扩大农村社区民主,确保农民行使当家作主的权利,不断完善以"四民主、两公开"为核心的村民自治机制。积极培育社区居民普遍认同的社区精神,增强社区建设和发展的凝聚力、创造力。广泛开展富有地方特色、群众喜闻乐见、寓教于乐的农村民俗文体活动,不断丰富农村社区的文化生活。进一步培育和弘扬与时俱进的浙江精神,树立体现改革创新时代精神的道德观和人生价值观,形成奋发向上的社区精神风貌。

(二)浙江省农村新社区建设的几种模式

由于城市化、工业化、现代化的推进是一个渐进的过程,农村社区的规划和建设与农村人口的流动和集聚也有一个发展的过程,受自然条件、区位条件和经济社会发展水平的影响,农村社区的建设、管理、运作有别于城市社区的模式,总结近几年来浙江省社会主义新农村建设的实践,农村新社区的构建主要有以下几种模式。

1. 推进城中村改造,融入城市建设社区

城中村主要是指整个村域在城市扩张中变成城区里的村。根据城市规划和建设的要求,把城中村纳入城市社区建设的范围,按照城市社区的规划、标准和要求进行建设和管理,改造成为城市社区。城中村改造,往往伴随撤村建居并进行整体拆建或异地重建,这些行政村可根据不同的情况进行社区建设。对按行政村为单位进行整体搬迁的,建立新的社区;也可以几个行政村合并组建新的组团式社区;还可以按照农民的意愿,整体或部分融入到城市社区中去。在城中村改造成城市社区的过程中,都要对原村集体经济组织和集体资产的管理形式进行社区股份制改造。

2. 推进城郊村改造,建设城郊型农村新社区

城郊村主要是在城市的近郊和城镇周边地区形成的一批在区位上与城镇紧密相联的村。这部分村情况比较特殊,集体资产较多,兼有农业和二、三产业,社会矛盾复杂,宜建成城郊型的农村新社区。同时,要充分体现城乡结合部的区位环境和兼营农业与二、三产业的特色,还要考虑到今后随着城镇扩张再变为城中村的情况,对这类农村新社区进行整体规划,尽可能按城镇社区来进行建设。

3. 推进行政村区划调整和村庄撤并,建设中心村社区

中心村是农村新社区建设的有效载体,也是建设的重点所在。当前,浙江省以行政村为主体的农村传统社区建设滞后,服务水平不高,其中一个重要原因是现有的行政村规模过小、自然村和居住点过多、村民居住分散。因

此,必须把农村新社区建设与农村行政村区划调整和农民住宅规划建设紧密结合起来,以行政村撤并为先导,以中心村建设为重点,减少行政村数量,扩大行政村规模,完善行政村布局,为农村新社区建设营造良好的载体。把农村新社区建设的着力点放在中心村的建设上,根据中心城市、中心镇的发展规模和各地经济、社会和地理条件,加快编制中心村的布局和建设规划,着重搞好生产力布局、交通设施、基础设施和公共服务设施的规划建设,完善县城区—中心镇—中心村的空间层次及规模等级结构。积极开展迁村并点工作,将一些分散且规模较小的村落相对集中,建中心村。

4. 推进下山移民工程,建设移民社区

对生活在边远山区、库区和缺乏生存条件的欠发达地区,要结合低收入农户奔小康工程的实施和下山移民工程,对自然条件恶劣、交通十分不便的行政村和自然村,实行萎缩性管理,促进人口向城镇和中心村集聚,建设新的社区。对整体搬迁的行政村、自然村等,实行集中安置,按照农村新社区的标准和要求进行建设。

(三)推进农村新社区的十大建设

围绕着为广大农民群众提供有效的社区公共产品和公共服务,全省各地重点开展了社区设施、社区环境、社区经济、社区服务、社区卫生、社区文化、社区教育、社区保障、社区组织、社区治安等十大建设,推进规范化的农村新社区建设。

1. 社区设施建设

完善农村社区布局规划和基础设施建设规划,搞好社区布局,达到布局合理、特色鲜明、美观大方、实用实效的要求。加强农村社区的道路、自来水、供电、通信和社区公共服务等基础设施建设,使村内路网布局合理、主次分明,村内道路全面硬化,自来水、通信网络等普遍入户。加强村内河道建设,给水、排水、污水处理以及供电等设施完善。

全省各级各部门努力按照资源节约、环境友好、城乡一体和创造最佳人居环境的要求,大力推进农村基础设施建设。2006 年,全省累计完成乡村康庄工程 6.58 万公里,公路通行政村率达 97.43%。全省实行县域和乡镇统一供给饮用水的农户达到 471.33 万户,占全省总户数的 43.75%。全省固定电话线路通达的自然村达到 10.92 万个,占全省自然村总数的 94.5%。全省有线电视线路通达的自然村达到 9.82 万个,占全省自然村总数的 85%,移动信号通达的自然村达到 10.74 万个,占全省自然村总数的

92.9%。浙江省农村固话宽带网络通达的自然村达到9.53万个,占全省自然村总数的82.4%。

2. 社区环境建设

农村社区环境建设主要包括社区生态环境和社会环境建设。加强农村水环境、土壤环境、植被环境等自然生态环境建设,搞好社区建成区绿化,主要道路、河道、农户庭院实现绿色,保护好村域内现有的水面,河道实现全面清淤,水质达到Ⅲ类以上。加强社区社会环境建设,形成良好的人际关系,养成良好的生活习惯,健全社区环境保护制度,建立规范的社区保洁制度,集中处理垃圾,消除垃圾污染,形成人与自然的和谐发展。

截至2006年底,全省新增农村公共厕所36647座,新增垃圾箱(池、房)484568个,新增路灯安装数计212299盏,消除露天粪坑241393个。全省实行县(镇)域垃圾统一收集处理的自然村达到62748个,占全省自然村总数的54.45%,开展污水治理的自然村达到17623个,占全省自然村总数的16.06%。

3. 社区经济建设

社区经济是为履行社区职能提供经济保障而开展的社区经济活动的总和。大力发展农村新社区的集体经济,重点发展社区服务业,完善集体资产管理体制,增强集体经济实力,鼓励和支持社区农民创业,大力发展多种所有制经济,为社区发展提供良好的物质基础。

浙江省在安吉和衢州多次召开"农家乐"休闲旅游工作现场会,积极推动休闲农业、"农家乐"休闲旅游业的发展,拓展农民就业增收的门路。许多山区、海岛的村庄把环境整治、古村落和革命遗址保护复建与休闲旅游业、红色旅游业开发紧密结合起来,带动了特色农产品的生产和流通,促进了富余劳动力特别是农村"4050"人员的就业,多方面促进了农民增收。2006年全省共发展"农家乐"休闲旅游村481个,从业人员3.6万多人,营业收入近10亿元。不少城郊村庄利用有利的地理位置,兴建民工公寓,既为外来农民工提供廉价住房,又开辟了集体经济发展的新渠道。

4. 社区服务建设

按照福利性、群众性、服务性和区域性的要求,以农村社区组织为依托,以满足社区内居民的多种需求为目标,以福利性服务、公益性服务、互助性服务、志愿性服务、经营性服务为主要形式,加强医务室、幼儿园、文体活动和老年活动场所、购物等农村社区基础设施建设,完善管理服务制度,健全农村社区服务体系。

新农村建设为发展社区服务创造了良好的条件。各地积极实施"千镇连锁超市和万村放心店"等工程建设,引导各类市场主体,特别是各类超市和供销社,投资发展农村社区的生产生活服务业,促进了商品连锁配送网络迅速向乡村延伸,越来越多的农民可以在自己的家门口放心地购买生活用品和生产资料。至2006年6月,全省已有903个乡镇开设了连锁超市(便利店),"千镇连锁超市"覆盖面达到73.6%;已有3710个行政村开设了连锁配送的村级店,占应建连锁配送村级店的13.6%。

5. 社区卫生建设

加强农村社区的卫生医疗设施,健全卫生服务体系,完善卫生服务制度,建立比较完善的农村新型合作医疗制度,为农村居民提供范围广泛的集预防、保健、医疗、康复、健康教育、计划生育于一体的农村卫生服务,保护和改善社区居民的健康。

全面实施农民健康工程,截至2006年底,乡镇公共卫生管理员总数达1441人,村级公共卫生联络员有32767人。全省各县(市、区)已建立社区卫生服务中心1200个,占应建社区卫生服务中心总数的72.6%,社区卫生服务站(室)6789个,社区责任医生26625人,每个农村居民拥有责任医生数已达0.8人。新型农村合作医疗制度已实现全省87个县(市、区)的全覆盖,参加农民达2902万人,累计报销医疗费33亿多元。从2005年起,为参加新型农村合作医疗的农民免费提供两年一次的健康体检,目前全省农民中有近1500万农民享受着这项政策带来的好处。

6. 社区文化建设

按照因地制宜、健康向上、广泛多样的原则,加强文娱、体育、保健、教育等农村社区文化建设,丰富农村居民的业余文化生活,塑造社区文化,培育社区精神,提升村民素质,增强农村社区的认同感和凝聚力。

浙江省各地深入实施"万个文明单位与万个行政村结对共建文明","万场演出进农村"、"百万图书送农村"、"万场电影下农村"的文化下乡"三万工程"。截至2006年底,1万个文明单位与1万个行政村结对共建文明活动,已结对9689对,向村送图书93万多册,新建和修建文化活动室1800个,结对双方开展文化活动8500多场。各地还广泛开展农民"种文化"活动,农民喜闻乐见的传统文化娱乐活动丰富了农民的文化精神生活、全面实施"农民小康健身"工程,开展农村社区体育活动,全省共有6个县(市、区)和111个乡镇通过省级体育强县、强镇的检查验收。参与创评活动的县(市、区)和乡镇共建有体育馆25座、各级文体中心123个、行政村篮球场3321个、乒乓球室(含室外)3289个、健身路径3972条。

7. 社区教育建设

在加强农村新社区的义务教育、学龄前教育的同时,面向社区成员,兴办社区学校,重点开展道德教育、扫盲教育、法制教育、人口教育、家长教育、卫生教育、技能培训等多形式、多层次、全方位的教育活动,为社区内的每一个人实现终身教育创造条件。

2005年,浙江省开始实施扶持农村中小学教育的"四项工程",以实现"让所有农村孩子念上书、念好书"的目标。到2006年底,累计完成竣工食宿改造工程107万平方米,为30万名贫困学生免费提供爱心营养餐,资助49万名经济困难学生就学,14万名农村中小学教师进行了集中培训,其中7.8万人已通过考试结业。2006年起,浙江省在全国率先实行免收城乡义务教育阶段学生学杂费,这一举措使513万名学生受益,直接为全省中小学生家庭减负11.05亿元。

8. 社区保障建设

加强农村新社区的社会保险、社会救助、社会福利等社会保障体系建设,使广大农民都能享受合作医疗、养老保险、低保等社会保障,基本解决老有所养、病有所医的问题。

至2006年底,全省已有城乡低保对象62.9万人,其中城镇8.9万人,月均补助145.5元/人;农村54万人,月均补助72.3元/人,支出保障金近6亿元。年末全省各种收养性社会福利单位拥有床位10.69万张,收养人员7.56万人。农村"五保"集中供养率92%,城镇"三无"集中供养率98%。现有1500多个乡镇(街道)和2.7万个社区(村)建立了社会救助综合管理服务机构,分别占总数的98.6%和73.4%,社会救助工作人员3.8万名。

9. 社区组织建设

完善农村社区组织建设,健全农村社区组织功能。党组织领导下充满活力的社区自治机制比较完善,社区党组织、社区自治组织及社区民间组织职责明确、制度完善,能有效地开展工作和活动;民主协商机制、矛盾纠纷调处机制、共建机制、民情民意反映机制等配套健全,运转协调。社区班子达到"五个好"要求,干部素质较高,适应社区管理的基本要求。

从2003年起,浙江省全面开展了农村党组织以"三级联创"为基本途径,以强核心、强素质、强管理、强服务、强实力为主要内容的"先锋工程"建设活动。从2004年初至2006年,浙江省已向3万多个行政村派驻农村工作指导员11.1万人次,基本实现了一村一个指导员的目标。各级指导员走访农户,调处矛盾,为所驻村落实项目,争取扶持资金,为农村的稳定与发展做出了贡献。

10. 社区治安建设

确立以人为本的社区治安新理念,创造良好的社区治安环境。加强农村社区的治安工作体制建设,健全社区治安工作组织机构,开展治安宣传教育,依靠社区群众,协同公安、司法部门,对涉及社区的社会秩序和人民群众生命财产安全问题依法进行治理,社区秩序井然、和谐稳定,人民群众安居乐业。

第九章　农村社会建设与农村公共服务发展

当前,相对于经济发展而言,社会发展滞后;而相对于城市社会发展而言,农村社会发展更加滞后。这种状况既与一个国家和地区的发展阶段有关,也与这个国家和地区的发展观及宏观制度安排有关。社会保障、社会事业等公共服务发展在城乡之间的时间差,是每个国家和地区在工业化、城市化进程中的一个必然现象。我国由于长期实行计划经济体制及城乡分割政策,城乡间社会保障和社会事业发展差距很大。20 世纪 90 年代出现的一件件因学生上不起学而自杀的农民负担案件,已经向我们发出了城乡教育事业发展差距扩大的警告,而 2003 年以来出现农村上学难、看病难、就业难、维权难的呼声,更是敲响了经济发展与社会发展日益失调、城乡社会发展差距日益扩大的警钟。率先进入工业化中后期阶段的浙江省,在 20 世纪 90 年代改革与发展的基础上,大力实施统筹城乡经济社会发展方略,积极变革城乡分割、差别发展的制度安排,充分发挥政府的主导作用,着力推进经济与社会的协调发展和农村社会保障、社会事业的加快发展,出现了城乡社会保障和社会事业发展渐趋一体化的趋势。

一、均衡发展的城乡教育

众所周知,一个国家国力的增长与人力资本的积累和教育的发展密切相关。每一个国家的教育发展都经历了受教育人数由少到多、教育发展层次由低到高的过程,而现代社会中人力资本存量的扩大主要取决于初等教育、中等教育、高等教育的普及,这也是一个国家在工业化进程中实现经济起飞和由传统社会向现代社会转变的主要动力。而农村教育的发展,无论是增加受教育人数还是提高教育发展层次,都是至关重要的。浙江省自20 世纪 90 年代以来,教育发展不断迈上新台阶,1992 年确立了科教兴省战略,1999 年开展了创建教育强县活动,2002 年提出了建设"教育强省"的战略目标,2004 年提出了"基础教育从'普九'迈向基本普及 15 年教育、高等教育从精英化迈向大众化"的宏伟目标,并采取了"基础教育抓均衡、高等教育抓质量、职业教育抓结合、终身教育抓体系、教育开放抓重点"的举措,走出了一条有浙江特色的建设"教育强省"的路子。

(一)提高农村基础教育水平

由于我国实行城乡差别发展战略而形成的城乡分割的制度安排和城乡二元社会结构,使得城乡教育发展的差距更为突出,缩小城乡教育发展差距的任务也更加艰巨。率先进入工业化中后期阶段的浙江,面对新世纪初工业化、城市化水平不断提升对劳动力素质提出的新要求,面对城乡教育发展差距扩大带来的农民在参与工业化、城市化、市场化中的弱势状态,加快发展农村基础教育,着力提高农村基础教育的发展水平,大力推进城乡基础教育均衡化发展。

1. 普及农村基础教育

浙江省从清嘉庆年间开始从城镇到乡村兴办小学。中华人民共和国成立后,浙江省小学教育事业得到恢复和发展,1965 年,全省入学儿童占学龄儿童的 85.41%。"文化大革命"期间普及初等教育工作受到挫折。党的十一届三中全会以后,浙江省普及初等教育工作步入正常轨道。1980 年,浙江省开始分四类县分批推进普及初等教育工作。1984 年,全省有 64.4%的县(市、区)达到基本普及初等教育的要求。1985 年,浙江省颁布《浙江省实行九年制义务教育条例》并于当年 9 月施行。1989 年,全省所有县(市、区)基本实现了普及初等教育的目标。同年 3 月,浙江省实行普及九年义务教育地方行政首长负责制,并重新调整九年义务教育发展规划,将全省普及九年义务教育的时限调整到 2000 年前。2003 年,全省小学入学率达到 99.99%,初中入学率达到 98.49%,流动人口子女入学率达到 96.9%,并实行了城乡经济困难家庭教育救助制度,为他们提供免费义务教育。2004 年,浙江省在全国率先作出了"在 9 年义务教育的基础上将基础教育延长至 15 年"的决定,涵盖从学前 3 年到高中毕业的 15 年时间。2005 年,浙江省又提出把建设"教育强省"的重点放到农村,大力普及农村学前 3 年教育、高中段教育和特殊教育,加大农村基础教育投入,改善农村办学条件,促进城乡基础教育均衡化。

2. 实施农村中小学"四项工程"和现代远程教育工程

2005 年,浙江省为了促进城乡基础教育均衡化发展,作出了到 2007 年实施农村中小学"四项工程"的决策,即实施"家庭经济困难学生资助扩面工程",使受资助者比例比目前扩大一倍;实施"农村中小学食宿改造工程",使义务教育阶段寄宿学生平均每人住宿面积达到 3 平方米、1 人 1 床,生均食堂面积达到 1 平方米;实施"爱心营养餐工程",对 40 余万贫困生免费提供营养餐;实施"农村中小学教师素质提升工程",使 17 万名农村中小学教师 3 年内轮训一遍。省财政为此每年投入 4 亿元,市(县)财政三年专项投入 30 亿元。到 2007 年底,"四项工程"建设任务已全部完成,累计资助家庭经济困难学生 176 万人;为 90 万名义务教育阶段中小学学生提供免费爱心营养餐;竣工食宿面积 282 万平方米,使农村中小学生人均宿舍面积达到 3 平方米,人均食堂面积达到 1 平方米;完成 21 万人、86 万课时的农村教师全员培训任务。设立 500 万元省级民族教育专项资金,对少数民族中小学校提供办学补助。成立省盲人教育资源中心、听障教育资源中心和智障教育资源中心,首次开办聋人教育普通高中班,全省三类残疾儿童少年入学率达 98.5%。实施支教制度,规定城镇中小学教师在晋升高级教师职称时必须有在农村或欠发达地区支教 1 年的经历,2005 年开始每年从教育强县选派 100 名骨干教师到欠发达县和海岛县支教 1 年。为解决农村中小学普遍存在的图书数量少、种类单一、书籍陈旧等问题,推进素质教育,经浙江省政府同意,自 2007 年起至 2010 年,在全省实施"农村中小学书香校园工程",按全省农村中小学生每人每年 5 元的标准,为农村中小学添置纸质图书和杂志,每年所需经费 1400 万元全部由省财政承担。

由于经济、历史、社会等多方面的原因,特别是城乡二元社会结构的制约,农村地区学校基础薄弱,师资水平、办学条件、教学手段、教育质量等各方面的城乡差别很大,特别是偏远地区因交通不便、信息闭塞、生活艰苦和中小学面广点多,优质教育资源严重匮乏。为使广大农村受教育者共享城市名校名师的教学资源、先进的教育理念、科学的教学方法、先进的现代文化,解决农村地区教育资源匮乏、师资短缺等问题,提高农村人口普遍受教育程度和农村教育质量,缩小城乡教育发展差距,促进城乡教育协调发展,体现教育公平,2005 年,浙江省实施了农村中小学现代远程教育工程。2006 年,浙江省启动了面向欠发达县和海岛县的"农村中小学现代远程教育工程多媒体项目",欠发达县和海岛县的 418 所农村中小学均拥有一个设备完整的多媒体教室及一套多媒体教学资源。

（二）率先实行免费义务教育制度

2006 年初,中共中央、国务院出台的《关于推进社会主义新农村建设的若干意见》提出,"2006 年对西部地区农村义务教育阶段学生全部免除学杂费,对其中的贫困家庭学生免费提供课本和补助寄宿生生活费,2007 年在全国农村普遍实行这一政策"。2006 年 6 月 29 日,第十届全国人大第 22 次常委会通过《义务教育法》修订案(2006 年 9 月 1 日起施行),修订后的《义务教育法》规定:"义务教育是国家统一实施的所有适龄儿童、少年必须接受的教育,是国家必须予以保障的公益性事业。实施义务教育,不收学费、杂费。国家建立义务教育经费保障机制,保证义务教育制度实施。"至此,免费义务教育制度在中国开始正式实施,从此义务教育不仅仅是公民的义务,也成了政府的义务。

浙江省是全国第一个实施全省免费义务教育的省份。宁波市早在2002 年就在全国开了实行免费义务教育的先河。2002 年 7 月 1 日,宁波市政府出台了《关于对宁波市级经济欠发达乡(镇)教育扶持实施暂行办法》,规定对全市 14 个经济欠发达乡(镇)和 6 个片区义务教育阶段的中小学生实施"两免一补"政策,即免收杂费和住宿费,并按被扶持范围内义务教育阶段学生总人数的 50%补助代管费。2004 年春季,绍兴县率先实施分步免费义务教育,提出到 2007 年全县 10 万名接受义务教育的学生全部免缴学杂费和书本费。从全省来看,浙江省委、省政府为了不让一个适龄孩子因为家庭经济困难而失学,从 2003 年起,就对"低保"家庭子女、福利机构监护的未成年人、革命烈士子女、"五保"供养的未成年人以及残疾学生等五类困难家庭的学生义务教育阶段和高中段教育实行全部免费。2005 年,又将免除杂费的对象扩大到农村居民年人均收入 1500 元以下、城镇居民年人均可支配收入 3000 元以下的低收入家庭子女、少数民族学生,使受资助的家庭经济困难学生由原来的 20 余万人扩大到 50 万人,受资助面由原来的 4.48%扩大到 9%左右;"低保"家庭子女等五类困难家庭学生的受资助项目也在原杂费的基础上扩大到课本费、作业本费、住宿费,各级财政为此支付了 2.5 亿元。2005 年底,浙江省委、省政府正式作出决定,从 2006 年秋季开始,全省城乡义务教育免收学杂费。至此,浙江省成了全国第一个全面实行免费义务教育制度的省份。2006 年 4 月,浙江省政府印发《关于浙江省义务教育中小学生免除学杂费实施意见的通知》(浙政办发〔2006〕66 号),对"全省义务教育阶段中小学生全部免除学杂费"的享受对象、免费标准、经费保障、管理体制等作出了具体规定。享受免除学杂费政策的对象不仅是指在经县级以上教育行政部门批准的城乡义务教育阶段学校就读的学生、本地户籍学生，还包括正常转入浙江就读学生以及符合条件在转入地接受义务教育的外来（跨省、跨县）务工人员子女等。

(三)大力发展职业教育

职业教育是现代国民教育体系的重要组成部分，是实现农业社会向工业社会转型的重要法宝，是破解就业压力加大、产业结构优化升级和"三农"问题的重要途径，也是把我国巨大的人口压力转化为人力资源优势的长远大计。我国的职业教育发展比较落后，是整个教育事业发展中的一个薄弱环节。我国从 20 世纪 90 年代开始重视发展职业教育，1996 年颁布了《职业教育法》，2002 年国务院作出了《关于大力推进职业教育改革与发展的决定》（国发〔2002〕16 号），2005 年 10 月，国务院再次作出《关于大力发展职业教育的决定》，并于 11 月召开了全国职业教育工作会议，对今后一个时期我国职业教育发展提出了明确的要求，我国的职业教育取得了长足的进步。

1. 浙江农村职业技术教育的历史沿革

1958 年初，为适应农业生产发展需要和高小毕业生升学的要求，浙江省海宁、临安等地率先办起了一批农业中学。1963 年，浙江省人民委员会下发了《关于发展和提高农业中学的意见》，明确农业中学主要招收 16 周岁以下的农村高小毕业生和具有同等学历的农村青少年，实行半耕半读，以培养初级农业技术人才为目标，1964 年，全省共有农业中学 1590 所。"文化大革命"期间，浙江省的农村职业教育发展受到挫折。1978 年 8 月，浙江省委召开全省教育工作会议，要求中等教育结构改革要同招工用人制度改革同时进行，并将一部分普遍中学改为农业中学和中等技术学校，到 1980 年，全省有农业高中 158 所、农业初中 18 所。1983 年 4 月，浙江省政府发出《关于改革和发展农村学校教育的决定》，要求"各级政府一定要把培养农村技术人才的工作，列为整修农村经济发展计划的有机组成部分"。同年 11 月，浙江省政府办公厅下发了《关于大力发展中等职业技术教育的实施意见》、《关于实行先培训、后就业若干问题的暂行办法》，此后，全省农村职业技术教育得到迅速发展，到 1990 年，全省县及县以下农村职业高中发展到 236 所，在校生近 6.4 万人。农村职业高中的办学形式是多样的，主要有教育部门办、其他部门办、厂矿企业办、民主党派办、私人办和联合办等多种形式，教育部门办的大多是由普通中学和农业中学改办而成的。业务部门办和厂矿企业办的也基本上都是在职工学校、子弟学校的基础上改办的。私人办的农村职业高中对国家农村职业技术教育起到了拾遗补阙的作用。农村职业高中的专业设置是因地制宜的,既反映当地的特殊要求,又充分体现为经济发展服务、为农民致富服务的办学方向。经济发达地区一般以培养知识密集型产业及第三产业领域的技术人才为主;一般地区则注重培养传统制造业和农林牧渔等领域的技术人员;贫困地区以培养脱贫致富的能人、带头人为重点。

2. 新世纪农村职业教育的大发展

进入新世纪以来,浙江省针对工业化中期阶段劳动力需求结构的变化,高度重视发展职业教育,坚持"普教"与"职教"双轮并驱,2001—2005 年连续 5 年实现"普教"与"职教"之比 1∶1,这在全国是唯一的省份,还创出了职业教育的"浙江模式"。2000 年,浙江省委、省政府在全省教育工作会议上明确提出要大力发展职业教育,要求在高中段教育中"普教"与"职教"比保持 1∶1。2001 年,浙江省政府召开全省职业教育工作会议,明确提出职业教育必须"做大做强",把职业教育重点放在农村,要求各级政府增加投入、盘活存量、优化结构、提高质量,促使中等职业学校上规模、上水平,提出"各地在加快发展高中段教育的进程中,必须加强对初中后分流的宏观调控,确保中等职业教育年招生数占高中段招生总数的 50% 以上,促进普教职教协调发展。"2004 年 9 月,浙江省政府召开全省农村教育工作会议,进一步提出大力发展职业教育的要求,强调职业教育要以就业为导向,以服务为宗旨,加快培养大批高技能人才和高素质劳动者,要求各级政府"像抓经济工作一样抓职业教育",发挥职业教育在推进城镇化进程、转移农村劳动力、推进农业现代化、提高劳动者素质、增强产业竞争力、促进就业和再就业等方面的重要作用。为了鼓励初中毕业生报考职业学校,一些地方采取发放"职教教育券"、对于报考急需专业和贫困学生减免学费等政策。据 2004 年统计,全省中等职业学校招生 28.94 万人,比 2000 年增加 10.5 万人;在校生 81 万人,比 2000 年增加 27 万余人;校均规模 1501 人,比 2000 年净增 916 人。

2006 年 6 月,浙江省政府召开全省职业教育工作会议,明确了"十一五"时期全省职业教育发展的目标、重点、抓手和政策,要求通过实施"六项行动计划",达到"职业教育与普通高中招生规模 1∶1,高等职业教育与高等普通本科教育招生规模 1∶1;中高等职业教育为社会输送 200 万毕业生,为农村、企业提供职业技能培训 200 万人以上;到 2010 年,全省产业工人队伍中具有中级工技能水平的达到 45%,高级工以上的达到 15%、力争达到 25%"

的目标。一是实施职业教育助学奖学行动计划。2007年,对农村居民人均纯收入1500元、城镇居民人均收入3000元以下的低收入家庭等困难学生72372人免收学费和代管费,提供免费营养餐,学生人数占总数的10%。对3303名大中专院校农业种养类专业学生全部免除了学费。2007年秋季入学起实施国家中职学生助学新政策,除三年级学生外,每位中职学生都能享受到国家助学金,标准为每生每学年1500元。二是实施中等职业学校实训基地建设行动计划。2007年,全省新建了70个省级实训基地、10个省级公共实训基地、150个地方实训基地和一批地方性示范专业。省级财政投入1.5亿元,市县投入超过9亿元。三是实施中等职业学校师资队伍建设行动计划。2007年,共有3578名教师参加省级高技能培训,并获得高级工、技师、高级技师职业资格,有15名中职专业课教师获得"浙江省技术能手"称号;培训了专业负责人191人,骨干学校校长66人。四是实施县级骨干职业学校建设行动计划。2007年,重点建设119所县级骨干职业学校,完成50个省级示范专业建设任务。浙江省对欠发达县(市、区)45所职业学校重点进行了扶持。五是实施校企合作行动计划。2007年,全省各地共建立了2500多个联系紧密的校外实习基地,组织评选表彰20个优秀校外实习基地和10个优秀校企合作职工教育培训基地。六是实施提升劳动力素质行动计划。2007年,全省组织5.24万名应届初高中毕业生参加了农村预备劳动力培训,其中完成6个月培训的有3.82万人、7～12个月培训的有1.42万人,84.1%的结业学员顺利取得职业资格证书或农业"绿色证书"。

(四)积极发展社区教育

社区教育是成人教育、继续教育的深化和拓展,是社区公共服务的组成部分,也是提高国民整体素质和构建全民学习、终身学习的学习型社会的有效载体。社区教育一般是指在一定地域范围内,充分利用各类教育资源,旨在提高社区全体成员整体素质和生活质量,促进区域经济建设和社会发展的教育活动;是具有"全员、全程、全面"特点的区域教育,与各类正规教育有着紧密的联系和合理的分工,对各类教育进行整合,侧重于对社区内正规教育进行延伸和补充;是以成人教育为核心的非功利性教育。农村社区教育在工业化、城市化、现代化进程中具有基础性、先导性、前沿性的地位和作用。浙江省在大力发展城市社区教育同时,结合农村社区建设,以提高农民整体素质和生活质量为中心,充分利用和有效整合农村社区内的各类教育资源,广泛开展内容丰富和形式多样的农民教育培训活动,努力构建农民终身教育体系和农村学习型社会。尽管从总体上来看,浙江农村社区教育仍处于发展阶段,但在实践中也初步探索了一些有益的做法。

1. 以农民成人教育为核心的农村社区教育

浙江省早在 1929 年就相继成立了省、市、县识字运动委员会,建立民众学校。中华人民共和国成立后,浙江省军管会根据"在全国进行识字教育"的号召,结合农业生产活动组织农民开展冬学。1950 年,浙江省政府颁布《关于 1950 年农村冬学实施办法》,当年有 130 万名农民上冬学。1952 年 10月,浙江省政府成立扫盲工作委员会。期间各地分批将冬学转为民校,采取"农闲多学,农忙少学,大忙放假,忙后复课"的原则,坚持常年办学,至 1965年,全省共扫除了农村青壮年文盲 340 万多人。1979 年后,曾在"文化大革命"中一度中断的农村扫盲工作得到了恢复和发展,各地积极推广学校老师和回乡初高中毕业生包教所在村青壮年农民文盲、半文盲的做法,组织村干部集中脱盲,举办夜小学,堵住新文盲,至 1983 年,全省青壮年农民文盲、半文盲的比例由 1979 年的 33％下降到 16.38％。1988 年,浙江省政府发出《关于进一步贯彻国务院〈扫除文盲工作条例〉的通知》,1990 年,为了配合"国际扫盲年"活动,成立了由教委等 10 部门组成的扫除文盲工作协调小组,形成了全社会对扫盲工作齐抓共管的局面。到 1990 年底,全省 15～40周岁人口中非文盲人数比例已达到 91.09％。在抓好农民扫盲工作的同时,各地还着力抓好农民业余技术教育。1958 年"大跃进"中,全省共办起了303 所红专学校。1962 年,浙江省科协等 6 部门联合下发了《关于加强科学普及,支援农业生产的意见》,全省办起了一批业余初、中级技术学校,每年约有 2 万名农民参加学习。

改革开放以来,农民学技术、学文化的高潮也逐渐兴起。各地认真贯彻全国《乡(镇)农民文化技术学校暂行规定》,加强了乡镇成人文化技术学校建设,到 1992 年,全省成立乡镇成人文化技术学校 1168 所,村成人文化技术学校 5551 所,全省有 385 万农民参加了文化和各类技术培训。1988 年,浙江省成立了中国农村致富技术函授大学浙江分校(1990 年更名为浙江省农村致富技术函授大学),到 1992 年,全省共建有市、县农函大分校 70 所,期间共招收农民学员 6.8 万人,平均结业率在 80％以上,学员结业后一般都能掌握一二项农村实用技术。与此同时,浙江省还积极开展农民中等专业教育,到 1985 年成立了省、市、县三级农业广播学校分校,采用省统一考试的办法招收回乡初中生和同等学力的青年农民、农民技术员,到 1992 年,全省共成立市、县农广校 81 所,期间共招生 3 万余人。

跨入新世纪,浙江省以成人教育为核心的社区教育实现新的发展。2005年,成人高考录取10.2万名新生;实施乡村医生中医大专学历教育项目,首次通过成人高考录取72人进入浙江中医学院学习;实施"扶千名人才、促千村发展"计划,首次面向全省211个欠发达乡镇选拔84名从事农林生产的贫困家庭子女,通过成人高考进入浙江林学院就读农林类大专专业;加大农村自学考试服务工作,在70%以上的乡镇自考工作站建立自考生学习活动室,全年有10万余名农村社会成员参加自考学历教育;推进自学考试与普通高校学分互认、与职业教育沟通衔接工作,全年累计接纳自考生150万人次,本专科毕业生2.4万人;深入实施"千万农村劳动力素质培训工程",全省培训136万人,其中农业专业技能培训37万人、农民转移就业技能培训55万人、务工农民岗位技能培训38万人;开展农村后备劳动力职业技能培训11万人,其中企业职工和农民"双证制教育"6万人;有238所职业学校和811所农村成校被各级政府指定为农村劳动力素质培训基地。

2. 浙江省开展农村社区教育的主要做法

一是因人制宜开展教育培训。把就业技能培训作为农村劳动力素质培训的重点,促进更多的农业剩余劳动力转移就业;加强对农民特别是专业大户、专业合作社社员的农业实用技术培训,促进他们尽快转变为现代农民;重视对全体农民科学生活、健康卫生、法律法规、文化艺术等各方面的教育培训,提高农民的文明素养。在开展成人教育培训的同时,各地还重视社区内婴幼儿教育、青少年学生校外素质教育和青年教育;开展培训、研讨、交流、竞赛、参观、文艺表演等内容广泛、形式多样的活动。二是把学习型组织建设作为工作载体。各地充分调动和发挥农村社区内各类组织、单位、家庭、个人举办和参与社区教育活动的积极性,大力倡导学习型企业、学习型单位、学习型团体、学习型楼组、学习型家庭等的建设,学习开始成为越来越多农民的自觉行动。一些县(市)在建设学习型组织的基础上,兴办县级社区教育学院、社区教育中心,提高社区教育的发展水平。三是充分利用和整合社区教育资源。各地拓展和挖掘现有教育资源的功能和潜力,发挥现有教育资源的作用,特别是充分发挥现代远程教育的作用和充分利用家庭中电视机、录像机、计算机等各种设备,建立农村社区现代远程教育网络,努力提供农民多样化的学习方式。积极调动社会力量投资发展农村社区教育,开发新的社区教育资源,在发展0～3岁儿童早期教育、老年人教育等方面发挥了积极作用。四是建立"政府主导、社会参与、社区自主"的农村社区教育管理模式。不少地方把农村社区教育的发展纳入区域经济社会发展规划和教育发展规划,充分发挥政府的统筹作用,创造有利于农村社区教育发展的舆论氛围和政策环境;采取"政府拨一点、社会筹一点、单位出一点、个人拿一点"的办法,努力解决农村社区教育的投入问题;政府有关部门发挥职能作用,支持农村社区教育,为农民接受教育培训提供便利。一些地方还把发展农村社区教育与农村社区建设、文明村镇创建结合起来,在推进社区建设和文明创建中加快发展农村社区教育;加强农村社区教育队伍建设,因地制宜、专兼结合,充分发挥志愿者作用,努力形成以必要的专职人员为骨干、以兼职人员和志愿者为主体的适应农村社区教育的管理队伍和教师队伍,特别是注重发挥了各行各业在职工作人员和离退休老干部、老教师、老专家等的作用。

二、城乡一体的农村公共卫生服务

国民的健康素质是一个国家社会发展水平的重要指标,而公共卫生服务则是提高国民健康素质的重要保障,是国民生存和发展的基本要求,也是政府向国民提供的最基本的公共产品之一。长期以来,由于政府职能缺位和市场失灵,公共卫生服务体系建设严重滞后,农村的公共卫生服务更为落后。近年来,浙江省按照建设"卫生强省"的目标,高度重视农村卫生工作,以实施"农民健康工程"为抓手,全省各地普遍开展了农村公共卫生服务体系建设,县、乡、村三级公共卫生服务网络正在快速形成。

(一)夯实农村卫生工作的基础

中华人民共和国成立前,浙江省农村卫生事业落后,城乡卫生资源分布极不平衡,农村只有少量个体诊所,广大农民群众不仅得不到基本的医疗服务,还长期遭受鼠疫、霍乱、天花、血吸虫病等瘟疫的侵袭。中华人民共和国成立以后特别是改革开放以来,浙江省的农村卫生事业得到了长足的发展。

1. 发展村级卫生组织

浙江省的村级卫生组织经历了一个曲折的发展过程。自 1968 年 12 月毛泽东同志对湖北省长阳县乐园公社实行合作医疗做了重要批示后,浙江省与全国一样,掀起了大办合作医疗的高潮。1977 年,全省农村 87% 的生产大队办起了以合作医疗为主要形式的村级卫生组织。20 世纪 70 年代末80 年代初,农村合作医疗制度出现了曲折,村合作医疗站纷纷解体,

1980—1989 年的 10 年间,平均每年下降 6.5%,到 1989 年,全省实行合作医疗的村仅占总村数的 2.4%。农村合作医疗解体以后,绝大多数农民自费医疗,一些基本的医疗难以得到保障,因病致贫、因病返贫的情况重新出现。为此,浙江省实施整顿合作医疗保健制度,调整村卫生室布局,推行村集体办村卫生室的经验,建立乡医管会,解决乡村医生的报酬等一系列措施,使农村合作医疗出现了新的转机,到 1993 年,全省有 21% 的村恢复了合作医疗。

2. 农村爱国卫生运动

1953 年 3 月,成立浙江省爱国卫生运动委员会,1957 年,浙江省人大一届五次会议作出了《关于除四害、讲卫生为中心的爱国卫生运动决议》《关于消灭血吸虫病的决议》,掀起了声势浩大的除四害、讲卫生、消灭疾病的爱国卫生运动。20 世纪 60 年代后期,浙江省结合实际,实施"两管五改"(即管水管粪、改水改厕改圈改灶改环境),预防疾病流行。1997 年,在"文化大革命"期间停顿 10 年的爱国卫生运动得到恢复,农村沼气和改厕事业得到了新的发展,浙江省政府制定了 1981—1990 年 10 年改水规划,采取有力措施改善农民饮水条件,到 1995 年,全省共有卫生厕所 366 万座,无害化厕所普及率达到 32%,农村改水累计受益人口 3470 万人,占农村总人口的 93.7%。

3. 实行初级卫生保健

根据全国农村《2000 年人人享有卫生保健》的工作要求,浙江省于1983 年在萧山首先开展了以初级卫生保健为主要内容的农村卫生示范县建设。1990 年 11 月,浙江省政府办公厅发出了《关于全省初级卫生保健工作情况和意见》《浙江省 2000 年人人享有卫生保健规划目标》,提出了全省初级卫生保健工作分二步走、三个实施阶段的总体规划和 16 条最低标准,要求各地以村卫生室建设、合作医疗保健制度建设、改厕和健康教育为重点,把实施初级卫生保健工作作为农村精神文明建设的重要内容和实现小康社会的重要标志,纳入干部岗位责任考核内容。到 1992 年,浙江省成为全国"初级卫生保健试点达标省",进入全国先进行列,食品卫生合格率、传染病发病率、新法接生率、婴儿和孕妇系统管理率等指标已接近或达到最低限标准。到 1995 年,全省已有 75% 的县达到农村初级卫生保健最低限标准,全省村卫生室覆盖率达到 88%,平均每 1500 个农业人口拥有一个村卫生室。

(二)城乡统筹的农村公共卫生服务事业发展

针对农村公共卫生服务体系的脆弱和农村公共卫生服务的缺失等问

题。跨入新世纪以来,浙江省委、省政府以"三个代表"重要思想和科学发展观为统领,先后两次召开全省农村卫生工作会议,并把加强农村公共卫生服务体系建设作为统筹城乡、建设社会主义新农村的重要任务,农村卫生工作全面加强,公共卫生体系不断完善,城乡社区卫生服务框架基本建立,医疗卫生技术水平和能力显著提高,初步形成了覆盖城乡、功能健全的医疗卫生服务体系,人民健康水平得到进一步提高,主要健康指标已经达到中等发达国家水平。

1. 强化城乡卫生发展规划的编制

为使卫生事业的发展能与浙江提前实现现代化同步,2001 年,浙江省政府在全国率先制定了《浙江省卫生现代化建设纲要(2001—2020 年)》。2004 年,浙江省委从建设文化大省,提高综合竞争软实力的战略高度出发,在全国率先提出"卫生强省"建设的构思。2006 年,浙江省政府正式颁布《浙江省卫生强省建设与"十一五"卫生发展规划纲要》,"卫生强省"的农民健康工程、公共卫生建设工程、城乡社区健康促进工程、科教兴卫工程、"强院"工程、中医药攀登工程等"六大工程",被纳入《浙江省"十一五"国民经济和社会发展规划》中,使"卫生强省"建设成为全省各级党委、政府发展卫生事业的共同行动纲领。浙江省政府明确了农村公共卫生的三大类 12 项工作任务,出台了一系列加快发展城乡社区卫生服务的政策措施。同时,浙江省的区域卫生规划、医疗机构设置规划、重大疾病控制规划、中医药发展规划、卫生法制发展规划、数字卫生建设规划等专项规划的编制工作也得到了高度重视,形成了与浙江经济社会发展相适应、与人民群众健康需求相一致的科学规划体系,有序地推动了卫生事业的健康发展。

2. 全面建立新型农村合作医疗制度

自 2003 年以来,浙江省不断健全和完善新型农村合作医疗制度建设的政策、机制。在自愿参加的基础上,建立了以家庭为单位,以县(市、区)为单位统筹,个人缴费、集体扶持和政府资助相结合的农村合作医疗筹资机制,建立了政府主导、卫生部门牵头、相关部门配合、经办机构运作、医疗机构服务、农民群众参与的管理运行和监督机制。加强信息化工作管理,逐步形成高效方便的结报方式。截至 2007 年 8 月底,全省 87 个县(市、区)已全部实行了新型农村合作医疗制度,参合人数 3000 万人,参合率 89%,人均筹资水平达 90.4 元。全省累计到位资金 61.23 亿元(其中各级政府资助 33.06 亿元),已有 299.4 万人次报销了住院费用,2184.29 万人次得到门诊、体检报销,累计支出住院报销费用 45.27 亿元,支出门诊、体检报销费用 5.04 亿元,住院患者合作医疗次均补偿额为 1637.58 元,住院补偿率为 23.62%。有 80 个县(市、区)实行了小病在乡镇卫生院及村卫生室门诊给予每次报销 10%～30%费用的政策,门诊报销受益面达 42%。新型农村合作医疗制度实施三年多来,在人均筹资水平仅 90 元的情况下,达到了 23.6%的住院补偿率,42%的门诊受益面。新型农村合作医疗制度的实施,较好地减轻了广大农民的医疗费用负担,降低了农村"因病致贫、因病返贫"现象的发生。

3. 全面实施农民健康工程

2005 年 8 月,浙江省政府提出要扎实推进"农民健康工程",按照让农民群众"有地方看病、看得起病、加强预防少生病"的要求,完善农村新型合作医疗、医疗救助制度和农村公共卫生服务体系,全省农村新型合作医疗、三大类 12 项公共卫生服务覆盖率都达到 90%以上;为参加新型农村合作医疗农民免费提供两年一次的健康体检,并建立健康体检档案。截至 2007 年 9 月底,全省已对 2416 万名参合农民进行了健康体检,共检出各种病患 387 万人,占总体检人数的 16%,对体检出来的患病对象,纳入社区卫生服务的重点对象,加强跟踪服务,努力做到"无病早防、小病早发现、大病早治疗",并为农民建立了健康档案。

4. 加快城乡一体化的社区卫生服务机构建设

早在 1999 年,浙江省就在全国率先提出要发展城乡社区卫生服务。加强乡镇卫生院标准化建设,并且逐步改造成社区卫生服务中心,开展集医疗、预防、保健、康复、健康教育、计划生育技术指导等"六位一体"的社区卫生服务。加强村级医疗卫生机构建设和管理,将村卫生室改造成为社区卫生服务站,实行对社区卫生服务中心的统一管理。目前,全省共有社区卫生服务中心 1200 余家,服务站 6700 余个,建立了 1400 余人的乡镇公共卫生管理员和 3.3 万人的村级公共卫生联络员队伍,乡村医疗卫生机构一体化管理率达 70%以上。全省 2.6 万余名社区责任医生,通过建立农村责任医生制度,明确服务责任区、健全工作制度和考评体系等方法,使全省农村公共卫生服务项目的落实率达到 87.6%,形成了覆盖全省的多层次、多形式的城乡一体化的社区卫生服务体系。

5. 建立健全县、乡、村三级公共卫生管理体制

县、乡、村三级公共卫生管理体制和服务网络是实施"农民健康工程"的载体。长期以来的城乡卫生分治和乡村卫生弱化,使得农村公共卫生服务缺乏有效的通道。各地在实施"农民健康工程"中,都把加快构建县、乡、村三级公共卫生管理体制和服务网络作为基础任务。

明确县、乡政府和村级组织的职责。浙江省政府提出,县(市、区)政府对农村公共卫生承担全面责任,负责组织、协调、督查农村公共卫生工作的开展,并将农村公共卫生工作情况纳入有关部门和乡镇干部绩效考核内容。村级组织负责本村范围内的公共卫生管理工作。

明确县、乡、村三级卫生机构的职能。浙江省政府提出,县级医疗卫生机构是农村预防保健和医疗服务的业务指导中心,依法履行公共卫生工作职责,承担辖区内疾病预防控制、妇幼保健、医疗救治、卫生监督以及对农村卫生技术人员的业务培训和指导等工作。乡镇卫生院主要承担公共卫生和基本医疗服务,受县级卫生行政部门委托承担辖区公共卫生管理职能。村卫生室等村级医疗卫生机构接受村"两委"、乡镇卫生院的管理和指导,主要承担责任区域的公共卫生信息收集与报告、常见病的初级诊治和转诊、健康宣教,协助建立健康档案、疾病预防控制和妇幼保健等工作。

提高农村卫生技术人员素质。浙江省政府要求,严格准入条件,在全行业内择优聘用农村卫生技术人员。强化农村卫生技术人员学历教育,不断提高执业医师和执业助理医师的从业比例。加强在职医务人员全科医学知识转型教育和乡村医生全科医学知识培训。落实城市支援农村卫生的相关规定,开展城市医院结对帮扶乡村卫生机构、卫生扶贫、卫生下乡、巡回医疗等活动。

6. 不断加大政府对公共卫生的投入

近年来,按照公共财政要求,省、市、县各级政府积极调整财政支出结构,加大转移支付力度,对人民群众健康保障的投入明显增加。浙江省卫生经费财政拨款从 2002 年的 18.5 亿元增加到 2006 年的 52.5 亿元,年均增长 20％以上。公共卫生经费从 2002 年的 3.9 亿元增加到 2005 年的 9.3 亿元,年均增长 28％以上。中医经费从 2002 年的 1.6 亿元增加到 2006 年的 2.4 亿元,年均增长近 8％。尤其是 2005 年起实施的农民健康工程,省财政对新型农村合作医疗、农民健康体检和农村公共卫生项目服务按不同经济类型地区每年每人分别给予补助,每年共计转移支付达 7 亿元,全省各级财政投入每年达 20 亿元,浙江省农民年人均受益在 55 元以上。

此外,浙江省十分重视把有限的增量资金主要用于农村和经济欠发达地区,用于儿童、妇女和低收入人群的基本医疗卫生保健,用于公共卫生和中医药事业的发展。近年来,全省加强了农村卫生院的基础设施建设,启动了"200 强卫生院建设项目",扩大了"母婴健康工程"实施范围,新增了"麻—风—腮"疫苗的儿童计划免疫,开展妇女病普查等。同时,积极探索公共财政的投入方式,对现阶段的农村公共卫生服务和城市社区卫生服务实行项目管理,采取政府花钱买服务的办法,经费补给需方,供方通过提供的医疗卫生服务获得收入,提高了医疗卫生机构的工作效率和服务质量。

三、日臻完善的农村公共文化服务体系

文化是根,是精神支撑,是构成综合竞争力的软实力。文化资源是经济社会发展的重要资源,文化素质是公民的首要素质,文化的力量可以转化为物质的力量,文化的软实力最终可以成为经济社会发展的硬实力。文化权利是公民的一种基本人权,公共文化服务体系建设,是政府加强公共服务的重要职能,体现了以人为本科学发展观的要求。浙江省委、省政府针对公共文化服务体系建设的重点和难点在农村,以及公共文化设施建设滞后、公共文化资源利用率偏低、公共文化建设的体制机制不够完善等问题,积极探索,大胆创新,把构建农村公共文化服务体系与社会主义新农村建设有机结合起来,加大文化资源对农村的倾斜力度,初步形成了设施比较健全、产品较为丰富、活动比较正常、覆盖较为广泛的农村公共文化服务体系的雏形。

(一)浙江省农村文化事业发展的历史沿革

浙江素称戏剧桑梓之乡,江南曲艺发祥之地,民俗民风多姿多彩。经过长期的发展,形成了婺、绍、瓯、睦、姚、湖等剧种和由落地唱书衍变成的越剧,以及走书、道情、评话、鼓词等地方曲艺。有江南丝竹、民间吹打乐等民间音乐,有盾牌舞、龙灯舞、狮子舞、竹马舞、采茶舞等民间歌舞,有彩灯、抬阁、赛龙舟等民俗活动,还有竹编、石雕、木雕等民间工艺。农村民间文化活动也相当活跃,凡是较大一点的村庄,一般都建有相当考究的戏台,经常邀请戏班子来村演戏。鲁迅先生笔下的《社戏》,就生动地描述了当时绍兴农村水乡的民间文化活动盛况。

中华人民共和国成立后,浙江省在接管、改组、整顿、清理旧的文化机构的基础上,兴建了各种文化设施,要求有条件的地方成立不脱离生产的农村剧团。配合土地改革、抗美援朝、爱国增产节约和卫生运动,通过农村剧团、幻灯放映、广播收音等,组织群众文娱活动,宣传时事政策。到 1952 年,全省已有农村剧团 2039 个,共创作剧本 1717 个,演出 3034 场,观众 1273 万人次,有文化站 157 个,图书活动站 1196 个,试建了 71 个农村俱乐部。"文化大革命"期间,农村文化工作遭受了严重的挫折。

党的十一届三中全会以后,通过拨乱反正,浙江农村文化逐步得到复苏,出现了万象更新的局面。1979 年,召开全省文化馆馆长会议,提出农村文化工作的重点要转移到为实现社会主义现代化建设的服务上来。1981年,浙江省委批转了《全省建设农村文化中心经验交流会议纪要》,要求全省推广建设融文艺演出、群众文化、科技普及、群众体育、广播宣传于一体的农村文化活动中心,至 1985 年,全省建有农村文化活动中心 664 个。随着农村经济的发展,社会生活的变化,物质水平的提高,农民群众对精神文化生活的需求性越来越高,参与性越来越强,在此形势下,浙江省农村文化工作按照"双百"方针,从单一走向多样,从直接配合政治运动走向寓教于乐,从欣赏型走向参与型,音乐、舞蹈、戏剧、美术、摄影、文学等社团如雨后春笋般涌现,形成国家、集体、个人共办农村文化的新格局,以文化馆、文化站为中心的农村文化网,成了农村宣传社会主义精神文明的主阵地和广大农民喜爱的文化娱乐场所。村落文化、家庭文化、企业文化、校园文化共同发展,农民画、农村民间艺术从乡村走向了城市,有的还走向了世界。同时,广大文艺工作者遵循"文艺为人民服务、为社会主义服务"的方向,广泛开展送戏、送电影、送书、送文化下乡活动,历年来,全省各专业剧团每年到农村演出达2 万次以上,占总演出场次的 59%。

(二)新时期的农村公共文化服务体系建设

进入新世纪,浙江省进一步加大文化建设力度,先后出台了《关于加快建设文化大省的决定》、《关于进一步加强农村文化建设的实施意见》、新农村文化建设"十项工程"等政策、文件,对农村公共文化服务体系建设进行了全面的部署。中共中央办公厅、国务院办公厅发布《关于进一步加强农村文化建设的意见》以后,浙江省于 2007 年 4 月,召开了全省农村文化工作会议,把构建农村公共文化服务体系作为新农村建设和农村文化工作的重要目标,列入各级经济和社会发展的总体规划。加大公共财政对农村文化建设的投入,"十五"期间,省财政用于农村文化建设的投入达到 11.23 亿元,处于全国领先地位(仅次于广东省),比"九五"期间增长了 166.11%。"十一五"期间,省财政专门设立了 1.09 亿元的农村文化建设专项资金,保障农村文化建设"十项工程"的顺利实施。

1. 实施农村文化基础设施建设工程,不断完善农村文化活动阵地

农村文化基础设施建设是保障农民群众文化权益的前提和基础,"十一

五"期间,浙江省明确提出了"两馆一站一室"的建设目标。一类地区和城市区(县)图书馆、文化馆建筑面积不低于国家二级馆标准(1500平方米),二类地区不低于国家一级馆标准(2500平方米)。因地制宜建设综合性的文化艺术中心,具有独特地方文化资源的县(市)可建设特色博物馆。加强文化馆综合服务功能和图书馆(室)的数字化建设。乡镇(街道)建设集图书阅读、广播影视、宣传教育、文艺演出、科技推广、科普培训、体育和青少年校外活动等功能为一体的综合性文化站。一、二类地区乡镇文化站建筑面积各不低于500平方米、1000平方米,中心集镇文化站建筑面积不低于发达地区省级"东海文化明珠"相应硬件标准(1500平方米)。加强农村文化资源的综合利用,鼓励将闲置校舍、旧礼堂、旧宗祠等改建成村级文化活动场所。推进发达地区村文化活动室标准化建设。围绕"县有两馆、乡有一站、村有一室"的建设要求,各地以创建文化先进县、"东海文化明珠"、文化示范村(社区)为载体,加大力度,建设与经济社会发展相适应的公共文化设施,新建和改建了一批基层公共文化设施,初步形成了县、乡、村三级农村公共文化基础设施网络。至2007年底,全省90个县(市、区)已建有县级文化馆87个,县级图书馆79个;新开工建设乡镇综合文化站139个;乡镇文化站、村文化活动室覆盖率分别达到54%、70%。

2. 实施"三万工程",满足农民群众的精神文化需求

按照"人人参与文化、人人享受文化"的要求,为切实解决农村群众看戏难、看书难、看电影难的"三难"问题,实施"万场演出进农村"、"百万册图书送农村"、"万场电影下农村"的"三万工程",积极打造文化下乡服务品牌,提高农村公共文化产品生产供给能力。

农村电影放映"2131"工程。按照《浙江省农村电影改革发展试点工作方案》,建立多种所有制、多种主体和多种发行放映方式相结合,公共服务和市场运作相协调的农村电影发行放映体系,形成覆盖全省的具有集聚和辐射效应的农村数字电影发行放映网络,努力从根本上解决农民群众看电影难的问题。

送戏工程。根据"三贴近"的要求和广大农民群众的文化需求,有针对性地组织一些农民喜欢的文艺节目资源下农村。市、县(市、区)文化行政主管部门组织专业或者业余文艺团队,下乡镇、行政村举行公益性的文艺演出活动。充分利用流动舞台表演车和文艺小分队的形式,深入到文化薄弱乡镇演出,活跃农民群众的精神文化生活。

送书工程。根据广大农民群众的知识层次、阅读需求和发展需要,有针

对性地组织一些农民喜爱的图书下农村。在县级图书馆设立图书配送中心,县级图书馆在乡镇文化站设立图书配送分中心,通过分中心向村流通点配送图书,实现城乡图书信息资源的流通和共享。

3. 实施"文化信息资源共享工程",拓宽农村群众获取文化资源的渠道

依托农村党员干部现代远程教育系统、数字电视和中小学远程教育等网络系统,建成符合浙江省实际、具有浙江省特色的基本覆盖城乡的数字文化服务体系,消除城乡数字文化鸿沟,提升农村文化的信息化水平。完成了市、县级分中心与农村党员现代远程教育系统县级中心资源库的挂牌工作,实现资源互通。

4. 实施文化遗产保护工程,切实加强农村历史文化遗产的抢救与保护

出台和施行《浙江省非物质文化遗产保护条例》、《浙江省非物质文化遗产代表作保护管理办法》、《浙江省非物质文化遗产传承人艺术津贴(补贴)管理办法》,促进非物质文化遗产保护的法制化、科学化、规范化。在全国率先实施民族民间文化遗产保护工程,建立覆盖全省的三级非物质文化名录保护体系。大力发展农村特色文化与文化产业。加强对农村优秀民族民间文化资源的系统发掘、整理和保护,培育扶持民间艺术之乡、特色艺术之乡、特色文化村镇、民族民间文化生态保护区,表彰民间艺人,科学有效地开发具有民族传统和地域特色的剪纸、绘画、陶瓷、泥塑、雕刻、编织等民间工艺项目,戏曲、杂技、花灯、龙舟、舞狮舞龙等民间艺术和民俗表演项目,古镇游、生态游、农家乐等民俗旅游项目。实施特色文化品牌战略,培育一批文化名镇、名村、名园、名人、名品。

5. 实施农村文化活动繁荣工程,大力扶持发展农民自办文化

通过民办公助、政策扶持,鼓励农民积极参与各类文化活动,使农民群众成为农村文化建设的主体。明确各县(市、区)、乡镇(街道)要切实承担起组织策划农村文化活动的责任,"十一五"期间,各乡镇(街道)每年都要组织一次以上农民群众为主体的文化展演活动;各县(市、区)要在区域范围内精选一批优秀的民间文艺节目,每年组织一次农村文艺汇演;在县级文艺汇演的基础上,选拔一批节目,在全省范围内组织两次省级文艺汇演。2005年,村级业余文体队伍共开展各类活动31万场次,平均每村9场次,总参与人数达到6236万人次。浙江省下发《关于在全省农村开展"千镇万村种文化"活动的意见》,组织开展农民"种文化"活动,形成了一批组织有力、活动经常、设施齐全、特色鲜明的"种文化"先进乡村,传承了一批积淀深厚、内涵丰富、形式独特、群众喜爱的优秀乡土文化,培养了一批源于民间、扎根农村、

各具特色、各有专长的农村文体队伍和文化能人,使农村文体活动成了农民群众健康生活的重要组成部分。

6. 实施农村文化队伍素质提升工程,建立一支专兼结合的农村文化工作队伍

针对近几年农村文化队伍骨干、专业人才流失现象严重,人员老化,新进专业人员很少,不少农村民间艺人绝技近乎失传的问题,启动了农村文化队伍素质提升工程。一方面,探索建立乡镇文化工作人员准入机制,新录用乡镇文化工作人员须经公开招聘,依照相关法律法规的规定对乡镇文化工作人员实行从业资格制度。另一方面,充分加大对现有农村文化工作人员的培训力度。对全省文化馆馆长、图书馆馆长、乡镇文化员、业余文艺队伍骨干、村文化管理员进行轮训,提高他们的专业技术水平、职业道德素养和实际工作能力,形成覆盖全省的群众文化队伍网络,构建农村公共文化人才体系。2007 年,省级组织培训了文化馆馆长和图书馆馆长 200 人,文化站站长 200 人,音乐、舞蹈专业人员 200 人;各县(市)组织培训了乡镇文化员 478 人,村级业余文艺队伍骨干 4800 人,村级文化管理员 1720 人。目前,全省各县(市、区)共有文化馆从业人员 1522 人,其中中级以上职称人数 644 个,约占从业人数的 42.3%。

7. 实施农村文化先进创建工程,发挥先进典型示范作用

根据文化阵地工程建设新的目标要求,完善了浙江省级文化先进县、"东海文化明珠"、文化示范村、文化示范社区的评选标准,并且创新评选方式,采取集中评审的方式,使评审更公平、更公开、更透明。2007 年共命名"浙江东海文化明珠"42 个、"浙江省文化示范村"64 个、"浙江省示范社区"21 个。杭州市拱墅区、温岭市被浙江省人民政府命名为"浙江省文化先进县(市、区)"。

四、渐趋城乡一体的农村社会保障体系

社会保障制度是社会文明进步的重要标志。在我国,社会保障主要包括社会救助、社会保险、社会福利、社会优抚等内容。20 世纪 90 年代中后期以来,内需不足的宏观环境和国有企业的改革攻坚,使职工下岗、失业和再就业问题凸现;市场作用的日益发挥和多种所有制经济的快速发展,使收入差距进一步扩大;劳动就业制度的深化改革、老龄化社会的快速到来和人们

提高生活质量的迫切要求,使养老保险、医疗保险面临新的困难;城乡差距的不断扩大和农民群体内部的收入分化,使建立农村社会保障制度显得越来越迫切。浙江省委、省政府从构建和谐和全面建设小康社会的大局出发,按照"统筹城乡经济社会发展"和"建立与经济发展水平相适应的社会保障体系"的要求,不断深化社会保障制度改革,加快扩大社会保险覆盖面,大力建设社会救助体系,不断完善城市社会保障体系,积极建设农村社会保障体系,基本形成了以社会保险为重点、资金来源多渠道、保障方式多层次、权利和义务相对应、管理服务社会化的社会保障体系,全省城乡基本实现了老有所养、病有所医、弱有所助、贫有所济、幼有所学,统筹城乡社会保障体系建设走在了全国前列。

(一)率先建立覆盖城乡的农村社会救助体系

社会救助体系是现代社会保障体系的重要组成部分。社会救助就是由国家和社会按照法定的程序和标准,在公民无法维持最低生活水平时向其提供满足最低生活需求的物质援助的社会保障制度,是对已经陷入贫困的社会成员提供最起码的生活保障的有效手段和最后一道社会安全网。市场经济的发展扩大了区域间的发展差距和人群间的贫富差距。特别是浙江由于县域经济发达,在大多数农民快速增收的同时,部分农民收入难增和农民群体内部收入差距扩大的问题比较突出。在这种情况下,浙江省委、省政府根据中央的有关精神和现代社会的发展规律,积极建立和不断完善覆盖城乡的社会救助体系,实现了城乡人人无饥寒、有书读、能看病。

1. 农村困难户救济

社会求助制度在早期的农村,主要是为了保障农村困难户。中华人民共和国成立以后,随着农业的发展,浙江农村逐步摆脱贫困步入温饱,农民收入也在稳步提高,但由于经济发展不平衡以及抵御自然灾害能力弱和突发事故频发等原因,农村中尚有不少困难户存在。为此,浙江省一贯采取救济与扶贫相结合的办法,保障人民生活和农村社会的稳定。党的十一届三中全会以后,扶持贫困户工作得到了恢复和发展,明确对老弱病残缺乏劳动能力又不具备扶贫条件的农村困难户,给予定期定量救济,1979 年至 1991年,全省共发放农村困难户救济款 1.33 亿元,得到救济的困难户 1171.96 万人次。

2. 率先实行城乡一体的最低生活保障

最低生活保障是社会救助体系的最重要组成部分,是国家和社会对家庭人均收入低于当地最低生活标准的人群进行救济,使其达到最低生活标准的一种社会救助制度。1993年,上海率先建立了城市最低生活保障制度。1996年,浙江省针对市场经济条件下农民群体内部贫富差距不断扩大的问题,在全国率先建立了覆盖城乡的最低生活保障制度,当年全省有30多个县建立了覆盖城乡的最低生活保障制度,到1997年底,全省88个县(市、区)全部建立了这一制度。2001年8月,浙江省根据国家出台的《城镇居民最低生活保障条例》,又以浙江省政府令形式颁布实施了《浙江省最低生活保障办法》,最低生活保障制度走向规范化、法制化,这也是全国首部省级城乡一体的最低生活保障办法。《浙江省最低生活保障办法》规定,家庭人均收入低于其户籍所在的县(市)或设区的市的最低生活保障标准的居民、村民,均有从当地政府获得基本生活物质帮助的权利;最低生活保障的标准由当地政府根据城乡差别分别确定。2005年底,浙江省按照确保"城乡人人无饥寒"、实行"应保尽保"的前提下,不断完善最低生活保障制度,形成了与消费水平相适应的最低生活保障标准的调整机制,规定"建立健全与经济发展和物价上涨水平相适应的正常增长机制,在应保尽保的前提下,适时调整城乡居民最低生活保障标准:城镇居民最低生活保障标准一般按当地最低工资标准的40%确定,农村居民最低生活保障标准原则上按城镇居民最低生活保障标准的60%确定。同时,健全价格上涨动态补贴制度,根据低收入群体居民消费价格指数,在物价上涨较快年份,对最低生活保障救助对象实行一次性基本生活物价补贴"。至2005年底,全省享受最低生活保障的人数61.0万人,其中城镇8.8万人,农村52.2万人,城乡月平均保障标准分别为223元/人、129元/人,城乡月平均补助额分别为135.4元/人、60.4元/人,全年保障金投入5.6亿元。

3. 率先实行城乡一体的医疗救助和教育救助

随着最低生活保障制度的加快推行和不断完善,城乡困难群众的基本生活有了保障,但看病难、上学难问题依然十分突出。医疗、教育等救助制度是由政府提供的,为了帮助家庭经济困难人群在满足基本生活需求后,参与最起码的社会生活的一种保障制度。2003年,浙江省政府印发了《关于加快建立覆盖城乡的新型社会救助体系的通知》(浙政发〔2003〕30号),要求全省"加快构建覆盖城乡的新型社会救助体系,建立健全对困难群众的长效帮扶机制"。这样,浙江省又在全国率先建立了覆盖城乡的医疗救助和教育救助体系。《通知》要求:"对少数患特大病而陷于极度困难的城乡居民,建立大病医疗救助制度予以必要的救助。""建立健全教育救助制度,为最低生保障等贫困家庭的子女提供免费义务教育,对其接受高中段教育免交学费、代管费。继续做好贫困大学生就学资助工作。同时,积极开展社会捐助、结对帮扶助学等活动,动员社会力量帮助贫困家庭子女完成学业。"

根据经济发展水平和社会消费水平的不断提高,浙江省医疗、教育救助的范围也逐步扩大。2004年,教育救助的范围从"最低生活保障的贫困家庭"扩大到"低收入的困难家庭",2005年又将免除杂费的资助对象扩大到农村居民年人均收入1500元以下、城镇居民年人均可支配收入3000元以下的低收入家庭子女、少数民族学生,同年全省接受资助的中小学生扩大到50万人,资助项目也在原杂费的基础上扩大到课本费、作业本费、住宿费,并以"教育券"的形式予以资助,全省财政为此投入2.5亿元。医疗救助的范围不断扩大、力度不断加大,2005年底,浙江省政府下发《关于进一步完善新型社会救助体系的通知》(浙政发〔2005〕65号),要求针对各类困难群众的困难程度和救助需求,在分层、分类的基础上,给予困难群众最低生活保障或其他专项救助,以进一步体现应保尽保、公平公正、区别对待、因地制宜的原则,整合各类社会救助资源,更好地发挥最低生活保障以及养老、医疗、教育、住房等救助的功能和作用,提高社会救助水平。

4. 实行农村困难群众的住房救助

多年的改革开放中,浙江大多数农民随着收入的不断增长,住房条件也不断改善,但还有少数困难群众至今尚未改善住房条件,这些农民依靠其自身的力量来改善住房条件,难度很大。为了逐步解决农村困难群众的住房困难问题,确保到2010年全省实现全面建设小康社会的目标,2006年,浙江省政府出台了《关于实施农村困难群众住房救助工作意见的通知》(浙政办发〔2006〕92号),建立了农村困难群众住房救助制度。至此,浙江的住房救助制度也实现了城乡一体化。《通知》提出,按照建立覆盖城乡的新型社会救助体系和住房保障体系的要求,通过多渠道筹集资金、多方式实施救助,建立和实施农村困难群众住房救助制度,按照"科学规划,统筹建设"、"因地制宜,分类救助"、"自力更生,多方帮扶"的原则,逐步改善农村困难家庭的住房条件。2006年全省完成5000户农村"低保"家庭危旧房改造,力争到2010年基本解决农村困难群众住房困难问题。

(二)加快建立与市场经济体制相适应的农村社会保险体系

社会保险制度是现代社会保障制度的核心和主体,它是指国家通过立法构建的旨在保障劳动者在因年老、疾病、伤残、生育、死亡、失业等风险事故暂时或永久失去劳动能力,从而在收入发生中断、减少甚至丧失的情况下,仍能享有基本生活权利的一种社会保障制度。伴随着工业化、城市化的加快推进,农民社会保险缺失的问题越来越突出。农用土地征用数量的迅速扩大,造就了一大批"失地农民"。与城镇居民相比,农民素质相对较低,到非农领域就业困难,又没有社会保险,缺乏基本生活的来源;医疗费用的急剧上升,导致了一批有病不医的农民,农民健康缺乏保障的问题越来越突出。针对上述状况,浙江省率先建立了被征地农民基本生活保障制度和农村新型合作医疗制度,探索了建立农村社会保障制度和让农民共享发展成果的有效途径,社会保障这一现代社会的制度越来越多地走近农民。

1. 率先建立被征地农民基本生活保障制度,开启了"土地换社保"的先河

随着工业化、城市化进程的加快,非农建设用地需求量明显增加。但在向农民征地过程中,由于征地补偿标准偏低、不同用途的征地补偿标准不一,被征地农民的合法权益受到损害,部分被征地农民就业困难和生活缺乏保障,这已成了影响农村社会稳定的一个隐患。为了解决这一问题,浙江省政府出台了《关于加强和改进土地征用工作的通知》(浙政发〔2002〕27 号),对土地征用制度进行改革,要求完善土地征用补偿安置办法、加大被征地农民就业工作力度、建立健全被征地农民基本生活保障制度。2003 年 5 月,浙江省劳动保障厅、国土资源厅、财政厅、民政厅、农业厅等五部门联合出台《关于建立被征地农民基本生活保障制度的指导意见》(浙劳社农〔2003〕79 号),明确了被征地农民基本生活保障制度的实施范围、保障标准和操作办法,从养老保险层面上,提出了被征地农民基本生活保障的办法,并进一步明确了各方的出资比例:政府承担部分不低于保障资金总额的 30%,村集体经济组织和个人承担 70%。2003 年 9 月,浙江省政府又出台了《关于加快建立被征地农民社会保障制度的通知》(浙政发〔2003〕26 号),明确被征地农民社会保障是一个"与城镇社保体系既有区别又相衔接的被征地农民社会保障的制度框架和运行机制",要求对被征地农民的保障从以养老保险为主向其他保险拓展。同年 9 月,浙江省政府印发了《关于加快建立覆盖城乡的新型社会救助体系的通知》(浙政发〔2003〕30 号),进一步提出被征地农民的社会保障从长远看应当接轨城镇社会保险体系,要求有条件的地方按照养老保险"双低"办法,直接纳入城镇社会保险体系。2005 年 4 月,浙江省政府印发了《关于深化完善被征地农民社会保障工作的通知》(浙政办发〔2005〕33 号),提出"从 2005 年 1 月 1 日起,各地对新增的被征地农民,必须做到即

征即保",要求各地"妥善解决被征地农民的医疗保障问题",进一步推动了被征地农民的社会保障从养老保险为主向包括医疗保障在内的全方位社会保障拓展、从解决被征地农民的生存问题向维护合法权益转变。到2005年6月,全省所有市、县(市、区)均出台了被征地农民基本生活保障制度和实施办法。到2006年6月底,全省有207.5万名被征地农民纳入社会保障范围,其中174.3万名参加基本生活保障,已筹集保障金215亿元。

2. 率先建立以新型农村合作医疗为重点的医疗保险制度,农民看病难问题大大缓解

浙江省是国务院确定的建立新型农村合作医疗制度的四个试点省之一。2003年8月,浙江省政府根据《国务院办公厅转发卫生部等部门关于建立新型农村合作医疗制度意见的通知》(国办发〔2003〕3号),出台了《关于建立新型农村合作医疗制度的实施意见》(浙政发〔2003〕24号),在自愿参加的基础上,建立了以农户家庭为单位,以县(市、区)为单位统筹,个人缴费、集体扶持和政府资助相结合,以农村大病统筹合作医疗为主体的农村新型合作医疗制度。在这一过程中,一部分农民工和失地农民也参加了职工医疗保险。为了切实解决农民工的医疗保险问题,提高农民工参与医疗保险的比重,一场农民工参加医疗保险的专项扩面行动于2006年初在全省各地全面铺开。此项行动以省会城市和大中城市为重点区域,以农民工比较集中的加工制造业、建筑业、采掘业和服务业等为重点行业,以与城镇用人单位建立劳动关系的农民工为重点对象,以农民工大病医疗保障为重点内容,按照"低费率、保大病、保当期、以用人单位缴费为主"的原则,积极将农民工纳入医疗保险制度范围,确保参保农民工享受相应的医疗保险待遇,并积极探索完善农民工参加医疗保险和新型农村合作医疗的衔接办法和政策。

3. 积极探索建立农民社会养老保险制度,让农民的养老不再依赖土地

20世纪90年代中期,随着农村计划生育工作的扎实开展和老龄化社会的来临,土地和家庭越来越难以继续成为农民养老的保障手段。1995年起,浙江省实行农村社会养老保险制度,建立以自我保障为主、自助与互济相结合、储蓄积累式的个人账户,至20世纪90年代末,全省参加农村养老保险的农民有600万人,养老保险基金有23亿元,占全国总量的10%,居全国第4位;但由于种种原因,原农村养老保险制度不再继续扩大,并于新世纪初将其与城镇职工的养老保险工作统一纳入到一个部门的统一管理。事实上,在农村社会保障制度体系中,农民养老保险制度依然缺失。针对这种情况,在1999年浙江省人大颁布了《浙江省职工基本养老保险条例》,将农民工纳

入了保险范围。新世纪以来,在贯彻实施《浙江省职工基本养老保险条例》中,浙江省政府要求各地向农民工覆盖。近年来,不少地方针对农村中老年人口比例迅速增加的情况,实行了农村老年人养老补助制度和农民养老保险办法,保障老年人有基本生活来源。例如,宁波鄞州区政府于 2005 年 12 月出台了《发放老年人员生活补助金实施办法(试行)》,规定从 2006 年 1 月 1 日起,男满 60 周岁、女满 55 周岁的城乡居民,每月可享受 80～120 元不等的生活补助,区财政为此将每年安排 7000 万元以上。又如,舟山市在推进农村新社区建设中,对老年农民实行每月 30 元的补助。2006 年 4 月,浙江省委、省政府出台的《全面推进社会主义新农村建设的决定》提出:"按照个人养老储蓄为主、集体补助为辅、政府适当补贴的原则,加快建立面向农业劳动者的农村社会养老保险制度。"2008 年 1 月,第十一届人大一次会议上的政府工作报告明确指出,"在有条件的地方稳步开展农村养老保险试点"。据此,杭州、宁波、嘉兴已在全市范围内开展了这方面的试点。

(三)快速发展的农村社会福利和社会优抚事业

社会福利一般是指由国家和社会团体提供的、社会保险和社会救助之外的各项社会福利和公共服务。我国的社会福利是为城镇"三无"老人和农村"五保户"、残疾人和孤残儿童等最困难群体提供救助和支持的一种政府主导下的救助性、补缺型的制度。社会优抚也是国家和社会依据对法定的优抚对象提供确保一定生活水平的资金和服务的带有褒扬和优待抚恤性质的制度。

1. 率先实行农村"五保"和城镇"三无"对象的集中供养

农村"五保"和城镇"三无"对象是社会中最困难群体之一,建立集中供养制度是保障这一特殊老人群体生活、安度晚年的有效举措。2003 年起,浙江省政府《关于加快建立覆盖城乡的新型社会救助体系的通知》(浙政发〔2003〕30 号)提出,要在试点的基础上,实施农村"五保"和城镇"三无"对象集中供养制度,力争 3 年内全省集中供养率达到 80％以上;科学规划,合理布局,积极整合利用社会各方资源,加快农村敬老院、城市福利院等养老基础设施建设;明确农村"五保"对象集中供养经费由县(市、区)、乡镇政府和村集体按比例分担,省财政对欠发达县实行财政转移支付。同时,积极鼓励和引导社会力量参与,逐步建立起多元化投入、多形式供养的保障机制。浙江省政府于 2006 年 5 月印发了《关于促进养老服务业发展的通知》(浙政办发〔2006〕84 号),要求全省各地大力支持养老服务业,加快建立与经济社会发展水平相适应、能满足老年人生活需求的养老服务体系。在城乡规划建设和旧城(村)改造中,要求根据老年人口数量增长和养老需求提高的趋势,将老年公寓、养老院、敬老院等养老机构建设纳入规划,鼓励民间组织、企业和个人采取独资、合资、合作、联营、参股、租赁等方式创办养老机构,为更多的老年人提供生活照料、家政服务、康复护理以及临终关怀等服务。

2. 残疾人福利事业蓬勃发展

经济社会的快速发展也为残疾人事业的发展提供了坚实的基础。针对残疾人特别是贫困残疾人主要集中在农村的实际,切实加强农村残疾事业发展,残疾人在基本生活、医疗、康复、就业、就学、维权等各方面得到很大改善,越来越多的残疾人在政府优惠政策的扶持下,走上了小康之路。

加强对残疾人的劳动技能培训,拓宽残疾人就业门路。针对不同残疾人群的劳动技能需求,各地积极为残疾人提供形式多样、实用有效的劳动技能培训。2005 年,全省各地共举办各类培训班 402 期,免费培训残疾人15760 人次。同时,积极鼓励企业吸纳残疾人就业,支持残疾人从事个体经营、农村种养业,构建残疾人就业信息渠道,开发适合残疾人就业的公益性岗位,促进了残疾人就业。2005 年,全省各地通过按比例就业、集中就业等多种途径安置残疾人就业 1.03 万人。至 2005 年底,全省 74.5 万劳动年龄段内有劳动能力的残疾人中有 85％的残疾人实现了就业。

加强对残疾人的扶贫帮困,满足残疾人的基本生活需求。几年来,浙江采取多种办法加强对贫困残疾人的脱贫扶持。2005 年,全省共落实中央康复扶贫贷款 1800 万元,发放省级扶贫贷款贴息 600 万元,新建残疾人种养业基地 171 个,历年累计建设基地 709 个,帮助 2 万余名农村残疾人摆脱了贫困。2004 年以来,还实施了残疾人"万户安居"工程,至 2005 年末,全省投入残疾人住房改造资金 1.3 亿多元,完成 8859 户残疾人危房改造。

大力发展残疾人社会事业,促进残疾人更多地参与社会生活。加强对残疾学生的扶助力度,率先实行免费义务教育和高中阶段教育。2005 年,全省共为 12889 名残疾学生减免了 320 万元学费。各地还开展"相伴十六年"爱心助学行动,帮助贫困残疾学生完成从小学到大学的 16 年成长历程,2005 年助学金额突破 1000 万元,残疾高考生录取率连续七年在 90％以上。大力开展残疾人文体活动,在全国和国际比赛中获得优异成绩。

第十章　农村扶贫开发与欠发达地区加快发展

现代化进程中的区域发展差距,不仅体现在不同区域之间工业化、城市化水平的差距上,更体现在不同区域之间工业化、城市化带动"三农"发展能力与水平的差距上。改革开放进程中,不甘贫穷落后的浙江农民大胆突破小农经济和计划经济的束缚,不断深化市场取向的改革,在城乡二元结构的体制框架下,在农村内部大力发展乡镇企业、专业市场和小城镇,发起了一场轰轰烈烈的农村工业化和农村城镇化运动,越来越多的农民走上了非农就业和进城落户之路,越来越多的地方走上了传统农业向现代农业转变之路。但因区位条件、历史基础、自然禀赋等方面的差别,不同区域之间工业化、城市化水平的差距和"三农"问题解决程度的差异日益扩大,尤其是进入工业化中期阶段以后,随着发达地区工业化、城市化进程的不断加快,相对来说,欠发达地区发展缓慢、农村贫困的问题更加突出。浙江省根据不同时期农村贫困的特点,采取不同的扶贫开发举措,有效地推动了欠发达地区的农村扶贫开发和经济社会发展。

一、农村扶贫开发的历程

贫困是发展中国家和地区普遍遇到的一个社会问题,反贫困是发展的应有之义。贫困问题的存在,既有自然地理的因素,也有社会体制的因素,还有人的个体因素。由于造成贫困主要因素的不同,贫困问题主要表现为结构性贫困、区域性贫困和阶层性贫困三种类型。1978 年以前,浙江省的贫困问题主要是由城乡二元结构所造成的、农村普遍贫困的结构性贫困。改革开放以来,随着经济体制改革的推进和市场经济的发展,结构性贫困逐步减缓,而由资源禀赋和区位条件差异造成的区域性贫困凸显出来,随之由个体素质和能力差异造成的阶层性贫困也日益突出起来。浙江省的扶贫开发工作就是根据不同

时期贫困问题的主要特征展开的,改革开放 40 年中大致经历了以下五个
阶段。

第一阶段:农村普遍减缓贫困阶段(1978—1985 年)。1978 年,按当时
中国政府制定的贫困标准(年人均收入 200 元),浙江省农村贫困人口有
1200 万人,占全省农村总人口的 36.1%,农村贫困发生率高于全国平均水
平 5.4 个百分点。这一时期的贫困集中发生在农村,主要是由城乡二元结
构和高度集中的农业经营体制与城乡分割的社会管理体制造成的结构性贫
困。1978 年,全省农业人均总产值仅 258 元,农民人均纯收入仅 165 元。解
决农民的普遍贫困问题是当时扶贫开发的主要任务。浙江省政府以实行家
庭联产承包责任制为起点,鼓励农民发展多种农业经营、乡镇企业、农村个
体工商业,逐步放开农产品价格,极大地激发了广大农民的生产积极性,拓
宽了农民发展和增收的领域,解放和发展了农村生产力,一大批农村贫困人
口走上了脱贫致富的路子,农村普遍贫困的问题大大缓解。1978 年至
1985 年,全省农业总产值增长了 52.7%,农民人均收入达到了 548 元,农村
贫困人口减少到 500 万,占全省农村人口比重下降到 15.2%。

第二阶段:区域开发扶贫阶段(1986—1993 年)。在改革开放政策推动
下,浙江省沿海和平原地区抓住了历史机遇,经济快速增长,农村贫困面不
断缩小,但那些地理位置偏远、交通闭塞的山区发展相对缓慢,地区发展差
距开始扩大,区域性贫困问题开始显现。1985 年,全省农民人均收入低于
200 元的乡镇有 334 个,贫困乡镇和贫困人口主要集中在全国 18 个连片集
中贫困地区之一的浙西南山区。浙江省政府自 1986 年起,开始重视解决区
域性贫困问题,以浙西南山区为主要对象,开展了大规模的扶贫行动,成立
了专门的扶贫机构,制定了《浙江省加快贫困地区经济开发有关政策的通
知》,实行了以促进经济发展为重点的"造血"式的扶贫开发,贫困面进一步
缩小。到 1993 年,全省农民人均收入增加到 1745 元,农民人均收入低于
500 元(当时中国政府把贫困标准调整到年人均收入 500 元以下)的贫困人
口下降到 280 多万,占全省农村人口比重下降到 7.8%。

第三阶段:贫困县扶贫攻坚阶段(1994—1999 年)。随着市场经济的快
速发展,浙江省乡镇企业产权制度改革全面推进,民营经济快速崛起,农村工
业化、城镇化开始加速,县域经济发展壮大,贫困人口进一步减少,贫困区域进
一步缩小,贫困县发展迟缓成为区域性贫困的主要问题。1994 年,全省 280 万
贫困人口中有近 100 万贫困人口集中分布在耕地稀少、交通闭塞、生产生活条
件恶劣的 8 个贫困山区县,脱贫难度大,而且一部分已脱贫的人口由于受自然

灾害等因素影响,返贫现象严重。1994年,浙江省政府根据中央政府制定的"八七扶贫攻坚计划",以文成、泰顺、永嘉、云和、景宁、青田、磐安、武义8个贫困县为重点对象,开始了扶贫攻坚行动,通过实行财政转移支付和部门结对帮扶、推进异地开发和下山移民、发展开发性农业,到1997年,浙江省的8个贫困县以乡镇为单位,人均收入都超过了500元,基本实现了脱贫目标,提前三年完成了国家"八七扶贫攻坚计划",成为全国第一个没有贫困县的省份。同时,在市场经济的快速发展中,由人口素质和能力差异造成的阶层性贫困问题开始凸显出来,城乡居民的收入差距和家庭间的收入差距日益扩大,在城市中也出现了相对贫困的弱势群体。浙江省政府针对这种情况,开始实行"最低生活保障制度",加大了社会救助的力度。到1999年,全省农民人均收入达到3944元,农村贫困人口减少到60万人,贫困人口发生率下降到1.8%。

第四阶段:贫困乡镇扶贫攻坚阶段(2000—2002年)。世纪之交,浙江省市场化、工业化、城市化水平不断提升,经济持续快速增长,城乡人民生活水平明显提高,欠发达山区县的工业化、城市化也开始启动,县城和中心镇发展加快,交通条件明显改善,与发达地区的城镇差异逐步缩小,贫困人口集中的区块缩小到了一些生产生活条件特别差的贫困乡镇,贫困乡镇与发达乡镇差距进一步扩大。1999年,全省农民人均收入在1500元以下的乡镇还有101个,涉及人口105万人,解决贫困乡镇脱贫问题成为扶贫工作的重点。2000年,浙江省政府开始实施为期三年的"百乡扶贫攻坚计划"。到2002年,列入扶贫攻坚的贫困乡镇平均人均收入达到1922元,比1999年增长32.6%,年均增长9.9%,增幅高于同期全省平均水平;1000元以下的贫困人口下降到3.7万人,比1999年减少了14.4万人,贫困乡镇如期实现了脱贫目标,浙江省成为全国第一个没有贫困乡镇的省份。

第五阶段:欠发达乡镇奔小康阶段(2003年至今)。2003年,浙江省政府把扶贫工作的重点从解决绝对问题转到相对贫困问题,把加快欠发达地区跨越式发展和欠发达乡镇奔小康步伐作为全面建设小康社会的重大举措,作出了实施"欠发达乡镇奔小康工程"的战略决策,把2001年农民人均收入低于全国平均水平(2366元)的361个欠发达乡镇作为重点扶持对象。① 经过 5 年的努力,361 个欠发达乡镇农民人均收入达到 4500 元,比 2002 年翻了一番以上;共完成下山搬迁 10.2 万户、36.3 万人;80％以上的欠发达乡镇农民人均收入超过了全国平均水平,"欠发达乡镇奔小康工程"各项目标任务全面完成。

二、农村贫困状况变化与扶贫开发战略转变

贫困的起因是生产力发展在地域上的不均衡和财富分配在人群间的不平等。严格地说,人类社会自产生私有制以来就有了贫困问题,但在进入工业社会以后,由于工业化、城市化推动了生产力的快速发展和社会结构的快速变迁,因自然条件、社会体制和人的个体素质等因素,一部分地区生产力发展滞后,经济社会发展水平较低,一部分人群财富分配较少,生活水平在社会基本生活水准线以下,贫困问题更加凸显。特别是在工业化初期阶段,由于城乡二元结构的形成和强化,农村贫困问题更为突出。不仅如此,贫困的涵义也随着经济社会的发展,从不能满足人的最基本生理需求向不能满足人的最基本社会需求拓展。随着贫困涵义的拓展和贫困状况的变化,浙江省农村扶贫开发在 20 世纪末消除大规模绝对贫困的基础上,进入新世纪以来,不断提升扶贫开发战略。

(一)"百乡扶贫攻坚计划":世纪之交农村扶贫开发的新举措

20 世纪 90 年代以来,浙江以解决贫困人口和贫困县脱贫为重点,认真实行扶贫工作分级负责责任制,加大财政投入力度,扶持发展特色农业,鼓励下山脱贫、异地开发,加强交通、电力、水利、通讯等基础设施建设;动员全社会力量参与扶贫,实行结对挂钩扶贫,开展"扶贫建校"、"希望工程"、"光明工程"等活动,扶贫工作取得了显著的成绩,1997 年全省 8 个贫困县全部摘帽,浙江省成为第一个全省没有贫困县的省份。接下来的两年中,浙江省委、省政府延续和加强扶贫政策,继续对原贫困县进行扶持,巩固脱贫成果,

---

① 2002 年 10 月,党的"十六大"提出,我国已总体上实现了小康。而 2001 年的全国农民人均纯收入为 2366 元。浙江省以此为据,把 2001 年人均纯收入低于 2366 元的 361 个乡镇确定为尚未达到小康水平的欠发达乡镇。这 361 个乡镇,占全省乡镇总数的 25.5％,而 2001 年农村经济总收入只有 193 亿元,仅占全省乡镇农村经济总收入的 1.6％,平均每个乡镇只有 0.53 亿元,仅为全省乡镇平均水平的 6.2％。

1999年全省农村绝对贫困人口从90年代初的270万人减少到60万人,农村贫困发生率从7.6％下降到1.8％,60％以上的乡镇达到省定小康标准。

经过20世纪90年代的奋斗,在世纪之交,浙江农村贫困状况发生了明显变化,突出表现在,以县为单位的区域性贫困基本消除,而以乡镇为单位的区域性贫困日趋突出。据对全省乡镇情况的分析,1997—1999年三年平均农民人均收入在1200元以下的乡镇还有100个左右。这些乡镇主要分布在"老、少、边、穷"的欠发达地区,自然条件恶劣,资源对人口承载能力低,基础设施落后,交通闭塞,缺乏必要的生存和发展的条件;经济基础薄弱,市场化程度低,科技文化教育落后,劳动力素质较低;贫困人口比重大,集中了全省2/3左右的农村贫困人口。这些乡镇单纯依靠自身力量和现有条件难以脱贫。浙江省委、省政府根据这一客观状况,作出了实施"百乡扶贫攻坚计划"的决策,扶贫工作的重点实现了从以县为单位到以乡镇为单位的转变。

实施"百乡扶贫攻坚计划",就是以贫困乡镇为扶贫工作的主要对象,加大扶贫攻坚的力度,重点扶持100个贫困乡镇。贫困乡镇脱贫的目标是,乡镇的农民人均纯收入达到1500元以上;农民人均纯收入增长幅度不低于全省平均水平;基本消除人均收入1000元以下的贫困户;生产和生活的基础设施得到明显改善,形成稳定脱贫的经济基础。

浙江省委、省政府要求各地顺应经济市场化、国际化和城市化不断加快的新趋势,以增加农民收入和增强农民致富能力为核心,抓住经济结构战略性调整的机遇,把发挥政治优势与运用市场经济办法有机结合起来,把转移贫困乡镇的人口、劳动力与引进发达地区的资本、技术、人才有机结合起来,把贫困乡镇的脱贫致富与发达地区的经济发展有机结合起来,把贫困乡镇的产业发展与生态环境建设有机结合起来,增强扶贫工作的整体性和系统性,走出一条加快贫困乡镇脱贫致富的新路子,并要求在扶贫工作的目标、思路和办法上实现以下三大转变:一是扶贫工作的目标要从着力于解决贫困人口的温饱问题转到巩固和提高贫困人口的致富能力上来;二是扶贫开发的途径要从单纯扶持贫困人口的就地脱贫转到依靠市场力量,发展农业产业化经营、培育特色优势产业上来;三是社会力量的扶贫要从捐资捐物、帮助贫困人口解决温饱问题为主转到开展互惠互利的经济合作、帮助贫困乡镇培育优势产业和增加劳动就业上来。

1. 积极引导贫困乡镇的人口和劳动力下山移民、异地脱贫,加快向发达地区和城镇二、三产业转移抓住发达地区经济发展加快和城市化进程加速的机遇,利用发达地区良好的基础设施和优越的区位条件,引导贫困乡镇劳动力劳务输出、移民下山、异地开发,向发达地区和城镇转移,实现下山脱贫和异地致富。把中心镇、中心村建设与下山移民点建设紧密结合起来,形成农村城镇化与扶贫攻坚相互促进的机制。

2. **主动接受发达地区的产业转移,加快引进劳动密集型的加工业**

抓住发达地区经济结构战略性调整中产业升级的机遇,充分发挥劳动力丰富廉价的优势,主动接受劳动密集型产业的梯度转移,发展来料加工,逐步形成各具特色的劳动密集型加工产业基地。积极为贫困乡镇个体私营经济的发展创造更宽松的环境,鼓励有条件的农民积极创业,加快资本积累,增加劳动就业。

3. **科学合理地开发利用贫困乡镇的自然资源,着力发展具有特色优势的效益农业和绿色经济**

面向国内外市场,打开山门,扩大开放,改善投资环境,大力吸引外地工商企业投资开发效益农业和绿色经济。以产业化经营为纽带,引导广大农民调整农业结构,大力发展特色种养业和农产品加工流通业,形成"引一个龙头、建一片基地、带一批农户、兴一门产业、富一方农民"的脱贫机制,使效益农业成为贫困乡镇新的经济增长点,成为乡镇财政的新财源、村集体经济的主渠道和农民就地脱贫致富的支柱产业。结合生态环境建设和保护,合理开发生态资源、旅游资源,发展生态农业、有机农业、绿色食品加工业和旅游观光业等绿色产业。

4. **整体推进基础设施建设,全面改善贫困乡镇的生产和生活条件**

围绕贫困乡镇支柱产业的培育和发展,加大扶持力度,把交通、电力、水利、生态等工程建设与支柱产业的基地建设和下山脱贫有机结合起来,整体推进基础设施建设,提高基础设施的共享性,充分发挥综合效应,改善生产和生活环境。

5. **切实加强培训教育,努力提高贫困乡镇农民群众科技文化素质和脱贫致富的能力**

大力发展科技、文化、教育和卫生事业,尽快改变贫困乡镇农民群众科技文化素质低的状况,减少因病致贫的现象。围绕农业特色支柱产业和劳动密集型加工业的发展,大力开展多种形式的实用技术培训。

经过三年的"百乡扶贫攻坚计划"的实施,到 2002 年底,列入扶贫攻坚的 100 个乡镇的农民人均收入都超过了 1500 元,平均达到 1922 元,比

1999 年增加 473 元,年均增长 9.9%,增幅高于同期全省平均水平;农民人均收入低于 1000 元的贫困人口下降到 3.7 万人,比 1999 年减少 14.4 万人,贫困乡镇如期实现了脱贫目标。

(二)从"百乡扶贫攻坚"到"欠发达乡镇奔小康":新世纪初农村扶贫开发战略的重大转变

"百乡扶贫攻坚计划"的大力实施和如期完成,使浙江省成为全国第一个没有贫困乡镇的省份,也使浙江省基本完成了以解决温饱为目标的反贫困任务。贫困乡镇的终结,带来了浙江农村贫困状况和贫困人口特征的明显变化。2002 年底,浙江农村贫困人口主要由以下四方面人群组成:一是丧失劳动能力的农民(包括残疾人);二是居住在生产生活条件恶劣乡村的农民;三是自身素质很低的农民;四是脱贫基础不稳定而因灾因病返贫的农民。特别是欠发达地区中的高山远山地区、地质灾害频发地区、大中水库库区和部分海岛地区的农村贫困状况较为突出。这实际上表明了浙江农村贫困状况已悄然出现了由"生存贫困"为主向"发展贫困"为主的重大转型。面对农村贫困状况的重大变化,浙江农村扶贫开发战略也开始了从解决绝对贫困人口脱贫为主向帮助相对贫困人口致富奔小康为主的重大转变。浙江省委、省政府提出,不能因为基本解决了绝对贫困问题,就忽视扶贫工作;也不能因为全省总体上实现了小康,就忽视了欠发达乡镇的小康建设。必须把扶贫开发作为一项长期的任务,把欠发达乡镇奔小康作为新阶段扶贫开发工作的主题。于是,以促进相对贫困人口和欠发达乡镇达到小康生活水平为目标的新的扶贫开发战略——"欠发达乡镇奔小康"工程开始实施了。

实施"欠发达乡镇奔小康"工程,是以 2001 年农民人均收入低于全国平均水平(2366 元)的 361 个乡镇为对象,以增强农民致富能力和增加农民收入为核心,通过加大政府扶持、结对帮扶和区域协作的力度,做大做强特色优势产业,扩大劳务输出和下山移民,改善生产生活条件和生态环境,提高农民素质和农村文明程度,力争下山移民取得重大进展,自愿要求下山的高山深山农民基本实现搬迁,半数以上的下山劳动力实现转产转业;生产生活条件和生态环境明显改善,主要行政村通公路,通乡镇公路实现全面硬化,提高清洁饮用水比重,贫困家庭子女实行九年义务教育免费入学,环境公害基本消除。浙江省委、省政府还决定实行分级负责责任制,将 25 个欠发达县和平阳、黄岩、婺城三县（区）①中比较困难的 211 个欠发达乡镇确定为省重点扶持对象，而对欠发达县内的其他欠发达乡镇和发达地区的欠发达乡镇，则要求由所在市、县负责扶持。

1. 充分发挥山区的资源和生态优势，做大做强绿色产业和特色产业

浙江省委、省政府提出，欠发达乡镇要适应农业市场化、国际化加快的趋势，发挥自身的比较优势，积极主动地参与区域分工，进一步推进农业结构的战略性调整，在参与分工中确立区域特色，在发挥优势中做大做强主导产业。一是把扶持发展绿色产业和特色产业放在突出的位置。顺应绿色消费兴起的新形势，以惠及农户广、市场前景好、资源优势得到充分发挥的绿色农产品为重点，大力发展无公害农产品、绿色食品和有机食品基地，形成各具特色的效益农业产业带，努力把欠发达地区建设成为全省最大的绿色农产品生产和出口基地。合理开发生态资源和旅游资源，大力发展森林旅游、生态观光、休闲农业和小水电等绿色产业，走出一条经济生态化、生态经济化的新路子。二是大力提升特色农业的产业化水平。按照"强壮大龙、借引外龙、扶育新龙"的要求，在做大做强现有农业龙头企业的同时，积极主动与外地的农业龙头企业对接，把本地的特色农产品生产纳入全省的农业产业化经营之中；大力引进工商企业投资发展特色农产品的加工业，培育新的农业龙头企业。把发展农业龙头企业与组建农民专业合作社结合起来，搞好对农户的产销服务、科技服务，提高农民组织化程度，扩大产业化经营的覆盖面。加快推进农业标准化生产，大力培育绿色品牌农产品，开拓农产品流通新渠道，以品牌农产品抢占市场。

2. 积极推进下山移民进程，努力促进欠发达乡镇农民易地致富

浙江省委、省政府提出，欠发达乡镇许多村落生存发展条件较差，就地脱贫致富奔小康难度很大，要把加快下山移民作为帮助山区农民从根本上脱贫致富的重要举措来抓，按照"政府引导、市场主导、农民自愿、梯度推进"的原则，因地制宜地推进下山移民，走易地致富的路子。一是把已经脱贫、初步富起来的农民和地处穷山恶水、地质灾害频发、缺乏基本生存条件的村，作为下山移民的重点对象，制定好下山移民的规划。二是针对不同层次的移民对象，分别在县城、中心镇、中心村规划建设移民小区和移民居住点，

---

① 在实施"欠发达乡镇奔小康"工程中，25 个欠发达县中的大多数欠发达乡镇和平阳、黄岩、婺城三县（区）中的部分欠发达老区乡镇共 211 个乡镇被列为省重点扶持对象。因此，从扶贫工作角度，在工作部署和数据统计中通常称之为 28 个县。2005 年 12 月，浙江省委、省政府在《关于推进欠发达地区加快发展的若干意见》（浙委〔2005〕22 号）中将平阳县列为欠发达县。

实行有计划、分批次、分层次的下山移民,特别是把一部分率先脱贫致富的山区农民作为推进县域城市化的一股重要力量,积极鼓励他们到县城和中心镇安居乐业。三是把解决下山农民的就业问题作为促进下山移民的核心问题来抓,把移民小区建设与工业园区建设、块状经济发展有机结合起来,促进下山农民顺利就业。四是积极探索建立下山移民的有效运行机制,把退耕还林、土地整理与下山移民工作有机结合起来,把移民小区建设与城镇居住小区建设有机结合起来,把政府的各种扶持与市场化的房地产开发有机结合起来,多渠道筹措资金,尽最大可能降低下山移民的安居成本。

3. 着力调动发达地区和欠发达地区的两个积极性,大力开展区域协作

浙江省委、省政府提出,要把发达地区的加快发展与欠发达地区的跨越发展有机结合起来,积极组织欠发达乡镇劳动力向发达地区转移,积极引导发达地区的劳动密集型产业向欠发达地区转移。一是把发达地区对劳动力的需求与欠发达乡镇劳动力的供给有效地对接起来,扩大欠发达乡镇的劳务输出,并把提高劳动力素质作为扩大劳务输出的重要工作来抓,加强对欠发达乡镇劳动力的职业技术培训;在吸纳欠发达乡镇劳动力较多的地方,规划建设一批专门安置民工的住宅,努力实现劳务输出与移民下山的同步推进。二是把发挥发达地区的综合优势与利用欠发达地区的自然资源、人力资源有机结合起来,扩大区域协作,引导发达地区的工商企业到欠发达地区投资创业,为欠发达乡镇劳动力创造更多的就业机会。

4. 切实加强产业和区域发展规划指导,不断改善欠发达乡镇的生产生活条件

浙江省委、省政府提出,要提高欠发达乡镇基础设施建设的配套性和有效性,重点是建设与欠发达地区人口布局优化、特色产业发展和农民小康生活相适应的基础设施。一是配套推进欠发达乡镇的基础设施建设。围绕主导产业发展和中心村建设,统一规划,推进交通、水利、电力、通信、生态等工程建设,提高基础设施的共享性和综合效应。适应农业支柱产业的发展,加强农田水利与小流域治理的配套建设。加强对欠发达乡镇的生态环境建设和保护,落实退耕还林的各项政策,建立健全生态补偿机制,努力把欠发达乡镇建成全省的绿色屏障。二是积极发展教育、文化、卫生等各项社会事业。提高基础教育发展水平,全面整顿危房和破旧校舍,积极创造条件,对贫困家庭子女实行九年义务教育免费入学,让学龄儿童普遍受教育。加强农村文化建设,改变信息闭塞和文化落后的状况。改善卫生医疗条件,研究出台对欠发达乡镇农民实行医疗救助、大病保险的办法,让农民看得起病,

减少因病返贫人口。选派发达地区的教师和医务工作者到欠发达地区任职和工作,帮助提高欠发达乡镇的教育和医疗水平。

5. 大力加强欠发达乡镇基层干部和农民群众的教育培训,着力提高基层组织的战斗力和农民群众的致富能力

浙江省委、省政府强调,要把提高农村基层干部和广大农民的素质,作为推进欠发达乡镇奔小康的一个着力点,增强农村基层干部带头致富和带领群众致富的能力,增强农民群众致富创业的能力。一是切实加强农村基层组织和干部队伍建设。通过基层选拔、机关选派、公开招聘等形式,不拘一格地选拔欠发达乡镇的领导干部,配强领导班子,并保持欠发达乡镇领导班子的相对稳定。加强村级班子建设,提高村级组织的凝聚力和战斗力。做好发展党员的工作,增强党员带头致富和带领群众致富的能力,发挥党员的先锋模范作用。进一步加大扶持力度,着力解决村级集体经济薄弱和村干部报酬问题。二是努力提高农民的就业技能和文化素质。围绕特色主导产业的发展,加强实用技术培训,提高农民的科技素质。适应劳务输出的要求,加强就业技能培训,广泛推行技术等级考核办法,提高就业竞争力。加强政策引导和扶持,着力改变欠发达乡镇人才进不来、留不住的问题。建立科技特派员制度,根据欠发达乡镇的产业特色,有针对性地选派科技人员,加强科技培训和适用技术推广。

经过 2003—2007 年五年的努力,"欠发达乡镇奔小康工程"的各项目标如期完成,361 个欠发达乡镇农民人均收入达到 4500 元,80％以上的欠发达乡镇农民人均收入超过了全国平均水平;欠发达地区地方财政收入年均增长 22.1％,2007 年 26 个欠发达县中有 25 个县财政收入超过了 2 亿元。浙江发展民营经济、培训农村劳动力、推进下山移民等促进农民脱贫致富的经验,在 2004 年 5 月上海召开的全球扶贫大会上得到了与会各国代表的广泛关注和好评。

(三)新世纪头七年农村扶贫开发的显著进展

经过 2000—2002 年的"百乡扶贫攻坚计划"和 2003—2007 年的"欠发达乡镇奔小康工程",浙江省区域性绝对贫困基本消除、区域性相对贫困大大缓减,以解决农村区域性贫困为主的区域扶贫开发战略取得了历史性进展和决定性成果。

1. 下山移民快速推进,一大批山区农民走上了异地脱贫致富道路

按照"搬得下、稳得住、富得起"的要求,把下山移民与县城、中心镇、工

业园区建设结合起来,以整体搬迁为主要形式,大范围、多形式推进高山深山农民下山移民,促进农民转产转业转观念,走出了各具特色的易地脱贫新路子。实施"百乡扶贫攻坚计划"三年中,共下山迁移农户 1.5 万多户、5.4 万人。实施"欠发达乡镇奔小康工程"五年中,浙江省政府要求每年下山搬迁 5 万人,下山移民的力度不断加大,28 个县共下山迁移农户 10.2 万户、36.3 万人,其中来自 211 个乡镇 5.8 万户、21.5 万人。为解决整体搬迁中特困群众缺乏搬迁能力和在本县范围内异地就业而又无力解决固定居所农民的居住问题,泰顺、苍南等地建设"下山移民公寓",2005 年建成 628 套、1.55 万平方米,可安置 2200 人。2004 年,省里实施了乌溪江水库、紧水滩水库、百丈漈水库等重点水库库区困难群众异地脱贫工程,探索重点地区整体搬迁异地脱贫的新途径。2005 年,实行整村搬迁的仙居县坑边村和常山县金塘新村被国务院扶贫办授予"整村推进扶贫开发先进村"荣誉称号。

2. 农民培训深入推进,一大批山区农民走上了就业脱贫致富道路

按照"政府主导、市场运作、部门协作、企业参与"的方式,重视和加强对农民素质的培训,促进了欠发达地区农村劳动力的转移就业。实施"百乡扶贫攻坚计划"三年中,100 个乡镇共举办各类培训班 4416 期,受训人员 30 万人次。实施"欠发达乡镇奔小康工程"五年中,农民素质培训受到了广泛重视和普遍加强,建立了 5 个省级农民培训基地和一批市、县级农民培训点(站),28 个县累计培训农民 209 万人次,有 85 万人通过培训实现了转移就业,其中,省重点扶持的 211 个欠发达乡镇培训农民 64 万人次,有 23 万人通过培训实现了转移就业。衢州市按照农业产业资源和农村劳动力资源一起开发、农业产业结构和劳动力结构一起调整的思路,大力实施"万名农民素质工程",率先走出了一条"培训农民、提高农民、转移农民、富裕农民"的素质扶贫新路子,被国务院扶贫办授予全国贫困地区劳动力转移培训示范基地。2005 年起,针对欠发达地区和农业领域劳动者素质下降的趋势,浙江省扶贫办和浙江省教育厅联合实施了"扶千名人才,促千村发展"计划,面向211 个省重点扶持的欠发达乡镇,通过成人高考,每年招收了 100 名大专生,在浙江林学院进行为期两年的农业高等职业教育,为欠发达乡镇现代农业发展和新农村建设培养人才。这一战略举措,受到了媒体的广泛关注、各级领导的普遍赞赏和欠发达地区干部群众的广泛欢迎。

3. 特色产业加快发展,一大批山区农民走上了就地脱贫致富道路

充分发挥山地资源多、生态环境好的比较优势,积极培育名茶名果、高山蔬菜、食草畜禽等特色农业基地,大力发展农业龙头企业和专业合作社,

促进了特色农业的快速发展。实施"百乡扶贫攻坚计划"三年中,100个贫困乡镇共发展种植业基地 87 万亩,养殖畜禽 1300 多万只,发展农产品加工企业 1344 家,涌现了一批覆盖面广、带动力强的脱贫致富支柱产业。实施"欠发达乡镇奔小康工程"五年中,省财政共安排 28 个县专项扶贫项目资金 10.52 亿元,共实施扶贫项目 0.65 万个,直接覆盖农户 52 万户;28 个县共发展蔬菜、茶叶、果园、苗木、林竹基地 190 多万亩,食用菌年产量超过 60 万吨,带动农户 120 万户,特色农业产业化经营水平不断提高,扶贫专业合作社和龙头企业加快成长,一批特色农产品打响了绿色品牌。来料加工业、乡村休闲旅游业取得了长足发展,成为山区农民脱贫致富的新亮点,2007 年全省欠发达乡镇的农户来料加工费收入超过 10 亿元。2003 年建立科技特派员制度①以来,省里每年向欠发达乡镇选派一批科技特派员,至 2008 年,省里向欠发达乡镇派遣科技特派员 837 名(次),累计实施科技特派员项目 2000 多项,推广农业新技术 1800 多项,引进农业新品种 4000 多个,建立示范基地近百万亩,举办农民科技培训班 1 万多场(次),组建农业专业技术协会和农民专业合作社 300 多个,扶持农业企业 300 多家,入股兴办农业企业 100 多家。这一做法得到了国家科技部和联合国开发计划署的重视和肯定,浙江省分别被列为科技特派员工作的试点省和项目区。

4. 社会事业和社会保障加快发展,欠发达地区幼有所学、贫有所济的水平不断提高

加大财政转移支付和结对帮扶力度,开展"万校标准化建设"和"扶贫建校"活动,调整和优化中小学布局,努力改善欠发达县的教育条件。实行"教育券"制度和"教育救助"制度,确保贫困家庭子女平等接受九年义务教育,确保每一个大学生不因家庭贫困而弃学。2003 年,28 个县小学入学率达到 99.9%,小学升初中的比例达到 99.7%,初中升高中的比例达到 79.5%。实施"欠发达乡镇奔小康工程"五年中,加大对欠发达地区教育扶持,实施"农村中小村四项工程"、"农村中小学远程教育工程"、"职教学生奖助学行动计划"和"欠发达地区骨干职校建设行动计划";2006 年起全省义务教育阶段学生学杂费全部免除,省财政对欠发达地区及海岛地区实行全额转移支付;完善教师支教制度,从教育强县选派骨干教师到欠发达地区支教一年,开展

---

① 2003 年,浙江省委、省政府建立科技特派员制度,从浙江省农科院、浙江大学等单位选派 100 名科技人员到原一百个贫困乡镇担任科技特派员;2005 年起,浙江省委、省政府决定实行乡乡都派科技特派员制度,省级选派的科技特派员从 100 名增加到 211 名,派驻到省重点扶持的 211 个欠发达乡镇。市、县两级共选派 977 名科技特派员,派驻到其他乡镇。

"百人千场"送教下乡活动,省里组织 170 位名教师赴欠发达地区送教 299 场次,培训农村教师 13550 余人次。加大对欠发达地区卫生扶持,深入实施"农民健康工程",对欠发达地区公共卫生项目管理、新型合作医疗制度和农村健康体检三项制度予以重点倾斜,省财政每年用于欠发达地区农民健康的支出人均达到 50 元;2007 年对欠发达地区新型合作医疗补助标准提高到人均 20 元,对欠发达地区城镇居民基本医疗保险给予每人每年 40 元补助。支持欠发达地区社会保障体系建设,五年中省财政拨付有关困难市、县调剂补助金 4.22 亿元,支持欠发达地区最低生活保障、医疗救助、"五保"集中供养等社会救助体系建设,到 2007 年底,欠发达县农村最低生活保障水平全部超过了 1500 元/(年·人),农村"五保"对象集中供养率达到 92.5%,70% 的残疾贫困人口实现了脱贫,74.1% 的农村人口参加了新型合作医疗,没有一个学生因家庭经济困难而失学。

5. 基础设施和生态环境加快建设,欠发达地区农民的生产生活条件不断改善

在各级政府的大力扶持下,欠发达县的基础设施加快建设,生态环境建设也得到了重视,山区的生产生活条件加快改善。实施"百乡扶贫攻坚计划"三年中,63 个贫困乡镇通县城的道路实现了硬化,292 个村新通了机耕路,新修了通乡村道路 1638 公里;改造了危房 4538 户,受益人口 1.63 万人;新建中小学校舍 51 幢。实施"欠发达乡镇奔小康工程"五年中,基础设施和生态环境建设得到进一步加强,28 个县新建和改建道路 3.5 万公里,新增基本农田 48 万亩,治理水土流失 26 万亩,解决饮水困难人口 105 万人。到 2007 年底,欠发达乡镇通乡公路全部硬化,等级公路通村率达到 94.3%,通村公路硬化率达到 91.4%,安全卫生饮用水普及率达到 72%,广播电视"村村通"实现率达到 90%。

6. 区域协作和结对帮扶深入推进,欠发达地区加快发展的动力不断增强

在充分发挥政府主导作用、加大财政投入和政策扶持力度的同时,积极促进区域协作,不断扩大结对帮扶,广泛动员社会援助,调动各类行政资源和社会资源参与扶贫开发。按照统筹区域发展的要求,大力实施"山海协作工程",以项目合作为中心,以要素合理配置为主线,通过政府推动、部门协调、市场运作,引导发达地区和欠发达地区实现产业资本和劳动力的双向对流。2003—2007 年,发达地区与欠发达地区累计签订山海协作项目 3830 个,到位资金 634.4 亿元,吸纳欠发达地区劳动力就业 32 万人。实施

"山海协作"的新农村建设项目 112 个,到位资金 1513.5 万元。实施结对帮扶制度,组织 250 个部门和单位结对帮扶 211 个欠发达乡镇,帮助欠发达乡镇制定发展规划、培育特色产业、建设基础设施、发展社会事业,五年来共提供帮扶资金 3.06 亿元,实施帮扶项目 3257 个,发展各类特色产业基地 36.9 万亩,带动农户 23.5 万户。广泛地动员社会力量投身到扶贫开发事业中来,献爱心、作贡献,在杭州市实施的"49100 工程"、温州市实施的"139 富民攻坚计划"、台州市实施的"南北协作"工程中,一大批民营企业和社会力量投身到扶贫开发中来,形成了全社会共同参与扶贫开发的良好氛围。

三、全面推进欠发达地区加快发展和低收入农户奔小康

"十一五"时期是浙江进入人均 GDP 3000 美元后的新的发展阶段,既面临加快解决"三农"问题和农村贫困问题的历史机遇,也面临可能导致"三农"发展更加滞后、农村相对贫困更加突出的严峻挑战。浙江省委、省政府站在协调城乡关系和区域关系、全面建设惠及全省人民小康社会和加快推进现代化的全局高度,积极顺应工业化中期阶段以工促农、以城带乡和区域联动的趋势,从贫困涵义由"生存贫困"向"发展贫困"转变和区域性贫困日趋刚化、阶层性贫困日趋突出的实际出发,把统筹城乡发展与统筹区域发展有机结合起来,大力推进欠发达地区加快发展和低收入农户奔小康,让更多的低收入人口融入到工业化、城市化的大潮中,公平共享工业化、城市化的成果。

(一)"十一五"时期促进区域协调发展的新举措

经过新世纪头五年的奋斗,到"十五"期末,浙江欠发达地区人均 GDP 普遍超过了 1000 美元,进入了工业化中期阶段,迎来加快发展的新阶段。同时,随着科学发展观的贯彻落实、全省发展阶段的升级和发达地区发展水平的跃升,欠发达地区加快发展既面临更加有利的外部条件,也面临前所未有的新的挑战。推进欠发达地区加快发展、缩小与发达地区的发展差距,核心是要加快解决"三农"问题,而现阶段解决"三农"问题,关键是要建立以工促农、以城带乡的发展机制。然而,欠发达地区由于自然禀赋、区位条件、历史基础等不利因素和面临生产要素供给趋紧、资源环境压力加大、市场竞争不断加剧等新的挑战,仅靠自身的力量,囿于自身的范围,工业化、城市化进

程难以提速,以工促农、以城带乡的机制难以建立。必须在上级政府进一步加大扶持力度的同时,把欠发达地区与发达地区作为一个有机整体,实施统筹区域发展与统筹城乡发展有机结合的方略,统筹推进欠发达地区加快发展和提升发达地区发展水平,充分发挥发达地区对欠发达地区的带动作用和发达地区工业化、城市化对欠发达地区"三农"发展的带动作用,促进欠发达地区整体发展水平的加快提高和"三农"问题的加快解决。

正是出于这样的考虑,浙江省委、省政府于 2005 年 12 月出台了《关于推进欠发达地区加快发展的若干意见》(浙委〔2005〕22 号),对"十一五"时期促进欠发达地区加快发展作出新的部署,并从优化全省生产力和人口布局出发,着眼于提高欠发达地区城乡居民的生活水平和生活质量,进一步拓宽了扶持领域,加大了扶持力度,创新了扶持方式,推进欠发达地区经济持续较快发展和社会全面进步,逐步缩小与发达地区的差距,要求在"十一五"期间欠发达地区人均生产总值增长速度、城镇居民人均可支配收入和农村居民人均纯收入增长速度达到全省平均水平,社会事业加快发展,力争到2010 年大部分欠发达县(市)接近全省基本实现全面小康社会的目标。

1. 加快基础设施建设

一是积极推进交通基础设施建设。加快温福铁路、衢常铁路、舟山连岛工程、温州半岛工程和台缙、丽龙高速公路等交通项目建设,积极实施已确定的基础设施建设项目;规划一批扶持欠发达地区的基础设施项目。加快省道干线改建,加快县际、县乡公路改造和"康庄工程"建设。完善海岛交通设施,加快乡镇渡航船及配套码头改造,进一步解决海岛群众出行难问题。二是加快能源基础设施建设。调整优化电力设施布局,大力推进三门核电厂、丽水滩坑电站等建设,推进规划内优先发展的抽水蓄能电站前期工作,鼓励欠发达地区因地制宜发展风电、太阳能、沼气等可再生能源。加快欠发达地区的电网建设与改造,逐步实行欠发达地区与省电网同网同价。三是加强水利基础设施建设。加快龙游沐尘、三门佃石等水库和洞头陆域引水工程、滩坑库尾防护工程(外舍防护工程)建设,推进町步水库和楠溪江供水及引调水工程的前期工作。研究规划好一批水源工程,结合航运等功能,综合整治衢江、常山江、江山江等钱塘江上游河道。积极支持欠发达地区加快推进万里清水河道、千万农民饮用水、灌溉节水、生态流域建设和水土保持等工程建设。加快抗灾避险基础设施建设,支持欠发达地区加快推进城市防洪、千库保安等工程,加大瓯江、飞云江、鳌江等标准江堤的建设力度,加强小流域治理,切实提高欠发达地区抗台防洪的能力。加快海水淡化产业发展。

2. 因地制宜发展特色产业

一是大力发展高效生态农业。深入实施《浙江省特色优势农产品区域布局规划》和《浙江省有机食品产业发展规划》，重点支持欠发达地区建设一批绿色农产品基地、有机农业基地和特色畜禽生态养殖基地，形成一县一品、一镇一品的具有区域特色的农业生产格局。支持欠发达地区加快发展农业龙头企业和专业合作社，加快发展农产品加工业、设施农业、节水农业和种子种苗业，不断提升欠发达地区农业产业化经营水平。二是积极发展生态型工业。按照三大产业带布局和先进制造业基地建设规划，支持欠发达地区建设一批无污染、低污染的工业项目，支持欠发达地区因地制宜发展块状经济，形成一批有竞争力的特色产业。加快欠发达地区工业园区生态化改造，积极支持工业企业加强污染治理，开展清洁生产，发展循环经济。支持欠发达地区大力发展生产性服务业，支持有条件的地方发展港口物流业。三是大力发展旅游业。加快编制欠发达地区旅游专项规划以及历史文化遗产保护规划，重点发展生态旅游、海洋旅游、红色旅游、民俗风情旅游以及"农家乐"休闲旅游，形成有特色的旅游景区（点）和旅游产品。四是加快发展外向型经济。积极为欠发达地区参与"浙洽会"、"消博会"、"义博会"等涉外投资贸易洽谈会展示提供优惠条件，扶持欠发达地区调整外贸结构，发展外向型经济。

3. 积极推进城乡一体化

一是加快城市化进程。完善欠发达市、县的城市总体规划，支持衢州、丽水加快市区建设，更好地发挥区域中心城市的作用。支持有条件的县（市）实施"小县大城"战略。按照"规模适度、功能完善"的要求，大力培育和发展中心镇，整合规模小的乡镇，引导农村居民逐步向城镇集聚。二是加快农村新社区建设。进一步完善欠发达地区村庄规划，深入实施"千村示范万村整治"工程，促进自然村落撤并和中心村建设。加强农村环境整治工作，积极开展改水、改厕、改线、垃圾集中收集处理、生活污水处理等农村环境整治工作，建设绿色生态家园。三是加强农村劳动力培训和转移。积极支持欠发达地区农村劳动力培训示范基地建设，争取欠发达县（市）都能建成一个培训示范基地。加大欠发达地区农（渔）村劳动力特别是青年农民的素质和技能培训力度，促进农村劳动力向城镇和二、三产业转移。

4. 加快发展社会事业

一是坚持把教育放在优先发展的位置。积极支持欠发达地区高标准、高质量普及义务教育,全面普及高中段教育,大力发展中等职业教育,加快建设教育强县(市)。加大"四项工程"实施力度,重点向欠发达地区贫困家庭倾斜。加大对欠发达地区职业教育的投入,重点用于支持骨干职业学校和实训基地建设,加强职业学校师资队伍建设,资助贫困家庭学生接受职业教育和培训。对全省欠发达地区免交义务教育学杂费的经费由省财政全额转移支付,加大对困难家庭子女课本费、生活费补贴转移支付的力度。二是加大科技扶持力度。全面推行科技特派员制度,欠发达县(市)、乡(镇)由省、市两级派驻科技特派员。积极推进欠发达地区农村科技信息网和农业科技入户示范工程建设,实施欠发达地区科技引导和科技富民强县专项行动、科技特派员专项、星火计划和科技兴海计划。三是加大人才扶持力度。加强人才培训力度,继续安排欠发达地区教师、医生到省有关单位学习进修。加强人才交流,有计划地组织省直单位、发达地区干部与欠发达地区干部的双向挂职锻炼;有计划地从录用到省级机关的应届优秀大学毕业生中选拔一部分到欠发达地区挂职;积极组织省内大专院校、科研院所、卫生医疗机构和优质中小学轮流选派优秀教师、骨干医生和科研人员等到欠发达地区工作或开展培训、咨询、技术服务;积极组织实施"大学生志愿服务欠发达地区计划"和硕士、博士服务团等活动。四是加强社会保障体系建设。支持欠发达地区加强社保扩面和资金征缴工作,健全被征地农民的基本生活保障,巩固发展新型农村合作医疗。加强新型社会救助体系建设,不断完善最低生活保障和医疗救助制度,逐步提高救助水平。支持欠发达地区加强农村五保对象的集中供养工作以及社会福利机构和救助管理站建设。五是支持发展文化卫生体育事业。加强欠发达地区图书馆、文化馆、特色博物馆、文物保护等文化设施建设以及群众体育运动设施和场所建设,合理配置资源,充分发挥现有设施的作用。支持欠发达地区建设公共卫生体系和实施"农民健康工程",加快公共卫生和乡镇卫生院基础设施建设。大力实施欠发达地区广播电视村村通工程。

5. 加强生态环境保护

一是加快生态功能区建设。完善生态功能区规划,引导欠发达地区加快构建与生态环境保护相适应的生产力和人口布局。加快欠发达地区环保基础设施建设和生态环境修复,重点支持欠发达地区加快城镇污水处理、垃圾处理设施建设和运行。二是健全生态补偿机制。落实《关于进一步完善生态补偿机制的若干意见》,省级财政逐步增加用于生态补偿和生态环境保护的预算安排,重点用于支持欠发达地区加强生态环境保护、污染治理以及环境监测监察等相关基础设施建设。积极探索排污权交易和水权交易的办法,逐步建立市场化生态补偿机制。

6. 积极做好扶贫开发和结对帮扶工作

一是深入实施"欠发达乡镇奔小康"工程。加大产业化扶贫力度,积极组织引导有实力的农业龙头企业到欠发达乡镇建立特色农产品生产基地。普遍开展"一户一干部"的帮扶活动,为低收入农户提供小额贷款和"短平快"项目。创新机制、强化责任,加强省级部门、经济强县、经济强镇与省重点扶持的欠发达乡镇的结对帮扶。加大下山脱贫和"小岛迁、大岛建"工作力度。实施地质灾害避险移民工程,优先建设用于安置避险移民的基础设施。二是深入实施"山海协作工程"。积极鼓励和支持省内相关产业向欠发达地区转移。按照欠发达地区发展规划和产业导向,每年确定一批"山海协作工程"重点项目,列入省级重点项目。依托省级开发区,创造条件建立"山海协作"示范园区,鼓励引导"山海协作"企业向园区集聚。拓宽"山海协作"领域,逐步向教育、科技、文化、卫生、人才等领域拓展。三是进一步加强结对合作和结对帮扶。深化杭州、绍兴与衢州,宁波、湖州、嘉兴与丽水,宁波与舟山的结对合作以及杭州、温州、金华、台州的"内对合作",各市的经济强县(市)要与结对帮扶地区或辖区内的欠发达县(市)建立一对一的培训、就业联动帮扶机制,引导和支持欠发达县(市)农村富余劳动力定向转移就业。继续办好鄞景、金磐异地扶贫开发区,加快建设灵江"山海协作"示范区。四是加强基层组织建设。充分利用目前农村中小学远程教育资源,加强对欠发达地区基层党员干部的教育培训,进一步解决好欠发达地区集体经济薄弱村村干部误工报酬等问题。

(二)全面实施"低收入农户奔小康工程":农村扶贫开发战略的再次提升

在"欠发达乡镇奔小康工程"行将到期的 2006 年,浙江省委、省政府要求省农办对今后一个时期的农村扶贫开发的思路进行研究。浙江省农办通过对农村贫困的初步分析,提出了今后五年实施"低收入农户奔小康工程"的初步构想。2007 年,在对第二次农业普查数据进行认真分析的基础上,浙江省第十一次党代会作出了从 2008 年起全省全面实施"低收入农户奔小康工程"的重大决策。这是继"欠发达乡镇奔小康工程"将扶贫目的从主要解决绝对贫困问题转到主要解决相对贫困问题后,将扶贫对象从区域性的欠发达乡镇转到阶层性的低收入农户。从"欠发达乡镇奔小康"到"低收入农户奔小康",这是浙江在全面建设惠及全省人民小康社会的新时期,扶贫开发战略的又一次重大提升。2008年,浙江省政府印发《关于印发低收入群众增收行动计划的通知》(浙政发〔2008〕48号),全面部署实施"低收入农户奔小康工程"①。

实施"低收入农户奔小康工程"就是以2007年家庭人均纯收入低于2500元的农户为主要对象,以低收入农户集中村为主要平台,以提高低收入农户致富能力和收入水平为中心,把统筹城乡发展与统筹区域发展有机结合起来,建立健全以工促农、以城带乡、区域联动的长效机制和以县为责任主体、上下联动、分工协作的工作机制,加强组织领导和政策引导,推进区域协作和结对帮扶,发展特色产业,促进劳动就业,完善社会救助,加快低收入农户增收致富奔小康步伐。

1. 农村贫困状况的新变化

根据第二次农业普查中专门增加的《行政村普查补充表》数据及相关数据(2006年底)的分析,全省有家庭人均收入2500元以下低收入农户167万户、441万人。主要有以下特点。

(1)全省农村19.3%的农户和15.2%的人口处于低收入状态

第二次农业普查数据表明,虽然全省农村居民总体收入水平较高,但农民阶层内部收入差距较大,家庭人均收入2500元以下的低收入农户有167万户、441万人,分别占农业普查总户数和总人数的19.3%、15.2%,其中,人均收入1500元以下的农户有55万户、120万人,分别占农业普查总户数和总人数的6.4%、4.1%。

(2)欠发达地区低收入农户数量较多、比重较高

28个扶贫县(26个欠发达县+婺城、黄岩两区)有低收入农户75万户、223万人,分别占当地农业普查户数和人数的33.8%、29.5%,分别占全省低收入农户户数和人数的44.9%、50.6%。特别是欠发达乡镇低收入农户比重更高,361个欠发达乡镇共有低收入农户40.3万户、125.0万人,分别占当地农业普查户数和人数的50.1%、45.9%;省重点扶持的211个欠发达乡镇共有低收入农户20.4万户、64.9万人,分别占当地农业普查户数和人数的57.0%、53.1%。

---

① 《低收入群众增收行动计划》是浙江省政府作出的"全面小康六大行动计划"之一,它包括在农村实施"低收入农户奔小康工程"、在城镇实施"城镇低收入家庭增收工程"两大部分。它们的主要实施对象分别是2007年家庭人均纯收入低于2500元的农户和2007年家庭人均可支配收入低于当地城镇最低生活保障标准2倍的城镇家庭。经济发达地区可从实际出发,自行确定低收入家庭的界定标准。

（3）发达地区存在大量的低收入农户

发达地区收入分配差距扩大的问题日益突出，不少发达市（县）低收入农户数量较多，即使在"百强县"、"千强镇"中，低收入农户的数量也不少。据对 2006 年度的全国 30 个"百强县"和 266 个"千强镇"的农业普查数据分析，30 个"百强县"有低收入农户 64.9 户、148.6 万人，分别占当地农业普查户数和人数的 14.3％、10.0％，仅比全省平均水平低 5 个百分点；266 个"千强镇"有低收入农户 36.4 万户、81.1 万人，分别占当地农业普查户数和人数的 11.4％、7.5％，也仅比全省平均水平低接近 8 个百分点。

（4）低收入农户以村为单位呈相对集中分布状态

全省低收入农户的户数比重和人数比重同时超过 40％的行政村（以下称"低收入农户集中村"）有 6979 个，占农业普查行政村数的 21％，村内总户数 97.4 万户、总人数 321.2 万人，其中低收入农户户数 65.7 万户、人数 208.9 万人；26 个欠发达县有低收入农户集中村 4706 个，占欠发达地区农业普查行政村数的 37％，村内总户数 59.3 万户、总人数 201.4 万人，其中低收入户数 41.3 万户、人数 135.3 万人。

（5）低收入农户家庭小型化和人口老龄化趋势明显

全省农户人均收入 1500 元以下平均人口规模为 2.17 人/户，劳动力明显短缺。另据典型调查，低收入农户的人口存在着明显的年龄偏大、素质偏低、能力偏弱的特点，许多低收入农户比重较高的山区乡村中绝大多数人口的年龄在 55 岁以上（青壮年劳动力基本外出），且主要从事传统农业生产，现金收入极少。

2007 年底和 2008 年初，浙江省委、省政府要求各地以 2006 年底第二次农业普查数据为基础，以 2007 年的收入为依据，对低收入农户进行调查核查。调查核查结果表明，2007 年底全省低收入农户有 110.7 万户、271.3 万人，其中，五保户 2.5 万户、2.7 万人，分别占总数的 2.3％和 1.0％；低保户 26.0 万户、52.6 万人，分别占总数的 24.4％和 20.2％。26 个欠发达县和婺城、黄岩、兰溪三县（区）共有低收入农户 72.2 万户、190.8 万人，分别占全省低收入农户总户数和总人数的 65.3％和 70.3％。低收入农户的主要特点有。

（1）家庭规模小，非劳动人口多

低收入农户家庭平均人口规模为 2.44 人/户，比全省农户平均水平少 0.9 人/户。0～18 岁的人口和女性 55 岁以上、男性 60 岁以上的低收入人口约占全部低收入农户人数的 48.5％。

（2）文化程度较低，健康状况一般

18 岁以上的低收入人口中，文盲半文盲占 31.56％，小学占 37.26％，初中占 25.33％，高中占 4.27％，中专占 0.33％，大专以上占 1.25％；身体健康占 79.5％，有重大疾病占 13.3％，残疾人占 7.2％。

（3）收入水平低，来源渠道窄

低收入农户中从事农业为主的人口占 63.15％，从事非农产业的人口占 11.07％，无职业的占 25.78％（无职业者主要是超出劳动年龄的务农者）；家庭收入来源务农为主的占 55.47％，务工为主的占 21.36％，来料加工为主的占 1.14％，"农家乐"为主占 0.22％，其他占 21.81％。

（4）财产数量少，生活质量差

低收入农户住房木结构的占 30.59％，泥木结构的占 25.91％，砖木结构的占 24.67％，砖混结构的占 16.37％，其他 2.46％，框架结构为零；家庭耐用消费品中彩色电视机拥有率为 45.75％，黑白电视机拥有率为 21.84％，摩托车拥有率为 3.35％，电话拥有率为 15.90％，手机拥有率为 18.29％。

同时，造成家庭低收入的原因：因家庭缺乏发展资金占 30.0％，因家庭成员有病占 28.0％，因家庭缺少劳动力占 21.4％，因子女就学占 6.9％，因缺少耕地占 2.2％，因家庭成员残疾占 1.4％，因遭受自然灾害占 1.3％。

从 2006 年底的农业普查数据和 2007 年底的低收入农户调查核查数据分析情况来看，现阶段浙江农村贫困状况有三大特点：一是结构性贫困的发生根源尚未根除，欠发达地区农村贫困人口相对集中问题继续存在；二是区域性贫困的发生范围大大缩小，欠发达乡村农民贫困问题仍然突出；三是阶层性贫困的发生几率不断增大，低素质、低积累农民贫困问题日益凸现。农村贫困人群主要是丧失劳动能力的农民、居住在生产生活条件恶劣乡村的农民、自身素质很低的农民和脱贫基础不稳定而因灾因病返贫的农民。

2. 实施"低收入农户奔小康工程"的主要内容

实施"低收入农户奔小康工程"是浙江新一轮的农村扶贫开发工程，它的主要对象是低收入农户，主要平台是低收入农户集中村，主要目标是让低收入农户的生活进入小康门槛，主要途径是实施八大行动。

（1）实施"低收入农户奔小康工程"的范围、对象

实施范围及省级扶持范围：实施"低收入农户奔小康工程"的范围是全省所有有低收入农户的县（市、区）。同时，因欠发达县和少数经济困难县低收入农户数量较多、自身实力有限，省里对 26 个欠发达县和婺城、兰溪、黄

岩三区(市)中的 16 个乡镇列为省级扶持范围。

实施对象及省级扶持平台:实施"低收入农户奔小康工程"的对象是全省 111 万户、271 万人低收入农户。同时,因许多扶贫举措需要以户为基础、以村为单位来实施,在省级扶持范围内各县筛选的基础上,省里确定低收入农户比重较高的 5200 个村为"低收入农户集中村",作为实施的基础工作平台和省级扶持对象。这 5200 个"低收入农户集中村"内的低收入农户数量约占省级扶持范围内低收入农户总数的 2/3 和全省低收入农户总数的 1/3。

(2)实施"低收入农户奔小康工程"的主要内容和措施

——实施"产业开发帮扶行动",拓宽低收入农户增收渠道。以"低收入农户集中村"为重点,挖掘资源和产业优势,大力扶持低收入农户发展特色种养业、来料加工业、家庭工业、"农家乐"休闲旅游业,着力发展村级集体经济,拓宽低收入农户的增收渠道。

——实施"培训就业帮扶行动",促进低收入农户劳动力转移就业。以实现稳定就业和发展现代农业为导向,加强对低收入农户劳动力的技能培训、就业服务和就业援助,促进低收入农户劳动力外出务工经商和外出农民返乡创业。

——实施"下山搬迁帮扶行动",改善低收入农户生存发展环境。以缓解区域性贫困和改善低收入农户生存发展环境为导向,以高山远山区、地质灾害危险区、重点水库库区为重点,以县城、中心镇和工业功能区(周边)为主要迁入地,完善下山搬迁五年规划,推进节地型搬迁小区建设,盘活迁出地土地资源,加强资源整合和配套服务,提高公共服务和公共设施的共享程度,促进人口布局优化和生态环境保护。

——实施"基础设施建设行动",改善低收入农户生产生活条件。扩大城市对农村的辐射带动作用,加快推进农村公路、千万农民饮用水工程、村庄整治和农村信息化建设,促进城乡间、区域间公共资源的均等配置,改善低收入农户生产生活条件。

——实施"社会救助覆盖行动",提高低收入农户保障水平。按照基本公共服务均等化的要求,完善社会救助制度,提高救助水平,扩大最低生活保障、教育救助、医疗救助的覆盖面,加大对农村"五保"对象集中供养、住房救助、灾害救助的力度,提高农村医疗服务水平,探索建立农村养老保险制度,降低低收入农户因学因病因灾返贫致贫的几率。

——实施"区域协作促进行动",拓宽低收入农户发展空间。按照"互补互利"原则,深入实施"山海协作工程",进一步扩大发达地区和欠发达地区的经济联姻和技术、教育、卫生、人才、就业等多方面协作,促进资本与劳动力的对流和产业转移、劳务对接、异地开发。

——实施"金融服务支持行动",促进低收入农户创业发展。建立健全公共财政支持下的金融服务供给机制,全面实行扶贫小额信贷制度,积极开展组建村级资金互助组织试点,大力推进农村信用担保体系建设,为欠发达地区和低收入农户发展特色农业、来料加工业、家庭工业、休闲旅游业等项目提供小额贴息贷款,确保欠发达地区农村信贷增长不低于全省平均水平。到 2012 年,省扶持范围内全面建立扶贫小额信贷制度,每个县(市、区)至少有 5 个村建立村级资金互助组织,低收入农户发展生产和开展创业的资金需求基本得到满足。逐步扩大政策性农业保险的覆盖面和品种,完善农房保险办法,努力消除低收入农户生产生活的后顾之忧。

——实施"社会援助关爱行动",扩大对低收入农户的结对帮扶。充分发挥浙江省民营企业众多、民营经济发达的优势,通过广泛宣传和党政部门的示范带动,进一步激发企业和公民的社会责任感,建立省市县单位、发达县镇以及企业结对帮扶"低收入农户集中村"和县乡干部结对帮扶低收入农户的新机制,大力倡导社会慈善救助,全面实施"低收入农户青少年关爱行动",进一步形成政府主导、全社会参与的扶贫格局。

(三)工业化、城市化进程中农村扶贫开发的主要经验

贫困问题是因生产力发展在地域上的不均衡和财富分配在人群间的不平等引起的,虽然从严格意义上来说,它是人类社会自产生私有制以来就有的,但它在进入工业社会以后不断凸显。工业社会中,由于工业化、城市化推动了生产力的快速发展和社会结构的快速变迁,因自然条件、社会体制和人的个体素质等因素,一部分地区生产力发展滞后,经济社会发展水平较低,一部分人群财富分配较少,生活水平在社会基本生活水准线以下,贫困问题凸显,特别是在工业化初期阶段,由于城乡二元结构的形成和强化,农村贫困问题更为突出。因此,反贫困是当今世界特别是发展中国家面临的普遍任务,是发展中国家在现代化进程中促进社会成员平等共享发展成果和确保社会和谐稳定的重大任务。但是,贫困涵义要随着经济社会发展水平的提高而变化,总的趋势是从"不能满足人的最基本的生理需求"向"不能满足人的最基本的社会需求"拓展;贫困状况要随着工业化、城市化的演进而变化,总的趋势是从农村普遍贫困的结构性贫困向局部区域贫困的区域性贫困、再向少数人群贫困的阶层性贫困转变;扶贫开发战略也要随着这些

变化而变化,总的趋势是从鼓励一部分地区先发展到支持欠发达地区加快发展、促进区域协调发展转变,从鼓励一部分人先富起来到扶持贫困人口达到温饱生活水平进而达到小康生活水平、促进全体国民共享发展成果转变。浙江农村扶贫开发在改革开放中所走的路正是沿着这一轨迹前进的。

　　走好这条路最重要的是把农村扶贫开发有机融入到工业化、城市化的进程中,并根据工业化、城市化不同时期的特征采取不同的扶贫开发战略。特别是到了工业化、城市化的中期阶段,应顺应工农关系、城乡关系加速调整和区域之间经济联系日趋紧密的趋势,以提高农民致富能力和收入水平为核心,把统筹城乡发展与统筹区域发展有机结合起来,把发挥政府主导作用与发挥市场基础作用有机结合起来,建立健全以工促农、以城带乡和区域联动的长效机制,着力提升欠发达地区整体发展水平和工业化、城市化对"三农"的带动能力,进一步加大财政扶持、区域协作和社会帮扶的力度,发展生态经济,促进农民就业,推进搬迁脱贫,扩大社会救济,完善基础设施,加快欠发达地区和低收入农户加快致富奔小康步伐。具体来看,要实现以下六个转变。

　　1. 实现从解决绝对贫困为主向解决绝对贫困与转化相对贫困并重转变

　　随着工业化、城市化的发展和扶贫开发的推进,那些区位条件较好、受工业化、城市化直接带动的农村区域和贫困程度不深、素质相对较好的贫困人口相继走上脱贫致富道路,而随着社会救助体系的建立健全,特别是最低生活保障制度在城乡广泛覆盖,农村绝对贫困问题基本消除;同时,在那些资源和环境承载能力很低的高山深山、水库库区和地质灾害频发地区,因农民自身素质和脱贫能力弱,或因社会救助覆盖和保障标准低,还存在少量"生存型贫困"(绝对贫困)和"温饱型贫困"人口,这部分贫困人口仍然是扶贫开发的对象,并主要应以扩大社会救助覆盖和提高社会救助标准来解决。但相对贫困问题日趋突出,相对贫困人口生产生活条件依然较差,自身素质没有明显提高,家庭经济底子十分薄弱,外出就业很不稳定,特色农业的产业化水平低下,脱贫的基础很不稳固,因灾因病返贫几率很大,虽然温饱无虞,但小康难求。因此,应把帮助相对贫困人口在巩固脱贫成果的基础上尽快达到小康生活水平,作为工业化中期阶段推进农村扶贫开发的重要任务。

　　2. 实现从推进就地脱贫为主向推进就地脱贫与支持异地脱贫并重转变

　　工业化初期阶段,因就业机会较少,扶贫开发的重点是就地开发农业产业。到了工业化中期阶段,虽然外延式资源开发的潜力越来越小,但现代农业发展迎来了战略机遇期,推进农业资源的广度和深度开发仍有一定的潜力;同时,欠发达地区因要素相对廉价,也面临接受发达地区劳动密集型产业转移的机遇,应根据欠发达区域的资源承载能力,适度推进就业产业扶贫,帮助部分贫困人口就地脱贫致富奔小康。但因剩余贫困人口越来越集中到资源禀赋稀缺、生存条件恶劣的少数地区,就地开发式扶贫已经越来越难以支撑贫困人口达到小康生活水平。因此,应把支持异地脱贫作为工业化中期阶段推进农村扶贫开发的重大举措,特别是要支持高山远山地区、重点水库库区、地质灾害频发地区和小型海岛农民的整体搬迁,促进他们在异地走上脱贫致富奔小康的道路。

3. 实现从开发自然资源为主向开发自然资源与培育人力资源并重转变

工业化初期阶段,欠发达地区主要通过开发农业资源来实现就地脱贫。到了工业化中期阶段,随着技术水平的提高和消费结构的升级,欠发达地区开发利用自然资源、发展特色产业的潜力依然较大,不仅可以拓展资源利用的广度,扩大特色农业的规模,发展乡村休闲旅游业,实现外延式增长,扩大收入来源,而且可以深化资源利用的深度,推进科技进步和产业化,提高资源的利用效率、基地的生产水平、产品的质量、加工的精深程度、市场的营销能力,实现内涵式增长,提高经济效益。但自然资源的过度开发会导致生态环境的破坏,市场竞争的日趋激烈会导致特色产业效益的下降,劳动生产率的低下也使得依靠特色产业发展就地实现小康的容量和潜力有限。因此,应把培育人力资源、促进农民就业创业作为工业化中期阶段推进农村扶贫开发的战略举措,加快发展教育、卫生事业,加强农民素质培训,让更多的农民离开土地、离开乡村、转产转业。

4. 实现从实行开发扶贫为主向实行开发扶贫与扩大社会救济并重转变

随着工业化、城市化的发展和扶贫开发的推进,大量贫困人口通过自然资源和人力资源的开发,实现了脱贫致富奔小康。随着技术水平的不断提高和人口的新陈代谢,依靠自然资源开发和人力资源开发实现脱贫致富奔小康仍有较大的潜力。但这种开发扶贫的代价越来越大,而贫困人口减少的速度却越来越慢,开发扶贫的效率呈下降趋势,特别是随着人力资源的大力开发和异地脱贫的加快推进,剩余贫困人口中,区域性贫困人口的比例越来越低,阶层性贫困人口的比例越来越高。因此,应把扩大社会救助覆盖面、提高社会救助标准作为工业化中期阶段保障阶层性贫困人口基本生活的根本举措,扩大最低生活保障、教育救助、医疗救助等社会救助制度的覆盖范围,使他们生活有靠、老有所养、病有所医、幼有所学。

5. 实现从利用生态资源为主向利用生态资源与保护生态环境并重转变

在工业化初中期阶段,往往通过资源粗放利用、过度利用实现了经济增长和财富积累,但这种以牺牲资源和环境为代价的发展是不可持续的发展。欠发达地区大多处于江河源头,生态资源丰富,是生态屏障和生态脆弱区域,在建设资源节约型社会和环境友好型社会的大背景下,既具有开发利用生态资源、发展生态产业的明显优势,又担负着生态环境保护与建设、促进生态平衡的重要责任。因此,应大力发展生态经济,走生态经济化和经济生态化的发展路子,作为工业化中期阶段推进农村扶贫开发的战略举措,促进人与自然的和谐相处。

6. 实现从加强政府扶贫为主向加强政府扶贫与发挥市场作用、动员社会扶贫并重转变

工业化初期阶段,尽管政府财力十分有限,但市场机制尚未发育、社会阶层尚未分化,农村扶贫开发主要靠政府增加财政投入。到了工业化中期阶段,不仅政府财力快速增强,而且市场机制日益完善、有产阶层迅速成长,农村扶贫开发应在政府主导下,更加全面而充分地发挥政府、市场、社会三方面力量。特别是针对贫困人口能力弱化、异地脱贫成本上升、农民培训层次提高、社会救济力度加大,政府应进一步发挥在农村扶贫开发中的主导作用,不断加大财政投入的力度;适应发达地区结构调整、资本重组加速的趋势,应充分利用市场机制的基础作用和发达地区的带动作用,按照统筹区域发展的要求和互惠互利的原则,促进发达地区的资本与欠发达地区的劳动力双向流动,带动欠发达地区资源的深度开发、产业的升级换代、劳动力的转移就业和工业化、城市化水平的加速提升,让发达地区成为欠发达地区跨越发展的强劲力量,让欠发达地区成为发达地区加快发展的新的空间;随着社会财富总量的增长和财富分配格局的变化,应更加广泛地动员和鼓励民主党派、社会团体、民间组织、私营企业和志愿者个人等社会力量投身到农村扶贫开发事业中来,献爱心、作贡献,使社会慈善和社会援助成为农村扶贫开发中一股不可或缺的力量。

第十一章 农村基层民主建设与乡村治理结构完善

中华人民共和国的成立,确立了社会主义民主政治制度,使劳动人民第一次成为国家的主人,国家的政治生活实现了有史以来最广泛的民主。发展社会主义民主政治,最根本的是要把坚持党的领导、人民当家作主和依法治国有机统一起来。改革开放以来,伴随着农村经济体制改革的不断深化,我国通过实行村民自治制度、加强农村党的基层组织建设、推进乡镇政府改革,农村基层民主政治建设不断加强,初步建立了党领导下的、农民群众当家作主和乡镇政府依法行政相结合的乡村治理结构。浙江的基层民主政治建设与乡村治理结构的变迁,是随着浙江经济社会的发展、市场经济体制的改革而不断创新、发展和完善的,曾获得 2004 年度"中国地方政府创新奖"的温岭民主恳谈、农村工作指导员制度等都是浙江省基层民主政治建设和完善乡村治理工作中的亮点。

一、村民自治制度建立与基层民主政治发展

村民委员会是村民自我管理、自我教育、自我服务的基层群众性自治组织,是村级组织中的重要组成部分。建立村民委员会,实行村民自治,是我国广大农民继实行家庭联产承包责任制之后,在建设有中国特色社会主义民主政治实践中的又一伟大创造,是农民群众履行民主权利的有效形式,也是党对农村工作领导方式的重大创新。村民自治的全面推行,不仅是我国基层民主政治建设取得巨大进展的重要标志,也是社会主义民主发展史上的一个重要里程碑。

（一）村民自治制度

1. 村级行政组织的历史沿革

浙江省的村级行政设置最早可追溯到唐朝，当时是"县下有乡，百户为里，里下有村"。1949年中华人民共和国成立后，浙江省政府发出《关于目前建立村政权的指示》，规定村设人民政府（即村行政委员会），为村级政权组织。1954年9月，中华人民共和国第一部宪法颁布，把政府机构系统从中央、省、县、乡、村五级改为中央、省、县、乡四级，行政村不再是一级政权组织，本身不具有政权的性质，而是乡政府的辅助机构或派出机构（即村公所），协助乡政府行使职权。1958年，浙江省实行人民公社化以后，政社合一体制下的人民公社取代了乡政权，生产大队、生产队取代了行政村和村民小组。人民公社体制下"三级所有，队为基础"格局的终结以后的一段时间里，由于乡级以下的组织没有及时建立起来，农村一度出现了公共事业无人管、公益劳动无人理的局面，带来了农村基层的失序。1982年第五届全国人大在认真总结广西等地经验教训的基础上，肯定了群众自治组织，把建立村民委员会正式载入了宪法。《中华人民共和国宪法》（1982年）第111条规定，"村民委员会是基层群众自治性组织"。这是我国第一次以根本大法形式对建立村民委员会作出的规定，开创了村民自治这一空前广泛的社会主义基层民主的先河。1983年，中共中央发出《关于实行政社分开建立乡政府的通知》，对村民委员会的性质、任务、组织原则和如何建立等作了比较具体的规定。1984年，随着政社分设、建立乡政府工作的展开，浙江省有步骤、有组织地开展了村民委员会的建立工作，1984年9月，全省以生产大队为单位建立的村委会共有38866个。

2.《村民委员会组织法》指导下的村民自治制度

1987年11月，第六届全国人大常委会第二十三次会议审议通过了《村民委员会组织法（试行）》。1988年11月，浙江省第七届人大第六次会议审议通过了《浙江省村民委员会组织实施办法》，下半年在龙游、平湖等地开展试点工作，到1992年底，全省43697个村委会有95％以上的村按照《村民委员会组织法》的有关规定进行了换届选举。1993年，民政部下发《关于开展村民自治示范活动的通知》，首次把"村民自治"具体化为"四个民主"（民主选举、民主决策、民主管理、民主监督），表明了对村民自治和基层民主认识的逐步完善和提高。1994年，中央召开了全国农村基层组织建设工作会议，会议明确提出要完善"村民选举、村民议事、村务公开、村规民约"等项制度。

1994 年,第十次全国民政会议正式提出了民主选举、民主决策、民主管理和民主监督等"四个民主"的要求。1997 年,党的"十五大"首次将村民自治的"四个民主"写进党的报告。1998 年,党的十五届六中全会《决定》对实行村民自治作出了高度评价,提出"扩大农村基层民主,实行村民自治,是党领导亿万农民建设有中国特色社会主义民主政治的伟大创造"。1998 年 11 月4 日,第九届全国人大常委会第五次会议审议通过修订后的《村民委员会组织法》,对加强党的领导、选人、议事、监督方面充实了新的内容,对村民委员会的性质、职能和相关问题作了更明确的规定。2002 年,中共中央办公厅、国务院办公厅发出《关于进一步做好村民委员会换届选举工作的通知》,第一次以中央文件的形式全面规范了村民委员会直接选举工作,为各地加强农村基层民主政治建设、规范村民委员会选举程序、依法开展村民委员会换届选举工作提供了重要的政策依据,也进一步激发了亿万农民当家作主的积极性。

民主选举是基层民主制度的重要内容,由农民群众直接选举能体现自身利益的代表,是实现人民当家作主的重要标志,也是农民群众主宰自己命运的先决条件。《村民委员会组织法》在浙江省的实践严格执行了"村民委员会主任、副主任和委员,由村民直接选举产生。任何组织或者个人不得指定、委派或者撤换村民委员会成员"等规定,促进了以民主选举、民主决策、民主管理、民主监督为主要内容的村民自治制度的不断完善。各地基层选举的民主化、规范化程度不断提高,民主决策、民主管理、民主监督的各项制度和规定也普遍建立,村民自治正朝着广度和深度发展。这些都有力地推动了农村基层民主政治建设,保障了农民当家作主的权利,调动了农民建设社会主义新农村的积极性、主动性和创造性,密切了干群关系,促进了农村改革、发展和稳定。

我国乡村治理结构的变革主要是由实行村民自治制度引发和带来的。一是实行村民自治制度,彻底终结了人民公社体制下形成的乡村治理结构,农民群众真正成为管理农村的主人。实行村民自治,改变了村干部由上级党委政府任命的制度,建立民主选举制度,农民群众可以自己选择"当家人";改变了村级组织与乡镇政府上下级的从属关系,确立了乡镇政府与村民委员会的指导与被指导关系,农民群众可以自己决定自己要办的事。二是实行村民自治制度,大大改善了党对农村工作的领导,为执政党提高领导水平提供了有效途径。实行村民自治,坚持了党的全心全意为人民服务的根本宗旨,为密切党同农民群众的血肉联系,巩固党在农村的执政基础,更好地实现最广大人民群众的根本利益开辟了崭新的道路;体现了充分相信群众和依靠群众的要求,为加强党的领导和保证人民当家作主找到了新的方法和途径;优化了村党组织和农民党员在村民自治中的核心功能,为改善党组织和党员在实现党的领导中的主体地位和作用找到了新的途径;实践了党领导农村的方式从主要依靠政策向主要依靠法制的转变,为推进党所领导的依法治国方略积累了宝贵的经验。三是实行村民自治制度,有效促进了乡镇政府职能的转变,农村社会管理和公共服务成为乡镇政府的主要职责。实行村民自治,促进了乡镇政府向"服务型"政府的转变。四是实行村民自治制度,建立健全了人才脱颖而出的机制,农民的民主意识和民主素质不断提高。实行村民自治制度,不仅把村民公认的、真心实意为群众服务的人选进村民委员会,而且使农民群众履行民主权利的能力、参与市场竞争的能力和增收致富的能力不断得到提高。

(二)村务财务公开

村务财务公开,事关农民群众经济利益的维护,事关农民群众民主权利的保障,事关农村党风廉政建设,事关农村基层组织建设和社会稳定。实行村务财务公开是广大农民群众在实践中的伟大创造。推进财务、村务公开,实行阳光村务,是推进农村基层民主制度化、规范化、程序化建设的有效手段。

财务公开是基础。浙江省的村务财务公开首先是从村级财务的清账理财、建立健全财务管理制度开始的。1986 年、1991 年,浙江省先后两次在全省范围内开展村级财务的清账理财工作,并在此基础上,研究制定了《浙江省合作经济组织财务管理制度》《浙江省农村合作经济组织会计制度》《浙江省农村集体资产审计管理办法》等,要求建立村级财务收支预决算、现金管理、财务物资管理、民主理财和财会档案等制度。村级要建立民主理财监督小组,乡镇要建立会计辅导网,实行村会计集体办公和财务账目互审制度,有条件的地方要实行村账乡管,加强对村级财务的经常性监督管理。2002 年 11 月,针对一些地方财务管理制度不落实、公开不规范、监督机制不健全等问题,浙江省委办公厅、省政府办公厅下发了《关于全面推行村级会计委托代理制　切实加强村级财务管理的意见》,要求在保证村级集体资金所有权、使用权、审批权、监督权等"四权"不变的前提下,在全省所有行政村实行以统一财务制度、统一票据、统一会计核算、统一公开、统一建档等"五项统一"为主要内容的村级会计委托代理制,村账全部委托乡镇会计委托代理机构记账,有条件的地方要实行电算化管理。

村务公开是财务公开的深化和拓展。1998 年,根据中央关于《在农村普遍实行村务公开和民主管理制度的通知》要求,浙江省下发了《关于在我省农村普遍实行村务公开和民主管理制度的实施意见》,要求把各项涉及村民切身利益的事项和村民关心的事情,定期向村民公布,让村民了解实情,实行民主监督。公开的内容由财务账目拓展到了干部报酬、集体资产经营管理、宅基地审批、转工转非和计划生育指标安排、农民负担费用的收缴与使用等,并对公开的程序与方法作了明确的规定,要求公开前要预先审核,要定点定期公布,要公开后征询意见。到 1998 年底,全省所有行政村都普遍建立起了规范的村务公开制度。2005 年,针对部分地方村务公开中存在的工作进展不平衡、制度不健全、决策不民主、监督不到位、缺乏必要的激励和约束机制等问题,根据中央关于《健全和完善村务公开和民主管理制度的意见》的要求,浙江省又下发了《关于进一步健全完善村务公开和民主管理制度的通知》,文件根据变化了的形势,按照科学发展、和谐发展的要求,对村务公开的内容、形式、程序的"三个到位",村民代表会议、村务公开监督小组、民主理财小组的"三个组织"建设,民主议事协商、集体财务审计监督、民主评议村干部等"三项制度"的建设与创新都作了明确的要求。这几年,村务公开已经从单纯地公布某些信息发展为一种参与村务、监督村务的决策程序,知政、参政成为农民群众生产生活的常态。

(三)基层民主形式创新

在推进"民主选举、民主决策、民主管理、民主监督"的基层民主政治建设过程中,浙江省各地积极探索扩大基层群众知情权、参与权、话语权的有效实现形式,涌现出像民主恳谈、基层民主五步法等新做法,虽然这些做法仍被有些学者称为"草根民主",但对推进浙江省基层"市民社会"建设起到了十分重要的作用。近几年来,温岭市不但以迎来新世纪第一缕阳光和位列全国百强县前列而闻名,更是以其首创的基层民主形式——民主恳谈而吸引着外界的关注,2004 年,温岭基层民主恳谈获得了第二届"中国地方政府创新奖"。

民主恳谈起源于 1999 年,迄今已经有十年多的历程。当年,浙江省决定在农村开展农业农村现代化教育,温岭市将松门镇确定为试点镇,当地的干部对单向地对农民进行宣讲的方式进行了革新,发明了民主恳谈的初始形态——农业农村现代化论坛,让领导干部和农民就某一种特定的公共问题进行面对面的沟通。这一尝试取得了好于预期的正面效果,次年,温岭市将形形色色的类型活动统一命名为"民主恳谈",并于随后制定了规范民主恳谈的相关政策,将这一形式推广到了更广的领域中,还对乡镇和村召开民主恳谈会的次数做了硬性规定,并记入干部的考核。早期民主恳谈的主题为各地的工作重点和农民群众普遍关心的问题,范围宽泛,涵盖了从农业、渔业、工业、第三产业的发展,到城镇建设、道路交通、乡村治安、计划生育等各个方面。群众可以提出自己的问题,要求干部就某些问题做出解释,干部们对其中一些问题当场回应,当场解决不了的,要承诺解决的期限。2001 年以后,一些乡村开始以民主恳谈的方式就某些重大的决策议题征求公众的意见,并有选择性地予以采纳,2002 年 8 月,温岭市温峤镇学区校网调整的计划就在恳谈会上遭到了大多数农民群众的反对,镇里就放弃了原来的计划。"中国地方政府创新奖"所肯定的就是这一阶段的成果。2005 年,民主恳谈又有了新的拓展,温岭市新河镇把政府预算拿到民主恳谈会上讨论,并把恳谈的形式融入镇人大会议,使人大之于政府预算的功能从仅仅举手通过变为有发言权和修正权。从 2005 年到 2007 年,经过 3 年的丰富和发展,新河镇探索出了一套较为完整的制度,并落实成为《新河镇预算民主恳谈实施办法(试行)》。2008 年,民主恳谈与预算审查的结合再向前进了一步,温岭市人大开始尝试运用这种形式对部门预算进行审查监督,并在事关民生的交通部门首开"部门预算民主恳谈"的先河。

二、以党支部为核心的村级组织建设

农村党的基层组织是农村各种组织和各项工作的领导核心,是党联系广大农民群众最直接的桥梁和纽带,是贯彻落实党在农村的各项方针政策、带领群众投身社会主义新农村建设的战斗堡垒,必须切实加强建设,常抓不懈。

(一)村党组织是农村各种组织和各项工作的领导核心

农业、农民和农村工作是关系治国兴邦的重大问题,村党组织的领导核心地位是由农村的实际情况决定的。"三农"工作千头万绪,关键在于加强农村基层党的组织建设。一个行政村就是一个小社会,从人员构成上讲,有本地人口,有外地人口;从产业上讲,有种植业、养殖业等第一产业,也有工业、商贸业等二、三产业；从组织上讲，既有党组织、村民自治组织，又有经济组织、群众团体组织等；从工作上讲，既要搞好经济建设，又要抓好政治建设、社会建设、文化建设、生态建设等。在这样一个小社会里，必须要有一个领导核心，承担起政治、经济、社会、文化等多方面的建设任务。建设一个坚强的领导核心，才能调动方方面面的积极性，形成建设社会主义新农村的合力。

历史地看，村党组织的领导核心地位，是在长期的革命和建设实践中逐步形成的。广大农民群众在长期的实践中，深感共产党是践行"三个代表"的组织，而且农村基层党组织及党员干部，认真贯彻落实党的一系列路线、方针、政策，在带头致富、带领农民建设新农村中不断发展壮大。20 世纪50 年代初，浙江各地农村相继开展土地改革和互助合作运动，大批农村积极分子加入了共产党，到 1954 年底，全省有 3/4 以上的乡村建立了党支部，1959 年底，全省有 90％以上的生产队建立了党支部。党的十一届三中全会以后，农村基层党组织在改进中不断加强。1990 年中央有关部门在山东召开全国村组织建设工作座谈会以后，以党支部为核心的村级配套组织建设有了新的进展。广大农民群众在建设社会主义新农村的伟大实践中深深体会到，"村里要想富，全靠党支部"、"给钱给物，更要建一个好支部"，党支部建设加强了，建设社会主义新农村才会有可靠的组织保证。

(二)浙江省推进农村基层党组织建设的几大创新载体

农村基层党组织要始终坚持在农村各种组织和各项工作中的领导核心地位，必须根据农村形势的深刻变化，围绕建设社会主义新农村的总体目标，更新观念、强化功能、改进方法、提高能力，更好地发挥作用。更新观念，就是要坚持以科学发展观统领经济社会发展的各项工作，切实遵循农村经济社会发展规律；强化功能，就是要紧紧围绕党在农村的中心任务，不断强化农村基层组织的组织管理功能、教育引导功能和服务协调功能；改进方法，就是要善于通过启发教育、民主协商、示范引导等方法推动农村工作的开展，自觉运用法律手段、经济手段、政策手段解决农村工作中遇到的实际问题；提高能力，就是要不断提高农村基层党员带头致富、带领群众致富的本领，提高农村基层干部统揽农村经济社会发展全局的能力。围绕农村基层党组织"更新观念、强化功能、改进方法、提高能力"水平的提高，从2003 年起，浙江省全面开展了农村党组织以"三级联创"为基本途径，以"先锋工程"建设为载体，以强核心、强素质、强管理、强服务、强实力为主要内容的农村

"五好"村党支部建设活动,至 2007 年,全省共创建"五好"村党组织 6102 个。

1. 三级联创

"三级联创"就是县、乡、村三级联动,共同创建"五个好"村党组织、"五个好"乡镇党委和农村基层组织建设先进县(市)活动。在全省开展这项活动中,明确提出了四条原则:一是坚持围绕中心,促进发展;二是坚持从实际出发,务求实效;三是坚持上下联动,齐抓共管;四是坚持与时俱进,不断创新。开展"三级联创"活动,"创"是关键,"联"是保证,"创"就是要从本地实际出发,制定创建规划,完善推进措施,建立激励机制,努力营造比学赶超的良好氛围;"联"就是县、乡、村三级联动,形成相互衔接、相互促进、环环紧扣、整体提高的工作格局。

2. 先锋工程

先锋工程就是紧紧围绕浙江省提前基本实现农业和农村现代化这一目标,认真运用农村"三个代表"重要思想学习教育活动的成功经验,以"三级联创"为基本途径,以强核心、强素质、强管理、强服务、强实力为主要内容,全面提升农村基层党组织建设水平,把农村基层党组织建设成为贯彻"三个代表"重要思想和科学发展观的组织者、推动者和实践者。从 2003 年起,通过五年的努力,使全省 1 万个村党组织和 500 个乡镇党委,成为经济快速发展、"五好"、"六好"成效明显、村镇管理科学规范、精神文明协调共进、农民群众拥护满意的基层党组织。

3. "五好"党支部

"五好"党支部是推进农村基层党组织建设的主要目标。一是建设一个好领导班子,尤其要有一个好书记,能够团结带领群众坚决贯彻执行党的路线、方针、政策。注重从农村致富带头人、退伍军人、回乡青年、外出务工经商人员中选拔村干部。鼓励和引导高校毕业生面向农村基层就业。对于村里一时没有合适人选的,可以打破地域和身份界限,面向社会公开招聘或选派机关干部到村任职。二是培养一支好队伍,共产党员能够发挥先锋模范作用,干部能够发挥示范带头作用,共青团员能够发挥助手和后备军作用。积极探索在青年农民、外出务工人员、专业合作社负责人、致富能手中培养入党积极分子的有效方式,改善农村党员队伍的年龄结构、文化结构和知识结构,不断增强生机与活力。实施"双培双带"工程,把党员培养成为致富能手,把致富能手培养成为党员,让更多的党员带头致富,让党组织带领更多的群众共同致富。三是选准一条发展经济的好路子,充分发挥当地优势,加快农民脱贫致富奔小康的步伐。四是完善一个好的经营体制,把集体统一经营的优越性和农户承包经营的积极性结合起来,增强经济发展的活力。五是健全一套好的管理制度,体现民主管理原则,保证工作有效运转,使村级各项工作逐步走上制度化、规范化的轨道。"五好"是一个完整的目标体系,建设好领导班子,特别是选配好支部书记是关键,培养造就好队伍是基础,选准一条经济发展的好路子是动力,健全一套好制度是保证。

4. 村级组织配套建设

把农村党的基层组织建设作为一个系统工程,配套抓好以党支部为核心的村级基层组织建设,以强化党支部领导班子功能为重点,同时抓好村委会、经济合作社、团支部、妇代会、民兵等组织的配套建设,做到同步推进、协调发展。加强村民委员会的自身建设,严格按照村民委员会组织法开展工作。高度重视并切实解决好一些村基层组织软弱涣散,甚至被宗族家族势力把持的问题。加强青年、妇女等群众组织建设,支持他们按照各自的章程开展工作,充分发挥作用,努力形成建设社会主义新农村的整体合力。

三、农村工作指导员制度的建立与完善

为推动党委、政府工作重心下移,进一步加强农村基层建设,切实抓好新时期的"三农"工作,2004 年和 2005 年,浙江省先后推行了农村工作指导员制度,到 2008 年上半年全省已累计从省、市、县、乡四级机关和直属单位选派三批次共 11.1 万人次(其中省、市、县三级选派 2.28 万人次)担任农村工作指导员。

(一)农村工作指导员制度取得了明显成效

几年来,广大农村工作指导员认真履行浙江省委提出的"村情民意调研、政策法规宣传、富民强村服务、矛盾纠纷化解、民主制度规范、组织建设督导"等六项职责,与农村基层干部群众一起,积极落实新农村建设的各项工作,赢得了基层干部群众的肯定。

一是发挥指导员作为各级党委、政府信息员的作用,掌握了大量的第一手材料,为加强和改进"三农"工作提供了可靠依据。据不完全统计,2005—2008 年各级指导员累计走访农户 1376.95 万户次,人均走访 124 户,其中省派指导员人均走访在 200 户以上。广大指导员通过与群众的零距离接触和面对面交流,了解和掌握了大量真实情况,撰写了许多调研报告,提出了不少好的意见和建议,为各级党委、政府了解农村实情、掌握政策效应、做出科学决策提供了可靠的依据。

二是发挥指导员政策法规宣传员的作用,把党和政府关心、支持"三农"的政策送到百姓心头,为推动农村政策的贯彻落实提供了保障。指导员充分发挥自身文化程度较高,理解政策较快的优势,在驻村期间举行多种形式的活动,利用上党课、召开村民会议、走家串户等各种机会,积极宣传政策法规,尽力解答群众关心的问题,促进了农村政策的贯彻落实。

三是发挥指导员矛盾纠纷调解员的作用,化解了一大批矛盾和难题,为促进农村社会的和谐稳定发挥了积极作用。2005—2008年各级指导员共调解各类矛盾纠纷43.74万起,避免(劝阻)集体上访或群体事件4.49万起。广大指导员发挥相对超脱的优势,以谈心交心、沟通思想为切入点,积极解决群众反映强烈的问题,妥善调处群众之间的矛盾纠纷,尽可能将矛盾化解在萌芽状态,将问题解决在农村基层。各地普遍反映,指导员下派以来,上访人次明显下降,"有事就找指导员"已在农民群众中深入人心。

四是发挥指导员富民强村服务员的作用,兴办了一大批实事好事,为新农村建设各项工程的顺利推进和经济社会的加快发展提供了有力支持。广大指导员积极出谋划策,发挥自身特长,依托派出单位,争取各方支持,使许多村多年来想办而未办的事情有了进展,新农村建设的各项工程得以较快落实并顺利推进。许多指导员还承担了农民到乡镇及县办理事项的全程代理工作。

五是发挥指导员民主制度和基层组织建设督导员的作用,修订了一批规章制度,为规范村级组织运行、督促村干部依法办事按章行事作出了贡献。广大指导员以建章立制、规范运行为着力点,根据本村实际进一步完善了各方面的制度,监督村级组织和班子成员严格程序,按章办事。同时,积极指导加强村级组织建设,努力促进村级班子团结、协作、有所作为。2005—2008年,指导员协助村党支部培养新党员11万多名、后备干部17万多人。

六是锻炼了一批干部,推动了机关作风的转变,为全社会进一步形成关心支持"三农"的氛围打下了良好基础。广大指导员在驻村工作中拓展了观察问题和思考问题的视野,增强了调查研究和实际工作的能力,提高了群众工作和政策理论水平。特别是在抢险救灾等重大战斗中,经受了锻炼,赢得了信赖和称赞。许多指导员通过自己尽心尽力的工作,赢得村民的信任,村民和村镇领导通过各种形式向指导员派出单位和各级指导员办公室强烈要求指导员任期满后继续留任。"一年驻村,终身受益"成为广大指导员最深切的体会。这些在农村亲身工作、生活过的指导员,不光通过驻村锻炼了自己,而且带动了派出单位多到农村去调查研究、指导服务,为持续营造全社会关心支持"三农"的氛围打下了良好基础。

(二)完善农村工作指导员制度

实施农村工作指导员制度是农村基层工作机制的创新,有效地推动了党委、政府的职能转变,为县级部门延伸公共服务探索了有效路子,为基层政府、县级部门搭起了沟通农民群众的"联心桥",构筑了服务农民群众的"快车道";但也存在着"指导员个人素质不适应、单位指导帮扶不够到位、乡镇党委作为指导员日常管理主体不够到位、乡镇选派指导员人员、精力、工作不够到位"等问题,深化完善农村工作指导员制度,要紧紧围绕推进新农村建设、构建和谐社会的目标,按照"村村都有农村工作指导员、乡乡都有科技特派员"的要求,全面建立乡镇专职指导员队伍,优化省、市、县机关干部派驻机制,完善各项管理制度,努力使农村工作指导员、科技特派员制度成为着力加强党委、政府的基层工作力量,夯实农村基层执政基础,使农民群众长期得实惠的重要制度保障。

1. 全面实施乡镇专职农村工作指导员制度,探索建立有浙江特色的"农村社区工作者"队伍

乡镇选派的指导员是整个指导员队伍的主体,其素质高低、作用发挥得如何,决定着指导员工作的整体成效。随着农村基层管理服务要求的提高,也对创新乡村管理体制、加强基层工作力量提出了新的任务。我们必须适应这一新的要求和任务,全面建立乡镇专职农村工作指导员队伍,尽快实现从"兼职"、"联村"向"专职"、"驻村"转变。要确保人员到位、精力到位、工作到位,努力使农村工作指导员队伍成为"农村社区工作者"的中坚力量。

2. 进一步优化省、市、县机关干部出任指导员的派驻机制

省、市、县三级机关要选派善于解决农村基层问题的干部到最需要的村去,并建立各级机关帮助指导机制,推动各级各部门关心、支持、服务"三农",更好地落实农村的各项工作。建立经常性的选派机制,将选派机关干部到基层挂职锻炼与选派指导员结合起来,让具有一定机关工作经历、需到基层挂职锻炼的干部先到村里当一年指导员,再到县、乡挂其他职务锻炼。建立结对指导帮助的工作机制,省、市、县三级派出单位要与指导员派驻村建立挂钩指导帮助关系,当好农村工作指导员的坚强后盾,在资金、技术、信

息、人才等方面尽力支持派驻村。

3. 进一步完善各项管理制度,建立健全有利于发挥指导员作用的工作机制

建立健全对农村指导员阶段性工作的布置机制。除省里统一布置的工作任务和要求外,市和县要对指导员、特派员任期的不同阶段提出具体的工作要求和工作任务。健全乡镇党委的日常管理和指导机制。乡镇党委对各级选派的指导员实行属地管理。通过定期召开指导员工作例会,听取指导员的意见建议,经常进行督促检查。建立健全指导员、特派员的工作参与和沟通协调机制。通过安排省、市派出的指导员兼任乡镇职务、出席或列席各种会议等形式,实行驻点带面,促进指导员与乡镇、村工作的衔接和全局工作的落实。完善指导员反映问题与难事交办督办机制。县(市、区)要普遍建立农村"两员"反映问题的收集梳理、集中交办、检查督办制度,并通过领导专题现场办公等形式,帮助指导员解决其难以解决的热点、难点问题。

四、大学生村官

农村既是施展才华的大舞台,又是历练人生的大学校。改革开放以来,浙江省农村经济社会发生了深刻的变化,广大农村正在经历着传统农业向现代农业、传统农民向现代农民、传统乡村向现代社会的转变、转型。近年来,浙江省一些地方政府针对部分农村村干部年龄偏大、文化程度偏低以及城镇就业竞争激烈的状况,出台了一系列政策,鼓励和支持具有大专以上学历的年轻人到农村担任村干部,被人们称为"大学生村官"现象、新时期的"上山下乡"运动。这种做法既有利于基层干部结构和人才结构的优化,又有利于大学生的成长和培养,是一举两得的好事。

(一)大学生村官的发展历程

从 20 世纪 90 年代中期开始到现在,大学生村官经历了从无到有、从探索到试验、从几个点到面上铺开的发展过程。1995 年,为解决"三农"问题,江苏省率先开始招聘大学生担任农村基层干部。1999 年,海南省推出大学生村官计划,同年,浙江省宁波市采用公开招考的方式,成为全国第一个推行"一村一名大学生"的地区。这一时期,大学生村官人数较少,但形式多样,逐步打开了改革开放以来知识分子回流到农村的正式渠道,为

后来的发展积累了重要的实践基础。

2005 年 7 月,中共中央办公厅、国务院办公厅下发《关于引导和鼓励高校毕业生面向基层就业的意见》,要求从 2006 年开始,每年选拔一定数量的高校毕业生到农村就业,争取用 3～5 年时间基本实现全国每村至少有一名高校毕业生的目标。2006 年 2 月,中组部、人事部、教育部等八部委下发通知,联合组织开展高校毕业生到农村基层从事支教、支农、支医和扶贫等工作,大学生村官工作进入大范围试验阶段。

2008 年中央关于农村工作的"一号文件"明确提出,在有条件的地方可选拔大专院校和中等职业学校毕业生到乡村任职,改善农村基层干部队伍结构,并特别强调,要积极探索从优秀村干部中考录乡镇公务员、选任乡镇领导的有效途径,这是对"大学生村官"现象的肯定。2008 年 3 月,经中央同意,中组部等有关部门决定,从 2008 年开始,用 5 年时间选聘 10 万名高校毕业生到村任职。

(二)大学生村官有关政策问题的解决

大学生到村里任职,除了"身"到农村外,更关键的是要让他们的"心"到农村。与城市相比,农村基层的工作条件和生活待遇等诸多方面差距较大,要使大学生不至于将当村官作为人生的一个"苦难",关键是要研究制定一系列关于大学生村官待遇、社会保障、将来重新安置、住房等政策和制度,让大学生们把自己的心扎入农村,把自己的身深入农村,把自己的爱奉献给农村,用自己所学的知识发展农村经济和社会事业,用自己所掌握的新观念、新知识引导教育农民,为新农村建设提供人才和智力支撑。

1. 解决好村官的就业待遇

"到农村基层工作好是好,就是担心待遇太差,有些岗位月薪不到 1000 元,比外来务工者的收入还低,对不起自己十几年的寒窗苦读"!待遇和社会保障不够落实,使不少大学生到农村基层工作缺乏足够的动力。为此,浙江省台州市出台了大学生村官工资来源的保证办法,明确到农村工作的高校毕业生工资待遇参照事业单位同类人员标准执行,由县(市、区)财政、乡镇(街道)、村按一定比例承担,并规定养老保险和医疗保险也由这三级共同负担。为保证大学生村官工资能够逐年增长,绍兴市实行了大学生村官及社区工作者等级工资制的办法,分成 12 个等级,每年考核晋升,第一年每月 1000 元左右,最高可到 1400 元。同时,还安排大学生村官及社区工作者参加基本养老保险和基本医疗保险,经济条件比较好的村和社区,还给他们办理失业保险、工伤保险、女工生育保险等。

2. 解决好村官的发展前途

不少大学生在农村基层工作,总是担心前途问题,认为没有出路,发展空间有限,心里有很大的失落感。不少高校毕业生虽然人在农村基层工作,但"身在曹营心在汉",没有一门心思地去好好工作。为此,浙江省各地进行了如何让大学生安心工作的政策尝试。慈溪市针对在基层锻炼过的大学生能更好更快地融入到当地工作的实际,对在村工作表现优秀、业绩突出的大学生,优先依法按章充实到村级领导班子中去。对在村工作满两年,在乡镇(街道)所属事业单位公开招考工作人员时实行优先录用。

五、乡村治理结构的变迁与完善

改革开放以来,伴随着经济体制改革的不断深化和工业化、城市化的快速推进,我国以实行村民自治为突破口,乡村治理结构发生了重大变革,国家与社会的关系发生了重大变迁,虽然由于宏观体制改革尚未到位,乡村治理结构中的"两委关系""乡村关系"和村民自治的内部关系尚未完全理顺,乡村治理结构仍需进一步改革和完善,但农民群众已登上乡村治理的历史舞台,社会主义民主政治建设取得重大进展。

(一)乡村治理结构的变迁

在漫长的封建社会里,我国实行高度中央集权的统治,拥有庞大的官僚体系,但由于幅员辽阔、人口众多、经济发展不平衡,难以形成官民充分沟通的有效渠道和机制,难以直接统治乡村社会,即所谓"政不下县",这就不得不依靠士绅地主和宗族势力来实施乡村治理,维持秩序。这个处于国家与农民之间的乡绅阶层,借助宗族势力,承担承上治下的职能,对上为国家征收各种赋税和摊派,对下负责管理地方的公共事务。鸦片战争以后,乡村精英大规模向城市流动,国家通过乡绅阶层治理乡村的局面被打破了,在乡村依然延续传统"士绅治理"的格局下,取而代之的则是土豪劣绅治理乡村,即所谓乡村治理"土劣化"倾向。从清末到1949年中华人民共和国成立前,这种趋势越演越烈。

中华人民共和国成立以来,我国乡村治理结构发生了复杂而又重大的变化。土地改革不仅彻底摧毁了旧的乡村政权,也彻底消灭了"士绅"治理乡村的基础——地主阶级,乡村治理"土劣化"倾向由此被终结,取而代之的则是中国共产党领导、党政合一和自上而下的新体制及其农村基层政权,大批忠于新政权的农村精英和土改积极分子成了农村基层政权的施政者。这种农村基层政权从一开始就是国家政权的基层组织,与中央和上级政府保持高度一致,因而它们只是作为上级在农村的代理机构,而不是作为农村的自治机构。20世纪50年代以来,我国实行农业合作化、人民公社化,在60年代初建立了"政社合一"和"三级所有,队为基础"的人民公社体制,这种体制虽然在形式上实行了由人民公社直接治理乡村,但由于计划经济体制的高度集中和人民公社体制的"政社合一",事实上实行的仍是由国家直接治理乡村,国家权力渗透到乡村的每一个角落,乡村的公社主任、大队队长、小队队长等管理人员成了国家权力在乡村社会中的实际代理人。这种在国家高度集中管理下的乡村集体经济组织(人民公社和生产大队)直接管理的乡村治理结构,虽然有效地控制了农民,却没能有效地激励农民,使得人民公社的集体经营长期处于低效益、农民群众的生活长期处于低水平的状态。

改革开放以来,随着80年代农村家庭承包经营制度的实行和人民公社体制的终结,我国恢复了乡镇一级政府,实行了村民自治制度,即原来的公社机构转为"乡镇政府"、生产大队转为"村民委员会"、生产小队转为"村民小组",农民开始登上乡村治理的历史舞台。随着90年代体制改革的不断深化和市场经济的加速发展,以民主选举、民主决策、民主管理和民主监督为内容的村民自治快速发展。进入21世纪以来,随着统筹城乡发展战略的大力实施和粮食购销市场化改革、农村税费改革、农村综合改革、城乡体制改革的不断推进,党的执政能力建设不断加强,政府的行政职能和工作方式不断转变,公共财政更多地向农村倾斜,乡镇政府对乡村社会的管理逐渐从直接干预向间接指导、从强迫命令向协调服务转变,村民自治制度不断完善,农民的民主选举、民主决策、民主管理和民主监督权利不断扩大,农民群众在乡村治理中的地位不断上升。

(二)乡村治理结构的完善

当前我国初步形成了党领导、乡镇政府依法行政和农民群众当家作主相结合的乡村治理结构,但仍有许多不到位的地方,主要有:一是农村党的基层组织建设仍需进一步加强,一些地方村级党组织软弱涣散的问题还比较突出,难以担当起团结和带领农民群众建设社会主义新农村的职责。二是村民自治制度仍需进一步完善,内部的村民会议、村民代表会议、村民委员会之间的关系尚未完全厘清,农民群众充分履行民主权利还需得到进一步的保障。三是村党组织与村民委员会的关系仍需进一步界定,一些地方村党组织与村民委员会关系不协调的问题仍比较突出,党组织的领导核心作用和村民当家作主作用尚未得到有效发挥。四是"乡政"与"村治"的关系仍需进一步理顺,导致乡镇政府与村民委员会之间关系不顺的宏观体制因素尚未消除,村民自治的完全实现还有赖于从宏观上对现行法律、行政体制、财政体制、城乡体制的深化改革和对党的领导方式的不断完善。五是对农村党员和农民群众的素质培训仍需进一步加强,农村人才大量外流和农村人口快速老龄化的趋势还在继续,年龄轻、素质高的人才合理补充农村的机制亟待建立。

完善乡村治理结构,既是我国推进社会主义民主政治建设的客观要求,也是我国推进社会主义新农村建设的应有之义。中共中央、国务院《关于积极发展现代农业扎实推进社会主义新农村建设的若干意见》(中发〔2007〕1号)对当前我国加强农村民主政治建设、完善建设社会主义新农村的乡村治理机制,提出了明确的要求。现阶段,应按照标本兼治的要求,进一步改革和完善乡村治理结构。

一是围绕不断增强农村基层党组织的战斗力、凝聚力、创造力和改善村党组织与村民委员会的关系,进一步加强农村党的基层组织建设,改进农村党的基层组织的领导方式。充分发挥农村基层党组织的领导核心作用,为建设社会主义新农村提供坚强的政治和组织保障。以建设社会主义新农村为主题,深入开展保持共产党员先进性教育活动,引导广大农村党员学习贯彻党章,坚定理想信念,坚持党的宗旨。有针对性地开展正面教育,解决党组织和党员队伍中存在的突出问题,解决影响改革发展稳定的主要问题,解决群众最关心的重点问题。加强农村基层组织的阵地建设,搞好农村党员干部现代远程教育,加大政策理论、法律法规和实用技术培训力度,引导农村基层干部发扬求真务实、踏实苦干的工作作风,广泛联系群众,增强带领群众增收致富的能力。深入开展农村党的建设"三级联创"活动,加强基层党风廉政建设,巩固党在农村的执政基础。

二是围绕维护和保障农民群众广泛而又充分的民主权利,进一步完善村民自治机制。大胆创新和实践民主选举、民主决策、民主管理和民主监督的具体形式,进一步健全村党组织领导的充满活力的村民自治机制,让农民群众真正享有知情权、参与权、管理权、监督权。大力推行村民民主议事制度,完善村民"一事一议"制度,建立健全村内公益事业建设的民主决策机制,引导农民自主开展农村公益事业建设;积极推广调查走访、民主听证、民情恳谈等民主形式,建立健全政府公共服务供给的民主决策机制,确保群众最关心、最直接、最现实的事得到优先实施。进一步完善村务公开、财务公开制度,及时公开涉及农民群众切身利益的重大事项,广泛接受农民群众的监督。健全农民群众履行民主权利的规则和程序,加强对农民履行民主权利的素质培训和普法教育,确保广大农民能够真正享有和维护民主权利。进一步探索村民会议、村民代表会议和村民委员会的运行机制和相互之间的关系,确保村民自治良性运行和农民群众广泛参与。进一步明确村民委员会所承担职责任务和工作方法,不断改善与村党组织的关系。

三是围绕理顺"乡政"与"村治"的关系,进一步推进乡镇政府的职能转变和管理体制的深化改革。深入推进以乡镇机构改革、农村义务教育体制改革和县乡财政管理体制改革为主要内容的农村综合改革,切实转变乡镇政府的职能,加强社会管理和公共服务,提高为"三农"服务的能力和水平;高度重视农村税费改革后和新农村建设中出现的乡镇政府财力严重不足的问题,加快推进县、乡财政体制改革,建立健全公共财政向"三农"倾斜的机制,彻底消除农民负担反弹的根源。进一步推动乡镇政府行政管理方式从直接干预向间接指导、从强迫命令向协调服务转变,正确把握乡镇政府与村民委员会之间指导与被指导的关系。乡村之间的矛盾与冲突往往是"宏观体制困境在基层的映像",应从全局的角度审视乡村关系的病灶,积极推进法律法规、行政体制、财政体制、城乡体制等宏观体制的深化改革和党的领导方式的不断完善,加快推进农村社会事业、社会保障发展和农村基础设施建设,不断扩大面向农村的公共服务。

四是围绕促进政府与农民的互动,进一步培育和发展农村民间组织。在继续增强农村集体组织经济实力和服务功能、发挥国家基层经济技术服务部门作用的同时,鼓励、引导和支持农民专业合作社、专业协会和其他民营服务组织的发展。积极发展农产品行业协会,引导农业生产者和农产品加工、出口企业加强行业自律,搞好信息服务,维护成员权益。鼓励发展农村法律、财务等中介组织,为农民发展生产经营和维护合法权益提供有效服务。充分发挥各类民间组织在政府与农民之间沟通的桥梁作用,及时把政府的经济社会发展规划与政策传递给农民,及时把农民反映集中的愿望和意见建议传递给政府,促进政府与农民的良性互动,实现乡村和谐治理。

第十二章 统筹城乡发展与推进城乡一体化

城乡关系是人类社会进入工业化社会后一切社会变迁的一条主线,正如马克思在《资本论》中所说,"城乡关系一变,整个社会的面貌也将为之改变"①。工业化进程中的城乡关系变迁是有规律的,从农业社会"无差别统一"的均衡状态,到工业化社会初中期阶段的逐步失衡,再到工业化社会中期阶段的逐步走向均衡,直到工业化社会后期阶段和后工业化社会"城乡一体"的均衡状态。工业化进程中的城乡关系失衡集中表现为"三农"问题,即工业与农业两大产业、城市与乡村两大区块、市民与农民两大阶层发展差距扩大。而统筹城乡发展就是要协调和解决工业化进程中日益失衡的城乡关系和日趋严重的"三农"问题。改革开放以来,浙江省以农村工业化起步,走上了城乡双重工业化道路,而在 21 世纪又走上了城乡工业化并轨和城乡统筹发展的道路。

一、独特的工业化道路与城乡关系变迁历程

工业化进程中城乡关系的变迁和从失衡到协调的转变,并不是一个自然而然的过程,它不仅与工业化的进程有关,也与工业化的模式有关,还与当政者是否把握规律和积极作为有关。浙江在改革开放过程中,在城乡二元社会结构的制度环境中,以农村工业化和农村城镇化起步推进全省的工业化、城市化进程,城乡关系变迁和"三农"发展走上了一条既符合一般规律、又具有自身特点的道路。最大的特点就是在工业化、城市化进程中,城乡关系比较协调,"三农"问题相对缓和。

改革开放初期,家庭承包经营制度的实行,极大地激发了农民群众的生

---

① 马克思:《资本论》第 1 卷,人民出版社 1963 年版,第 391 页。

产积极性,促进了农业生产力的大解放和大发展,在"交足国家、留足集体、剩余归己"的分配制度下,农村集体和农民家庭的农业剩余积累快速增长。这些农村和农民的积累,在城乡隔离的制度框架下,在农村内部就地转移为乡镇企业发展的原始资本,推动了乡镇企业的异军突起和发展壮大,走出了一条有别于城市工业化的农村工业化道路。这种靠农业积累和农民力量发展起来的乡镇企业和农村工业化,从一开始就与"三农"有天然的联系,并与改革开放、建立市场经济体制和工业化、城市化的进程相适应,在不同阶段以不同方式反哺和带动"三农"。改革开放以来,乡镇企业以及由此推动的独特的农村工业化、农村城镇化反哺和带动"三农"大致经历了五个阶段①。

第一阶段:20 世纪 80 年代中期以前,农村集体经济组织内部的"以工补农"。

这一阶段是乡镇企业的初创阶段,农村集体和农民家庭将农业剩余积累转化为乡镇企业的初创资本,形成了以浙北与浙中地区发展乡村两级集体企业为主、温台地区发展联户企业和个体私营经济为主的"两大板块"、"四轮驱动"的乡镇企业发展格局。乡镇企业的发展吸纳了大批农民就业,增加了农民收入,但同时也由于农业效益比较低和农业劳动力的转移,农业生产特别是粮食生产出现了萎缩的苗头。在这种情况下,当时的浙江省委、省政府一方面要求土地向种田能手集中,发展农业适度规模经营,促进农业专业化、商品化,一方面要求在农村集体经济组织内部实行"以工补农"措施,从乡镇企业利润中税前列支 10% 的社会性开支,支持农业基础设施建设、农业科技进步、农业机械装备、农业服务体系建设等,提高农业综合生产能力,并鼓励有条件的地方试行"农工一体化",增加对农业的投入和务农农民的收入。1982 年,时任浙江省委副书记陈作霖在全省农村工作会议上提出:"要正确处理社队企业与农业的关系,做到立足农业办企业、办好企业促农业,克服一部分社队企业脱离农业的倾向。社队企业利润的分配,要统筹安排,量入为出,兼顾社队集体、企业本身和社员三方面的利益。社队企业上交给公社、大队的利润,要有相当部分用于发展粮食生产和多种经营,包括农副产品原料基地建设的投资,农业科学技术推广的补贴,农田基本建设、农业增产措施的补助,购置农机具,支援穷队等;小部分用于举办社员的文化、教育、幼托、卫生福利事业和小集镇建设。"1984 年,时任浙江省委书记

---

① 第一阶段到第四阶段的引用来自浙江省农村政策研究室编写的《农村工作文献汇编(1979—1990)》(上、下卷)和浙江省农业和农村工作办公室编写的《农村工作学习文献汇编(1991—2000)》(上、中、下卷)。

王芳在省委农村工作会议上指出："在基层合作经济内部,实行以工副业补农业的政策,使承包粮食生产的收入与承包其他各业的收入大体平衡;从土地经营中转移出来从事其他生产经营的社员,都有义务接受基层组织的调节措施,交纳一定数量的贴农金。"1985 年,全省乡镇企业用于补农的资金1.5 亿元。1986 年初,王芳在全省农村工作会议上还总结了"以工补农"的三种形式,"一种是从乡镇企业经营收入中拿出一部分,用于举办服务事业或直接补贴种养业。另一种是在乡镇企业比较发达地区的地方,把具备一定条件的种养大户吸收为乡镇企业的职工,发给基本工资,农业收入的分配仍按承包合同执行。再一种是经济实力比较强的乡村企业,办农业车间、畜牧车间,统一经营,分别核算"。1986 年初,省农村政策研究室还印发了《关于地区合作经济内部实行以工补农、以副养农的若干意见》,对以工补农的内容、重点、补贴标准、资金筹集及相关政策作了规定。这是在党委、政府引导下,农村集体经济组织内部的"以工促农"机制。

第二阶段:20 世纪 80 年代中期至 80 年代末期,以建立各级农业发展基金制度为主要形式的"以工补农"。

在实行农村集体经济组织内部"以工补农"措施的基础上,1986 年,海盐等地率先将一些"以工补农"政策制度化,建立了乡、村两级农业发展基金制度。在这一实践基础上,浙江省委、省政府在 1986 年底的全省农村工作会议上,要求各地逐步建立乡、村两级农业发展基金制度,规定乡镇企业在原税前列支 10% 利润用于支农和其他社会开支的基础上,从 1987 年 1 月起,计税工资每人每月提高 10 元,列入农业发展基金。至 1987 年底,全省有700 多个乡、4000 多个村建立了农业发展基金制度,筹集资金 8000 万元。1987 年底召开的全省农村工作会议,浙江省委、省政府在总结嘉兴市各县(市)全面建立县级农业发展基金制度做法的基础上,进一步要求各地建立县级农业发展基金制度,同时经国务院批准,决定开征粮食附加税(1987 年12 月起,全省各类乡镇企业按销售收入的 0.6% 缴纳),形成了法制化的"以工补粮"机制。至 1988 年底,全省有 4/5 的县、1/3 的乡、1/4 的村建立了农业发展基金制度,筹集资金 2.75 亿元,同时有 1/4 的村在合作经济组织内部建立了内部融通的农村合作基金制度,入会资金 2 亿多元。1988 年底,国务院根据浙江的实践,要求全国各级政府建立农业发展基金制度,并印发了《关于建立农业发展基金,增加农业资金投入的通知》(国发〔1988〕80 号),对资金来源、使用、管理作出了规定。1989 年初,浙江省政府根据国务院文件精神,进一步完善了农业发展基金制度,规范了资金来源渠道及使用、管理办法。这是在党委、政府主导下建立的在更大范围上的规范化、制度化的"以工促农"机制。这一机制,虽然随着体制环境的变化和乡镇企业的改制,在以后有了很大的变化①,但至今仍在起作用。

第三阶段:20世纪90年代初期至90年代后期,以发展小城镇为依托的"以工促农、以城带乡"。

80年代乡镇企业的大发展,推动了农村经济的加快发展和农业劳动力的大量转移,增加了农民收入和财政收入,也增强了小城镇加快发展的动力。同时,农业和农村的发展也暴露出不少弊端,比较突出的是,农产品流通体制不活,加工流通业发展滞后,卖难现象时常发生;乡镇企业布局过散,企业规模小,产品档次低,发展能力弱。这就迫切要求加快小城镇发展,集聚乡镇企业,推动乡镇企业扩大规模、调整结构,促进农产品加工流通业和农村第三产业加快发展,进一步带动农业劳动力转移、农村人口集聚和农业专业化、规模化、集约化。于是,浙江省委、省政府在1991年提出"搞好小城镇和乡镇工业小区建设,加快农村工业化步伐","在主要城镇建设几个有特色的、设施功能比较完备的农产品批发市场";1992年提出"以小城镇为依托,实现乡镇工业大提高、第三产业大发展、农村劳动力大转移",并决定在全省开展"撤区扩镇并乡",形成以小城镇为中心的农村经济新格局,加速农村工业化和城镇化进程;1993年又强调"办好工业小区和市场,加快城镇建设步伐",并提出建设县域首位镇(一般为县城)、深化户籍制度改革的要求;1994年提出"进一步确立小城镇在经济区域中的中心地位,抓好农村小城镇综合改革试点及配套政策的制定,在本世纪末建成100个基础设施完备、辐射能力强、产业与人口集聚程度高、功能齐全的现代化小城镇,并使一批基础好的小城镇发展成为中小城市";1996年初提出"要搞好城镇体系规划的制定工作,不仅要规划到城市、集镇,还要规划到乡村",并重申建设100个现代化小城镇的目标,要求着重抓好列为全国农村城市化试点的绍兴县和全国小城镇综合改革的6个试点镇,强调处理好小城镇建设与农业发展的关系;1997年初在总结乡镇企业、小城镇、专业市场联动发展经验的基础上,进一步提出"加快农村小城镇建设步伐,促进乡镇企业和农村劳动力向小城镇集聚",并要求改制后的乡镇企业进一步发挥与农业、农民有天然联系的优势和机制灵活的机制,调整结构,发展农产品加工流通业,走产加销一条

---

① 1996年2月,浙江省委、省政府《关于进一步完善农业投入机制,增加农业投入的决定》(省委〔1996〕9号),根据财税体制改革后的新情况,调整和完善了农业发展基金的筹集渠道。

龙、贸工农一体化的发展路子。1998 年提出"把发展乡镇企业和建设小城镇作为农业和农村现代化建设的战略举措来抓,提高农村工业化和小城镇建设水平",并从推进整个省域现代化的高度,提出"加快城市化进程,形成以大城市为中心,中等城市为骨干,小城市和小城镇合理布局,现代交通、信息联结一体,功能互补的大中小城市网络群"。至此,浙江农村工业化与城市工业化相对独立、农村城镇化与城市化相互隔离的"双重工业化"局面开始被打破,进入了农村工业化与城市工业化融合汇流和向"单重工业化"转变的阶段,在这个过程中,一方面农民为城市工业发展和城市建设作出了更大贡献,另一方面大中城市对"三农"也开始发挥更强的带动作用。

第四阶段:20 世纪 90 年代后期至 2002 年党的"十六大"前,以工商企业投资农业为特色的"以工促农"和以大中城市拓展空间为重点的"以城带乡"。

改制后的乡镇企业机制更活,实力增强,一方面要求在更大平台上求得新的发展,另一方面又要求在新的领域中寻求新的发展机遇。同时,城市在发展中也出现了许多新情况:城市国有企业改革搞活,要求扩大企业规模;城市产业结构"退二进三",要求调整企业布局;外来企业投资不断增加,要求扩大投资载体;城市居民收入快速增长,要求改善居住条件;城市外来人口不断增加,要求扩大承载空间,这一切都要求拓展城市的发展空间。在这种新的形势下,随着 1998 年以来效益农业战略和城市化战略的实施,以乡镇企业为主体的工商企业开始问津农业,2000 年"工商企业投资发展效益农业座谈会"以后,更是掀起了一股工商企业投资农业和农产品加工流通业的浪潮,"十五"时期每年新增投资在 120 亿元以上,为传统农业加快向现代农业转变注入了一股强劲的力量;大中城市通过兴办开发区、工业园区迅速扩大规模,促进了一批乡镇企业在集聚基础上的新发展,带动了城郊农村的加快发展和农民的转产转业,也推动了城市基础设施向农村的加快延伸。至此,市场化的"以工促农"机制、城市化提升工业化和带动"三农"发展的机制快速形成。

第五阶段:党的"十六大"以来,以城乡一体化为导向,内容和范围不断拓展的"以工促农、以城带乡"。

市场经济的快速发展和城市化战略的大力实施,加速了农村生产要素向城市的流动,推动了工业化提升、城市化提速,也带来了工农差别、城乡差别、市民与农民差别的不断扩大和"三农"问题的日益凸现。在这种情况下,浙江省委、省政府以党的"十六大"精神为指导,大力实施统筹城乡发展方略,制定和实施《统筹城乡发展 推进城乡一体化纲要》,要求全省建立健全以工促农、以城带乡的十大机制,更为全面地发挥工业化、城市化、市场化对"三农"发展的带动作用,促进城乡经济社会协调发展,并开展了强龙兴农、村庄整治建设、农民素质培训、城乡教育均衡化、农民健康、农村社会保障、农村交通水利农田等基础设施建设、欠发达乡镇奔小康、农村工作指导员、农村科技特派员、特派教师医师等一系列工作,有力地推动了城市基础设施向农村延伸、城市公共服务向农村覆盖、城市现代文明向农村辐射。在这一过程中,以民营企业为主体的工商企业发挥着越来越重要而广泛的作用,在投资现代农业上,数量不断增加、档次不断提高,在参与扶贫开发上,产业带动范围不断扩大、结对帮扶力度不断加大,而且在参与农村社区建设和农村福利事业上捐资捐物、出智出力,还通过更多更好地履行企业义务,参与农民技能培训、扩大对农民工社会保险。可以说,当前浙江工商企业已在"三农"的各个领域全面发挥带动作用。至此,浙江已进入了从整体上、体制上实行"以工促农、以城带乡"的新阶段。

浙江工业和城市反哺"三农"的历程,给了我们三点深刻的启示。

一是城乡关系的变迁与工业化的进程密切相关,必须深刻认识和正确把握"两个趋向"[①]重要论断。浙江的工业化是在"三农"的有力支撑下发展起来的,并随着工业化的演进,工业和城市反哺"三农"呈现出行为越来越自觉、范围越来越广泛、形式越来越多样、力度越来越强大、机制越来越规范的趋势,这充分说明了工业化进程中工农关系、城乡关系变迁的总方向和总趋势。应牢牢把握这一规律,抓住浙江当前正处于"第一个趋向"向"第二个趋向"转换的关键时期,更加自觉地把解决"三农"问题作为推进现代化的重中之重,更大力度地实施统筹城乡发展方略,更为有效地建立健全以工促农、以城带乡的发展机制,让工业化、城市化更加全面充分地带动"三农"发展。

二是城乡关系的变迁与工业化的模式密切相关,必须选择能有效带动"三农"发展的工业化道路。从世界各国工业化历程来看,不同的国家即使处于工业化的同一时期,其与"三农"的关系也不尽相同,我国也是如此。像我国计划经济体制下的工业化,由于其实行重工业优先发展战略和城乡隔离政策,即使工业化到了相当发达阶段,也难以带动"三农"发展。而浙江这样内源型的农村工业化,农民是发动者、投资者、就业者,劳动密集型的轻工

---

① 2004年,时任中共中央总书记胡锦涛在十六届四次全会上指出:"纵观一些工业化国家发展的历程,在工业化初始阶段,农业支持工业,为工业提供积累,是带有普遍性的趋向;但在工业化达到相当程度以后,工业反哺农业、城市支持农村,实现工业与农业、城市与农村协调发展,也是带有普遍性的趋向。"

业是起始产业,县城和小城镇是主要载体,市场机制是企业生产和要素配置的主导形式,县域内工农关系密切、城乡沟通便捷,即使在初期阶段也开始反哺"三农"了。这是浙江工农关系、城乡关系比较融洽,"三农"问题相对缓和的主要原因。应进一步激发农民群众和工商企业的积极性,在城乡双重工业化日趋融合中,正确处理好工农关系、城乡关系、市民与农民关系,让农民群众不仅成为贡献者,而且成为受益者。

三是城乡关系的变迁与党委、政府的作为密切相关,必须把解决"三农"问题作为推进工业化、城市化健康发展的重中之重。浙江工业化、城市化的每一步发展,解决"三农"问题的每一个进步,都是在党委、政府顺应规律、积极作为和正确主导下取得的。世界各国的工业化历程也表明,当政者是否作为、作为正确与否,会影响工业化的进程和方向,也会影响工农关系、城乡关系变迁的进程和方向。同时,促进工农关系、城乡关系和谐,单纯依靠市场力量难以实现,必须依靠当政者的积极作为,把解决"三农"问题作为工业化、城市化的根本任务,主导工农关系、城乡关系的变迁。应把解决"三农"问题、建设社会主义新农村,促进工农关系、城乡关系和谐,作为工业化、城市化向更高阶段迈进的主线和根本任务,顺应规律,把握趋势,更好地发挥党委、政府的主导作用,更加广泛地动员和引导工商企业和社会各界力量为新农村建设做出更大的贡献。

二、城乡二元结构下农民的伟大创造和伟大贡献

改革开放以来,不甘贫穷落后的浙江农民发动了农村工业化,对计划经济体制下不断固化的城乡二元结构发起了冲击,创造了一个个让世人瞩目的奇迹。随着市场经济体制的不断建立健全,城市在经济社会发展中的主导地位更加凸显,农村企业、农村资金、农用土地、农业劳动力大量地向城市集聚,农民发动的农村工业化、城镇化推动了区域工业化、城市化的快速发展,但农民为工业化、城市化做出贡献的同时,却没有充分共享到工业化、城市化的成果,农业是弱质产业、农村是落后社区、农民是弱势群体的状况尚未改变,工农差距、城乡差距、阶层差距扩大,"三农"问题日益严峻。

(一)城乡二元结构下农民的伟大创造

计划经济体制下形成的中国特殊的城乡二元经济结构和特有的城乡二

元社会结构,把农民固定在土地上,束缚在农村里,农民只能按照政府的意图从事农业生产,又必须按照政府确定的价格将生产的农产品卖给政府。改革开放进程中,逐步放开手脚而不甘贫穷落后的农民,开始将农业剩余的"剩余"①在农村内部转化为发展工业的原始资本积累,掀起了农村工业化和农村城镇化的浪潮,创造了一个又一个的"奇迹",有的甚至被誉为中国农民的伟大创造。而这些"奇迹"则是很难用正统理论解释的"怪相":

——城市是现代工业发展的理想场所,为什么在过去 40 年中乡镇企业会在农村大地上异军突起,并发展成为国民经济的重要支柱?

——城市是现代文明的集聚地,发展城市不仅有利于现代文明的发展,而且能使土地这一中国最宝贵资源得到节约利用和高效利用,为什么在过去 40 年中小城镇会在农村大地上迅速崛起,并发展到星罗棋布的地步?

——城市的生活质量高于农村,为什么在过去 40 年中那些在二、三产业发展中富起来的农民会选择在农村改善生活质量,并且不断地翻盖他们的住房,特别是发达地区许多农民的新房已盖了四五代,有的甚至盖了欧式别墅?

——城市是二、三产业的集聚地,有较多的就业岗位,为什么那些带着强烈致富愿望的农民,走出家门、山门,好不容易在城市找到了谋生出路,而每到逢年过节,却又要浩浩荡荡地回老家?

虽然这些"奇迹"和"怪相"促进了农村内部现代性的生成和发展,但却充分反映了过去 40 年改革发展中农村与城市因为城乡二元结构而造成的分割性。如果过去以城市为主战场的工业化能够吸纳农村劳动力进城就业,也许就不会有今天如此布局分散的乡镇企业了,更不会有这些年为了引导乡镇企业集聚而产生的如此众多工业园区了,恐怕小城镇的发展也不会有如此强的产业支撑了;如果过去的城市能够允许农民进城落户,也许就不会有如此星罗棋布的小城镇了,更不会有这些年为了引导小城镇发展从量的扩张向质的提高转变而发展中心镇了,恐怕农村的新房也不会如此林立了;如果过去对农村的建设与发展的规划也像对城市那样重视,也许就不会有农民如此不厌其烦地一次次盖新房了,更不会有今天为了建设农村新社区又不得不拆除一些农民好不容易建起来的新房子,恐怕拥有小汽车的农民也会比现在多得多了;如果过去直至现在对进城就业的农民能够平等相

① 改革开放初期,实行"交足国家、留足集体、剩余归己"的分配政策,因此,用于发展乡镇企业的原始资本积累的农业剩余则是"交足国家"以后部分的"剩余"。

待,也许就不会有今天的欠发达区域在经历了 40 年改革开放后仍如此落后,更不会有如此数量庞大、年复一年的"民工潮"了,恐怕欠发达区域的生态压力也不会有今天这么大了。可以说,"村村冒烟"的乡镇企业、星罗棋布的小城镇、鳞次栉比的农村新房、年复一年的"民工潮"等等奇怪的现象,都是城乡二元结构的产物,是农村内部工业化、城镇化和现代化的产物。农村这种现代性的生成和文明进步,主要是通过农村传统文明的传承和极其有限的城市文明的传播来实现的,具有明显的农村内生性、时代局限性、进程缓慢性和发展的不可持续性。

(二)城乡二元结构下农民的伟大贡献

从传统一元结构到传统与现代并存的二元结构再到现代一元结构,整个过程都伴随着农村劳动力的转移和农民的贡献。特别是在二元结构向现代一元结构转化之前,农民作出的贡献远远大于他们所得到的。我国由于工业化、城市化过程的复杂性,城乡二元结构的形成和演变也表现出明显的特殊性,这一时期农民所做的贡献更加突出。

在计划经济年代,政府通过实施农产品统购统销政策和工农产品价格"剪刀差"政策,把农业剩余转化为工业化的资本积累,并通过实行以户籍制度为基础的一系列城乡不平等的社会制度,把农民挡在工业化、城市化之外,绝大多数人口滞留在生产力极低的传统农村社区,造成了工业化、城市化与"三农"分离的格局。

改革开放以后,农村率先推进市场取向的改革,农民通过调整农业结构、创办乡镇企业、兴办专业市场、发展民营经济、建设小城镇,走出了一条以农民为主体、农业为基础、县域为载体,农村工业化、农村城镇化和农村经济市场化的新路子,广大农民不仅成了推动者,而且成了得益者。但是,由于社会体制改革滞后于经济体制改革,虽然城乡要素流动的界限被打破,越来越多的农村要素(包括乡镇企业)向城市流动和集聚,但公共资源配置尚未从"先工业后农业、先城市后农村、先市民后农民"的"法则"中跳出来,致使由农村工业化、农村城镇化和农村经济市场化推动的工业化、城市化和市场化不能有效地带动农业、农村和农民的发展,特别是随着越来越多的农民参与工业化、城市化和市场化,"三农"对工业化、城市化和市场化的推动作用更加明显,而工业化、城市化和市场化对"三农"的带动作用不充分的问题也更加突出,农民的贡献和牺牲更加凸显,"三农"问题更加严峻。

一是廉价的农村劳动力支持了二、三产业和城市的发展,但农民稳定就业和向市民转化困难,中等收入者群体扩大缓慢。在工业化、城市化、市场化过程中,越来越多的农民从农业领域、乡村区域走出来,走向二、三产业和城市就业,农村劳动力已成为产业工人的主体力量和城市经济社会发展的重要力量,为城市社会的有序运行和 GDP、财政收入的增长作出了重大贡献。但是,农村劳动力的价格却很低廉,只能维持基本的城市生活消费,而且他们不能完全享受就业培训、卫生保健、子女就学、计划生育、社会保障等城市公共服务,同工不能同酬同保障的问题突出,导致了进城就业的农民难以成为稳定就业的产业工人和稳定居住的城市市民,难以融入到城市社会,造成了规模庞大的"两栖"农民工群体,使得农民分工分业难分化,中等收入者群体难扩大,社会结构难优化,从长远看,这将影响整个社会的稳定与和谐。这种状况反映了现阶段的城市化在优化人口布局和社会结构上没有充分发挥作用。

二是丰富的农产品支持了城市的改革与发展,但农业劳动生产率提高困难,农民来自农业的收入增长缓慢。长期以来,农业为城市市民的生活和城市企业的发展作出了重要贡献,特别是 20 世纪 90 年代中后期以来,农业连年丰收,主要农产品供给数量十分充足、价格全面下跌,有力地支撑了城市的改革、发展与稳定。但是,由于城市化滞后于工业化,农村劳动力转移不彻底,特别是随着工业技术进步加快,农民向非农产业转移的难度加大,农业经营的小规模和兼业状态改变不快,城市农产品消费总量增加不多;同时由于科技、资本等现代要素投入的不足,农业发展总体上仍主要靠土地和劳动的投入,生产经营方式落后,农业工业化和传统农业向现代农业转变的进程缓慢,这就导致了农业劳动生产率提高困难,农业效益和农民来自农业的收入增长缓慢。这种状况说明"抽农补工补城"的格局尚未改变,反映了工业化、城市化对农业发展的带动作用发挥不够。

三是宝贵的农村资源支持了工业发展和城市建设,但农村产业布局和人口布局优化困难,经济增长方式转变和资源集约利用水平、生态环境质量提升缓慢。20 世纪 90 年代中后期以来,工业化、城市化进程明显加快,土地、水等农村宝贵资源大量地被用于工业发展和城市建设。浙江省 1999 年至 2003 年征用耕地 160 万亩,200 万农民基本失去土地。大中型水库也越来越多地为工业和城市生产生活服务。但是,由农村资源快速集聚支撑起来的工业化、城市化却没有很好地带动农村工业和农村人口的集聚,农村工业化、农村城镇化中形成的乡镇企业遍地开花、小城镇星罗棋布和农民分散建房的格局仍未得到根本改变;失地农民大量滞留在农村,无业、无岗、无保障问题突出。农村工业和人口的分散布局,不仅影响了企业的科技进步和发展壮大,难以根本改变高投入、高消耗、高排放、低效率的粗放型增长方式,而且导致了土地、水等重要资源利用不经济和农村环境污染严重,生态建设、资源保护和环境治理的难度越来越大。这种状况反映了工业化尚未真正走上科技含量高、经济效益好、资源消耗低、环境污染少、人力资源优势得到充分发挥的新型工业化道路,城市化也尚未充分发挥优化生产力和人口布局、集约利用资源的作用。

四是巨大的土地征用出让价格差支持了城市建设,但农村基础设施和现代农业建设资金短缺,农村人居环境和农业生产条件改善缓慢。在城市化进程快速推进中,城市建设对资金的需求越来越大,土地征用与出让价格差已成为许多地方筹集城市建设资金的主要来源。浙江省 2000—2003 年土地出让金年年成倍增长,全省土地出让金收入高达 1994 亿元,土地征用与出让价格差在 1400 亿元以上。但是,在现行土地征用制度下,"三农"难以分享土地的增值收益。农村基础设施和人居环境建设仍主要依靠农民和集体的微薄力量,公共财政投资较少,土地出让金分享困难;农业在土地被大量征用后面临提高土地产出率的更大压力,而提高农业科技含量和综合生产能力、加快传统农业向现代农业转变,却得不到土地出让金的有力支持。这种状况反映了土地出让金在城乡间分配的严重失衡,"土地征用出让价格差"已成为当前"以乡养城"的新形式。

五是发达的乡镇企业支撑了财政收入的快速增长,但公共财政对农村的投入不足、覆盖不广,农村公共服务和社会事业发展缓慢。改革开放以来,乡镇企业快速发展,已成为全省经济的重要支柱,不仅发挥了带动农民就业与增收的主渠道作用,而且支撑了财政收入的快速增长。20 世纪 90 年代中后期以来,随着城市经济的快速发展和乡镇企业向城市的集聚,乡镇企业在国民经济中的份额有所下降,但绝对额依然快速增长。但是,公共财政对农村公共服务和社会事业领域投入不足、覆盖不广。农村中小学优质教育资源不多,城乡义务教育水平差距较大,特别是欠发达地区农村教育问题更加突出;农村公共卫生服务薄弱,城乡公共卫生服务很不均衡,特别是欠发达地区农民"看不起病"和"因病返贫"的问题仍比较突出;农村文化体育事业发展严重滞后,难以满足农民群众日益增长的精神文化需求,城乡居民文化生活质量差距扩大;农村社会保障依然存在体系不全、覆盖不广、标准不高和制度不完善的问题,城乡社会保障水平仍有较大差距。这种状况反映了公共财政制度还不完善,国民收入分配"重城轻乡"的格局尚未扭转,农民享有的公共服务仍然很不充分。

六是巨额的农村金融资金存贷差支持了城市和二、三产业的发展,但农民和农村中小企业贷款困难,金融对农村经济发展和农民收入增长的支撑力提高缓慢。随着农村经济的发展和农民收入的增长,农村企业和农民的存款规模越来越大,并在市场机制的作用下,通过"只存不贷"的邮政储蓄、"多存少贷"的国有商业银行、"宽进严出"的农村信用社,农村资金大量流向城市和二、三产业,极大地支持了城市和二、三产业的发展。但是,国有银行由于在商业化改革中大量撤并了在农村的服务网点,对农村的信贷服务严重萎缩;农业政策性银行只负责供给粮棉油的收购资金,支持农业生产经营的职能明显缺失;农村信用社受利益驱动,对农户和农村中小企业的信贷服务大大减少。商业银行的"不为"、政策性银行的"不管"和合作金融组织的"不力",导致了农村金融服务供给严重短缺,影响了农户和农村中小企业的发展能力。这种状况反映了农村金融体制改革的滞后,农民、农业和农村中小企业没有获得平等的金融服务机会。

尽管在改革开放以后实行"多予、少取、放活"的方针,不断增加对"三农"的投入,取消了农村的税费负担,以户籍制度为基础的一系列社会制度对农民地域流动和职业转换的制约越来越小,城乡间要素流动也越来越多,但由于市场机制作用的日益发挥和社会体制、宏观体制改革的滞后,"三农"在市场配置资源和国民收入分配中的不利地位越来越突出;那些实现了地域流动和职业流动的农民因不能享有与城市市民一样的社会保障、公共服务等待遇,难以融入城市社会,实现身份流动和阶层流动,导致了整个社会中就业结构与产业结构的不协调、人口布局与产业布局的不对称、社会结构与经济结构的不适应,农业劳动力过多、农村人口过多和低收入的农民过多的矛盾越来越突出。总的来看,无论是计划经济年代还是市场经济年代,工业化、城市化的推进是在特殊的城乡二元结构框架下,通过实行"重城轻乡"、"以乡养城"的策略和对"三农""少予、多取"的政策,靠农民的巨大贡献和牺牲实现的。这也是"三农"问题严峻的"症结"所在。

三、统筹城乡发展与新农村建设

2002 年,党的"十六大"提出了"统筹城乡经济社会发展"这一新时期解决"三农"问题、协调城乡关系的重大战略思想。浙江省委、省政府根据这一战略思想,作出了"进一步发挥浙江的城乡协调发展优势,加快推进城乡一体化"的重大决策。[1] 它把从根本上解决"三农"问题放到了现代化建设的全局之中,把优化城乡关系作为构建和谐社会建设的重中之重。2006 年,浙江省委、省政府根据党的十六届五中全会提出的"建设社会主义新农村"的要求,在《统筹城乡发展　推进城乡一体化纲要》的基础上,制定了《全面推进社会主义新农村建设的决定》(浙委〔2006〕28 号),把统筹城乡发展、推进城乡一体化的落脚点放到新农村建设上。

(一)统筹城乡发展,推进城乡一体化

统筹城乡发展、推进城乡一体化就是要以保障农民权益、增进农民利益为核心,以全面深化改革与推进制度创新为动力,充分发挥市场的基础作用和政府的主导作用,加快突破城乡二元结构的体制障碍,着力提高工业化、城市化水平,建立健全以工促农、以城带乡的发展机制,加快建设社会主义新农村,努力形成工农互促、城乡共荣的城乡一体化发展格局。这是解决"三农"问题的治本之策。

党的"十六大"以来,浙江根据本省已率先进入工业化中后期阶段的实际,作出了浙江已全面进入以工促农、以城带乡发展阶段的重要判断,大力实施统筹城乡发展方略,加快推进城乡一体化,制定和实施了《浙江省统筹城乡发展　推进城乡一体化纲要》(以下简称《纲要》),形成了党委领导、政府主导、部门协同、上下联动的工作机制和统筹城乡兴"三农"的良好氛围,在建立以工促农、以城带乡发展机制方面率先进行了实践和探索,取得了明显的成效和经验。

《纲要》提出了统筹城乡产业发展、统筹城乡社会事业发展、统筹城乡基础设施建设、统筹城乡劳动就业和社会保障、统筹城乡生态环境建设和统筹区域经济社会发展等六大任务。

《纲要》提出了建立健全城乡一体化规划体系、深化城乡配套改革、加快推进产业升级、大力推进城市化、加快转移农村劳动力、加快农村新社区建设、加大统筹城乡发展的投入等七大战略举措。

《纲要》强调了加强领导、有序推进,因地制宜、分类指导,营造氛围、形成合力,求真务实、注重实效的组织领导措施。

2005 年初,浙江省委、省政府在全省农村工作会议上全面部署了《纲要》

---

[1]　中共浙江省委十一届四次全会作出的"八八战略"的重要组成部分。

的实施工作,并把《纲要》分解为53项工作,落实到了49个省级单位。

根据《纲要》,浙江省实施"六大推进",加快城乡一体化进程。

1. 推进城乡产业发展与产业布局一体化

顺应城乡经济日趋融合和三次产业联动发展的趋势,统筹规划和整体推进三次产业的发展,强化三次产业的内在联系,大力发展先进制造业、现代商贸业和高效生态农业,壮大都市经济,提升县域经济,不断提高产业的国际竞争力,着力形成城乡分工合理、区域特色明显、生产要素与资源禀赋优势得到充分发挥的产业空间布局,着力形成以现代工商理念与方式提升农业产业化水平、以现代农业发展促进二、三产业升级、以现代服务业发展推动三次产业联动发展与相互融合的格局。

以增强农业的市场竞争能力和可持续发展能力为核心,大力发展高效生态农业。以农业体制创新为动力、农业"走出去"和"引进来"为契机,大力推进农业科技进步和结构调整,加快转变农业增长方式,着力提升农业产业层次,努力形成农产品行业协会、龙头企业、专业合作社、专业大户"四位一体"的农业经营新体制和农产品精深加工业、现代流通业、特色种养业、种子种苗业"四业并举"的产业发展新格局,把浙江建设成为农产品加工出口强省和种子种苗大省,推动农业劳动生产率、农产品商品率、土地产出率和粮食综合生产能力提高到一个新水平。

以转变经济增长方式为核心,着力打造先进制造业基地和现代商贸业中心。以科技创新为动力、以城市化和信息化加速为契机,大力推进结构调整和产业升级,积极运用高新技术和适用技术改造传统优势产业,加快发展高新技术产业、临港重化工业和高附加值特色工业,着力提高区域块状经济发展水平,进一步壮大都市经济、提升县域经济;彻底摆脱传统工业化模式,更加注重资源的节约和永续利用,大力发展循环经济,尽快走出一条科技含量高、经济效益好、资源消耗低、环境污染少、人力资源优势得到充分发挥的新型工业化道路。大力发展现代物流、金融保险、信息咨询、旅游会展、会计法律等现代服务业,积极发展广播影视、新闻出版、文化娱乐、体育健身等文化产业,加快发展社区服务业,推进房地产业健康发展,推动第三产业发展提高到一个新水平。

整体推进发达地区加快发展与欠发达地区跨越式发展,促进区域发展一体化。把发达地区与欠发达地区作为一个有机整体,统筹区域发展,在鼓励发达地区更快更好发展的同时,加大对欠发达地区的支持力度,大力实施"欠发达乡镇奔小康"工程,推动欠发达地区成为全省经济的新增长点。大力实施"山海协作"工程,引导和鼓励发达地区与欠发达地区资本与劳动力的双向流动,使发达地区成为欠发达地区跨越式发展的强大动力,使欠发达地区成为发达地区加快发展的新的空间。大力实施"百亿帮扶致富"工程,进一步加大对山区、老区和海岛的扶持力度,加强欠发达地区基础设施建设。把下山移民、海岛移民与工业化、城市化有机结合起来,同步推进人口城市化与劳动力非农化。

2. 推进城乡劳动就业与人口布局一体化

顺应产业升级和城市化加快的趋势,统筹城乡劳动就业和人口布局,把促进农村劳动力向二、三产业转移和农村人口向城镇集聚作为城市化的根本任务,大力推进城乡劳动力的充分就业和就业结构的战略性调整,着力形成就业结构调整推动人口布局优化、人口布局优化带动就业结构调整的良性互动机制和就业结构调整促进现代农业发展、人口布局优化促进社会结构转型的合理发展格局。

以扩大农民就业为重点,大力实施"千万农村劳动力素质培训"工程,加快农村劳动力向二、三产业转移。把开展农民就业技能培训、开发农村人力资源作为推动农村劳动力结构战略性调整的重大举措来抓。按照"整合培训资源,发展培训产业,培育培训市场,健全培训机制"的思路,把培训作为一个产业来培育,把培训学校作为一个企业来办,积极引导教育、劳动等部门的下属培训机构、各类企业和社会力量参与农民培训,努力形成多元化培训主体竞相竞争、优势互补的局面,促进培训质量的提高和培训成本的降低。把培训农民技能与促进农民就业结合起来,大力鼓励培训学校、企业和社会力量发展就业服务机构,加强对受训农民的就业指导和就业服务,形成以培训促就业、以就业带培训的机制。健全城乡统一的劳动力市场,进一步改善农民进城就业的环境,形成以素质为主要标准的劳动就业准入机制。加强对进城就业农民的权益保护,努力实现城乡劳动力同工同酬同保障,促进越来越多的农民成为稳定就业的产业工人和稳定居住的城市居民,从根本上减少农村人口。

以壮大县城功能为重点,大力推进城市化进程,加快农村人口向城镇集聚。积极顺应城乡一体化、长江三角洲一体化、工业化升级和市民生活现代化的趋势,从整体上筹划城市化,加快推进杭、甬、温三大中心城市和区域中心城市发展,重点推进县城发展,积极推进中心镇发展,加快建设城际快速通道,培育杭州湾、温台沿海和浙中三大城市群,进一步形成中心城市、县城、中心镇分工明确、布局合理的城镇体系和"大城市—县城(卫星城)—中心镇"网络式的城市化格局,促进大城市的人口和制造业逐步向县城扩散、农村人口和二、三产业加快向县城集聚。充分发挥城市化对第三产业发展的强大推动作用,大力发展城镇第三产业,使第三产业成为吸纳农村劳动力就业的主渠道,促进更多的农村人口到城镇安居乐业。

3. 推进城乡基础设施与居民社区建设一体化

按照优化城乡生产力和人口布局、提高城乡居民生活质量的要求,把城乡基础设施和城乡居民社区作为一个整体,统筹规划和建设,着力形成中心城市、县城、中心镇、中心村相衔接,居民社区、基础设施相配套的规划体系和建设格局,促进城市的基础设施向农村延伸、城市的公共服务向农村覆盖、城市的现代文明向农村辐射,让城乡居民平等共享工业化、城市化和现代化的成果。

以提高农民生活质量为重点,深入实施"千村示范万村整治"工程,大力推进农村新社区建设。按照立足长远、体现特色和集约利用资源的要求,完善和优化县域村庄布局规划,通过合并小型村、缩减自然村、拆除空心村、搬迁高山村、保护文化村,推进中心村建设,减少村庄数量,扩大村庄规模,促进农村人口在向城镇集聚的同时向中心村集中,提高土地资源的集约利用水平和政府建设农村基础设施、提供公共服务的效率与共享性。按照人的全面发展和人与自然和谐的要求,科学编制村庄建设规划,因地制宜,就地取势,秉承文化传统,体现地域特色,合理安排村庄的生活、生产、生态功能,合理布局教育、文化、娱乐、办公设施。以改路、改水、改厕、改线和垃圾集中处理、违章建筑拆除、村庄绿化为主要内容,大力推进村庄环境整治和基础设施建设。大力发展社区服务业,为农民群众生产生活提供优质便捷的服务。建立健全"政府主导、市场运作"的建设资金投入机制,增加财政投入,整合部门资源,引导企业参与,加快村庄整治建设和农村新社区建设的步伐。

以改善农村生产生活条件为重点,大力推进城市基础设施向农村延伸,加快农村基础设施建设。加快城乡一体化的交通基础设施建设,推进高速公路网络化工程、干线公路畅通工程和乡村道路康庄工程建设,形成干支相连、区域成网、城乡通达的综合交通网络。加快城乡一体化的公共服务设施建设,加强农村供水供电网络、垃圾与污水收集处理设施、广播电视设施建设,形成以区域中心城市和县城为核心,以中心镇和中心村为基本联结点,覆盖城乡的电力、给排水、通信、公交、信息等公共服务设施网络体系。以实施"千村示范万村整治"工程为龙头,进一步实施万里清水河道、万里绿色通道、千万农民饮用水、绿色生态家园、乡村康庄等工程建设,着力形成城乡一体化的公共交通、供水供电、通信邮电、垃圾处理、污染治理、环境保护,不断优化农村的生产环境、人居环境和生态环境。

4. 推进城乡社会事业与社会保障一体化

按照经济社会协调发展和人的全面发展的要求,统筹发展城乡社会事业和社会保障,充分发挥城市的先发优势,推动城市社会事业和社会保障向农村延伸,着力形成社会事业城乡协调发展、社会保障城乡全面覆盖的新格局。

以农村为重点,大力发展城乡社会事业。加大农村基础教育投入,合理调整农村学校布局,改善农村办学条件,使城乡居民共享优质教育机会;提高从学前3年到高中段的15年基础教育的普及水平,分步实行免费义务教育制度;大力发展农村职业技术教育,着力提高农村后备劳动力就业和参与社会的能力;大力发展农村社区教育,努力提高农民的整体素质和文明程度,逐步形成城乡均衡的终身教育体系。以市、县两级为主体,以社区卫生服务和各类医疗机构为基础,加快建立健全覆盖城乡的疾病预防控制体系、医疗救治体系、突发公共卫生事件预警和应急体系、卫生监督执法体系和社区卫生服务网络、妇幼保健工作网络,逐步建立城乡居民健康档案,加强食品药品安全监管网络建设和检测工作,不断完善公共卫生服务体系,提高城乡居民健康水平。加强城乡文化体育基础设施建设,大力开展文明城市、文明社区、文明家庭创建活动和"万村文化工程"建设,普遍建立农村社区文化室,全面推进全民健身计划,丰富和活跃城乡居民文化体育生活,倡导文明健康的生活方式。推进社会信息化建设,整合现有政务、公共服务应用系统和网络,逐步把社会保障、公共卫生、科技教育、农业服务、文化娱乐等信息系统和网络延伸到乡村,加快有线电视入户和宽带网络进村的步伐,加强对农民信息技术使用能力培训,让广大农民能通过信息网络获取信息、发布信息、开展网上交易、享受公共服务、改善生活质量。

以农村为重点,扩大城乡社会保障的覆盖面。按照扩大覆盖、健全体系、提高标准的要求,努力提高城乡社会保障的水平,尽快让所有城乡居民老有所养、幼有所学、弱有所助、病有所医、贫有所济。现阶段重点抓好现有社会保障的"扩面"工作,加快职工养老保险和失业保险的"扩面"进程,尽快实现城乡所有企业(包括各类经济组织)和所有职工(包括省内外农民工)全覆盖,并根据农民工流动性强的特点,探索在一定区域范围内保险账号可自由流动的制度;尽快实现土地被征用农民基本生活保障、农村新型合作医疗和孤寡老人集中供养的全覆盖,并积极探索与城镇社会保障制度可衔接的办法。不断提高最低生活保障、贫困家庭教育和医疗救助等社会救济的水平,尽最大可能改善城镇低收入居民的基本生活水平。研究建立农村养老保险制度的方案,进一步健全农村社会保障体系,让广大农民老有所养。

5. 推进城乡生态建设与环境保护一体化

按照人与自然和谐和建设生态省的要求,把城乡生态和环境作为一个有机整体,统筹城乡生态建设和环境保护,进一步加大生态建设和环境保护的力度,正确处理好经济发展、人口增长与资源利用、生态建设、环境保护的关系,大力发展生态经济,不断增强可持续发展能力,建设资源节约型和环境友好型社会,推动整个社会走上生产发展、生活富裕、生态良好的文明发展道路。

大力构建资源节约型社会和环境友好型社会。加快发展循环经济,大力开发运用节能节水节地和资源综合利用、循环利用等生态经济技术,全面推进能源、原材料、水、土地等资源的节约和综合利用,从产品研制、开发、生产到包装、运输、使用等生产和消费的各个环节全面推行节约资源、减少污染的生产模式和消费方式,提高资源利用效率和永续利用水平;积极发展水电、风电、沼气等绿色能源和休闲、生态农业等绿色产业,减少资源消耗和环境污染。进一步搞好计划生育,控制人口增长,减轻人口增长对资源和环境的承载压力。大力推进生态建设,建立健全生态补偿机制,加强生态公益林建设,加大自然保护区、风景名胜区和湿地资源的保护力度,加快区域生态走廊建设,推进高标准平原绿化建设,不断增强生态功能。

大力推进环境污染整治。全面加强水环境整治,以八大水系和杭嘉湖、宁绍、温黄、温瑞平原河网为重点,推进水污染综合整治,尽快扭转地表水水质下降的趋势,切实解决水质性缺水问题;加强饮用水源保护,优化水资源配置,确保城乡供水水量和水质;加强海洋环境保护,深入实施"碧海行动计划",陆海兼顾,河海统筹,综合治理近岸海域污染。继续强化工业污染整治,加大对重点区域、重点行业和重点企业污染治理的力度,严格控制排放,关闭工艺设备差、资源消耗大、环境污染重的企业,禁止新建有污染的项目。深入开展城市环境综合整治,加强对城市和交通干线噪声治理,推进垃圾的资源化、减量化和无害化处理和废弃物的综合利用,建立城乡一体化的生活垃圾收集和处理系统。加强农村污染整治,以推进畜禽饲养业的规模化和布局优化为抓手,开展对畜禽饲养业的污染整治;以推行生态型、健康型水产养殖模式为导向,科学合理控制养殖规模,防治水产养殖污染;以生产和推广高效、低毒、低残留的农药、生物农药和有机肥为重点,减少农业生产对农田和水面的污染;深入实施"千村示范万村整治"工程和"万里清水河道"工程,加强村庄、河道的环境和污染整治,加快农村改水、改厕步伐,推行村庄垃圾集中收集处理和保洁制度。

6. 推进城乡社会管理与公共服务一体化

按照全面履行政府职能和构建和谐社会的要求,把公共资源更多地配置到社会管理和公共服务上,全面加强政府的社会管理和公共服务职能,推进社会发展,解决民生问题,妥善处置社会急剧变迁中出现的各种社会矛盾,特别是要把城市和乡村作为一个整体,高度关注并标本兼治农村中出现的各类矛盾,不断增加并努力改善对农村的公共产品供给,全面增进城乡居民的福利,确保城乡社会的和谐稳定。

加强城乡社会管理,确保城乡社会和谐。把加强社会管理作为构建和谐社会的重要内容,不断完善社会管理体制,健全处理新形势下人民内部矛盾和各种社会矛盾的有效机制、社会治安综合治理机制、城乡社区管理机制、突发事件应急处置机制,加强社会事务管理,维护社会公正、社会秩序和社会稳定。建立健全社会预警体系,健全社会舆情汇集分析机制和社会利益协调机制,畅通社情民意的反映渠道,高度关注社会流动和社会结构变迁中出现的阶层差距扩大、贫富差距扩大、劳资关系紧张、劳动就业困难等各种矛盾,特别是要密切关注农村土地承包问题、失地农民问题、农民工问题,依法及时合理地解决群众反映的问题。整合社会管理资源,建立健全党委领导、政府负责、社会协调、公众参与的社会管理格局。更新管理观念,创新管理方式,拓宽服务领域,充分发挥基层党组织服务群众、凝聚人心的作用,发挥城乡社区组织协调利益、化解矛盾、排忧解难的作用,发挥社团、行业组织和社会中介组织提供服务、反映诉求、规范行为的作用;加强和改进对各类社会组织的管理和监督。特别在城乡社区建设中,要注重培育社区文化,增强社区成员的认同感,营造和谐的邻里关系和人际关系。充分发挥农村工作指导员在反映农村社情民意、化解农村矛盾纠纷中的作用。

增加公共服务供给,增进城乡居民福利。不断完善公共政策,加快公共基础设施建设,健全公共服务系统,大力推进教育、科技、文化、卫生和体育等各项社会事业发展,特别要高度重视对农村公共服务的供给,尽快将城市的就业培训、社会保障、公共交通、饮水供给、公共卫生、环境卫生、科技文化、义务教育等公共服务和社会事业全面向农村延伸和覆盖,尽快提高农村文明程度,促进城乡间的社会公平。优化农村村庄布局,加快建设中心村,在促进农村人口加快向城镇集聚、共享城镇公共服务的同时,引导以农为生的农村人口加快向中心村集中,节约政府公共服务的成本,提高公共服务的共享性。不断改善政府公共服务,建立以公众为导向的服务提供机制,体现以人为本的原则;营造政府与社会的协作机制、上下级政府间的协作机制,形成分工合作、公共服务格局;引入市场竞争机制的领域,提高公共产品的生产和供给效率;建立健全公共服务的评价机制和责任机制,不断提高公共产品的质量。

(二)全面推进社会主义新农村建设

党的十六届五中全会作出"建设社会主义新农村"的重大决策,进一步把解决"三农"问题作为统筹城乡发展的战略重点。浙江省委、省政府在制定和实施《统筹城乡发展 推进城乡一体化纲要》的基础上,制定了《全面推进社会主义新农村建设的决定》(浙委〔2006〕28 号),进一步明确了新农村建设的指导思想、基本原则、目标任务和政策措施,进一步凸显了以工促农、以城带乡的建设机制。

根据浙江实际,《全面推进社会主义新农村建设的决定》提出了"十一五"时期浙江建设社会主义新农村的总体要求。

——发展高效生态的现代农业。依靠科技创新和体制创新,全面提升农业的综合生产能力和农产品的市场竞争力,农业主导产业形成以专业化、规模化、集约化生产为基础,区域化布局、产业化经营、品牌化营销、社会化服务有机结合的发展新格局;农业污染得到有效整治,粮食安全得到有效保障;农业增加值年均递增 3%以上,无公害农产品占农产品比重达到 90%以上,走出一条经济高效、产品安全、资源节约、环境友好、技术密集、人力资源优势得到充分发挥的现代农业新路子。

——培育繁荣兴旺的农村经济。工业化、城市化对农业、农村发展的支撑力不断增强,县域经济发展水平全面提升,农村经济综合实力显著增强,农村人口和生产力布局进一步优化,农村劳动力转移就业致富门路拓宽,使县城和中心镇成为农村经济的增长极、农村企业和人口的集聚中心、农村劳动力非农就业的主要依托;全省城市化率达到 60%左右,新转移农业劳动力200 万人,农业从业人员占全社会从业人员比重下降到 20%以下,全省农民人均纯收入达到 9000 元左右,其中来自二、三产业的收入达到 80%左右,逐步缩小城乡差距和区域发展差距。

——建设整洁优美的农村社区。按照资源节约、环境友好、城乡一体和创造最佳人居环境的要求,重点搞好县域村镇布局规划,使中心镇、中心村的基础设施和公共服务完善配套,成为农村人口的集中居住地;全省60％以上的村庄得到整治,农村环境脏乱差的状况得到全面改观,建成一批规划科学、环境整洁、设施配套、服务健全、管理民主、生活舒适的农村新社区。

——拓展城乡均衡的公共服务。按照公共服务均等化原则,加快城市基础设施向农村延伸,城市公共服务向农村覆盖,城市现代文明向农村辐射,建立健全以区域城镇为依托,城乡衔接、功能完备、布局合理的公共交通、供水供电、广电、通信、商品连锁、金融保险、就业保障、科技普及、文化基础、卫生体育、应急救助等公共服务体系,服务网络覆盖到所有的中心村,让农民享受到便利、安全、高效、多样的公共服务。

——倡导文明健康的生活方式。顺应农民群众追求更高生活质量的意愿,改善农村生产生活条件,改变农村的陈规陋习,倡导科学的消费方式,养成文明的生活习俗,农村居民恩格尔系数下降到35％以下,使农民群众居住环境安宁舒适、邻里关系和睦亲近、生活方式文明健康。

——开展丰富多彩的文体活动。广泛开展富有地方特色的农村民俗文化和群众喜闻乐见、寓教于乐的文体活动,农村公共文化服务网络进一步完善;县(市、区)建有符合标准的公共文化设施,乡镇建有综合性文化活动中心,中心村建有适合群众需要的文化活动场所;农民自办文化更加活跃,文化下乡形成制度和氛围。

——形成奋发向上的精神风貌。大力倡导社会主义荣辱观,进一步培育和弘扬与时俱进的浙江精神,树立体现改革创新时代精神的道德观和人生价值观,崇尚科学,反对愚昧,农村精神文明建设得到普遍加强,封建迷信、黄赌毒和邪教等丑恶现象得到有效遏制,文明村镇、文明家庭的创建水平不断提高。

——造就全面发展的现代农民。全面提高农村基础教育、职业教育和农村劳动力就业技能培训水平,着力增强科技、教育对新农村建设的支撑作用。农村劳动力逐步做到先培训后转移,农村后备劳动力普遍接受良好的职业技能教育;农民的思想道德、科学文化、法治观念、健康素质得到全面提升,使转移就业的农民掌握专业技能,使从事农业生产的农民适应高效生态农业发展的要求。

——健全民主和谐的社会管理。以构建农村和谐社会为目标,创新基层民主形式和基层组织运行机制,扩大农村基层民主,确保农民行使当家作主权利。巩固、扩大农村先进性教育活动的成果,农村党组织的领导核心作用得到切实增强,充分发挥农村党组织在新农村建设中的战斗堡垒作用和党员的先锋模范作用;以"四民主、两公开"为核心的村民自治机制不断完善,普法教育和法制建设得到加强,民主法治村基本达标率达到70%以上;村级集体经济不断发展壮大。

——建立城乡协调的发展体制。城乡配套的体制改革扎实推进,城乡二元结构逐步消除,城乡协调发展的户籍管理、劳动就业、教育卫生、社会保障等方面的新制度、新体制基本建立,城乡生产要素和公共资源得到合理配置,农村综合改革全面推开并取得显著成效,土地管理制度、社区股份合作制、金融体制等方面的改革进一步深化,以工促农、以城带乡,城乡互动、共同进步的发展格局基本形成。

用以工促农、以城带乡的机制来建设社会主义新农村,这是现阶段新农村建设最重要的时代特征,也是与以往新农村建设的最大区别。建立健全以工促农、以城带乡的机制,就是在党委领导下和政府主导下,以科学发展观为统领,以城乡一体化为导向,以保障农民权益、增进农民利益为核心,实施统筹城乡发展方略,消除城乡二元结构,调整工农关系、城乡关系,充分发挥工业化、城市化、市场化对"三农"发展的促进和带动作用,推动现代文明成果改造传统农业、传统农村、传统农民,加速农业、农村、农民的现代化,形成工农差距、城乡差距逐步缩小和工农互促、城乡共荣的发展格局。

一是建立健全以现代生产要素投入农业、以现代生产方式改造农业的现代农业建设机制。抓住资本流动重组、产业技术进步、经营主体壮大、增长方式转变和产业层次提升明显加快的极好机遇,健全现代生产要素投入农业、现代生产方式改造农业的机制,实施"强龙兴农工程",提升高效生态农业发展水平。

二是建立健全以城市化促企业布局优化、以自主创新和分工协作促块状经济提升的县域经济发展壮大机制。抓住工业化中期阶段产业技术加快进步和专业分工加速发展的机遇,应对市场需求约束加剧和资源环境约束加大的挑战,健全以城市化提升工业化的机制,建立以自主创新和分工协作提升产业发展水平的机制,推动块状经济加快提升发展水平,促进县域经济发展壮大。

三是建立健全以素质培训和职业教育促分工分业分化的农民转化机制。针对产业技术加快进步、城市生活成本上升带来的农民进城就业和安居门槛抬高,农民自身素质和能力不适应的问题,健全农民素质培训机制,创新农村职业教育体系,增加人力资本的投资和积累,提高农民专业技能和综合素质。

四是建立健全以城乡统一规划促村庄整治建设、以城市服务延伸促社区服务发展的农村现代社区建设机制。顺应农民群众对改善生活质量、实现全面发展要求日益提高的趋势,健全城乡社区统筹规划建设的机制,以实施"千村示范万村整治工程"为龙头,全面推进农村社区建设。

五是建立健全以公共财政投资倾斜和部门工作范围拓展促公共服务城乡均等供给的农村公共事业发展机制。针对长期以来农村公共产品供给严重不足的状况,把加快农村公共事业发展作为促进农民平等共享发展成果的重点,建立公共服务城乡均等供给机制,进一步加大公共财政投资向农村倾斜的力度,加快部门工作范围向农村拓展的步伐。

六是建立健全以现代城市文明传播和优秀传统文化传承促农村先进文化建设的农村社会风尚优化机制。按照加快"文化大省"建设的要求,建立健全现代城市文明的传播机制和优秀传统文化的传承机制,兼容并蓄各种文明成果,重构健康向上的社会主流价值,优化农村社会风尚。

七是建立健全以政府扶持、区域协作、社会援助促产业开发和社会进步的欠发达地区加快发展机制。健全政府扶持、区域协作、社会援助的机制,推动欠发达地区加快新农村建设步伐。

八是建立健全以生产生活方式城乡共改互促和生态环境城乡共建互补促资源节约与环境保护的农村生态文明建设机制。按照统筹人与自然和谐发展的要求,把推进农村生态文明建设作为建设新农村的重要内容,作为建设"生态省"和构建和谐社会的重要举措,建立资源节约型、环境友好型社会的城乡共建互促机制,推动农村转变生产生活方式、优化生态环境。

九是建立健全以改善政府管理和完善基层民主促农村和谐稳定的社会管理机制。把构建农村和谐社会作为全省构建和谐社会的重点和促进经济社会又快又好发展的最重要基础,健全政府管理与村民自治协调互补的农村社会管理机制,协调好各种社会关系,促进农村社会和谐稳定。

十是建立健全以改革城乡二元体制促平等共享发展成果的农民权益保障机制。顺应"第一个趋向"向"第二个趋向"转变的趋势,打破城乡二元结构,建立健全有利于城乡协调发展的体制和农民平等共享发展成果的机制,构建工业反哺农业、城市支持农村的新型工农关系、城乡关系,为建设社会主义新农村提供体制保障。

第十三章　农民主体的市场化、工业化、城镇化道路：大众市场经济的浙江样本

改革开放中以农民为主体的浙江人民创造了举世瞩目、超越梦想的成就，成功地实现了从资源小省到经济大省、从传统农业社会到现代工业社会、从基本温饱到小康生活的历史性跨越，经济社会发展跃居全国省、自治区、直辖市前列。浙江现象、浙江经验、浙江模式引起全社会的高度关注。在这一历程中浙江农村改革发展的经验尤为精彩深刻。最有意义的就是浙江在中国特色社会主义理论指引下，探索出了一条农民主体的市场化、工业化、城镇化的独特道路，形成了大众市场经济发展模式。

一、浙江模式的科学内涵：大众市场经济

浙江地处中国东部沿海，地理位置和自然条件较好，经济开发较早，但山多田少、人多地少、人均资源稀少。近代以来，虽然工商业起步较早，但总量很小，到1949年，全省生产总值仅为15亿元，人均GDP只有72元，一、二、三产业比例为68.5：8.0：23.5，属于典型的农业社会。1949年中华人民共和国成立，揭开了浙江发展新历史。社会主义制度逐步建立，劳动人民当家作主地位确立，实行土地改革，农业生产得以迅速恢复，开始了大规模经济建设，进行了发展社会主义生产力的积极探索。但在1978年前的30年，社会主义发展道路的探索并不一帆风顺，有成功也有失败，有成就也有挫折，受急于求成的"赶超战略"的影响，实行了高度集中和僵化的计划经济体制，过度牺牲农民利益追求国家工业化，实行过大的工农产品"剪刀差"，追求"一大二公"的所有制形式，实行城乡分割的户籍管理制度。受到种种"左"的思想的干扰，再加上国家把工业化重点放在内地省份，浙江作为沿海国防前线的影响，国家工业投资较少。因此，这段时期虽然纵向比，浙江的

发展也比中华人民共和国成立前快得多，但与全国比低于全国平均水平。到 1978 年浙江人均 GDP 为337 元，只有当时全国水平的 87％，从经济结构和就业结构看，一、二、三产业比重为 38.1：43.4：18.6，劳动就业比重为 74.8：17.1：8.1，浙江农业比重比全国高不少，从国际比较看，只相当于当时印度和低收入国家水平。浙江的贫困发生率在 35％，略高于全国平均水平。

1978 年党的十一届三中全会召开，农村包产到户拉开了中国改革开放的序幕，开始了市场化改革和发展社会主义市场经济的伟大实践。在波澜壮阔的改革开放中，浙江一改过去落后的面貌，走在了改革发展的前列，取得了超越梦想的成就。全省人均 GDP、人均财政收入、城乡居民收入都跃居全国省、自治区、直辖市第一，一跃成为经济社会发展最快速、市场经济最活跃、人民生活最富裕的省份，成功地实现了从资源短缺、工业落后的农业省份到市场大省、经济强省的历史性转变。1978—2007 年，浙江全省生产总值年均增长 13.2％，从 124 亿元增加到 18638 亿元，由全国第 12 位跃升到第 4 位；人均生产总值年均增长 12.1％，从 331 元增加到 37128 元，由全国第 16 位跃升到第 4 位；外贸进出口额年均增长 31％，从 0.7 亿美元增加到 1768 亿美元，由全国第 15 位上升到第 4 位；外贸出口总额年均增长 30.9％，从 0.5 亿美元增加到 1283 亿美元，由全国第 14 位跃升到第 4 位；财政总收入年均增长 17.8％，从 27.5 亿元增加到 3240 亿元，由全国第 15 位跃升到第 5 位；在经济总量快速增长的同时，经济结构也逐步优化，三次产业构成由 38.1：43.3：18.6 转变为 5.5：54.1：40.4；城镇居民可支配收入年均实际增长 8.2％，从 332 元增加到 20574 元，由全国第 9 位上升到第 3 位；农村居民人均纯收入实际年均增长 8.5％，从 165 元增加到 8265 元，由全国第 8 位上升到第 3 位。改革开放中，中央给浙江没有特殊的政策和优惠，没有"吃小灶"，而浙江经济社会发展神速，变化极其巨大，被人们誉为"浙江奇迹"和"浙江现象"。正因为如此，"浙江经验"引起了社会广泛的兴趣，"浙江模式"被广泛推崇。

全国很多专家学者从不同的视角对浙江模式做了很多有意义的解读。我们认为，从浙江改革开放前是一个典型的农民占人口绝大多数，农业占国民经济很大比重的比较落后的农业省份和小农经济为主体的传统农业社会的基本省情以及浙江市场化改革是从农村起步的实践来看，从如何解决"三农"问题，如何走市场化、工业化、城镇化和现代化道路和发展经济学的视角来研究总结和解读浙江经验和浙江模式显得特别有意义。从一定意义上来说,发展中国家的地区和现代化问题的核心是如何通过市场化、工业化、城镇化路径解决好农业、农村、农民走向现代化的问题,也就是要以"三化"来推进"三农"问题解决,实现从城乡差别发展到城乡一体化发展的历史性转变,实现经济社会的现代化。

回顾浙江农村改革发展历程,是一条从解放思想到解放农民和解放农村生产力的轨迹,是一条从破除高度集中计划经济体制,千百万农民率先闯市场到建立社会主义市场经济体制的改革过程,是一条从突破城乡分割的藩篱到统筹城乡发展、建设社会主义新农村的路子,归结起来就是探索出了一条在中国特色社会主义理论指引下,具有中国特色浙江特点的农民主体的市场化、工业化、城镇化和农业、农村现代化道路,形成了具有鲜明特色的大众市场经济模式。这种大众市场经济模式的内涵特征概括起来就是以民为大、以农为重、全民创业、市场民营、城乡统筹、共创共富,这种内涵特征充分体现出中国特色社会主义市场经济的本质特点。

"以民为大"就是从实现全体人民自由全面发展是发展市场经济的根本目的和人民大众是推动生产力发展最伟大最根本动力的历史唯物主义思想出发,让人民大众成为市场经济的发展主体,特别是把占人口绝大多数的农民群众作为最大的发展主体和发展动力,当作推动发展的"宝贝"而不是制约发展的"包袱",不是把其视作需要靠外在的市场化、工业化、城镇化来消化、转移、吸纳的被动的劳动力,而是作为推动市场化、工业化、城镇化最有生机活力的商品生产者、资本经营者和创新创业者,成为财富积极的创造者和公平的享受者。

"以农为重"就是从经济社会现代化和市场经济发展从根本上来说是解决农业、农村、农民发展问题的认识出发,始终把解决好"三农"问题摆到重中之重的位置,牢固地确立执政为民重"三农"的理念,并且从"三农"问题的核心是农民问题的认识出发,致力于激发农民群众的积极性和创造性,增进农民群众根本利益,实现农民自由全面发展,让越来越多的农民步入中等收入阶层行列。从农业既是国民经济基础产业又是弱质产业的特殊性出发,给予特别的保护和支持,促进传统农业加速向高效生态现代农业转变。从农村是最广大地域和落后社区的实际出发,致力于推进新农村新社区建设,让居住在农村的居民也能享受到城市居民一样的现代文明生活方式。

"全民创业"就是让人民大众成为创业创新创富的主体,成为推动市场经济发展的最强大动力。这是浙江模式最鲜明的特色之一,也是大众市场经济最重要的动力机制。在全社会大力弘扬以创业创新为核心的浙江精神，以全民创业创新闯市场的机制推动农民分工、分业、分化，形成了百万能人创业带动千万农民转产转业的体制机制。在这一全民创业进程中，大批农民成为高素质的农业劳动者和产业工人，而且还有一大批有天赋的农民成为资本经营者和创业者。农民不仅可以获得一、二、三产业劳动收入，还可以拥有资本收益和财产收入。在市场化、工业化、城镇化进程中形成全民闯市场、全民创业、全民创富的机制，打一场市场经济的"人民战争"，让尽可能多的农民群众在"商战中学会商战，在游泳中学会游泳"。通过市场经济的优胜劣汰，让蕴藏在芸芸众生中具有经营资本天赋的企业家人才脱颖而出，解决发展中国家企业家人才最短缺的问题，实现从通过招商引资引智输入企业家人才到培育土生土长的企业家人才的转变。

"市场民营"就是把经济市场化与民营化有机地结合起来，让市场机制对资源和生产要素的配置起基础性作用，让产权清晰的民营企业和民营经济成为发展市场经济的主体力量。浙江在改革发展中，率先推进市场取向的改革，赋予广大农民自主经营、自谋职业、自营企业、自由经商的权利，培育了数量庞大、充满活力的市场主体。通过全面培育以专业市场为主体的商品市场和劳动力、资本、技术、土地等要素市场，成为全国著名的市场大省。同时，又率先推进所有制改革和产权制度改革，乡镇企业、中小型国有企业、城镇集体企业全部转制为产权清晰的民营企业，民营经济也成为浙江经济的主体成分。由老百姓投资创业自主经营的民营经济在经济总量和劳动就业上的比例占全省80%以上。此外，浙江还以县域的市场化、工业化、城镇化为平台，以小企业、小城镇、小商品、小商铺、小农庄等为载体形成了非常有效的市场经济起步模式和民营经济发展载体。以大批创业农民为主体形成了小企业大集群、小城镇大舞台、小商品大产业、小商铺大市场、小农庄大合作的"以小见大、聚沙成塔"的创业载体，形成特色块状经济的发展格局，成为大众市场经济的一大特色。通过这种平台，千百万农民自愿摒弃了平静的乡村生活和小农经济，融入到了市场化、工业化、城镇化的洪流中。在这种以小城镇为依托、民营企业为主体、专业市场为纽带的特色块状经济为农民群众提供了十分有效的创业和资本经营的平台，形成了人口集聚、产业集群和专业化生产、社会化分工的竞争优势，使众多分散的农民通过集聚创造了巨大的新的生产力。

"城乡统筹"就是从城乡关系是经济社会发展中最重要关系的实际出发，正确处理市场化、工业化、城镇化与农业、农村、农民发展关系，形成"三化"与"三农"互促共进的体制机制。浙江城乡统筹最重要的经验在于广大农民群众成为推动市场化、工业化、城镇化的主力军,又成为享受"三化"成果的主人翁。通过农民主体的市场化、工业化、城镇化的快速推进,以农民为投资建设主体的民营企业、专业市场、中小城镇成为推动浙江市场化、工业化、城镇化的最强大动力。同时"三化"推进又带动大量农业劳动力转向二、三产业,进城务工经商,为农业发展、农村建设和农民富裕创造了非常好的条件。此外,从政府层面上适时地纠正城乡差别发展的偏差,实施统筹城乡发展的方略,促进城市基础设施向农村延伸,城市公共服务向农村覆盖、政府公共财政向农村倾斜,努力形成新型工业化、新型城市化与新农村建设"双轮驱动"的机制,着力开创城乡经济社会发展一体化的新局面。

"共创共富"就是坚持富民为先、共同富裕的理念,营造"人民大众创造财富、人民政府创新环境"的良好机制和社会环境,使以农民为主体的人民大众创造财富的活力得到空前迸发,社会财富源泉不断涌流。浙江在改革中形成的共创共富机制包含了能人率先创业创富带动更多百姓就业致富的先富带后富的共创共富机制,城乡优势互补、互促共进的共创共富机制,投资经营者与劳动就业者和谐创业互利双赢的共创共富机制,以人民大众自主创业创富、政府服务人民大众创业创富,政民政企共创共富的机制。在这种共创共富机制运作下企业富、人民富、政府也富,成为浙江让人们羡慕的亮点,浙江成功实现了经济综合实力不断增强,人民大众收入水平不断提升,政府财政收入也不断增加的良性循环。

二、让农民大众成为充满活力的市场主体

农民占全部人口的绝大多数、农业劳动力占全社会劳动力绝大比重,这是发展中国家地区和传统农业社会最基本的经济社会特点。以农民为主体的人民大众成为充满活力的市场主体,由人民大众投资经营的民营经济成为经济发展的主体力量,这是大众市场经济的核心和灵魂所在。改革开放前浙江农业人口和农业劳动比例都占到了全社会的3/4。针对这种省情,在改革开放初期,浙江就把市场化改革的着力点首先放到搞活"三农"上。把占人口绝大多数的农民大众视为改革开放发展市场经济的主体力量,作为最重要的人力资本加以开发,让农民不仅成为发展农业、振兴农村的主体力量,而且成为推动区域市场化、工业化和城镇化的主体力量,不但让农民成为独立的商品生产者和自由就业者,而且成为自主创业者和资本经营者,让

广大农民成为创业创新创富的主体，形成了几百万能人创业创新带动几千万农民转产转业的共创共富机制，形成了 500 万浙商闯市场走天下创伟业的旷世奇观，走出一条大众市场经济的发展道路。

一是把解放思想落实到解放农民，给农民自由发展权利和空间上，让千百万农民成为有自信、有自由、有自尊、有自财的市场主体。农民大众从只能在人民公社从事农业生产、没有生产经营自主权和自有财产权的农业劳动者转变为可以自由地从事多种经营与一、二、三产业的自主创业者和自由就业者。党的十一届三中全会以来改革开放的大环境为农民主体的市场化、工业化、城镇化道路扫除了思想和政策障碍。从实施包产到户改革到中央连续五年五个"一号文件"和一系列不断深化的改革举措，解除了束缚农民自由发展的种种思想观念、政策制度和体制障碍，农民获得了支配自己劳动的权利、自由生产经营权利、自主创业致富权利，农民历史性地成为创业创新创富的主体，可以成为市场交易主体、生产经营主体、资本经营主体、财富积累主体、城乡建设主体和民主政治主体。

二是把市场化改革落实到推动农业、农村经济市场化和农民分工分业分化上，让农民成为市场化、工业化、城镇化的主体力量。不断推进的市场化改革，赋予了广大农民自由种植、自主经营、自办企业、自由经商和自我积累财富资本的权利，形成了以农民闯市场、农村工业化、农村城镇化来推动区域市场化、工业化、城镇化进程的发展路径。农民自由地从事多种多项职业，农民群众快速地分化成为企业家、农民工、商人、个体工商户、农场主、专业大户、农业公司经理、农业工人等多种身份。伴随着农民群体职业的多样化，农民收入来源也日趋多样化，农民不仅参与按劳分配，也参与按资本分配、按生产要素分配，农民拥有农业家庭经营收入、务工收入、资本经营收益、财产收入、土地租金收入等多种收入来源。浙江农民之所以比较富，就在于浙江农民在"三化"进程中不是像一般发展中国家的农民仅仅是变成产业工人或仍旧是农业生产者，越来越多的浙江农民经商办实业，成为资本经营者，走出了以劳生财、以资生财、以技生财、以地生财、以财生财等多种致富途径。2007 年，全省 2000 万农村劳动力中有 76% 从事二、三产业，全省各类乡镇企业达到 111 万家，全省个体工商户 180 万户，500 万浙商走天下，这些创业者绝大多数都是农民出身。在发展现代农业中也涌现出了一批农业创业者，几十万专业大户，1.3 万多家产业化经营组织，还有 50 万农民在省外搞农业。说到底，农民千变万化才有浙江发展的千姿百态。

三是把发展的动力落实到全民创业、全民创新，形成了发展市场经济的

"人民战争",千百万农民在市场经济的大风大浪中学会了游泳。一大批具有经商办实业能力的企业家人才在芸芸众生中脱颖而出,解决了发展市场经济企业家人才严重缺乏的问题,一批赤脚上田的农民创业者在市场经济的大学校中茁壮成长,印证了"价值规律是个大学校"。改革开放和放开搞活的政策环境,使具有发展商品生产区位优势和历史文化底蕴的浙江农民的潜在优势得到空前迸发。具有农商兼营、工商皆本、事功务实、勇于创新、自强创业、勤劳致富的文化底蕴的浙江农民展现出了农、工、商综合经营的天赋才能,在计划经济体制外的农民大众以前所未有的积极性、创造性投身到创业致富闯市场的大潮中去,全民创业、全民经商的风潮营造了让具有企业家天赋的优秀人才大展身手的社会环境。

三、农民主体的工业化、城镇化道路

在市场经济发展中不断提升工业化、城镇化水平是发展中国家和地区走向现代化的必由之路。以往实践证明这一路子往往是非常曲折的,有许多歧途,会遇到许多曲折和障碍,其中最大的一个问题是农民在工业化、城镇化进程中的地位和作用。绝大多数国家和地区都把占人口绝大比重的农民仅仅当作工业化、城镇化进程中可利用的劳动力,甚至把农民当作影响工业化、城镇化的"包袱"和制约因素,其实这是工业化、城镇化实践和理论上的最大一个误区。从浙江改革开放以来工业化、城镇化快速健康向前推进的实践来看,把广大农民大众作为推进工业化、城镇化的主力军和主人翁,以农民为主体的农村工业化、城镇化来全面提升整个区域工业化、城镇化水平,是一个非常成功的经验。这也是大众市场经济发展的一条捷径。

把推进工业化的着力点放到鼓励农民办厂务工发展民营企业上。以乡镇企业和民营经济为主体的农村工业化是使浙江工业化走在全国前列的最重要因素。改革开放前浙江国有工业十分薄弱的状况,使全省各级政府都把工业化的着力点放到鼓励农民兴办乡镇企业上,集体、个体、私营、股份合作的多种所有制、多轮驱动的开放思路促进了乡镇企业的异军突起,百万农村能人办厂带动千万农民务工致富。20世纪90年代开始的乡镇企业产权制度改革,使乡镇企业成为产权清晰的民营企业,也使浙江成为民营经济大省,在全国民营企业500强中浙江几乎占了1/3。从对老百姓致富影响度而言,民营企业比国有企业、外资企业都有更大的作用。民营企业不但安排了众多农民就业，而且因其是本土企业、家族企业的特点，又给农村中众多的亲戚朋友成为管理人员和白领的机会。民营企业利润实际上也全部成为农民群体的财产收入，浙江民间资金充裕、农民比较富、农民老板多、资本利润多是一个非常重要的因素。500万浙商闯天下，这些浙商中绝大多数是农民出身的。

把城镇化的着力点放到"农民城镇农民建"的农村城镇化路径上，让农民成为推动城镇化的有生力量。在实践中浙江走出了大、中、小城市和小城镇协调发展的新型城镇化道路。放松城乡隔离的户籍管制，允许农民进城务工经商，以中国第一农民城——龙港镇建设为标志，开展了大规模的以农民为主体力量的小城镇建设。同时，积极引导乡镇企业、民营经济向城镇的工业园区集中，把农民摆摊经商的集贸市场发展成规模化的专业批发市场，形成了以工兴商、以商促城，民营经济、专业市场与小城镇建设互促互进的小城镇发展机制。再加上，一些上规模上水平的民营企业和先富起来的农民群体向大中城市的转移集聚，也为大中城市发展不断注入活力。当年只有几千人口的义乌稠城镇已发展成为有60多万城镇人口、几万国际经商者的中等城市。浙江实践表明，凡是农民进城越多的城镇，越充满生机活力。以农民为主体的城镇化大大加速了整个区域城市化的进程。

培育以小见大的农民参与工业化、城镇化的载体，让县域经济成为农村工业化、城镇化的主战场。把区域经济发展的着力点放到做大做强县域经济上，充分发挥民营经济和特色块状经济的支撑作用，浙江县域经济历史性地成为农民主体的市场化、工业化、城镇化的大平台。浙江从农民群体庞大、个体实力弱小的实际出发，找到了农民容易创业起步的有效载体，形成了小企业大集群、小商品大市场、小商摊大流通、小城镇大舞台、小农户大合作、小金融大服务等的以小见大的发展模式。这种"聚小为大"的发展格局对"三农"的促进作用远远胜于一些发展中国家的依赖于大城市、大企业、大资本、大农场、大金融的发展路子。浙江这种建立在农民创业创新机制上的以小见大、聚沙为塔的发展模式对解决"三农"问题有着特殊的意义。

四、建立城乡统筹、互促共进的发展机制

综观浙江城乡改革发展历程，从某种意义上来说，浙江发展这么快这么好，其中很重要的一条经验是在实践中把握了必须统筹城乡社会发展这一

客观规律,走出了一条从自发到自觉的城乡统筹发展、城乡互促共进的发展道路。这也是大众市场经济最有效、最有特色的路径。浙江在实践中,初步形成了市场化、工业化、城镇化与"三农"互促共进的机制,为解决在市场经济发展中城乡区域发展失衡的问题进行了卓有成效的探索。而在这一过程中,农民大众的主体作用与政府主导作用的共同发挥起着极为重要的作用。

在改革开放初期,浙江从城市不发达、城乡工商业十分薄弱的实际出发,把推进工业化、城市化的战略重点放到发展农村工业和小城镇上。以鼓励支持发展乡镇企业、专业市场、小城镇起步,闯出了一条农民主体的市场化、工业化、城镇化道路。在一批敢闯敢冒农村能人的带领下,掀起了到城镇创业就业的热潮,再加上政府适时实施撤区扩镇并乡的改革,一批原来衰落的小城镇发展成为生机勃勃的中心镇,乡土气息浓厚的乡镇集体企业转变为产权明晰、活力四射的民营企业和现代企业。越来越多的浙江农民在创业创新闯市场过程中,实现了分工分业分化,涌现出了一大批农民企业家、资本经营者和务工经商者,这些新社会阶层的出现强有力地推动了市场化、工业化和城镇化进程,城镇也越来越显示出农民创业就业中心的作用。同时,浙江还创造性地探索建立了以乡镇企业支持农业和剩余劳动力就业以及建立农业发展基金制度等多种形式反哺农业、农村的制度,形成了农村内部的以工促农、以城带乡机制。

进入 21 世纪,浙江按照党的"十六大"提出的统筹城乡经济社会发展的战略思想,大力实施统筹城乡发展的方略,形成一手抓工业化、城镇化建设,一手抓社会主义新农村建设的工作格局,着力构建新型城市化与新农村建设双轮驱动的机制,率先迈入了自觉的统筹城乡发展的新阶段。一方面,浙江大力推进新型工业化和新型城市化,积极发展中心城市和城市群,实施中心镇培育工程,促进大中小城市和小城镇协调发展。以经济开发区和工业园区为载体,促进工业企业集聚和集约发展,推动民营经济新的飞跃,进一步增强工业化、城镇化对经济社会发展特别是"三农"发展的带动和促进作用。另一方面,按照生产发展、生活宽裕、乡风文明、村容整治和管理民主的要求,大力开展社会主义新农村建设,形成农村经济、政治、文化、社会和生态文明建设整体推进的良好态势。以"千村示范万村整治"工程、"千万农村劳动力素质培训工程"、"乡村康庄工程"、农民健康工程等为抓手,开展新农村系列工程建设,形成了农民主体、政府主导、社会参与的建设机制,与时俱进地实现从农村内部的以工促农、以城带乡机制到政府主导的工业反哺农业,城市带动农村的机制的转换,建立和完善全社会以工促农、以城带乡的长效机制。全省各地按照城乡一体化发展战略思路,统筹城乡规划建设,对城市规划区和工业园区内的城中村、园中村进行整体搬迁改造,把分散农居点改造成为城市居民小区,让当地农民在居住、就业、社会保障等各个方面都平顺地转为市民,享受市民的平等待遇。对农区、山区、渔区的村庄普遍开展环境整治,规划引导中心村建设,把中心村建设成为规划科学、设施齐备、服务配套、环境优美的农村新社区。大力推动城市基础设施向农村延伸,城市公共服务向农村覆盖,城市现代文明向农村辐射,加大公共财政向"三农"投入的力度,围绕着改进农村民生、提升农民生活品质,实施了一系列统筹城乡的民生工程,切实解决了农村教育质量不高,文化生活贫乏,农村看病难、出行难、保洁难、养老难、提升文明素质难等众多民生难题,让居住在农村的农民也能普遍享受到政府提供的公共服务。新型城市化和新农村建设这两大驱动轮强有力地把浙江城乡居民推上了殷实的小康生活的轨道。

充分利用工业化、城镇化快速推进的有利条件,以发展高效生态农业为主攻方向,加快现代农业建设步伐。这也是大众市场经济发展的一大亮点,从注重一、二、三产业的分工分业到同时注重农业内部的分工分业,促进自给半自给传统农业加快向市场化、专业化、规模化、企业化的现代农业转变。通过建立农业劳动力转移市场机制和农村能人创业带动农民转产转业的机制,以工业化、城镇化推进、吸纳大量农业劳动力转向二、三产业,大量农村人口迁移到城镇,为农业的规模化、企业化创造先决条件。同时,积极推进农业经营体制创新,建立农地经营使用权流转市场和流转机制,促进小而全的农户生产经营向着专业化、企业化的现代农业经营主体转变,让众多的小农户逐步演变成专业大户和小农庄,再通过兴办农民专业合作社和农业龙头企业,提高农业生产者的组织化程度和农业产业化经营水平。浙江还通过率先免交农业税,免除农业技术类大中专学生学费和对粮食生产、农机、农资实行财政补贴等政策,建立工业反哺农业的长效机制,促进现代农业快速成长。

五、着力形成欠发达地区和低收入农民脱贫致富的新机制

有效促进区域协调发展和低收入农民脱贫致富奔小康,是浙江大众市场经济模式优越性的重要体现。具体表现在以下三个层面上。

一是在市场化改革和全民创业氛围的激励下,浙江欠发达地区农民也纷纷走上了务工经商办实业的创业创新闯市场之路。在欠发达地区农民中也涌现出了一批有创新创业精神、富有开拓经营才能的农民企业家,更多的山区农民则是出山进城成为务工经商者,同时一批有经营头脑的山区农民又看到了生态农业、绿色林业的市场前景,涌现出了一批规模化产业化经营的农业专业大户、家庭农庄和农业龙头企业,成为山区现代农业的领头人。在这些农民群体的带动下,浙江欠发达山区发展显示出了巨大活力,使许多山村比较快地摆脱了落后的生产生活状况。

二是发达地区的快速市场化、工业化、城镇化也为欠发达地区农民提供了创业就业和脱贫致富的商机,带动了农民脱贫致富。现在欠发达地区的农民工已经成为发达地区制造业和服务业一线职工的主要来源,这些异地务工农民既为发达地区经济快速发展做出了巨大贡献,同时也为改变自己命运迈出了可喜的一步。同时,发达地区经济快速增长,也使得政府财政实力不断增强,为各级政府对欠发达地区实行扶贫开发政策和财政转移支付提供了扎实的财力基础。尤其是浙江实行省直管县的财政体制,更使得省级财政有更多的财力用于支持欠发达地区的发展和扶贫开发,并通过组织实施发达县(市)与欠发达县(市)、强镇与欠发达乡镇的结对帮扶,使浙江在区域协调发展方面走在了全国前列。

三是积极探索开发式扶贫开发的新机制、新路子。浙江把扶贫工作目标定位在致力于改善欠发达地区发展条件,提高欠发达地区农民发展能力,培育欠发达地区经济发展新增长点。在实践中探索出了把扶贫开发的着力点放到"破穷障、改穷业、挪穷窝、挖穷根"的综合性扶贫开发上,找到了欠发达地区农民脱贫致富的捷径。所谓"破穷障",就是政府大力投资欠发达地区交通等基础设施建设,特别是高速公路、农村公路、水利、电力、生态等基础设施建设,从根本上破除影响欠发达地区发展和开放的自然地理障碍。"改穷业"就是积极调整欠发达地区产业结构,引导农民改变传统落后的产业和自给自足的小农经济状况,大力发展生态农业、生态工业和生态旅游业等比较优势产业,让具有比较优势的特色绿色产品和产业成为欠发达地区新的经济增长点。"挪穷窝"就是因地制宜推进下山脱贫,特别是让库区、高山远山的农民迁移到城镇,在城镇建立脱贫小区。"挖穷根"就是高度重视欠发达地区的教育培训,特别是让欠发达地区农民子女都能上好学,在实现免费义务教育的基础上,实行低收入家庭子女免费中等职业教育、免费上农业大学、免费劳动力培训等举措,通过教育培训和人力资本开发，铲除产生贫困的根源，让贫困远离农民。

六、积极推进制度创新和政府职能转变

人民大众勇于创业创富、人民政府有情管理服务的有机契合，这是浙江大众市场经济模式成功的最重要的保障因素。坚持"有形之手"和"无形之手"的科学运筹，正确有效发挥政府的主导作用，不断增强党政领导的执行力，这是大众市场经济的政治优势所在。充分发挥市场机制"无形之手"在资源要素配置和经济活动中的基础作用、正确有效发挥政府"有形之手"在促进经济社会科学发展、调控监管市场经济运行中的主导作用，也体现了中国特色社会主义市场经济的本质特征。浙江经济社会发展走在全国前列，取得了超越梦想的成就，创造了共创共富的成功经验，其中最根本的就是创造性地贯彻落实中央方针政策，调动和激发了人民群众创业创新创富的积极性、创造性，党委、政府领导坚强有力，注重加强执政能力建设，不断增强党政执行力，为改革发展提供强有力的政治保证。浙江在改革开放实践中，始终坚持以人为本，以民为大，以农为重，想人民之所想，急人民之所急，解人民之所难，为人民创业创新创富服务。一方面致力于为民众发展松绑，激发他们闯市场的活力，致力于政企分开，让企业成为产权清晰、自主经营的独立市场主体，构建繁荣的市场体系，让市场机制对经济发展起基础性作用，让"无形之手"充分发挥优化资源配置，激励民众创业和优胜劣汰的作用。另一方面，各级党和政府领导又牢固坚持以经济建设为中心，营造一心一意谋发展，全心全意为民富的工作氛围，把支持人民群众创业创富，支持企业创新发展，为民众企业排忧解难，作为自己最重要的职责任务，引导经济发展方式转变和产业升级转型，促进城乡居民收入不断提高、民生不断改善。在 40 年风风雨雨的改革历程中，人们可以清晰地感受到每一次成功改革和发展跨越，每一次经济困难时期的转折，都靠人民大众自强不息的奋斗与党和政府领导坚强有力的支持的双重力量，体现了以工作重心转变、执政理念创新和领导经济社会方式转换联动的规律。

与时俱进推动政府转变职能是政府高效有为的必要条件。浙江各级政府在改革开放中始终坚持尊重农民的首创精神，坚持发展是硬道理、富民是真道理，把推进诱致性制度变革和强制性制度变革有机结合起来，探索出了一条"三化"与"三农"互促共进的发展道路。中国历史上长期实行中央集

权、地方分权相统一的经济制度,是非均衡的地方经济模式。浙江在改革开放初期,以"无为而治"的表现形式,营造让农民大胆试、大胆闯、大胆干的宽松的改革发展环境。随着改革的深化,政府又以"有为而治"的表现方式,积极主动地推进城乡配套的综合改革,强有力地推动了区域经济和民营经济的发展。从实践来看,自20世纪80年代以来,浙江在市场化改革和制度创新上都走在全国前列,从发展个体私营企业到乡镇企业的产权制度改革,从社区合作经济到股份合作经济再到农民专业合作社,从取消农产品统派购制度到调整农业产业结构到粮食购销市场化改革和全部取消农业税,从农民城镇农民建的小城镇建设到小城镇户籍制度改革到在全国率行进行的国有土地有偿使用,从民间金融合作金融试点到以加快城市化为目标的撤县设市、撤区扩镇并乡的改革到强县、强镇扩权改革等。这些诱致性制度变革和强制性制度变革的交融,有效地为农民成为市场化、工业化、城镇化的主体力量创造了制度环境,从而形成了民本自发推进、市场自由运作、政府自觉引导的兴"三农"、促"三化"的合力。

七、培育支撑发展的文化软实力

文化软实力是构成地区发展竞争力十分重要的因素,注重培育和发挥文化软实力也是浙江大众市场经济有竞争力的重要因素。一手抓经济建设,一手抓思想文化建设,大力弘扬以创业创新为核心的浙江精神,大力繁荣文化事业,以广泛开展文明创建活动为载体,大力提高人民大众的文明素质,形成物质文明建设与精神文明建设相互促进、经济硬实力与文化软实力相互提升机制,这是浙江发展大众市场经济的重要经验。

浙江的文化软实力来自历史文化传承与改革开放中观念和文化创新。浙江自南宋时期以来,北方人口大量迁入,成为一个移民区域。四季分明的自然条件,使得人口繁衍极快,人多地少的矛盾日益突出,仅靠农业经营,一方水土难富一方人。再加上地处东部沿海,是对外贸易和资本主义萌芽先发地区。因此,在浙江形成了农工商兼行、小商品生产与小农经济、手工业与小商贩相辅相成的经济传统和地域特色鲜明、利义并重、工商皆本的传统文化。这些传统在20世纪50年代到70年代因计划经济体制的实施而被迫中止,农民生活处于温饱难继的困顿状态。但即使在计划经济年代,浙江农民也依旧有务工经商、重操旧业的迫切愿望。改革开放以来,在千百万农民创新创业创市场的实践中，这种文化底蕴得到淋漓尽致的发挥和不断升华。从改革开放初期乡镇企业的走千山万水、想千方百计、说千言万语、吃千辛万苦的"四千"精神到形成具有时代特征的以创业创新为核心的浙江精神，成为促进浙江全民创业创新创富社会氛围的极重要的精神因素。这种浙江精神蕴涵着浙江地域特色、历史承传和人文血脉，通过弘扬新时代的浙江精神，把文化软实力提升到一个全新的高度，成为推动大改革、大开放、大发展的强大精神力量，成为共创共富经验的重要文化基因。在40年的改革开放过程中，浙江人民正是以这种自强不息、勇于创新、坚忍不拔、求真务实的精神，在改革开放中始终勇立潮头，创造了一个又一个率先改革发展的奇迹，始终以一种"先人一步、高人一招"的创新胆识与谋略，化挑战为机遇、转潜力为实力、变困境为佳境。在浙江精神引领下，浙江人民敢于排除姓"社"姓"资"争议的干扰，率先推进市场取向改革，推进了乡镇企业多轮驱动，农民进城务工经商，招商引资发展外向型经济，企业产权制度改革，积极推动资本经营和国际化、品牌化战略，实现了经济超常规增长和发展。

培育和增强文化软实力的另一个重要举措就是大力发展文化教育事业，加强对农民的教育培训，全面提高农民大众的科学文化素质。浙江大力推进文化大省建设，加大公益性文化事业建设，积极发展文化产业，推进文化精品工程，广泛开展农民"种文化"活动，积极探索文化建设与经济发展相融合的路子。广泛开展的群众性文明创建活动，成为提升人民大众文明素养的有效载体。大力实施城乡教育均衡工程，率先实现免费义务教育和免费农业教育，广泛开展农民免费培训教育，大力实施以农民工和农业生产者为主要对象的"千万农村劳动力素质培训工程"，努力在培育有文化、懂技术、会经营的新型农民走在全国前列，使这种人力资本投资转化为大众市场经济发展的文化软实力。可以说，大力弘扬以创业创新为核心的浙江精神，大力繁荣文化教育事业，高度重视精神文明建设，注重提高农民大众的文化科技素质和文明素养，是提升文化软实力，增强经济发展竞争力的成功经验。

参 考 文 献

[1]顾益康.求索"三农".北京:中国农业科学技术出版社,2003.

[2]邵峰.均衡浙江.杭州:浙江人民出版社,2006.

[3]章猛进.跨越——浙江效益农业五年回顾.杭州:浙江人民出版社,2003.

[4]浙江省农业和农村工作办公室.浙江新农村建设实务手册.杭州:浙江科学技术出版社,2007.

[5]浙江省农业和农村工作办公室.风雨春秋看乡村.杭州:浙江科学技术出版社,2009.

[6]周国富:《在全省欠发达乡镇奔小康工作会议上的讲话》,2003年1月14日.

[7]周国富:《在全省扶贫工作会议上的讲话》,2005年6月10日.

[8]周国富:《以工促农、以城带乡,探索社会主义新农村建设的新路子》,在全省农村工作会议结束时的讲话,2006年1月9日.

[9]周国富:《在工商企业参与新农村建设座谈会上的讲话》,2006年5月19日.

[10]章猛进:《齐心协力实施"百乡扶贫攻坚计划",扎扎实实打好农业和农村现代化的基础》,在全省百乡扶贫攻坚工作会议上的讲话,2000年9月6日.

[11]中共浙江省委、浙江省人民政府《关于推进欠发达地区加快发展的若干意见》(浙委〔2005〕22号).

[12]中共浙江省委、浙江省人民政府《关于加快欠发达地区经济社会发展的若干意见》(浙委〔2001〕17号).

[13]浙江省人民政府《关于进一步加快欠发达乡镇奔小康的若干意见》(浙政发〔2005〕36号).

[14]浙江省人民政府《关于印发"低收入群众增收行动计划"的通知》(浙政发〔2008〕48号).

[15]中共浙江省委办公厅、浙江省人民政府办公厅《关于切实做好"低收入

农户奔小康工程"结对帮扶工作的通知》(浙委办〔2008〕79 号).

[16]中共浙江省委《浙江省统筹城乡发展　推进城乡一体化纲要》(浙委发〔2004〕93 号).

[17]中共浙江省委、浙江省人民政府《关于全面推进社会主义新农村建设的决定》(浙委〔2006〕28 号).

[18]顾益康,邵峰.全面推进城乡一体化的改革.中国农村经济,2003(1).

[19]邵峰."十五"时期浙江农村反贫困现状评估与展望//2006 年浙江发展报告(浙江蓝皮书·社会卷).杭州:杭州出版社,2006.

[20]顾益康,邵峰.浙江省"十一五"时期推进城乡一体化的对策研究//浙江省哲学社会科学规划办公室.浙江新发展:思考与对策(1).杭州:浙江人民出版社,2004.

[21]顾益康,许勇军.城乡一体化评估指标体系研究.浙江社会科学,2004(6).

[22]全国村务公开协调小组办公室.健全和完善村务公开和民主管理制度学习读本.北京:中国青年出版社,2004.

[23]王科跃,章公雨.2005 年浙江最发达 100 名乡(镇)经济社会发展综合实力评价报告.浙江统计,2006(7).

[24]吴家曦,高剑明,应云进,等.浙江省中小企业发展现状及其基本特征.调研与对策,2005(21).

[25]浙江省财政厅课题组.加快浙江农村公共财政建设.改革,2003(6).

[26]徐邦友.浙江省行政审批制度改革概览.资料通讯,2003(6).

[27]徐炎章.论家族制企业治理优化现实性演进路径.商业经济与管理,2007(4).

[28]李永刚,胡健.乡镇企业空间聚集与浙江城市化浪潮的兴起.经济研究资料,2001(4).

[29]陈剩勇,张丙宣.浙江省近年来小城镇政府管理体制改革的实践.浙江学刊,2007(6).

[30]浙江省工商行政管理局.浙江省民营经济发展报告(2006 年度).

[31]浙江省统计局.浙江经济所有制结构变化分析.2003 年 9 月 16 日.

[32]中共浙江省委政策研究室.跳出浙江发展浙江——浙江人在外投资创业的调查报告//浙江省区域经济与社会发展研究会.浙江区域经济发展报告(2005).北京:中国财政经济出版社,2006.

[33]浙江省扶贫办公室.浙江省反贫困报告(1978—2003),2004.

[34]浙江省经贸委课题组.浙江省"块状经济"发展报告,2004.

[35]浙江省农村政策研究室.农村工作文献汇编(1979—1990年)(上、下卷),1991.

[36]浙江省农业和农村工作办公室.农村工作文献汇编(1991—2000年)(上、中、下卷),2001.

[37]张培刚.农业与工业化:农业国工业化问题再论.中下合卷.武汉:华中理工大学出版社,2002.

[38][美]阿瑟·刘易斯.二元经济论.施炜,等译.北京:北京经济学院出版社,1989.

[39][英]阿瑟·刘易斯.经济增长理论.周师铭,沈丙杰,沈伯根,译.北京:商务印书馆,1983.

[40][美]费景汉,古斯塔夫·拉尼斯,等.劳动剩余经济的发展.杨敬年,译.北京:华夏出版社,1989.

[41][美]费景汉,古斯塔夫·拉尼斯.增长和发展:演进观点.洪银兴,郑江淮,等译.北京:商务印书馆,2004.

[42][美]M.P.托达罗.发展中国家剩余劳动力迁移模式和城市失业问题//现代外国经济学论文选(第8辑).北京:商务印书馆,1984.

[43][美]西奥多·舒尔茨.人力资本投资——教育和研究的作用.蒋斌,张蘅,译.北京:商务印书馆,1990.

[44][美]西奥多·舒尔茨.改造传统农业.梁小民,译.北京:商务印书馆,1987.

[45][美]加里·贝克尔.人力资本:特别是关于教育的理论与经验分析.梁小民,译.北京:北京大学出版社,1987.

[46][日]速水佑次郎.发展经济学:从贫困到富裕.李周,译.北京:社会科学文献出版社,2003.

[47][美]钱纳里,等.工业化和经济增长的比较研究.吴奇,等译.上海:上海三联书店,1989.

[48][美]西蒙·库兹涅茨.现代经济增长:速度、结构与扩展.戴睿,易诚,译.北京:北京经济学院出版社,1989.

[49][英]巴拉舒伯拉曼雅姆,等.发展经济学前沿问题.梁小民,译.北京:中国税务出版社,2000.

[50][德]舒马赫.小的是美好的.李华夏,译.南京:译林出版社,2007.

[51][印度]阿玛蒂亚·森.以自由看待发展.任赜,于真,译.北京:中国人民

大学出版社,2003.

[52][印度]阿玛蒂亚·森.贫困与饥荒:论权利与剥夺.王宇,王文玉,译.北京:商务印书馆,2001.

[53][美]斯塔夫里阿诺斯.全球通史:从史前到 21 世纪(上、下).7 版.吴象婴,等译.北京:北京大学出版社,2005.

跋

2008 年,我们与葛永明、许勇军、祝美群一起承担了"农民创世纪——浙江农村改革发展的实践与理论思考"课题,在深入的调研思考中,我们为 30 年浙江农村改革发展所取得的巨大成就感到骄傲,为浙江农民伟大的实践创造而激动。富有创业创新精神的千百万浙江农民在中国特色社会主义理论和党的改革开放政策的指引下,敢闯、敢试、敢干,走出了一条农民主体的市场化、工业化、城市化发展道路,形成了大众市场经济发展模式。这一伟大的改革实践,也蕴涵着丰富的理论创新。我们把这一理论创新概括为民本发展经济学。也可以说,中国特色的社会主义市场经济从本质上来讲,就是人民大众创造财富、人民政府创新环境的大众市场经济。中国特色的社会主义发展经济学就是体现以人为本、以民为大、以农为重的核心理念的民本发展经济学。这种在农村改革发展实践中创立的民本发展经济学,不仅体现了中国特色、浙江特点,而且具有普适价值,特别是对发展中国家和地区致力于解决"三农"问题、实现现代化的发展实践具有重要的借鉴意义。我们对课题采取共同调研、集中研讨、分章撰写、分工协作的方法,由顾益康撰写"导论"和最后一章,邵峰撰写第十一、十四章,葛永明撰写第四、九、十、十二章,许勇军撰写第一、二、三、八章,祝美群撰写第五、六、七、十三章,最后由我们统稿。

2017 年,浙江省社会科学界联合会将本书纳入"改革开放与浙江经验研究系列",并由浙江大学出版社将之翻译为英文推向国外学术界。为此,顾益康撰写了近 3 万字的引言,便于读者了解 2008—2018 年这 10 年来浙江农村改革发展的新态势。

　　本书是我们对 40 年浙江农村改革发展实践的系统总结和理论思考的成果,由于浙江农民创业创新的实践内涵极其丰富,我们的经验总结和理论思考很可能还不能全面展现这种丰富的内涵,希望今后有机会再作更加深入的研究。同时,对为这一课题提供资料等帮助的所有同志表示衷心的感谢!

顾益康　邵　峰

2009 年 3 月 17 日

2018 年 12 月 28 日改定

图书在版编目（CIP）数据

走向城乡发展一体化的浙江农村改革与发展 / 顾益康等著. —杭州：浙江大学出版社，2019.1
ISBN 978-7-308-18539-4

Ⅰ.走… Ⅱ.①顾 Ⅲ.农村经济—经济体制改革—研究—浙江 Ⅳ.F327.55

中国版本图书馆 CIP 数据核字(2018)第 191250 号

走向城乡发展一体化的浙江农村改革与发展

顾益康　邵　峰　等著

责任编辑	陈佩钰(yukin_chen@zju.edu.cn)
责任校对	杨利军　李增基
封面设计	周　灵
出版发行	浙江大学出版社
	（杭州天目山路 148 号　邮政编码 310028）
	（网址：http://www.zjupress.com）
排　　版	杭州中大图文设计有限公司
印　　刷	杭州钱江彩色印务有限公司
开　　本	710mm×1000mm　1/16
印　　张	19.75
字　　数	380 千
版 印 次	2019 年 1 月第 1 版　2019 年 1 月第 1 次印刷
书　　号	ISBN 978-7-308-18539-4
定　　价	68.00 元